SCHWARZWÄLDER · REISE IN BREMENS VERGANGENHEIT

HERBERT SCHWARZWÄLDER

REISE IN BREMENS VERGANGENHEIT

Stationen und Bilder einer 1200-jährigen Geschichte

CARL SCHÜNEMANN VERLAG · BREMEN

2. Auflage 1986

Druck: Asendorf, Bremen
Bindearbeiten: Bernhard Gehring GmbH & Co. KG, Bielefeld
Umschlaggestaltung: Effektivwerbung GmbH Hans Eisermann, Bremen
Printed in Germany 1986
ISBN 3 7961 1777 5

Inhaltsübersicht

Vorwort

Das vorliegende Buch ist aus der Fortsetzungsreihe „Reise in Bremens Vergangenheit" in den „Bremer Nachrichten" zwischen dem 2. Januar und 7. August 1965 hervorgegangen. Diese brachte Einzelbilder aus der Geschichte der Hansestadt, die bei aller Anschaulichkeit doch historisch zuverlässig sein sollten. Bei der Auswahl der Szenen mußte einerseits bedacht werden, daß sie für die Entwicklung der Stadt bedeutsam und typisch waren, zum anderen aber auch durch Anschaulichkeit und Spannung einen breiteren Leserkreis ansprechen konnten. Ähnliche „essayistische" Darstellungen wurden auch früher schon verfaßt; aber diese Arbeiten entstanden bereits vor Jahrzehnten, und so ist denn vieles in ihnen überholt; auch waren sie nicht illustriert. Früher wurden sie mit Recht viel gelobt und gern gelesen.

Da die Artikelserie mit dem Zollanschluß 1888 abschloß, waren für das Buch weitere Szenen aus der neueren Zeit hinzuzufügen. In der ersten Auflage von 1965 wurden sie bis zum Beginn der NS-Herrschaft Anfang 1933 fortgeführt; die vorliegende zweite Auflage übernimmt im wesentlichen den alten Text, ergänzt aber einige besonders wichtige Ereignisse und Entwicklungen der Jahre 1933 bis 1945; auch wurde das Literaturverzeichnis auf den neuesten Stand gebracht. Die Abbildungen wurden neu angefertigt und haben nun eine wesentlich bessere Qualität, als sie im Zeitungsdruck zu erreichen war.

Die erste Auflage war 1965 sehr schnell vergriffen und konnte seither nur noch in Antiquariaten erworben werden. Der Zustand der Exemplare in den öffentlichen Bibliotheken zeigt die hohe Benutzerfrequenz. Verlag und Verfasser hoffen, daß auch die zweite Auflage einen großen Leserkreis finden möge. Sie danken auch diesmal für die vielfältige Hilfe, die ihnen vor nunmehr 21 Jahren und auch neuerdings für die Ergänzungen der zweiten Auflage durch staatliche Institutionen und Privatpersonen zuteil wurde.

Zeittafel

780	Der Angelsachse Willehad als Missionar im Wigmodigau
782	Erste Erwähnung Bremens: In einem Sachsenaufstand werden Missionare getötet
787	Bischofsweihe Willehads in Worms
789	Weihe des Doms in Bremen; Tod Willehads
845	Hamburg und Bremen unter Ansgar zu einem Erzbistum vereinigt
888	König Arnulf verleiht Erzbischof Rimbert ein Marktprivileg für Bremen
965	Markturkunde Kaiser Ottos I. für Erzbischof Adaldag
1035	Jahrmarkturkunde Kaiser Konrads II. für Erzbischof Bezelin
1043-72	Erzbischof Adalbert, Berater Heinrichs III. und IV., Organisator der skandinavischen Kirchen
1106	Urkunde für holländische Kolonisten bei Bremen
1159	Bürgerweideurkunde des Erzbischofs für die Bremer Bürger
1186	Freiheitsrechte für die Stadt Bremen durch Kaiser Friedrich Barbarossa
1225	Erste Erwähnung von Ratsherren
1229	Rathaus und Stadtmauer zuerst erwähnt
1229/34	Stedingerkriege
1244	Erste Erwähnung der Weserbrücke
1303/08	Aufzeichnung des ersten bremischen Stadtrechts
1304/05	Vertreibung der „Geschlechter"; Einbeziehung des Stephaniviertels in den Mauerbereich
1350	Die erste Pestepidemie in Bremen
1358	Bremen zum Eintritt in die Hanse gezwungen
1365/66	Der Aufstand der „Großen Kompanie"
1404/05	Der steinerne Roland und das neue Rathaus gebaut
1407	Bau der Friedeburg (Nordenham) zur Sicherung bremischer Herrschaft an der Niederweser beendet
1424	Bremen verliert Butjadingen und das Stadland
1428/33	Innere Unruhen, Entstehung von zwei Stadtrechten
Seit 1512	Bau von drei Zwingertürmen
1522	Erste evangelische Predigt (Heinrich von Zütphen)
1530/32	Der „Aufstand der 104"
1545	Anfänge des „Hauses Seefahrt"
1547	Belagerung Bremens im Schmalkaldischen Krieg; die Schlacht bei der Drakenburg
1555/66	Hardenbergsche Unruhen, Bremen nimmt 1562 den „reformierten" Glauben an
1605	Einrichtung der „Bürgerkompanien" zur Stadtverteidigung
1609/12	Das Rathaus erhält seine Renaissance-Fassade
1619	Baubeginn des Hafens von Vegesack
1624/27	Bau der Neustadtbastionen
1646	Reichsstadturkunde Kaiser Ferdinands III. für Bremen
1654/66	Bremen sichert in zwei Schwedenkriegen seine Reichsstandschaft
1719	Das Herzogtum Bremen wird von Hannover übernommen
1739	Explosion des Zwingerturms „Die Braut"
1741	Zweiter „Stader Vergleich" mit Hannover: Sicherung der Reichsstandschaft
1757/59	Wechselnde militärische Besatzung im „Siebenjährigen Krieg"

Seit 1802	Die Wallanlagen werden „entfestigt" und zu einem Park umgestaltet
1803	Das Domgebiet, Hastedt, Schwachhausen und Grolland an Bremen
1806	Kontinentalsperre
1810	Bremen wird französisch und Hauptstadt des Departements der Wesermündungen
1813	Befreiung von der französischen Herrschaft
1814	Ein Verfassungsentwurf, der nicht verwirklicht wurde
1815	Bremen als Glied des Deutschen Bundes
1823	Weserschiffahrtsakte der Anliegerstaaten
1827/30	Bau des ersten Hafenbeckens in Bremerhaven
1830/37	Erneute Verfassungsverhandlungen
1847	Bremen erhält einen Eisenbahnanschluß („Hannoverscher Bahnhof")
1848	Ausbruch der Revolution in Bremen
1849	Eine liberale Verfassung
1852	Unterdrückung der revolutionären Bewegung
1854	Neue Verfassung; Achtklassenwahlrecht
1857	Gründung des Norddeutschen Lloyd
1866	Bremen wird Mitglied des Norddeutschen Bundes
1871	Bremen wird Glied des Deutschen Reiches
Seit 1885	Weserkorrektion und Bau der Freihäfen
1888	Bremen tritt in den Deutschen Zollverein ein; Eröffnung des Freihafens
1889	Einweihung des Zentralbahnhofes (heute: Hauptbahnhof)
1890	Erste elektrische Straßenbahn; Aufhebung der Sozialistengesetze
1918/19	Revolution und Räterepublik in Bremen
1920	Demokratische Verfassung
1920/23	Politische und wirtschaftliche Krisenjahre
1924	Erster Rundfunksender in Bremen
1928	Das Flugzeug „Bremen" überquert den Ozean; der Lloyddampfer „Bremen" läuft vom Stapel
1930	Wirtschaftskrise, schneller Aufstieg der NSDAP
1931	Zusammenbruch der Nordwolle, der Danat- und der Schröder-Bank; die Nordschleuse in Bremerhaven in Betrieb genommen
1933	NS-Senat; Verbot der politischen Parteien, die Gewerkschaften in die „Deutsche Arbeitsfront" überführt
1938	Ausstellung „Bremen – Schlüssel zur Welt"; „Reichskristallnacht"; fünf tote Juden sind im Raum Bremen zu beklagen
1939	Eingemeindung von nordbremischen Gebieten sowie von Hemelingen und Mahndorf; Bremerhaven wird Wesermünde angegliedert
1940	Erste Luftangriffe auf Bremen
Seit 1941	Schwere Zerstörungen durch Bombenangriffe; Deportation der Juden; Verlagerung der Industrien; Kinderlandverschickung
1944	Küstenbefestigung; „Volkssturm"
1945	Eroberung Bremens durch britische Truppen

Bevor die schriftliche Überlieferung begann

Die früheste Siedlungsgeschichte der Bremer Landschaft liegt im dunkeln. Aus der Weser wurden zwar Neandertaler-Werkzeuge ausgebaggert; aber sie mögen von wandernden Horden stammen, die sich in unserer Gegend nur vorübergehend aufhielten. Sicher ist nur die Besiedlung mit seßhaften Ackerbauern seit der Jüngeren Steinzeit (etwa 2500–1800 v. Chr.), aus der mancherlei Bodenfunde und vor allem die Großsteingräber stammen, von denen sich allerdings in der engeren Umgebung Bremens kein einziges nachweisen läßt (das am nächsten gelegene befindet sich in Osterholz-Scharmbeck). Auch bronzezeitliche Werkzeuge und Waffen sind nicht selten, vor allem als Baggergut der Weser. Das Bremer Altstadtgebiet ist jedoch auch in dieser Zeit, sogar bis ins 8. oder gar 11. Jahrhundert n. Chr., völlig fundleer. In der engeren Umgebung wurden aber mehrere frühgeschichtliche Siedlungen ausgegraben: im Seefelde (Neustadt), in Grambke, Hemelingen und Mahndorf.

Unabhängig von diesen Siedlungen war die Weser schon seit frühesten Zeiten ein viel benutzter Schiffahrtsweg. Aus dem Schlamm und Sand des Flußbettes wurde mancher Fund geborgen, von dem man aber im allgemeinen nicht sagen kann, wie er in die Weser kam: ob er vom Ufer abgespült wurde, ob er von einem gesunkenen Schiff herrührt oder ob er als unbrauchbarer Gegenstand ins Wasser geworfen wurde. Dennoch zählen gerade die Weserfunde zum Wertvollsten, was uns vom Leben der Vorzeit in unserer Heimat übriggeblieben ist.

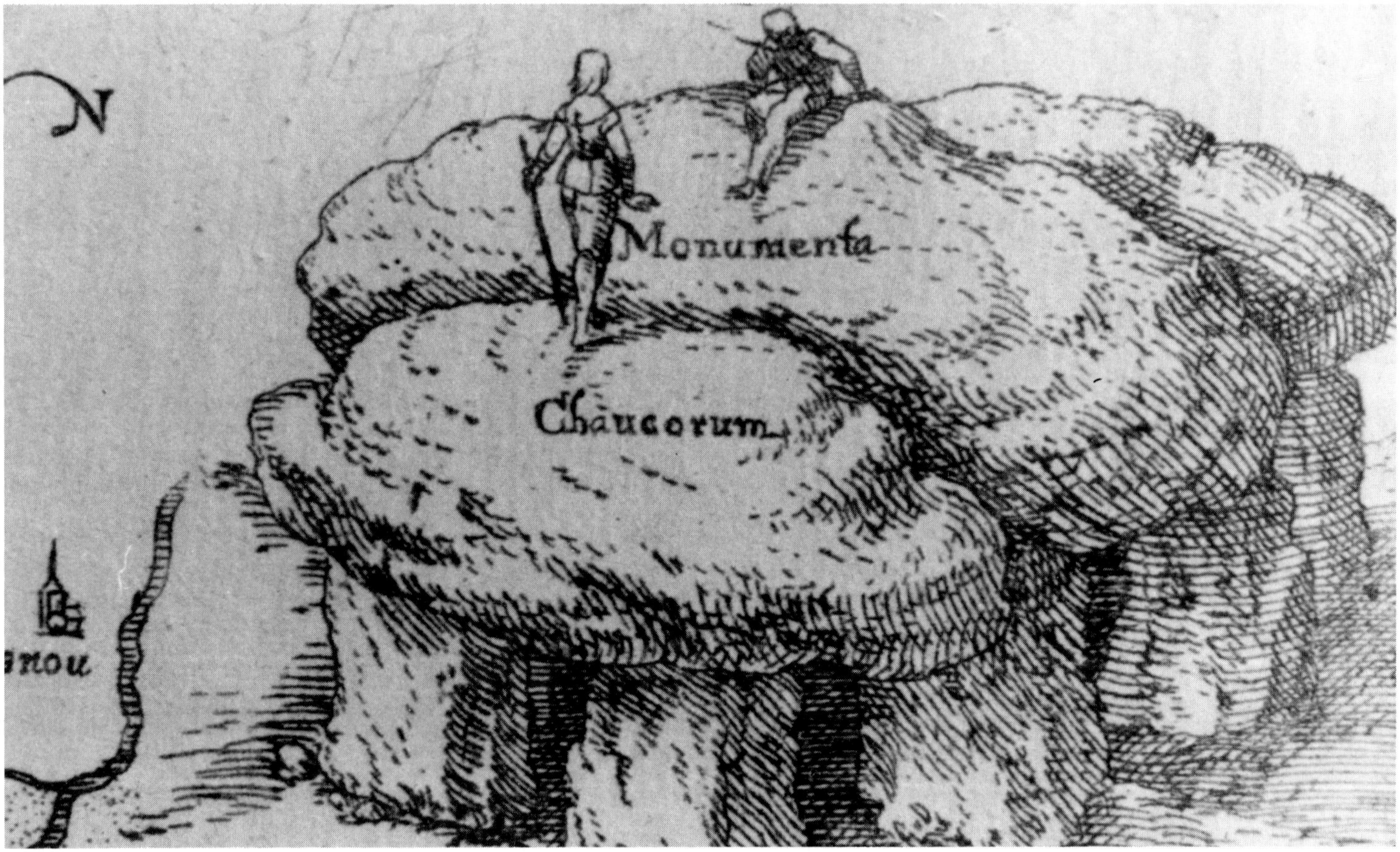

Nur Riesen konnten diese mächtigen Anlagen gebaut haben, so glaubte man jahrhundertelang und sprach daher von „Hünengräbern". In der Bremer Dilich-Chronik von 1604, aus der diese Abbildung stammt, wird eine andere Auffassung vertreten: Nach ihr sind die Großsteingräber der Jüngeren Steinzeit Denkmale der Chauken, also eines Volksstammes, der in den ersten beiden Jahrhunderten nach Christi Geburt an der unteren Weser und auch in der Gegend von Bremen ansässig war.

Die Kenntnisse vom Leben in vorgeschichtlicher Zeit sind von mancherlei Zufälligkeiten abhängig, denn überraschende Funde können immer wieder wesentliche Korrekturen unserer bisherigen Vorstellung bringen. Von unerwartet ins Blickfeld der Wissenschaft getretenen archäologischen Leckerbissen soll hier die Rede sein.

Fast unversehrt: ein Kammhelm der Bronzezeit

Im November 1938 arbeitete ein Bagger der Strombauverwaltung in der Lesum. Plötzlich schürften die Zähne eines Eimers über einen Metallgegenstand, den dann der nächste Eimer mitnahm. Die Besatzung des Baggers hatte aufgepaßt und unterbrach die Arbeit kurze Zeit, um nachzusehen, was dort ausgegraben worden war. Man fand einen blanken Bronzehelm, der wie neu ausgesehen hätte, wenn er nicht soeben von den Baggerzähnen auf der einen Seite verbeult und aufgerissen worden wäre. Nun wurde der zuständige Baurat Gwinner unterrichtet, der den Fund an den freudestrahlenden Direktor des Focke-Museums, Dr. Grohne, ablieferte. Die Schäden an dem Helm wurden durch den Bremer Ziseleur Gustav Nerreter beseitigt, und in dieser geschickt reparierten Form befindet sich der Fund noch heute als eines der bedeutendsten Prachtstücke in der Vorgeschichtssammlung des Focke-Museums.

Der Helm besteht aus zwei hohlgetriebenen Teilen, die in eine flache Kammpartie auslaufen, an deren Rand sie zusammengefalzt sind. Am runden Helmrand sind Laschen beider Teile übereinandergelegt und mit lang ausgezogenen Nieten zusammengehalten. Der Helm ist 31 cm hoch, die Breite des Kammes beträgt an der Spitze 8,5 cm. Zwei Löcher auf jeder Seite des Helmrandes deuten an, daß dort ein Lederriemen und vielleicht auch Wangenklappen befestigt waren, die aber abgefallen und vergangen sind. Die innere Helmweite würde heute einer Hutgröße 63,5 entsprechen; aber man wird annehmen müssen, daß unter dem harten Metall eine Ledermütze getragen wurde.

Die Forscher sind sich darüber einig, daß es sich um einen Kammhelm der späten Bronzezeit oder frühen Eisenzeit (etwa 8./6. Jahrhundert v. Chr.) handelt. So gut erhalten, ist er einmalig. Auch in schlechterem

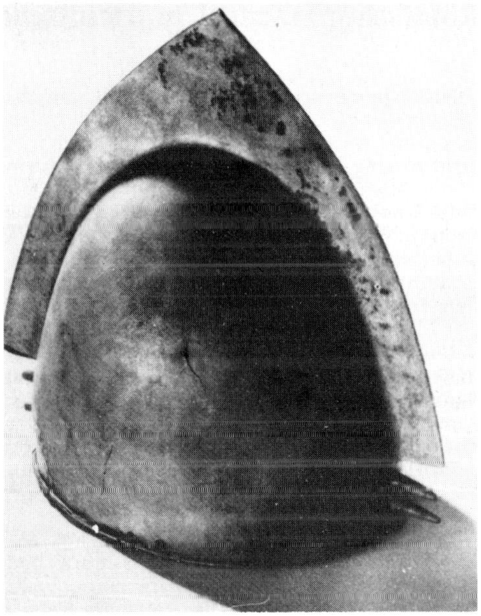

Zustand gibt es lediglich in Süddeutschland einige wenige Stücke, die sich aber alle in wichtigen Einzelheiten vom Bremer Kammhelm unterscheiden. Ein Helm in München, der auf der Pockinger Heide bei Indling/Niederbayern gefunden wurde, zeigt ebenfalls Abweichungen.

Man vermutet, daß die Grundform im keltischen Kulturgebiet, besonders in den Alpen, entstand und daß auch der Bremer Helm von dort importiert wurde, womit wir aber noch keine Antwort auf die Frage haben, wie er in die Lesum kam. Darüber kann es nur ganz unsichere Vermutungen geben: War er etwa eine Handelsware, oder kam er als Beutestück in unsere Gegend? Auffallend ist, daß in der Nähe der Fundstelle in der Lesum noch mancherlei andere Gegenstände zutage gefördert wurden: eine Lochaxt aus Hirschhorn, ein Griffzungenschwert, eine Lanzenspitze und ein Gefäß aus Bronze, dazu noch eiserne Schwerter. Man wird annehmen müssen, daß schon in vorgeschichtlicher Zeit — wie später im Mittelalter — ein vielbenutzter Weg von der Bremer Düne über die Lesum auf die Vegesacker Geest führte und daß hin und wieder, etwa durch ein Fährunglück, Gegenstände in den Fluß fielen und dann in Sand und Schlick versanken.

Römischer Hausrat in bremischen Küchen

Nicht immer gelangten die Funde auf direktem Wege ins Museum, sondern wurden manchmal — wenn sie unversehrt waren — als Hausrat übernommen. So entdeckte ein Mann etwa 1885 als Baggerfund der Weser eine Kasserolle — einen Stieltopf — aus Bronze. Er war mit Münzen gefüllt und mit Silberblech abgedeckt. Wo dieser Schatz blieb, ist unbekannt. Sicher ist aber, daß der Mann den Topf mit nach Hause nahm und ihn seiner Frau gab, die ihn sogleich in Benutzung nahm. Sie kochte darin 30 Jahre lang Obst und Gemüse und scheuerte ihn auch. Erst dann kam er ins Hamburger Museum für Kunst und Gewerbe; 1962 tauschte ihn das Focke-Museum gegen eine antike Bronze.

Es handelt sich um einen Bronzetopf mit einem breiten Griff, der in einen Riegel mit zwei Schwanenköpfen ausläuft. Dieses in Norddeutschland einmalige Stück trägt auf der Rückseite des Griffes sogar noch den Namen des römischen Besitzers eingepunzt: Quintus Lusius Tertius. Die wertvolle Kasserolle entstand in den letzten Lebensjahren des Kaisers Augustus in einer Werkstatt zu Capua in Unteritalien. Ähnliche Exemplare fanden sich als römischer Exportartikel in größerer Zahl in Böhmen. Deshalb wurde angenommen, daß das Bremer Stück von dort durch Kaufleute elbeabwärts transportiert wurde und dann an die Weser kam. Aber es ist ja auch möglich, daß es sich um den Besitz eines römischen Soldaten handelt, zumal ja ein römischer Name eingraviert ist, was nicht der Fall gewesen wäre, wenn ein Germane das Stück von einem römischen Händler gekauft hätte.

Einen ähnlichen Weg wie die Kasserolle ging auch ein prächtig erhaltener Messingeimer, der 1890 aus der Kleinen Weser gebaggert wurde. Er kam in eine Schiffskombüse und diente dort zum Essenkochen, bis er 1930 ins Focke-Museum übernommen wurde. Auch er war immer blitzblank gescheuert worden und blieb lange Zeit der Stolz des Smutje. Erstaunlich ist die Herstellungstechnik: Der Eimer wurde gegossen und nicht gehämmert, wie man zunächst annehmen möchte. Er ist das Meisterwerk einer gallischen Werkstatt. Sicher handelt es sich um einen durch Händler importierten Gegenstand, von dem allerdings auch wieder nicht bekannt ist, wie er ins Flußbett kam.

In der Baugrube der Firma Schünemann ein Bandspangenhelm

An eine andere Stelle und in eine spätere Entstehungszeit führt ein weiterer Fund. 1925 schachtete man den Boden für das Fundament einer Erweiterung des Schünemann-Hauses an der Zweiten Schlachtpforte aus. Es war die Stelle, an der ein Nebenarm der Weser, die Balge, die im Mittelalter Bremens Hafen war, in den Hauptarm mündete. Noch unter der dicken Schlammschicht stieß man im hellen Flußsand auf einen eisernen Gegenstand, der zwar etwas verrostet war, sich aber doch im ganzen recht gut erhalten hatte. Es war ein Helm, der ziemlich exotisch aussah, weil daraus zahlreiche etwa 1 cm lange Eisenspitzen herausragten.

Die Herstellungsweise unterscheidet sich von der des Bronzehelms ganz erheblich: Das Gerüst wird durch einen breiten Eisenring und zwei darüber gewölbte, sich rechtwinklig kreuzende Eisenbügel gebildet. Die offen bleibenden Zwickel sind mit getriebenem Eisenblech gefüllt. Die einzelnen Teile werden durch 46 spitz ausgezogene Nieten zusammengehalten. An der Seite deuten Löcher an, daß sich hier bewegliche Wangenklappen befunden haben. Eine genaue Untersuchung ergab zudem, daß der Helm versilbert gewesen war. Es handelt sich also um ein Prunkstück, das für den Kampf vor allem deshalb unpraktisch war, weil die herausstehenden Nieten ein Abgleiten von Schwertschlägen erheblich erschwerten.

Die zeitliche Einordnung dieses Bremer Spangenhelms ist schwierig, da bisher kein zweiter Helm derselben Art gefunden wurde und auch die ähnlichen Vergleichsstücke sich nicht genau datieren lassen. Die Grundform weist auf die Völkerwanderungszeit; aber die Zeitangaben der Spezialisten schwanken zwischen dem 5. und 9. Jahrhundert. Auch die Heimat des Helms ist fraglich. Er wurde sogar mit ganz ähnlichen sassanidischen (persischen) Erzeugnissen verglichen. Fast allgemein nimmt man an, daß der Typ zuerst in Kleinasien entwickelt wurde, von dort haben ihn dann wandernde Germanenvölker, vor allem die Goten, nach Europa gebracht.

Wie der Bremer Helm in den Sand der Balgemündung geriet, ist wiederum völlig rätselhaft. Vielleicht war er ein Handelsartikel, der mit einem Schiff im Wasser versank. Ebensogut ist aber auch denkbar, daß

er vom Fürsten eines kriegerischen Stammes getragen wurde und dann durch Unglück oder Gewalttat in die Weser geriet — oder aber auch, daß er als unbrauchbares Beutestück ins Wasser geworfen wurde.

Die Helme und Gefäße, von denen hier die Rede war, zeigen etwas, was sich durch mancherlei andere Bodenfunde noch bestätigen läßt: Die wirtschaftlichen und kulturellen Beziehungen waren in vor- und frühgeschichtlicher Zeit bereits ziemlich weiträumig. Sie gingen ins Alpengebiet, nach Italien, Frankreich, England und Irland. Es zeigt sich zudem, daß zumindest in der führenden Schicht die Lebensansprüche schon so hoch waren, daß sie vom einheimischen Gewerbe nicht voll befriedigt werden konnten. Offenbleiben muß dabei allerdings die Frage, ob der Ort Bremen damals bereits als Handelsplatz eine Rolle spielte, ja, ob er überhaupt existierte. Eins steht jedoch fest: Die Weser war auch damals schon eine wichtige Handelsstraße.

Etwa zur gleichen Zeit . . .

. . . als der bronzene Kammhelm in die Lesum fiel, schrieb Homer seine Ilias und Odyssee (9./8. Jahrh. v. Chr.).

. . . als ein Römer seine Kasserolle in der Weser verlor, regierte Kaiser Augustus das Römische Weltreich (gest. 14 n. Chr.).

. . . als der Messingeimer in der Kleinen Weser versank, fanden in Rom heftige Christenverfolgungen statt.

. . . als der Bandspangenhelm in der Balgemündung unterging (6./7. Jahrh. n. Chr.), missionierte Willibrord die Friesen und Bonifatius die Hessen.

Der Schatz in der Mahndorfer Düne

So erfreut der Vorgeschichtler auch über die vielen Baggerfunde in der Weser und Lesum sein mag, sie befriedigen ihn nicht völlig, denn sie geben ihm keinen Aufschluß darüber, wie die Menschen der Vorzeit wohnten, wie sie lebten und wie sie ihre Toten bestatteten. Es gehört zu den besonderen Glücksumständen, wenn ein vorgeschichtlicher Friedhof oder gar eine Siedlung aufgedeckt wird. In Bremen selbst war bisher alle Suche vergebens. Erfolgreicher war man in der Umgebung: So fand man im Mai 1935 bei der Grambker Windmühle Reste einer chaukisch-sächsischen Siedlung und dann 1937 in der Bremer Neustadt im Seefelde ein chaukisches Dorf. So wußte man also schon etwas über die Besiedlung des Bremer Gebietes in frühgeschichtlicher Zeit, als die große Stunde Dr. Ernst Grohnes, des damaligen Direktors des Focke-Museums, kam.

Die Mahndorfer Düne, der sogenannte Fuchsberg, während des Abbaus

Schon seit 1934 wurde in Mahndorf der Fuchsberg, ein Dünenhügel, mit Greifbaggern in großem Stil abgetragen. Die Sand- und Heidelandschaft bei Mahndorf und Uphusen war seit eh und je ein beliebtes Ausflugsziel für Schulklassen: sie erfuhren dort etwas über die Geologie der Dünen, beobachteten die besondere Flora und tollten im Gelände herum. Gelegentlich fanden einige Schüler im Sande Tonscherben, deren Bedeutung sie selbst nicht erkannten; aber ein Lehrer, Studienrat Burgdorff von der Oberrealschule, wußte wenigstens,

Sächsische Buckelurne aus Mahndorf

daß sie von wissenschaftlichem Interesse sein konnten, und brachte sie Dr. Grohne, der nun sogleich eine Ortsbesichtigung vornahm. Er sah, daß in der Düne ein frühgeschichtlicher Friedhof verborgen war, der von den Greifbaggern nach und nach abgetragen wurde: An den Abbruchkanten der Düne wurden Gräber sichtbar; Urnen und Grabbeigaben rutschten mit den Sandmassen herab.

Mahndorf lag damals auf hannoverschem Gebiet; Dr. Grohne aber war Direktor eines Bremer Museums. Erst nach manchem Hin und Her erhielt er von seinen Kollegen am Landesmuseum der Provinz Hannover die Erlaubnis, eine „Rettungsgrabung" mit begrenzter „Lizenz" vorzunehmen. Von 1936 bis in den Sommer 1939 fand diese großartige Aktion mit Hilfe einer kleinen Arbeitsdienstkolonne statt.

Es zeigte sich nach und nach, daß der Friedhof etwa 600 Jahre hindurch, und zwar vom 3.—9. Jahrhundert n. Chr., belegt gewesen war. Es fanden sich Brandgrubengräber, Urnen und Körpergräber in großer Zahl. Vieles war im Sand vergangen und hatte nur eine dunkle Verfärbung im hellen Untergrund hinterlassen; aber vor allem von den Grabbeigaben hatte doch manches die Jahrhunderte einigermaßen überstanden: Beschläge von Holzeimern, Fibeln (Gewandspangen), Gürtelbeschläge, Schmuck, Scherben von Gefäßen, Kämme, Nadeln, Spinnwirtel, Schlüssel, Waffen und zahlreiche wohlerhaltene Urnen. Die Untersuchung wurde so sorgfältig vorgenommen, daß sogar winzige Reste von Woll- und Flachsgeweben geborgen werden konnten

Ganz besonders erlesene Gefäße waren unter den 109 Urnen, in denen der Leichenbrand oft bestattet worden war und die zum Teil heil geblieben waren. Ein großes Gefäß polterte am 1. Februar 1938 bei den Baggerarbeiten den Abhang hinunter und zerbrach. Es war nicht mehr festzustellen, ob es Asche enthalten hatte. Als es wieder zusammengesetzt war, erkannte man, daß es eine braunschwarze „Terrine" war, die 12,4 Liter faßte. Außen waren Tierbilder (Reh, Hirsch, Wildschwein) eingeritzt und andere Verzierungen mit einem Griffel eingraviert. Das Gefäß war auf der Töpfer-

Schwertscheidenbeschlag, 6. Jh., und Riemenzunge

scheibe gedreht worden, war also Importartikel. Aber wo wurde dieses Prunkstück hergestellt? Die Kenner meinen: im provinzialrömischen Raum Nordfrankreichs oder Belgiens; aber ganz sicher ist das nicht.

Während die Beigaben der Brandgräber zumeist zerstört oder durch die Hitze des

Scheiterhaufens sehr stark beschädigt worden waren, hatte sich vor allem in den Körpergräbern doch manches recht gut erhalten. Die Toten selbst und ihre Baumsärge waren durchweg bis auf einen dunklen Schatten im Dünensand vergangen. Ganz selten fanden sich noch Skelettreste. In den Frauengräbern fiel der teilweise erlesene Schmuck auf: Fibeln, Ringe, Reifen und Ketten. Die bunte Pracht der Perlen aus Glas, Quarz, Bergkristall, Amethyst, Achat, Bernstein usw. hat sich bis auf unsere Tage gut erhalten und zeigt zum Teil sogar recht moderne Formen. Unter den Schmuckstücken war mancher Import aus Gallien, Italien, dem Ostseegebiet, ja, sogar aus Ägypten. Immer wieder wird deutlich, daß hochwertige Waren auch in der Vorzeit über große Entfer-

Provinzialrömisches Drehscheibengefäß (oben), darunter eine deutlichere Wiedergabe der darin eingeritzten Ornamente.

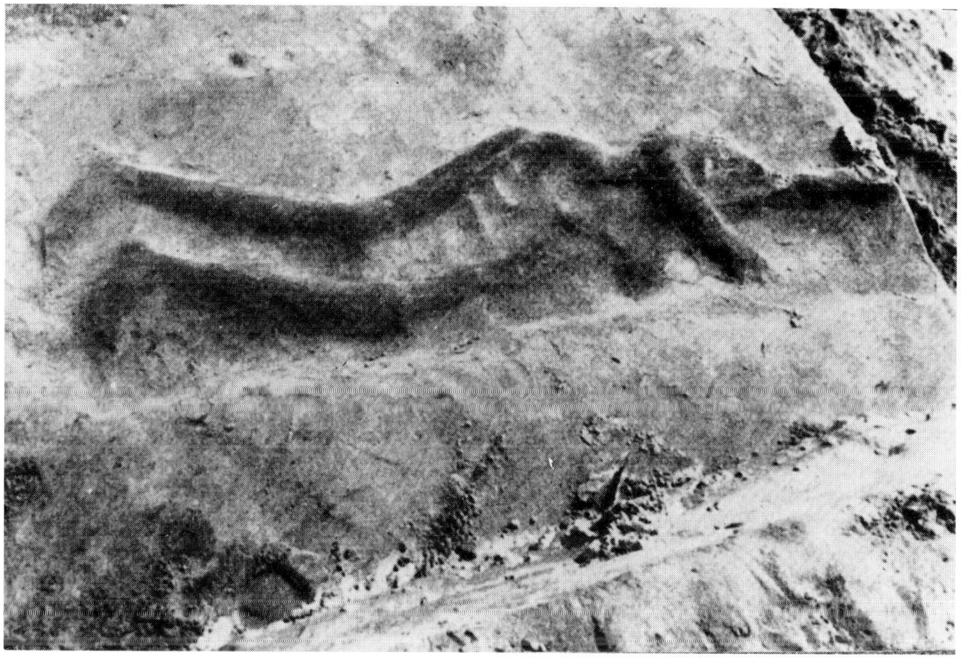

Nur noch schattenhafte breite Striche mit ungewissen Konturen im Sand der Mahndorfer Düne berichten von dem Toten, der hier vor rund 1500 Jahren bestattet wurde. Körper und Skelett sind restlos vergangen und verfärbten bei ihrer Verwandlung den Dünensand. Diese Verfärbungen wurden von den Ausgräbern sorgsam freigelegt und dann fotografiert.

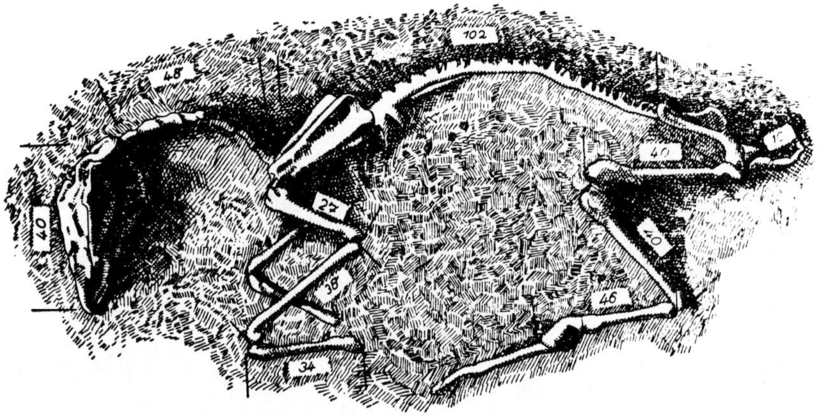

Die genaue Wiedergabe eines der Pferdegräber, wie sie ebenfalls in Mahndorf gefunden wurden.

nungen durch Wanderhändler in die entlegensten Gegenden — so auch in die kleine Dünenrandsiedlung Mahndorf — gebracht wurden.

Die Männergräber enthielten vor allem Waffen: Lang- und Kurzschwerter, Schildbuckel, Pfeil- und Lanzenspitzen. Nicht völlig überraschend, aber doch besonders interessant war es, daß sich auf dem Friedhof zahlreiche Pferdegräber fanden. Es war nun aber nicht so, daß etwa der Reiter mit seinem Streitroß gemeinsam begraben wurde, sondern die Pferde wurden für sich, wenn auch auf dem gleichen Friedhof wie die Menschen, bestattet. Handelt es sich vielleicht um Opfertiere? Die Frage blieb bisher unbeantwortet.

Unter dem Einfluß der fränkischen Besetzung und des Christentums wechselten die Bestattungsbräuche: die Toten wurden nicht mehr verbrannt, sondern reihenweise in Baumsärgen in west-östlicher Richtung bestattet; auch wurden ihnen nur noch wenige Beigaben mitgegeben.

Die Ausgrabung eines Friedhofs wirft mancherlei Fragen auf, vor allem auch nach der Bevölkerungszahl des zugehörigen Dorfes. Dr. Grohne hat eine Antwort zu geben versucht und kam auf die Zahl von 70 bis 80 Einwohnern; längere Zeit sollen es weniger gewesen sein. Man wird also nur mit fünf bis zehn Höfen rechnen können.

Eine zweite Frage war die nach der Lage des Dorfes, dessen Bewohner die Toten auf der Düne bestatteten. Dr. Grohne fand die Siedlung im Bereich des Friedhofs Mahndorf-Uphusen, wo der Totengräber schon seit 1920 immer wieder auf alte Tonscherben und Holzkohlen gestoßen war. Bei kleineren Grabungen 1936/1937 wurden einige Hausfundamente entdeckt, darunter das eines 16 bis 17 Meter langen und 6,5 Meter breiten dreischiffigen Gebäudes aus dem 4. Jahrhundert n. Chr., das in seiner Bauart einem niedersächsischen Zweiständerhaus entsprach. Auch kleinere Häuser, die in den Boden eingelassen waren und Wände aus Flechtwerk hatten, traten zutage. Überall wurden zahlreiche Tonscherben, Webgewichte und andere Überreste frühgeschichtlichen Lebens gefunden. Dieser Teil der Siedlung war jedoch nur bis ins 5. Jahrhundert n. Chr. bewohnt gewesen. Wo die Häuser der späteren Zeit lagen, blieb unbekannt.

Im Sommer 1939 legten die Bagger dann am Fuß der Fuchsberg-Düne einige alte Hausstellen frei. Sie lagen aber außerhalb des Areals, das den Bremern von Hannover aus für Grabungen freigegeben worden war. Dr. Grohne wurde auf Anordnung des Landrats in Verden mit Polizeigewalt daran gehindert, planmäßige Grabungen vorzunehmen. Dennoch konnte er einige wichtige Beobachtungen machen: Vor allem wurde eine Schmiede des 4. Jahrhunderts n. Chr. entdeckt, von der Pfostenlöcher des Hauses sowie Reste des Schmelzofens mit Schlacke und Holzkohlenresten übriggeblieben waren.

Im Kriege und in der wirren Nachkriegszeit konnten keine Grabungen durchgeführt werden; aber Mahndorf war nicht vergessen. 1955 setzte der neue Prähistoriker des Focke-Museums, Dr. Brandt, die Untersuchungen Dr. Grohnes fort. Er richtete seine Aufmerksamkeit zunächst auf die Grambker Düne, auf der bereits 1935 chaukisch-sächsische Siedlungsreste gefunden worden waren. Dort drohte der Bau eines neuen Bahndamms jede Grabungstätigkeit in der Zukunft unmöglich zu machen, und so war Eile geboten. In kurzer Zeit wurden zahlreiche Grubenhäuser aufgedeckt, wie Dr. Grohne sie auch in Mahndorf gefunden hatte (Siedlung Grambke II). Auch bei der Grambker Mühle traten 1957 Grubenhäuser zutage, dazu größere dreischiffige Gebäude sowie Fundamente von Stallungen und anderen Wirtschaftsgebäuden (Siedlung Grambke I). Es zeigten sich also in Grambke ähnliche Verhältnisse wie in Mahndorf, wo Dr. Brandt dann seit 1962 neue Grabungen durchführte. Ein Hausgrundriß nach dem anderen wurde aufgedeckt; Tonscherben, Webgewichte und Hausgeräte aller Art wurden in so großen Mengen gefunden, daß sie viele Eimer füllten. Noch im November 1964 fand man die Pfostenlöcher eines großen Bauernhauses, dazu die Fundamente von drei kleinen Grubenhäusern, die wohl als Arbeits- und Vorratsräume dienten. Es blieb aber dabei: die Siedlung war nur bis zum 5. oder 6. Jahrhundert n. Chr. bewohnt gewesen, während der Friedhof Gräber bis ins 9. Jahrhundert aufwies. Verlegten die alten Bewohner ihr Dorf? Oder ließen sich Neusiedler an anderer Stelle nieder, benutzten aber den alten Friedhof? Das Problem bleibt noch offen.

Die Auswertung des riesigen Materials ist noch nicht abgeschlossen: auch für die Frühgeschichte Bremens haben diese Grabungen eine große Bedeutung, denn sie zeigen uns die Siedlungsverhältnisse an der Weserdüne in einer Zeit, die dem Eintritt Bremens in das Licht der Geschichte unmittelbar vorausging. Sollte es Bremen damals überhaupt schon gegeben haben, so möchte es ähnlich ausgesehen haben wie Ur-Grambke und Ur-Mahndorf. Ob wir dafür jemals ein Bestätigung bekommen?

Hausgrundrisse werden im hellen Dünensand sichtbar: Ausgrabungen Dr. Brandts in Grambke, 1955.

Plinius: Das Leben der Chauken ist bejammernswert!

Etwa zur gleichen Zeit . . .

Auf dem Friedhof von Mahndorf wurden vom 3. bis 9. Jahrhundert die Toten gebettet.

Die Siedlungen von Mahndorf und Grambke waren, soweit sie bisher ausgegraben wurden, bis ins 5. und 6. Jahrhundert bewohnt.

Während dieser Zeit
eroberten die Angelsachsen England (449), fegte der Hunnensturm über Europa (451), ging das weströmische Kaisertum zugrunde (476), einigte Chlodwig die Franken (481 bis 511) und besiegte Karl Martell die Araber bei Tours und Poitiers (732).

Während dieser Zeit
entstanden aber auch die prächtigen Mosaiken in Ravenna (5. und 6. Jahrh.), gründete Benedikt von Nursia das Kloster Monte Cassino (529), ließ Kaiser Justinian die Hagia Sophia in Konstantinopel bauen (seit 533) und einen Rechtskodex zusammenstellen (534), floh Mohammed von Mekka nach Medina (622) und missionierte Bonifatius in Hessen (seit 718).

Die Römer interessierten sich aus verschiedenen Gründen für die Germanen: sie sollten zur Abrundung des Imperiums unterworfen werden — aber der Versuch scheiterte nach kurzer Zeit unter großen Verlusten. Zudem machten die römischen Händler ihre Geschäfte mit den Germanen — und diese friedlichen Beziehungen währten Jahrhunderte hindurch.

Von römischen Soldaten und Kaufleuten stammten viele Berichte über die Lebensart der Germanen und fanden ihren Niederschlag in den Werken damaliger Historiker und Geographen. Bei manchem, was wir da lesen, spüren wir einen kräftigen Hauch Phantasie; vieles aber fand in den Ausgrabungen eine Bestätigung.

Plinius der Ältere, der umkam, als im Jahre 79 n. Chr. Pompeji beim Ausbruch des Vesuv verschüttet wurde, schrieb eine Naturgeschichte in 37 Büchern, die er aus Hunderten von Quellen zusammenstellte. Im 4. Buch findet sich etwas über die Geographie Deutschlands und auch über die Bewohner des Küstengebietes und der Bremer Umgebung: die Chauken. Plinius erzählt, wie diese in ständigem Kampf mit der Gewalt des Meeres lagen und in primitiven Verhältnissen lebten, so daß ihr Leben dem Römer höchst bejammernswert erschien Sie hausten auf natürlichen und künstlichen Erhebungen (Wurten), denn Deiche gab es in jener Zeit noch nicht. Sie ernährten sich — nach Plinius — nur von Jagd und Fischfang, weil der schlammige Boden keinen Graswuchs hatte und daher keine Viehzucht zuließ. Über diese Behauptung ist in der Forschung viel diskutiert worden, denn durch die Ausgrabung einiger Wurten — vor allem der Feddersen Wierde bei Wremen — wurde nachgewiesen, daß die Chauken um Christi Geburt Haustiere hielten. Man darf aber auch annehmen, daß es weite, vom Salzwasser überspülte und wohl nur dünn besiedelte Küstengebiete gegeben hat.

Plinius berichtet weiter, daß die Chauken Stricke und Netze aus Schilf und Binsen herstellten, daß sie Schlamm trockneten und ihn dann verbrannten, um damit zu kochen und sich zu wärmen (wahrscheinlich ist damit Torf gemeint!). Zum Trinken diente Regenwasser, das sie in Zisternen auffingen.

Eindrucksvoll wird von Plinius geschildert, wie das Meer an der Küste nagte und sogar riesige Eichbäume fortgespült wurden, die dann gespenstisch im Wasser trieben.

Auch andere Römer berichteten über Germanien, aber durchweg allgemein und nicht besonders über das norddeutsche Gebiet. Tacitus (etwa 55—120 n. Chr.) spricht in seiner berühmten „Germania" nur ganz kurz von den Chauken: sie seien der angesehenste germanische Stamm, der „ohne Begehrlichkeit und ohne Leidenschaft" in ungestörtem Frieden lebe, aber doch die Waffen bereit halte, um sich zu verteidigen.

Wie alt ist Bremen?

Die Bürger einer Stadt möchten, daß diese möglichst alt sei — je älter, desto besser. Das erhöht ihr Ansehen und macht sie fremden Besuchern attraktiv. Die Bürger wollen aber auch wissen, wie alt ihre Stadt ist: für Werbeprospekte, Geburtstage und Jubiläen. Abgesehen davon war die Frage nach den Anfängen Bremens auch ein wissenschaftliches Anliegen, wie überhaupt die Frühgeschichte der europäischen Stadt seit einigen Jahrzehnten eines der wichtigsten Gebiete der Geschichtsforschung ist. Manche alten Vorstellungen sind dabei zerronnen; aber das neue Bild hat erst unsichere Konturen, vor allem auch, was die Anfänge Bremens betrifft.

Die Gluckhenne — älteste Bremer Bürgerin?

Von einem Gründungsvorgang kündet nur die „Sage" folgenden Inhalts: Ein Häuflein Flüchtlinge ruderte die Weser hinunter auf der Flucht vor Feinden, die ihnen die Freiheit rauben wollten. Als es Nacht wurde, spähten sie nach einem Zeichen, das ihnen ein sicheres Lager weisen konnte; und siehe da — eine Gluckhenne gackerte am Ufer, begleitet von einer Schar munterer Küchlein. Das Hühnervolk suchte und fand einen Unterschlupf im Gebüsch der Dünen. Wo die friedlichen Tiere sicher waren, da konnten es auch die Menschen sein! Hier schlugen die Flüchtlinge also ihr Lager auf, und dort blieben sie auch. „Dieser Hügel sollte fortan der Hort der Freiheit sein", heißt es in der Erzählung. Die Henne mit den Küken wurde über dem zweiten Rathausbogen verewigt.

Gewiß, man kann sie dort heute noch sehen; aber die für Allegorien schwärmenden Bildhauer der Renaissance hatten mit dem Hühnervölkchen die Fruchtbarkeit symbolisieren wollen. Von einer Gründungssage wußten sie nichts. Die wurde erst von dem phantasiebegabten Bremer Journalisten Friedrich Wagenfeld (1810—1846) erfunden und 1845 in „Bremens Volkssagen" veröffentlicht. Wir erkennen nun deutlich in der Erzählung einen recht naiven Niederschlag des deutschen Liberalismus jener Zeit.

Wagenfeld hat der Wissenschaft übrigens auch vorher schon einen argen Schabernack gespielt, als er nämlich über eine in einem portugiesischen Kloster gefundene griechische Übersetzung einer Schrift des phönizischen Historikers Sachuniathon berichtete, die in Wirklichkeit von Wagenfeld frei erfunden worden war. Es gelang ihm sogar, viele Historiker eine Zeitlang irrezuführen.

Die Geschichte von der „Bremer Gluckhenne" ist hübsch erfunden, steht in Lesebüchern und sollte auch weiterhin in ihnen abgedruckt werden. Für die Geschichtsschreibung ist sie wertlos, da sie keine echte „Sage" ist und keinen wahren Kern enthält.

Die Untersuchungen der Wissenschaftler waren von Anfang an nicht auf die „Gründung" Bremens gerichtet, weil das ein hoff-

Phabiranum-Bremen in der Bremer Dilich-Chronik 1604.

nungsloses Bemühen gewesen wäre. Sie machten den sehr viel vernünftigeren Versuch, die Existenz des Ortes möglichst weit zurückzuverfolgen. Dabei kamen sie freilich in Versuchung, nebelhafte Hypothesen zu entwickeln, die dann teilweise Generationen hindurch als Tatsachen genommen wurden. In der Renaissance suchte man verständlicherweise nach Spuren Bremens in der antiken Überlieferung und stieß dabei auf den alexandrinischen Gelehrten Claudios Ptolemaios (2. Jahrhundert n. Chr.), der unter einer bestimmten geographischen Länge und Breite einen Ort namens Phabiranon erwähnt hatte. In den nach Ptolemaios' Angaben gefertigten Karten des Mittelalters erscheint der Ort in der Gegend der Wesermündung (etwa in Wursten).

Franciscus Irenicus (Franz Friedlieb aus Ettlingen) war wohl der erste, der 1518 in seiner „Exegesis Germaniae" (Erklärung Deutschlands) aus lautlichen Ähnlichkeiten (-biranon = Bremen) schloß, daß es sich trotz unterschiedlicher geographischer Länge und Breite um die Stadt Bremen handeln müsse. Aber außerhalb der Stadt hat es nicht an Gegenstimmen gefehlt, die Phabiranon mit Freiburg an der Elbe, Bremervörde, Varel in Oldenburg, Borkum, Blexen und Wremen identifizierten. Überall suchten also die Lokalhistoriker Phabiranon auf ihren Ort zu beziehen, wenn das aus lautlichen Gründen auch nur irgendwie möglich war. Auch in neuerer Zeit bemühte man sich noch hin und wieder, Phabiranon für Bremen zu retten. Ausgangspunkt dabei war die Tatsache, daß vor allem die geographischen Breitenangaben des Ptolemaios nicht mit den neueren Messungen übereinstimmen. Man muß also die Orte des Griechen „verschieben"; dabei kann dann Phabiranon mit Bremen zusammenfallen. Aber das bleibt zunächst noch eine ungesicherte Theorie.

Es hat nun auch nicht an Versuchen gefehlt, die Existenz eines römischen Stützpunktes oder Handelsplatzes in Bremen nachzuweisen. Was in der „Geschichte der freien Stadt Bremen" des Rablinghauser Pastors Duntze 1845 noch unsichere Andeutung blieb, das versuchte Alwin Lonke mit wissenschaftlicher Grundlage zu versehen („Römisches im Bremischen", 1934). Seine Ausführungen über die Anwesenheit „römischer Krieger und Händler in dieser damals von Chauken bewohnten Gegend" mag man ihm im großen und ganzen glauben. Die neuere Bremer Geschichtsschreibung hat aber Lonkes weitergehende Plaudereien über das „römische Bremen" mit einhelliger Skepsis aufgenommen. Ganz allgemein darf man also sagen: Die Überlieferung bietet für Bremen keinen antiken Ahnenpaß!

Soviel steht fest: Über das Bestehen Bremens vor der Bistumsgründung kann nur von Ausgrabungen Klärung erwartet werden. Dabei scheiden zunächst einmal alle Streufunde (vor allem auch aus der Weser) aus, weil sie über eine Siedlung am Ort nichts aussagen.

Zwei Fundstellen auf dem Grundstück der Börse und des neuen Bürgerschaftsgebäudes verdienen nähere Betrachtung: 1860 wurden die alten Häuser dieses Areals und die in ihrer Mitte liegende Wilhadikirche abgebrochen und anschließend die Fundamente für die Börse gegraben. Ein aufmerksamer Arzt, Dr. Georg Barkhausen, beobachtete diese Arbeiten sehr genau. In seinem Bericht ist mancherlei interessant, vor allem die Darstellung über die Ausgrabung des alten Wilhadifriedhofes und der Bericht über vier Gefäße, die sich neben einem Mauerfundament fanden und die Barkhausen für Urnen eines heidnischen Begräbnisplatzes hielt, die aber ebensogut mittelalterliche Kochtöpfe gewesen sein können.

Eine Ausgrabung von 1963 erfolgte zwar unter Beachtung moderner wissenschaftlicher Regeln, dürfte aber für unseren Zweck nur

Bild von der Ausgrabung am Markt 1963. Weitere und tiefer gehende Grabungen hält der Historiker hier für aussichtsreich

beschränkten Wert besitzen. In der Baugrube des neuen Bürgerschaftsgebäudes an der Seite zum Markt hin sah Johann Hinrich Prüser, der unermüdliche Liebhaber bremischer Baudenkmäler, etwa 4 bis 5 Meter unter dem Straßenniveau eine Gruppe von runden Feldsteinen mit den Überresten eines irdenen Topfes. Er alarmierte sogleich Dr. Brandt vom Focke-Museum. Was nun mit großer Sorgfalt ausgegraben wurde, waren Teile eines Grubenhauses mit einem roh aus Steinen zusammengesetzten Herd, für dessen Datierung die darin gefundenen Topfreste von großer Bedeutung waren. Dr. Brandts Schätzung bezog sich auf das 8./9. Jahrhundert n. Chr. Ein Vergleichsurteil aus Göttingen steht zunächst noch aus; aber es wird auch nur einen Schätzwert haben und einen größeren Zeitraum umfassen. Immerhin wäre es so oder so der älteste Siedlungsfund in der Bremer Altstadt, deren Boden bisher nur Überreste einer viel späteren Zeit (seit dem 11. Jahrhundert!) hergab. Aussichtsreich würden aber weitere Grabungen unter dem Straßenpflaster des Marktplatzes sein, die allerdings in beträchtlicher Tiefe geführt werden müßten.

Oft sind Orts- und Flurnamen die ältesten Zeugnisse, älter als jede schriftliche Überlieferung. Das mag auch beim Ortsnamen „Bremen" so sein; jedenfalls existierte er wohl schon, als das Bistum gegründet wurde. Auf den ersten Blick mag man darin einen Beweis für das Bestehen des Ortes vor dem Bistum sehen: wenn man nämlich annimmt, das Bistum sei nach dem schon bestehenden Ort Bremen benannt. Aber muß sich denn die Bezeichnung „Bremen" unbedingt auf eine Siedlung beziehen?

Der Name — in ältester Form als „Bremun" überliefert — hat verschiedene Deutungen erfahren, von denen heute nur noch eine von Bedeutung ist: „Brem" (englisch „brim") heißt „Rand"; „Bremun" bezeichnet eine Lage „an den Rändern". Aber was hat nun am Rande wovon gelegen? Eine Siedlung oder nur ein Flurstück am Rande der Düne, des Ufers oder einer größeren Gemarkung? Die Meinungen darüber gehen auseinander. Es läßt sich nichts beweisen, nicht einmal die Deutung des Namens selbst. Wir werden annehmen müssen, daß „Bremun" ein Flurname war, der zu einem Ortsnamen wurde; aber wann geschah das? Wir wissen es nicht!

Noch ein zweiter Name wurde häufig in heidnische Zeit zurückgeführt, obwohl er erst seit dem 13. Jahrhundert überliefert ist: die „Tiefer", heute eine Straße, früher aber ein kleiner Stadtbezirk an der Weser. Man deutete den Namen allgemein als „Tie-Fähre", wobei man unter „Tie" einen heidnischen Thingplatz verstand. Bremen war also — so schloß man — Mittelpunkt eines Gaues mit einer Thingstelle. Vielleicht war es das tatsächlich; aber es läßt sich aus der Bezeichnung „Tiefer" nicht mit Sicherheit schließen, selbst dann nicht, wenn man sie als „Tie-Fähre" zu deuten hätte, was an sich schon unsicher ist. Die eigentliche Bedeutung von „Tie" ist nämlich nicht „Thingplatz", sondern recht allgemein: Platz und Feld; es handelt sich also wieder um eine Flurbezeichnung.

Auf die Frage, warum denn eigentlich Karl der Große ausgerechnet in Bremen ein Bistum gegründet habe, wurden mancherlei Antworten gegeben: Der Ort habe eine Mittelpunktlage gehabt (aber für welchen Bereich?); der Platz möge sich für die Anlage einer Burg geeignet haben, von deren Schutz auch die Kirche profitieren konnte; das Kirchenrecht habe gefordert, daß nur in volkreichen Orten Bischofssitze eingerichtet würden, und Bremen sei eben volkreich gewesen (in Missionsgebieten aber nahm man es mit der Größe der Orte nicht so genau!); häufig sollen die Kirchen auf alten Kultplätzen errichtet worden sein, wobei dann ein christlicher Heiliger an die Stelle eines heidnischen Gottes getreten sei. Der Bremer Dom war St. Peter geweiht, der manchmal Patron von Kirchen geworden sein soll, die an der Stelle alter Donarheiligtümer errichtet wurden. Man nahm nun folgerichtig an, daß sich auch auf der Domsdüne ein solcher Kultplatz befunden habe. Das mag sein; aber es kann auch anders gewesen sein. Dennoch findet sich selbst in der neueren Literatur das Donarheiligtum oft als Tatsache erwähnt, an der kaum zu rütteln sei.

Da sich nun alle Anhaltspunkte für eine Existenz Bremens vor Beginn der schriftlichen Überlieferung als unsicher und zum Teil auch als phantastisch erwiesen haben, gewinnt die Frage an Bedeutung: wann der Ort mit Sicherheit zuerst erwähnt wurde.

In der Lebensbeschreibung des ersten Bischofs, Willehad, die um 860 aufgezeichnet wurde, heißt es zum Jahre 782 über die aufständischen Sachsen: „Sie brachten ... den Gerwal mit seinen Genossen in Bremen aus Haß gegen die Christen durch das Schwert ums Leben." Diese Überlieferung ist glaubhaft, aber doch nicht völlig sicher, weil sie nicht nachprüfbar ist. Zudem erfahren wir nicht, was Bremen damals für ein Ort war: eine Kultstätte, eine Burg, eine kleinere oder größere Siedlung? Eine spätmittelalterliche Überlieferung (um 1420) berichtet, daß der Dom auf dem „Berg der Märtyrer" errichtet worden sei, wo in den Sachsenkriegen Tausende von Christen gefallen seien. Aber das ist wohl noch unsicherer als der Bericht über Gerwal.

Die zweite Erwähnung Bremens nach der für 782 bezieht sich auf die Bistumsgründung 788; aber die Stiftungsurkunde ist Fälschung einer viel späteren Zeit, wie überhaupt der größte Teil der älteren Bremer Urkundenüberlieferung aus Fälschungen besteht. Es ist sogar vermutet worden, daß die

Karl der Große, der Gründer des Bistums Bremen, und sein erster Bischof Willehad. Eine Steinmetzarbeit aus der Zeit um 1500 an der Brüstung der Orgelempore des Bremer Doms.

Bistumsgründung gar nicht 788, sondern erst Jahrzehnte später erfolgte; aber es gibt nun doch mancherlei sichere Bestätigungen dafür, daß Bremen seit dem letzten Jahrzehnt des 8. Jahrhunderts Kirchenzentrum war, obwohl auch aus den nächsten zwei Jahrhunderten keinerlei archäologische Überreste der Siedlung entdeckt wurden.

Etwa zur gleichen Zeit . . .

Als um 150 n. Chr. Ptolemaios in Alexandria Phabiranon in seine Liste von Orten aufnahm, regierte in Rom der „gute" Kaiser Antoninus Pius, und in der christlichen Urkirche traten Bischöfe an die Spitze der Gemeinden.

Nachdem 782 die Sachsen einen Aufstand gemacht und u. a. den Priester Gerwal in Bremen erschlagen hatten, hielt Karl d. Gr. im gleichen Jahre das „Blutgericht" bei Verden ab.

Als 788 Willehad (wahrscheinlich) als Bischof in Bremen eingesetzt wurde, setzte Karl d. Gr. Herzog Tassilo in Bayern ab.

In Bagdad erreichten Kunst und Wissenschaft unter den Kalifen einen Höhepunkt.

Die schriftlichen Quellen machen es also wahrscheinlich, daß Karl der Große 788 oder auch kurze Zeit darauf in Bremen einen Bischof einsetzte: Willehad, den Angelsachsen. Damit kam für Bremen etwas Neues hinzu: Der Ort wurde Mittelpunkt eines großen Pfarr- und Bistumssprengels. Auf der Domdüne entstanden eine Kirche und ein Wohngebäude für die Geistlichen, wahrscheinlich im Schutz von Wall und Graben. Viele Menschen besuchten den Gottesdienst, und sie kamen auch, um vom neuen Gott Hilfe zu finden (eine Liste von Wunderheilungen hat sich erhalten). Es mag auch sein, daß mit den Kirchenfesten Markthandel verbunden war, aber jeder größere Aufschwung wurde zunächst durch verheerende Einfälle der Normannen und Ungarn verhindert.
847 verlegte der Erzbischof von Hamburg, Ansgar, aus Sicherheitsgründen seine Residenz nach Bremen. Sein Nachfolger übernahm hier auch die bescheidenen Einkünfte des Marktes, wie eine Urkunde König Arnulfs von 888 berichtet.

965: Kleiner Ort zwischen Domdüne und Balge

Wie sah es vor 1000 Jahren in dem noch kleinen Ort an der Weser aus? Die Frage ist leichter gestellt als beantwortet. Denn die Bremer Quellen geben uns nur wenige Anhaltspunkte. Deshalb sind wir auf zusätzliche Nachrichten aus anderen Orten angewiesen, um uns einigermaßen zu verdeutlichen, wie die Tätigkeit eines Kaufmanns damals überhaupt aussah.

Die Bremer Markturkunde von 965 spricht von Kaufleuten, die im Ort ansässig sind. Das muß nun aber nicht heißen, daß sich auch ihr Handel nur in Bremen abspielte. Aus etwas späteren Quellen ist zu entnehmen, daß einige Bremer Kaufleute in Skandinavien mit Edelhölzern handelten und daß andere auf einer Englandfahrt in Seenot gerieten.

Sicher ist auch, daß Bremen im weiten nordeuropäischen Handelsnetz eine Rolle spielte: Bremische Münzen des 11. Jahrhunderts fanden sich vereinzelt an der slawischen Ostseeküste, in Schlesien, auf Bornholm, in Dänemark und Südschweden, an der Oder, in Finnland und am Ladoga-See, also im normannisch-slawischen Bereich. Da es sich nur um verhältnismäßig wenige Münzen handelt, kann man annehmen, daß die Handelsbedeutung Bremens in jener Zeit noch recht bescheiden war.

Immerhin konnte Adam von Bremen (um 1070) aber berichten, daß Kaufleute „aus allen Teilen der Erde" mit ihren Waren Bremen aufsuchten; von ihnen ließ er sich auch von den Ländern erzählen, die sie durchreist hatten, vor allem über Skandinavien und die slawischen Ostseegebiete. Dabei wurde ihm jedoch manches Seemannsgarn vorgesponnen: von Amazonen, Hundsköpfen, Zyklopen mit einem einzigen Auge auf der Stirn und von Menschen, die auf einem Beine hüpften.

Immer wieder hat man sich gefragt, worin denn eigentlich die Handelsbedeutung Bremens in jener frühen Zeit gelegen hat. Zunächst einmal mag die Kirche einigen Bedarf an importierten Waren gehabt haben; aber man sollte ihn nicht überschätzen. Wichtiger ist wohl etwas anderes: Einmal lag Bremen im Schnittpunkt von Handelswegen zu Wasser und zu Lande, so daß sich hier zwangsläufig Kaufleute „aus allen Teilen der Erde" trafen; zum anderen kamen an hohen Kirchenfesten viele Menschen in der erzbischöflichen Metropole zusammen, so daß sich dann günstige Handelsmöglichkeiten boten.

Und wie sah der Mann aus, der sich Kaufmann nannte? Wir müssen vor allem beachten, daß im frühen Mittelalter jeder, der irgendwie handelte, ein „Kaufmann" war. Es kommt daher vor, daß auch ein Handwerker, der seine selbstgefertigte Ware auf dem Markt verkaufte, als Kaufmann bezeichnet wurde.

Schon 965 mag sich für manchen eingesessenen Bremer neben anderer Tätigkeit (etwa in der Landwirtschaft oder in einem Hand-

So wie es unser Zeichner auf dem Bild oben darstellt, könnte Bremen vor 1000 Jahren ausgesehen haben. Die beherrschende Anlage war die von einem Wall umgebene Burg des Erzbischofs mit dem Dom und den Stiftsgebäuden. Der Komplex lag auf der Düne, dort, wo heute noch der Dom steht. Links von der alten Burg die Vorläuferin der heutigen Liebfrauenkirche am damals noch bescheidenen Marktgelände. Die Insel im Vordergrund ist die Balgeinsel, umfaßt von der Balge, die etwa vom heutigen Altenwall bis zur Zweiten Schlachtpforte ging. Der Weg am Ufer ist die heutige Langenstraße, einst Hauptstraße des kleinen Ortes. Dort befindet sich auch der Landeplatz für Schiffe.

werk) diese und jene Gelegenheit zu Geschäften geboten haben: Er verkaufte Lebensmittel an Durchreisende oder betätigte sich als Zwischenhändler für handwerkliche Erzeugnisse und allerhand Kleinkram. Das war eine Berufsform, die man im Hochmittelalter als „Krämer" bezeichnete.

Wichtiger für die Geschichte des bremischen Kaufmanns war der unternehmungslustige Wanderhändler. Er trat zunächst genauso vielseitig auf wie der „Krämer", denn er handelte mit großen und kleinen Warenmengen aller Art; er führte alles, womit sich ein Geschäft machen ließ. Aber er fühlte sich nicht an einen bestimmten Ort gebunden, sondern reiste als rauher, raffinierter Bursche — der auch gut mit Waffen umzugehen verstand — mit Wagen, Saumtieren oder zu Schiff.

Oft tat sich der Händler des Mittelalters zur größeren Sicherheit mit anderen zu einer Gruppe zusammen. Diese Zusammenschlüsse nannte man „Hanse". Auf den Kirchenfesten, die mit Märkten und Messen verbunden waren, ließen sich besonders gute Geschäfte machen. Auch tauchte der Kaufmann von damals immer dort auf, wo eine gesteigerte Nachfrage oder gar eine Notlage die Preise ansteigen ließ. Er verschwand dann aber stets schnell wieder, wenn das Risiko zu groß wurde oder die Gewinnchancen sich verringerten. Über einen solchen Fall berichtete Adam von Bremen in seiner Kirchengeschichte: Erzbischof Adalberts Beamte bedrückten die Kaufleute in Bremen mit erhöhten und wohl auch willkürlichen Abgaben. Sie blieben nunmehr fort, so daß „der Markt von Waren entblößt" war. Das war 1065; aber die Verhältnisse waren auch hundert Jahre vorher nicht viel anders.

Welchen Anblick bot der Ort Bremen vor 1000 Jahren? Es ist merkwürdig, daß bisher im Bremer Altstadtgebiet keinerlei Siedlungsreste des 10. Jahrhunderts gefunden wurden, obwohl wir auf Grund der schriftlichen Quellen annehmen müssen, daß der Ort damals nicht nur bestand, sondern auch bereits einige Bedeutung hatte. Die Häuser waren sicher aus Holz gebaut und sind längst verschwunden; aber auch widerstandsfähigere Überreste — etwa Tonscherben — fehlen bisher aus dieser Zeit. Die Schriftquellen berichten über den Ort selbst auch nur wenig, so daß wir auf Vermutungen angewiesen sind, wenn wir versuchen, ein Bild des Ortes Bremen um 965 zu entwerfen.

Darstellung eines Kaufmanns nach dem Hortus deliciarum der Äbtissin Herrad um 1170 mit Waage, Gewichtstück und Geldtasche.

Seit Bischof Willehad (789) gab es einen „Dom": Zunächst war dieser ein kleines Holzkirchlein; es wurde von Bischof Willerich (804—838) durch einen steinernen Bau ersetzt. An den Dom lehnten sich die Stiftsgebäude an, in denen der Erzbischof mit seinen Chorherren lebte. Erzbischof Ansgar fügte 850 ein Hospital für die Armen und vielleicht auch die St.-Veits-Kapelle (heute Liebfrauenkirche) hinzu. Es folgten zwei weitere Kapellen östlich und südlich vom Dom. Wahrscheinlich war das ganze Domgebiet auf der Dünenhöhe mit einem Wall und trockenem Spitzgraben befestigt.

Der Markt lag unmittelbar westlich davon, bei der heutigen Liebfrauenkirche, und erstreckte sich auf abfallendem Dünengelände bis zum Hafengebiet an der Balge, einem Nebenarm der Weser (bei der „Stintbrücke"). Im Markt- und Hafenbereich dürften sich auch schon 965 einige Handwerker und Kaufleute in Häusern aus Holz und Flechtwerk niedergelassen haben. Alles hatte sicher noch einen bescheidenen und vergänglichen Zuschnitt. Von einer „Stadt" können wir in dieser Zeit noch nicht sprechen; aber es bestand doch schon eine Siedlungsform, die man als Vorstufe zur späteren Stadt Bremen bezeichnen kann.

1965 wurde ein Jubiläum gefeiert

Das Jubiläum dieses Jahres hat seine ganz besonderen Tücken, obwohl der Grund zum Feiern auf der Hand zu liegen scheint: Die

Verleihung der Bremer Markturkunde durch Kaiser Otto I. jährt sich zum 1000. Male.

Worin liegen die Tücken? In erster Linie darin, daß die fragliche Urkunde nicht im Original erhalten ist, sondern nur in einer späteren Kopie, der man nicht ohne weiteres trauen darf. Sie könnte — wie so mancher Privilegientext des Mittelalters — eine Fäl-

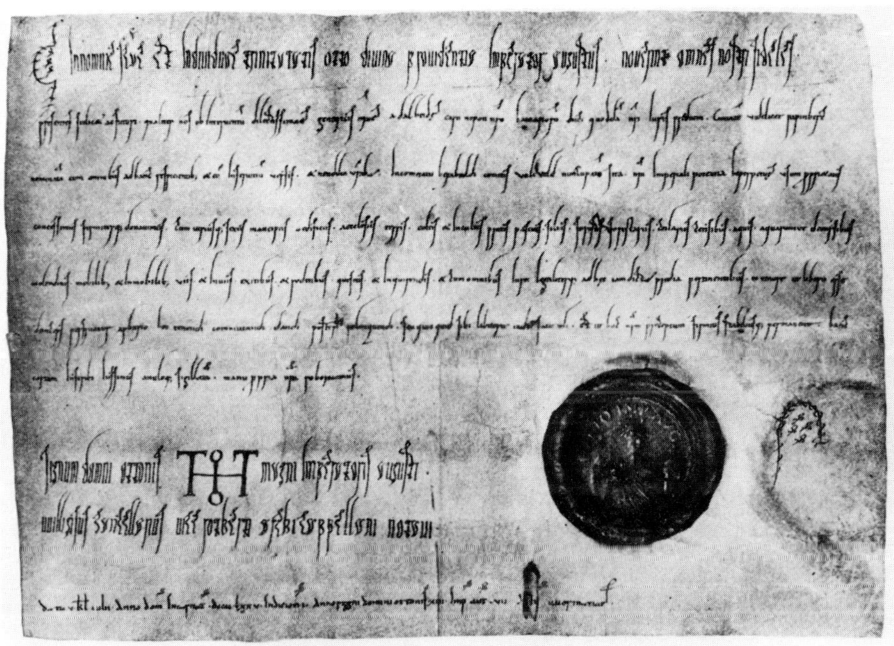

Urkunde Ottos II. für den Herzog von Bayern von 973. Das Marktprivileg Ottos I. für den Erzbischof Adaldag von Bremen sah ähnlich aus.

Kaiser Otto I. am 10. August 965

Im Namen der heiligen und unteilbaren Dreieinigkeit. Otto, durch Gottes Gnade Kaiser.

Wenn wir den Bitten der Frommen nachgäben und die dem Gottesdienst geweihten Orte mit Freigebigkeit beschenkten, so glauben wir unzweifelhaft, daß diese Tat uns Lohn in der Ewigkeit bringen würde. Darum sei allen kund, daß wir aus Liebe zu Gott die Bitten des ehrwürdigen Adaldag, des Erzbischofs der Hamburger Kirche, erhört und ihm die Erlaubnis gegeben haben, im Orte Bremen einen Markt einzurichten. Gerichtsbann, Zoll sowie Münze und alle anderen königlichen Einkünfte übertragen wir der vorgenannten Kirche. Den Kaufleuten aber, die an jenem Orte wohnen, gewähren wir unseren Schutz und bestimmen aus kaiserlicher Machtvollkommenheit, daß sie in allem den gleichen Schutz und das gleiche Recht genießen wie die Kaufleute anderer königlicher Städte. Niemand soll sich an jenem Ort irgendwelche Gewalt anmaßen außer dem Erzbischof und seinem Beauftragten.

Durch unsere Hand gezeichnet und durch den Eindruck unseres Siegelringes bestätigt.

Gegeben am 10. August im Jahre der Fleischwerdung des Herrn 965, in der achten Indiktion, im 31. Jahre des Königtums und im 4. Jahre des Kaisertums des großen Kaisers Otto.

Geschehen zu Merseburg.
In Gottes Namen Heil!

schung sein. Da jedoch eine gleichlautende Bestätigung durch Otto III. im Original von 988 erhalten geblieben ist, dürfen wir uns im großen und ganzen auch auf den Text von 965 verlassen. Nur in einem Punkt — und der ist für ein Jubiläum besonders wichtig — scheint er nicht ganz zu stimmen: im Datum.

Die Urkundenkopie trägt die Jahreszahl 966; andere Zeitangaben (darunter die Regierungsjahre Ottos I.) weisen aber auf 965 hin. Da Otto I. am 10. August 966 nicht in Merseburg, dem Ausstellungsort der Urkunde, gewesen sein kann, weil er sich wenige Tage später in Worms aufhielt, wird die Urkunde heute wohl mit Recht auf 965 datiert; sie dürfte also tatsächlich vor 1000 Jahren ausgestellt worden sein.

Unter welchem Motto sollte nun gefeiert werden? Darüber gab es manche lebhafte Diskussion. Die einen wiesen darauf hin, daß Bremen 965 nicht zum ersten Mal genannt wurde, daß es demnach älter als 1000 Jahre sei. Man konnte also nicht „1000 Jahre Bremen" feiern. Das Motto „1000 Jahre Bremer Markt" stand dann zur Diskussion. Aber auch dagegen erhoben sich Einwände, denn die Markturkunde von 965 war nicht die erste, die das Erzbistum Hamburg-Bremen von einem König erhielt.

Das erste Bremer Marktprivileg verlieh König Arnulf von Kärnten, der vorletzte ostfränkische Karolinger, im Jahre 888. Es handelt sich dabei um eine Urkunde, die im Staatsarchiv Hannover verwahrt wird. Sie ist schon seit langem sehr schadhaft: Das Siegel ist abgefallen, das Pergament durchlöchert und die Schrift so sehr verblaßt, daß man sie kaum noch entziffern kann. Hätte man nicht im 17. Jahrhundert eine Abschrift angefertigt und ließe sich die fast verschwundene Schrift nicht im Licht einer Quarzlampe wieder deutlicher lesen, so könnten wir den Inhalt der Urkunde nicht mehr in allen Einzelheiten erschließen. So aber wissen wir, daß König Arnulf dem Erzbischof Rimbert im Jahre 888 u. a. Markt, Münze und Zoll in Bremen verlieh, weil die Kirche dieselben Rechte in Hamburg durch die Normanneneinfälle verloren hatte.

Da also der Bremer Markt offenbar schon 888 genannt wurde, konnte man 1965 nicht seine Tausendjahrfeier begehen. Aber schließlich bleibt noch etwas anderes: Im Privileg von 965 ist — im Unterschied zu dem von 888 — von Kaufleuten die Rede, die in Bremen ansässig sind, die den Kaufleuten anderer königlicher Städte (womit vor allem die großen Städte im Westen und Süden des Reiches gemeint sind) gleichgestellt sein sollen. Es ist natürlich möglich, daß auch schon 888 — vielleicht sogar schon früher — Kaufleute in Bremen wohnten; aber sie wurden erst 965 urkundlich genannt, so daß es also mit einigem Recht heißen dürfte: „1000 Jahre Bremer Kaufmann".

Aber auch dieses Motto fand aus verschiedenen Gründen keine Gnade: Vor allem schien es zu einseitig auf einen einzigen Berufsstand bezogen und war als Werbetext zu nüchtern. So wählte man denn schließlich die Formulierung „Bremen — ein Jahrtausend Schlüssel zur Welt". Sicher wird damit der feste Boden wissenschaftlicher Erkenntnis verlassen, denn der „Schlüssel zur Welt" im Bremer Wappen ist an sich der „Schlüssel zum Himmel" des Apostels Petrus, des Schutzpatrons von Erzbischof und Dom. Zudem mag die Bedeutung Bremens in früheren Zeiten überhöht sein, wenn man es als „Schlüssel zur Welt" seit einem Jahrtausend bezeichnet.

Aber was tut es schon? Wer feiern will, der wird auch einen Grund finden, und es tut gut, sich hin und wieder im Rahmen eines Jubiläums über die Vergangenheit Rechenschaft abzulegen. Man wird dann auch gern gegenüber einem Motto Nachsicht üben, das der strenge Wissenschaftler kritisieren mag, das aber durch seine Anschaulichkeit einprägsam ist.

Kaiser und Erzbischof

Siegel Ottos I.

Erzbischof Adaldag, der Empfänger der Urkunde von 965, war einer der bedeutendsten Kirchenfürsten der ottonischen Kaiserzeit — ein Mann freilich, der mehr Politiker als Geistlicher war. Wahrscheinlich stammte er aus sächsischem Adel und wurde um 900 geboren. Er kam in jungen Jahren ins Hildesheimer Domstift und wurde dort durch König Heinrich I. in die Hofkapelle geholt, die auch als Kanzlei des Reiches diente. Unter Otto I. (936—973) war Adaldag zunächst Kanzler und Notar; als solcher hatte er sich u. a. mit der Ausstellung königlicher Urkunden zu befassen.

Er muß sich am Hof sehr schnell hohes Ansehen erworben haben, denn schon 937 erhielt er auf Fürsprache der Königinmutter Mathilde den Hirtenstab der Hamburgischen Kirche, zu der auch das Bistum Bremen gehörte. Noch im gleichen Jahre wurde er zudem von Otto I. mit zwei wichtigen Privilegien beschenkt, durch die dem Erzbischof der königliche Besitz im Erzstift (u. a. auch in Bremen) übereignet wurde.

In den folgenden Jahrzehnten war Erzbischof Adaldag oft in der Umgebung des Königs, der ihn zum wichtigsten Berater in allen Skandinavien- und Slawenfragen machte. Dem Erzbischof selbst wurden neue Bistümer in Dänemark und jenseits der Elbe unterstellt. 961 zog er mit Otto I. nach Italien und nahm im nächsten Jahr an der Kaiserkrönung in Rom teil. Erst im Frühjahr 965 kehrte er zurück und zog dann im Sommer wieder an den Königshof, der sich damals in Magdeburg und Merseburg befand. Hier in Merseburg erhielt der Erzbischof am 10. August vom Kaiser die Urkunde für den Markt und die Kaufleute in Bremen — sicher als Belohnung für treue Dienste auf dem soeben beendeten Italienzug. Otto I. starb 973.

Der Erzbischof überlebte ihn noch um 15 Jahre. Er hielt sich vor allem in Bremen und Hamburg auf, pflegte jedoch weiter seine Beziehungen zum Königshof. Als Otto III. sich im März 988 in Wildeshausen aufhielt, empfing Adaldag von ihm u. a. eine noch im Original erhaltene Bestätigung der Urkunde von 965. Einen Monat später starb der Erzbischof hochbetagt in Bremen und wurde im Dom beigesetzt. Dort ruhte er im Langhaus mehr als 400 Jahre in einer großen Grabanlage, in der mit ihm 13 weitere Bischöfe und Erzbischöfe bestattet waren. Als sein Grab im Jahre 1420 bei Bauarbeiten zusammen mit fünf anderen geöffnet wurde, fand man neben den sterblichen Überresten eine Bleiplatte mit dem Namen und dem Todesdatum. Die Gebeine aus den sechs geöffneten Gräbern wurden damals in eine neue Grabtumba übergeführt, die wohl nach der Reformation abgebrochen worden ist. Die Knochenreste dürfte man außerhalb der Kirche auf dem Friedhof bestattet haben, wo sie längst vergangen sind.

So war die Welt damals

Das Jahr 965 war keine Sternstunde der Weltgeschichte. Otto I., der sich viele Jahre hindurch nur schwer gegenüber den Herzögen durchsetzen konnte, versuchte die Bischöfe durch Schenkungen für sich zu gewinnen, und so wird es auch verständlich, daß Erzbischof Adaldag großzügig mit Privilegien bedacht wurde. Seit 951 griff der König auch in Italien ein, ließ sich 962 in Rom zum Kaiser krönen und schuf Ordnung auf dem Stuhl Petri. Den Osten des Reiches sicherte er gegen die Ungarn (955 Sieg auf dem Lechfeld), und errichtete gegen die Slawen einen Schutzgürtel von Marken. Mit dem Kaiser in Konstantinopel unterhielt Otto I. freundschaftliche Beziehungen und vermählte seinen 17jährigen Sohn mit der byzantinischen Prinzessin Theophanu.

Die Kultur jener Zeit wurde durch die Kirche bestimmt: 965 schrieb der Mönch Widukind im Kloster Corvey an seiner „Sachsengeschichte", und auf der Insel Reichenau malten die Mönche an ihren prächtigen Miniaturen. 965 stand in Spanien das Kalifat von Cordova in höchster Blüte; die Herrschaft der Karolinger in Frankreich neigte sich dem Ende zu.

Erzbischof Adaldag, wie er im 16. Jahrhundert dargestellt wurde. Links das erzbischöfliche Wappen mit den gekreuzten Petrusschlüsseln.

Erzbischof Adalbert, das Reich und der Norden

Monogramm des Erzbischofs Adalbert in einer Urkunde vom 20. Juli 1059.

Unter dem Erzbischof Adalbert (1043–1072) rückte das noch kleine Bremen an eine hervorragende Stelle im Weltgeschehen: Es war Residenz eines Mannes, der einige Jahre hindurch die Regierung des abendländischen Kaiserreiches führte, und es war Mittelpunkt einer Kirchenprovinz, die weite Länder und Meere des europäischen Nordens umfaßte. Es ist ein besonderer Glücksumstand, daß zugleich Magister Adam, der Leiter der Domschule, über seinen kirchlichen Herrn eine Lebensbeschreibung verfaßte, die so einfühlsam und so realistisch ist wie kaum eine zweite des Mittelalters

Erzbischof Adalbert stammte von der Burg Goseck an der Saale aus vornehmem thüringischem Geschlecht und besuchte die Halberstädter Domschule. Im gleichen Bischofsort war er dann Geistlicher und Dompropst. Den Bremer Erzstuhl verdankt er dem Wunsche König Heinrichs III., die einflußreiche Familie Adalberts und diesen selbst an sich zu binden, um dadurch im Herzogtum Sachsen ein Gegengewicht gegen den widerspenstigen Adel zu haben.

Erzbischof Adalbert war einerseits ein Mann der Welt, ein durch und durch politischer Mensch, andererseits aber auch ein frommer und demütiger Christ. Dem mittelalterlichen Menschen mag es leichter gefallen sein, beides miteinander zu vereinigen; aber es bleibt doch der Eindruck schroffen Zwiespalts im Charakter des Kirchenfürsten. Er saugte sein Erzbistum rücksichtslos aus, um seine Stellung am Kaiserhof zu finanzieren, war jedoch den Armen gegenüber ein mitfühlender Spender; er umgab sich mit schmeichelnden Höflingen, und er wusch den Gebrechlichen demütig die Füße; er konnte im Zorn Menschen blutig schlagen, kurz darauf bereute er es und war voll Mitleid.

Dem Kaiser Heinrich III. diente er zunächst in der italienischen Kanzlei als eine Art Staatssekretär. Dann begleitete er ihn auf seinen Feldzügen im Osten. Als einer der Erzieher des jungen Heinrich IV. wurde er zunächst von glücklicheren Konkurrenten verdrängt, konnte sich dann aber seit 1063 wieder durchsetzen und bis 1065 praktisch die Reichspolitik leiten. In diesem Jahre wurde er von einer Fürstenverschwörung gestürzt und mußte einige Jahre unter größter Bedrängnis bei Goslar und in Bremen leben, bis er 1071 noch einmal erster Mann am Königshofe wurde. Aber schon ein Jahr später starb er.

Erzbischof Adalbert ließ sich vom Kaiser und König riesige Besitztümer schenken: das Gut Lesum bei Bremen mit 700 Hufen, Klöster, Forstrechte und ganze Grafschaften, aber auch Kleinodien wie Psalter, Weihrauchfässer, Leuchter, Prunkgewänder und Reliquienkästen.

Adalbert war kein Missionar wie Ansgar, der den persönlichen Einsatz im Norden nicht scheute, sondern ein Kirchenorganisator großen Stils, der seine Unternehmungen vom Königshof oder von Bremen und Hamburg aus lenkte. Er weihte Missionsbischöfe, schickte sie mit strengen Anweisungen hinaus und nahm sie scharf am Zü-

Erzbischof Adalbert nach einer Darstellung in der Renner-Chronik von 1583

gel. Um die Kirche der nordischen Reiche in seiner Hand zu behalten, erstrebte er für sich den Rang eines Patriarchen. Um allen kirchlichen Regeln genügen zu können, wollte er zudem in seinem engeren Erzbistum Hamburg—Bremen nicht weniger als zwölf Bistümer einrichten, darunter in Orten wie Lesum und Stade. Es waren große Pläne, die zunächst gar nicht so unmöglich schienen, da der Papst mit Adalbert befreundet war; dennoch zerschlugen sie sich. Sein Verdienst aber bleibt es, daß er sich trotz vieler Widrigkeiten energisch um die Festigung des Christentums und der kirchlichen Organisation in Nordeuropa bemüht hat.

Der Erzbischof starb ganz plötzlich in der Kaiserpfalz zu Goslar am 16. März 1072. Außer Büchern, Reliquien und Weihgewändern fand sich nichts in seinem persönlichen Besitz. Der Leichnam wurde nach Bremen übergeführt und nach Adam von Bremen mitten im Chor bestattet. Möglicherweise fand eine Umbettung in die später erbaute Ostkrypta statt, denn eine Quelle berichtet, daß er dort begraben sei, und an dieser Stelle wurde 1930 ein Grab gefunden, das man für das des großen Erzbischofs hielt. Dort wurde dann eine Gedenkplatte in den Boden eingelassen. — Aus den Aufzeichnungen des Magisters Adam, Leiters der Domschule:

Der Neubau des Doms seit 1043:

„Als er sah, daß das gewaltige Werk des kürzlich begonnenen Doms sehr große Kräfte erforderte, ließ er sofort ... die von seinem Vorgänger angefangene Mauer der Domburg als weniger wichtig einreißen und befahl, die Steine für das Gotteshaus zu verwenden. Damals wurde nun auch der prächtige Turm, der ... mit sieben Kammern ausgebaut war, von Grund aus abgebrochen ... Endlich im 7. Jahr nach dem Beginn des Werkes wurde die Vorderfront fertiggestellt und der Hauptaltar ... zu Ehren der heiligen Maria geweiht."

Das Attentat von Lesum, 1048:

„Als der Kaiser (Heinrich III.) ... aus Italien zurückkehrte, soll ihn unser Erzbischof nach Bremen eingeladen haben ... Der Kaiser aber wurde zu Bremen mit königlicher Pracht, wie es sich gehörte, empfangen ... Als der Kaiser dann nach Lesum kam, wurde er alsbald, wie es heißt, von Graf Thietmar (einem Billunger) hinterlistig umstellt, aber durch die Bemühungen unseres Erzbischofs geschützt. Deswegen wurde der Graf vom Kaiser vor Gericht geladen und, als er sich durch einen Zweikampf reinigen wollte, von dem kaiserlichen Lehnsmann Arnold getötet. Dieser wurde aber selber einige Tage darauf von Thietmars Sohn ergriffen und verendete, an den Beinen aufgehängt, zwischen zwei Hunden, worauf auch dieser vom Kaiser gefaßt und mit ewiger Verbannung bestraft wurde."

Der Erzbischof kommt nach Bremen, 1063:

„Damals also kam er, durch die großen Ehren am Hof aufgeblasen ... nach Bremen mit einer ... ungeheuren Menge von Bewaffneten und beschwerte Volk und Land mit neuen Auflagen."

Die Kaufleute werden bedrückt, 1065:

„Zu der Zeit konnte man ein klägliches Schauspiel in Bremen sehen, wie Bürger, Krieger, Kaufleute, ja, was noch schlimmer war, Geistliche und Nonnen bedrückt wurden ... Die Beutelust ging auch nicht an Kaufleuten vorüber, die aus allen Teilen der Erde mit Waren nach Bremen kamen; sie alle zwang die fluchwürdige Erpressung der Zollbeamten, oft arm abzuziehen. So sieht man bis auf den heutigen Tag den Ort von Bürgern und den Markt von Waren entblößt."

Münzen der damaligen Zeit mit Köpfen der Herrscher. Links: Heinrich IV. auf dem sogenannten Duisburger Denar (Original-Durchmesser: 20,5 mm), rechts: Heinrich III., Mindener Denar (18 mm). Erzbischof Adalbert war Berater beider Kaiser.

Adam registrierte auch Seemannsgarn

In der Hamburg-Bremischen Kirchengeschichte Adams, um 1075 geschrieben, finden sich zahlreiche geographische Angaben, vor allem aber im 4. Buch, das eine „Beschreibung der Inselwelt des Nordens" darstellt. Aus den Richtungs- und Entfernungsangaben hat Axel Anthon Bjørnbo 1909 eine Karte entworfen, die damit den geographischen Vorstellungen des Magisters und auch wohl seiner Zeitgenossen in Bremen einigermaßen entsprechen dürfte. Dabei ist eine Tagesreise zu Lande mit etwa 50 km und zu Wasser mit etwa 200 km berechnet.

Besonders auffällige Fehler sind: die west-östliche Richtung der Ostsee, die Inselgestalt Kurlands, Estlands und Samlands sowie das Zusammenfallen von Irland und Schottland. Einerseits sieht Adam die Erde als Kugel, andererseits nimmt er aus der Antike die Vorstellung vom unendlichen Ozean, der alle Länder umgürtet. Besonders gut bekannt sind ihm Dänemark und das Gebiet nordöstlich der Elbe, wogegen ihm die weitere Umgebung Bremens offenbar nicht besonders geläufig war.

Seine Quellen waren neben eigener Anschauung (Adam war in Dänemark gewesen) die Erzählungen des weitgereisten Königs Sven von Dänemark sowie von Missionaren und Seeleuten, wobei er manches Seemannsgarn gläubig registrierte. Da ihm Schiffer oft von Städten erzählten, die sie zu Wasser erreicht hatten, vermutet Adam diese Orte an der Küste, obwohl sie in Wirklichkeit landeinwärts an Flüssen lagen. Wenn etwa ein mündlicher Bericht einer schriftlichen Quelle der Antike widersprach, brachte er beides, gab aber dem griechischen oder lateinischen Autor den Vorzug. Viele Fehler, ja, manche phantastischen Vorstellungen flossen in das einmalige Werk. Unter anderem findet man in seinem Buch die folgenden Schilderungen:

Helgoland:

„Diese Insel liegt gegenüber von Hadeln. Ihre Länge ist kaum acht Meilen, ihre Breite vier; die Menschen benutzen Stroh und Schiffstrümmer zum Brennen. Es geht die Rede, daß Seeräuber, wenn sie von dort auch nur einmal die geringste Beute davongetragen haben, entweder bald durch Schiffbruch umkommen oder von jemandem ermordet werden ... Deshalb pflegen sie den dort lebenden Eremiten den Beutezehnten mit großer Ehrfurcht darzubringen. Die Insel ist sehr fruchtbar an Getreide und bietet Nahrung für Vögel und Vieh; sie hat einen einzigen Hügel und keinen Baum, ist von steilen Klippen umschlossen und hat nur einen Zugang, wo auch Süßwasser ist. Der Ort ist allen Seeleuten ehrwürdig, vor allem den Seeräubern. Daher hat er seinen Namen bekommen: Heiligland."

Weiberland:

„An den Gestaden des Baltischen Meeres sollen die Amazonen leben, deren Land

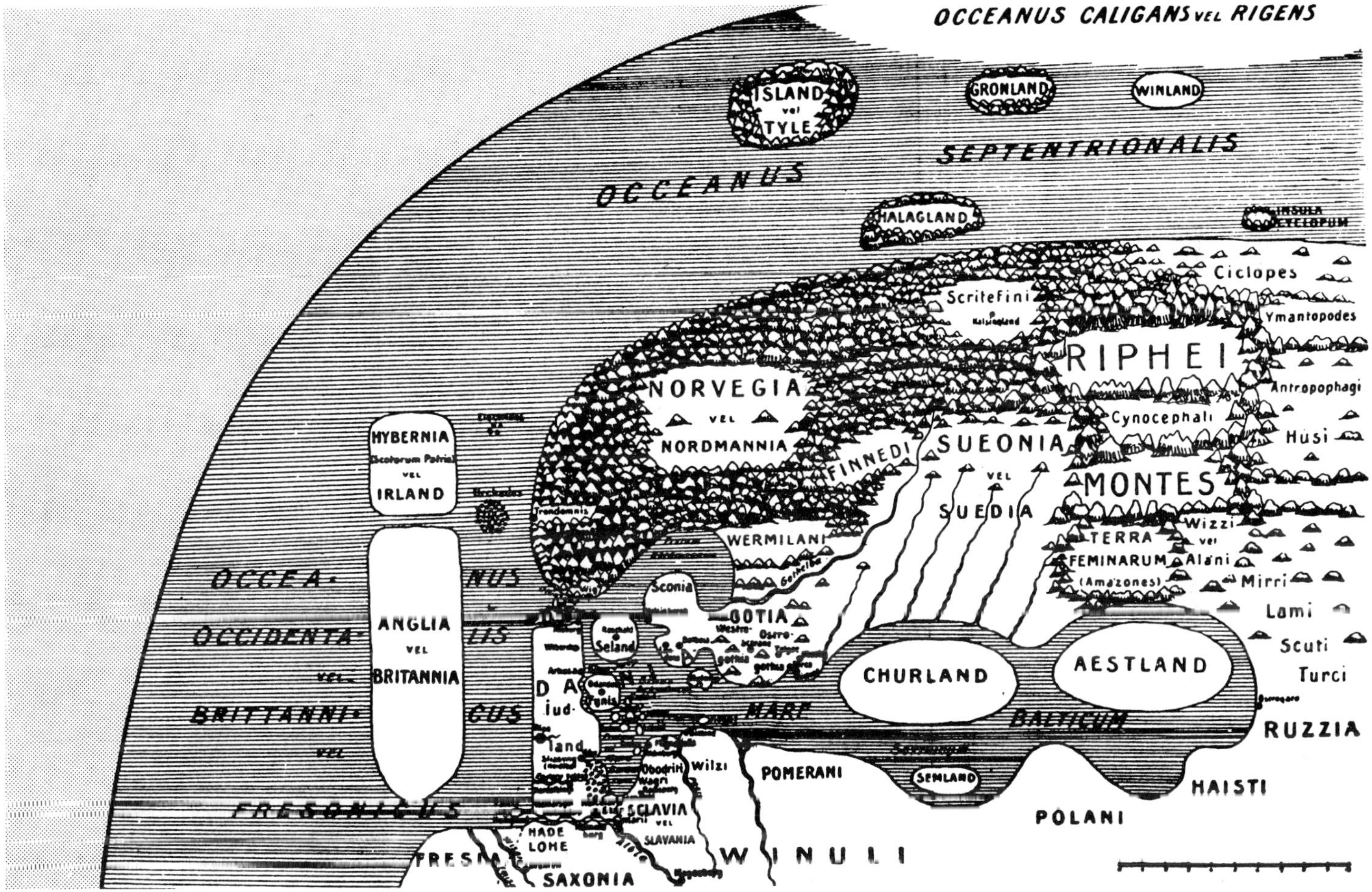

Rekonstruktion der geographischen Vorstellungen Adams von Bremen von 1070 nach Bjørnbo, 1909. Die Karte entstand nach den Entfernungs- und Ortsangaben Adams.

jetzt Weiberland heißt. Diese sollen nach einigen Berichten durch den Genuß von Wasser empfangen, andere berichten, daß sie von den durchreisenden Kaufleuten schwanger würden, von ihren Gefangenen oder auch von Ungeheuern, die dort nicht selten sein sollen. Dies halte ich auch für glaubwürdiger. Und wenn sie gebären, so werden die Knaben Hundsköpfe, die Mädchen die schönsten Frauen. Diese leben nur mit ihresgleichen und verschmähen den Umgang mit Männern, die sie sogar, wenn welche kommen, mannhaft zurückweisen. Hundsköpfe aber sind Wesen, die das Haupt auf der Brust haben . . ., statt zu sprechen, bellen sie Worte."

Der heilige Hain von Upsala:

„So haben sie für alle ihre Götter Priester bestellt, die die Volksopfer darbringen. Wenn Seuche und Hungersnot drohen, wird dem Gotte Thor geopfert, wenn Krieg ist, dem Wodan, wenn eine Hochzeit zu feiern ist, dem Frikko . . . Das Opfer ist derart, daß von jedem Lebewesen männlichen Geschlechts neun Stück dargebracht werden, durch deren Blut jene Götter versöhnt werden. Die Körper aber werden in einem Hain aufgehängt, der neben dem Tempel liegt; denn dieser Hain ist den Heiden so heilig, daß sie glauben, jeder einzelne Baum darin werde durch den Tod oder die Verwesung der Geopferten geheiligt. Dort hängen auch Hunde und Pferde neben Menschen, und solche Körper, erzählte mir ein Christ, habe er 72 durcheinander aufgehängt gesehen."

Etwa zur gleichen Zeit . . .

Erzbischof Adalbert übte sein Kirchenamt von 1043 bis 1072 aus.
Während dieser Zeit regierte zunächst Heinrich III. (1039—1056), der 1046 in Sutri drei Päpste absetzte und einen neuen ernannte. Sein Sohn Heinrich IV. (1056—1106), dessen Erzieher und Berater Erzbischof Adalbert zeitweilig war, führte seit 1076 den Investiturstreit mit Papst Gregor VII.
In derselben Zeit baute man in Deutschland an zahlreichen romanischen Kirchen.
Im Kirchengesang wurde der einstimmige gregorianische Choral durch den mehrstimmigen Gesang verdrängt.
Seit 1043 drangen Normannen in Unteritalien ein, 1066 eroberten sie England.
In Kiew herrschte Jaroslav der Weise (1016—1054) und führte das russische Reich auf einen kulturellen und politischen Höhepunkt.
1054 vollzog sich die endgültige Trennung der Christen in eine griechisch-orthodoxe und eine römisch katholische Kirche.

Die Gemeinde wird mündig

Bremen hatte im 11. Jahrhundert nicht nur mit dem Erzbischof und der Kirche, sondern auch mit weltlichen Gewalten zu tun. Der norddeutsche Adel war oft mit dem Erzbischof verfeindet und störte gelegentlich auch das bremische Wirtschaftsleben. Zudem überwachten mächtige Herren als Vögte der Kirche deren weltliche Angelegenheiten: sie hielten Gericht ab, kontrollierten den Markt usw. Schwache Erzbischöfe wurden von ihren Vögten überspielt und hatten auch in Bremen selbst nur geringen Einfluß. Das wurde besonders deutlich zur Zeit Heinrichs des Löwen, der Jahrzehnte hindurch das Erzbistum praktisch in seiner Hand hatte und in Bremen einen von ihm abhängigen Stadtvogt einsetzte. Und doch förderte gerade Heinrich (er war von 1142 bis 1180 Herzog der Sachsen) die Entwicklung Bremens von einem abhängigen Marktort zur Stadt mit eigenen Entscheidungsmöglichkeiten, weil er sich von den Bürgern eine politische und wirtschaftliche Unterstützung sowohl gegen den ihm feindlichen Adel als auch gegen den oftmals opponierenden Erzbischof erhoffte. Zum erstenmal ist für 1159 überliefert, daß ein Bürgerausschuß, ermuntert vom Stadtvogt Heinrichs des Löwen, dem Erzbischof mit einer Forderung in einer öffentlichen Angelegenheit gegenübertrat: Man wollte eine Festlegung der Rechte auf der Bürgerweide. Die Stadt entwickelte sich nun in kurzer Zeit zu so großer Selbständigkeit, daß sie es 1167 wagte, sich gegen die drückend empfundene Macht Heinrichs des Löwen aufzulehnen, allerdings vergeblich. Es zeichnet sich ab: Bremen ist eine Stadt geworden, die aktiv am politischen Geschehen teilnimmt.

Es war dann allerdings nach dem Sturz Heinrichs des Löwen (1180) die Frage, ob sich dieser Zustand halten und vielleicht sogar weiter ausbauen ließ. Es war sicher ein Glück für die Stadt, daß das Erzbistum in die Kämpfe der Staufer und Welfen verwickelt wurde, wobei die Bürger geschickt zwischen den Parteien lavieren konnten. Von allen Seiten ließen sie sich Rechte gewähren und bestätigen, so daß schließlich eine Lage erreicht war, die auch von einem vorübergehend erstarkten Erzbistum nicht wieder rückgängig gemacht werden konnte. Bremen hatte nun eine Stadtmauer, ein eigenes Gericht, einen Rat; es schloß mit auswärtigen Mächten Verträge und führte mit ihnen Fehden; es stellte eigene Urkunden mit einem besonderen Stadtsiegel aus. Als der Stedingerkrieg ausbrach, war die Stadt also bereits eine erhebliche politische Potenz.

Grabmal Heinrichs des Löwen im Braunschweiger Dom.

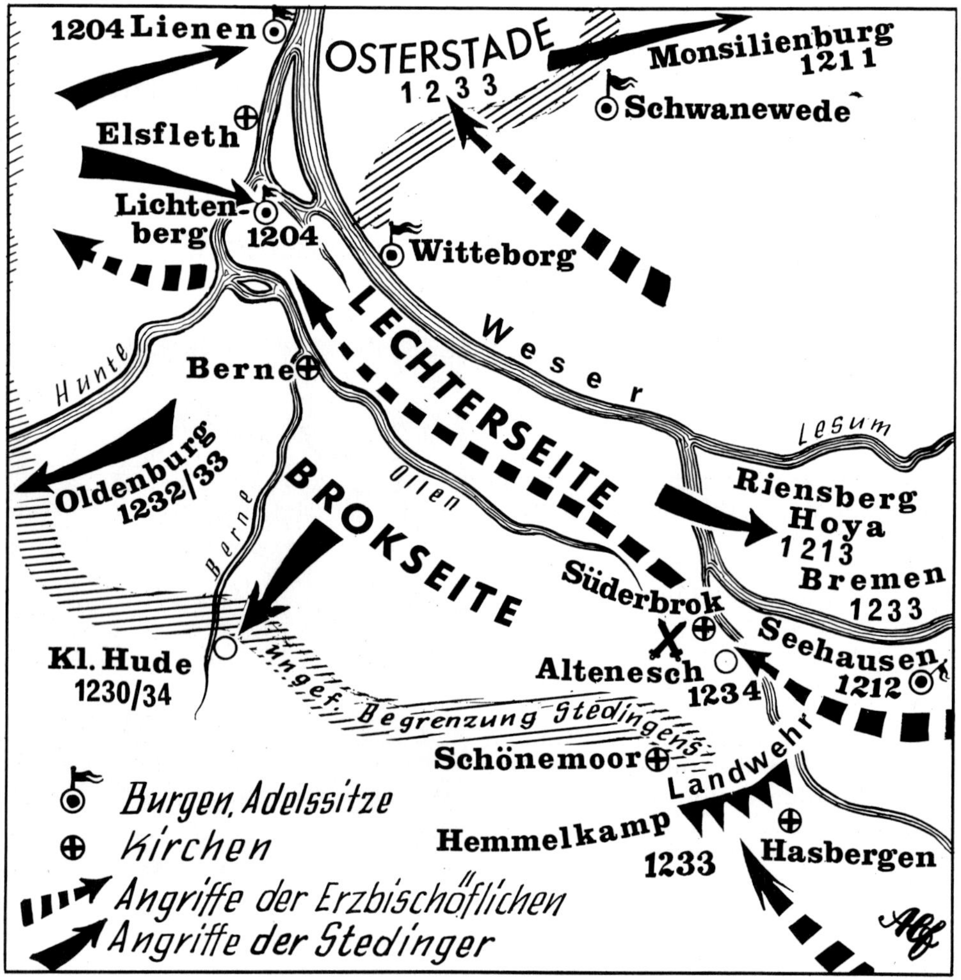

Die Stedinger Bauern und die Erzbischöflichen waren streitbare Leute und lieferten sich — siehe Karte — manche Angriffe. Der Bericht erzählt von diesen Kämpfen zwischen 1204 und 1234. Die Karte zeigt nur den südlichen Teil des damaligen Stedingen, Schauplatz dieser oft sehr gewalttätigen und blutigen Auseinandersetzungen.

Der Kreuzzug gegen die Stedinger

Der Untergang des Bauernvolkes der Stedinger war nicht nur eine tragische, sondern auch eine hochpolitische Begebenheit mit weitreichenden Folgen; sie hat in der bremischen Geschichte einen wichtigen Platz. Die Stedingerkämpfe wurden schon von den mittelalterlichen Chronisten Norddeutschlands stark beachtet; denn sie waren in mancherlei Beziehung recht eindrucksvoll. Wir müssen aber heute bedenken, daß die gesamte schriftliche Überlieferung — vielleicht mit Ausnahme der Chronik des friesischen Abtes Emo von Witt-Werum — den Stedingern feindlich gesonnen ist und im wesentlichen nur die vordergründigen Ereignisse sieht. Seit dem 19. Jahrhundert wurde das Heldentum der Stedinger romantisch verklärt, und 1834 entstand das schlichte Denkmal „Stedingsehre" auf dem St.-Veits-Hügel am Ochtumdeich bei Altenesch, dort, wo früher eine Kapelle an den Untergang der Bauern erinnert hatte. Erst die Forschung der letzten Jahre hat manchen Irrtum der älteren Geschichtschreibung ins rechte Licht gerückt.

Die Stedinger waren kein so kleines Bauernvolk, wie man nach der heutigen Ausdehnung „Stedingens" annehmen möchte, denn im Mittelalter gehörten die Marsch nördlich der Hunte bis nach Ovelgönne und das Land westlich der Weser bis zur Geest, das heutige Osterstade, dazu. Diese Gebiete waren im frühen Mittelalter größtenteils — aber nicht völlig — unbesiedelt. Erst seit dem Anfang des 12. Jahrhunderts kolonisierte man sie, wobei der Erzbischof das Siedlungsgeschäft an Unternehmer übertrug. Dem Erzbischof aber blieben Kirchen- und Gerichtshoheit mit Zehnten und Zinsen. Viele Siedler wurden freie Bauern, andere waren als Meier von Adligen und Klöstern abhängig, strebten aber auch danach — wie die Friesen —, freie Bauern auf freiem Boden zu werden. Sehr bald begann man, das Land durch Deiche zu sichern — ein gewaltiges Werk, zu dem sich die Bauern in einem engen Verband zusammenschließen mußten. So entstand ein vitales und wohlhabendes Bauerntum, das sich seines Eigenwerts sehr bald bewußt wurde.
Vielfältige Wirtschaftsbeziehungen verbanden Stedingen mit Bremen, dessen Bürger sich zur gleichen Zeit in einer gemeinsam handelnden Gemeinde zusammenschlossen. Die politischen Ereignisse kamen dem Streben von Bürgern und Bauern entgegen: Sie konnten im Kampf der Welfen und Staufer

Gerhard II., in vitae et res gestae archiepiscoporum et episoporum Bremensium, verlegt bei Wilh. Wessel, 1617.

ihre Stellung erheblich verbessern. Während sich die Bremer vor allem vom Druck des Erzbischofs zu befreien suchten, führten die Stedinger ihren ersten Stoß gegen die Oldenburger Grafen, die zwei Burgen an der Weser errichtet hatten, um von dort aus die Schiffahrt zu kontrollieren und Oldenburger Rechte in Stedingen wahrzunehmen. Nach einem Beschluß im Bauernthing wurden beide Burgen 1204 zerstört. Einige Jahre später, wohl 1207, zog ein Bremer Erzbischof mit Kriegsvolk nach Stedingen, um die widerspenstigen Bauern zur Zinszahlung und damit zur Anerkennung seiner Oberhoheit zu zwingen. Dann setzten im Erzstift Wirren ein, weil zugleich zwei Erzbischöfe gewählt wurden, die sich nun heftig bekämpften. Sowohl die Stadt Bremen als auch die Stedinger bezogen Partei, um für sich Vorteile herauszuschlagen. Sie wechselten mehrfach die Seiten, die Stedinger innerhalb von zehn Jahren dreimal, je nach Zweckmäßigkeit. Sie unternahmen im Solde dieser und jener Partei vielbeachtete, fast stets erfolgreiche Kriegszüge.

Sie waren dabei, als 1208 Stade erobert wurde; sie brachen 1211 die Burg Seehausen und die erzbischöfliche Monsilienburg bei Beverstedt; sie zerstörten 1213 das Haus Riensberg bei Bremen und zogen sogar vor den Grafensitz Hoya, wo sie allerdings eine Niederlage erlitten; aber schon im nächsten Jahr eroberten sie Stotel auf der rechten Weserseite.

Durch ihre Erfolge waren die Stedinger zu einer bedeutenden militärischen Potenz geworden und hatten die Abhängigkeit vom Erzbischof und anderen Herren fast ganz abgeschüttelt. Die neuere Forschung hat zudem herausgefunden, daß sie auch die Bauern anderer Gebiete unterstützten, sich von adliger und kirchlicher Herrschaft frei zu machen. Damit gewann das Stedingerproblem für alle Beteiligten eine überragende Bedeutung.

Da wurde nun 1219 Gerhard II., ein Edelherr zur Lippe, zum Erzbischof gewählt, ein Mann mit einflußreichen Freunden und Verwandten, für den die Adelsherrschaft seiner Zeit eine Selbstverständlichkeit war und der für „bäuerliche Freiheit" kein Verständnis hatte, zumal sie bei den Stedingern auf Kosten der bremischen Kirche ging. Gerhard II. wandte sich 1229 energisch dem Stedingerproblem zu: Er forderte Zins und damit Anerkennung seiner Oberhoheit. Da er abgewiesen wurde, sammelte er seine Vasallen und Freunde und schickte sie gegen die Bauern. Die Erzbischöflichen erlitten aber am Weihnachtstag eine schwere Niederlage und ließen, neben vielen anderen, ihren Kommandanten, den Bruder Gerhards II., auf der Walstatt zurück.

Der Erzbischof suchte und fand nun Wege, aus der Auseinandersetzung mit den Stedingern einen Religionskrieg zu machen. Am 17. März 1230 fand in Bremen jene denkwürdige Synode statt, auf der vom Erzbischof Klage gegen die Stedinger erhoben wurde. Er warf ihnen vor, daß sie die Sakramente und die Lehren der Kirche verachteten, die Geistlichen quälten und töteten, Klöster und Kirchen beraubten und verbrannten, die Hostie mißbrauchten und verschiedene Arten von Zauberei trieben.

Manches dürfte im Haß übertrieben worden sein; aber im großen und ganzen hatten die Vorwürfe einen realen Hintergrund: Bei den Auseinandersetzungen der Bauern mit der Kirche mag es zu mancher Gewalttat gegen Geistliche gekommen sein; auch waren sicher zauberische Praktiken überall und so auch in Stedingen gebräuchlich. Man hatte geheimnisvolle Mittel, Verborgenes zu erkunden, Kranke zu heilen und Feinde zu schädigen. Dabei spielte auch der Zauber mit der Hostie gewiß eine wichtige Rolle. Das alles war an sich etwas Alltägliches; jetzt aber diente es der Kirchensynode als Grund, die Stedinger zu Ketzern zu erklären.

Nachdem ein Bekehrungsversuch der Bremer Dominikaner gescheitert war, wandte sich der Erzbischof an Kaiser Friedrich II. und an Papst Gregor IX., einen fanatischen Ketzerverfolger. Die Bauern sahen Unheil heraufziehen und schlossen den wichtigsten Zugang zu ihrem Lande am Hemmelskamper Wald zwischen Schönemoor und Hasbergen mit einer starken Landwehr aus Wall und Graben. Die hinüberführende Brücke sicherten sie durch einen Turm aus Findlingen.

Wappen des Erzbischofs Gerhard II. Die Rosen im Wappen erinnern daran, daß er ein Edelherr zur Lippe war.

An vielen Stellen war das Land von Natur aus durch Sümpfe, Flüsse und Gräben geschützt.

Am 26. Juli 1231 erließ der Papst seine erste Ketzerurkunde gegen die Stedinger: sie gestattete, daß die „Edlen und Mächtigen" aufgerufen wurden, „die ungläubigen Bauern auszurotten". Kaiserliche Ketzergesetze folgten im März 1232. Die „Edlen und Mächtigen", zu denen sich auch die Stadt Bremen rechnen durfte, rührten sich jedoch nicht, da sie nicht ohne eigenen Vorteil für den Erzbischof die Kastanien aus dem Feuer holen wollten. Für den Religionshader hatten sie nur wenig Interesse. Eine weitere Urkunde des Papstes steigerte nun aber die Aufforderung zu einer Verheißung, sie versprach Ablaß für die Teilnahme an einem Kreuzzug gegen die ketzerischen Bauern.

Derweilen wurden die Stedinger immer offensiver: sie zerstörten die Burg Schlutter im Delmetal und griffen sogar Oldenburg an.

Gerhard II. warb nun um die Stadt Bremen, aber die Bürger hielten sich zurück, da sie zu den Stedingern rege Wirtschaftsbeziehungen hatten und da eine Stärkung des Erzbischofs nur ihr eigener Nachteil gewesen wäre. Gerhard II. aber machte immer höhere Angebote, bis der Rat der Stadt schließlich weich wurde und Hilfe versprach, sich dafür aber im März mit größtmöglicher Sicherung zahlreiche Rechte bescheinigen ließ: die Abschaffung unberechtigter Zölle, Wegegelder und schlechter Münze; Abgabenfreiheit bürgerlichen Grundbesitzes; Befreiung der Kaufleute von der Heerespflicht, Anerkennung des Stadtbesitzes und des Stadtrechts; Verbot des Burgenbaus zwischen Hoya und Nordsee; Überlassung eines Drittels der beschlagnahmten Güter in Stedingen; rücksichtslose Verfolgung von Straßenräubern usw.

Die mißtrauische Stadt schloß den Vertrag vor 98 Zeugen und ließ sich zu allem Überfluß noch Bestätigungsurkunden vom Domkapitel, Dominikanerorden und Deutschordenshaus ausstellen. Alle diese Urkunden wanderten als besonderer Schatz in die städtische Tresekammer im Nordturm der Liebfrauenkirche.

Der Erzbischof hatte nun Geistlichkeit, Adel und Bürger für seine Sache gewonnen. Im Juni 1233 zogen die Kreuzfahrerhorden dann mordend, raubend und brennend durch Osterstade. Mehr als 400 Männer, Frauen und Kinder wurden erschlagen und zahlreiche Gefangene als Ketzer verbrannt. Ein Angriff auf die Landwehr der Stedinger am Hemmelskamper Wald scheiterte jedoch; Graf Burchard von Oldenburg und 200 seiner Krieger blieben auf dem Felde. Auch ein Versuch, von Schiffen aus die Deiche zu durchstechen, wurde von den Bauern vereitelt.

Ein neuer Kreuzzugsaufruf des Papstes vom 17. Juni 1233 bemängelte den geringen Eifer der Kreuzfahrer und verhieß als besonderen Ansporn für den weiteren Stedingerkrieg die gleichen Vorrechte wie für einen beschwerlichen Zug ins Heilige Land.

Ritter, an der Spitze ein König, ziehen auf die Kreuzfahrt (Friedrich Barbarossa 1189). Aus einer Handschrift des Petrus de Ebulo.

So schildert ein unbekannter Künstler des 13. Jahrhunderts in der sächsischen Weltchronik die entscheidende Schlacht zwischen den Stedinger Bauern (links) und den Rittern. Darunter liest man in Mittelniederdeutsch: „Aldus namen de Stedinge eren Ende."

Im Winter 1233/34 wurde überall in Norddeutschland bis nach Westfalen und Flandern mit den neuen päpstlichen Verheißungen eifrige Kreuzzugspropaganda betrieben, und so kam denn im Frühjahr 1234 ein riesiges Unternehmen in Gang. An der Spitze ihrer Mannen trafen nach und nach viele edle Herren in Bremen ein und blieben dort zur Freude der Kaufleute, bis es losging: der Herzog von Brabant, die Grafen von Oldenburg, Ravensberg, Holland, Geldern, Berg, Jülich und Cleve mit ihrem Gefolge — ruhmbegierige, abenteuerliche und ablaßhungrige Scharen.

Am Morgen des 27. Mai 1234 zog das Heer von Bremen los, und zwar am linken Weserufer auf die Ochtummündung zu, wo sich die Stedinger hinter dem Fluß einigermaßen sicher fühlten; aber einige Schiffe der Kreuzfahrer fuhren nun in die Ochtum und bildeten eine Schiffsbrücke, über die das Heer ans Stedinger Ufer gelangte. Auf dem Felde vor Altenesch hatten sich die Bauern zum letzten Kampf aufgestellt, bewaffnet mit Kurzschwertern, Spießen und Lederschilden und bis zum letzten bereit, ihre „Freiheit" zu verteidigen. Auf dem Deich hinter der Kreuzfahrerfront betete die Geistlichkeit und sang das Todeslied „Media in vita in morte sumus!" Die beiden Heere hatten wahrscheinlich fast die gleiche Stärke, jedes etwa 4000 bis 5000 Mann. Das Ringen war zäh und erbittert — Ritter und reisige Knechte standen gegen streitbare Bauern. Schließlich unterlagen die Stedinger; sie wurden fast alle erschlagen, einige ertranken auf der Flucht im Sumpf oder in der Weser, und nur wenige entkamen ins befreundete Friesland. Mord und Brand wüteten nun überall im Lande bis über die Hunte hinaus.

In den Tagen darauf wurden Tausende von Toten bestattet, wobei Kreuzfahrer und Ketzer nicht immer geschieden werden konnten, obwohl das für die Art des Begräbnisses

Etwa zur gleichen Zeit...

...eroberten die Mongolen China, herrschte in Frankreich Ludwig der Heilige, der die Sainte Chapelle in Paris erbauen ließ

Als die Synode zu Bremen 1230 die Stedinger zu Ketzern erklärte, über ließ Konrad von Masovien dem Deutschen Ritterorden Kulm und Löbau, damit von dort aus die heidnischen Preußen sie bekämpften. Zu dieser Zeit starb Walter von der Vogelweide und arbeitete Eike von Repgow am „Sachsenspiegel" und an der „Sächsischen Weltchronik"

Papst Gregor IX. hatte Kaiser Friedrich II. 1227 gebannt, als dieser seine Kreuzfahrt abgebrochen hatte; 1230 aber schlossen die beiden wieder Frieden. 1232 übertrug Gregor IX. den Dominikanern als „Spürhunden des Herrn" die Inquisition in Deutschland; aber der eifrigste Ketzerverfolger Konrad von Marburg, der Beichtvater der heiligen Elisabeth, wurde 1233 von Adligen in Hessen erschlagen. In diesem Jahr begannen auch die Kreuzzüge gegen die Stedinger.

Dieses Ehrenmal in einem kleinen Hain in der Nähe von Altenesch erinnert an die Stedingerschlacht des Jahres 1234.

sehr wichtig gewesen wäre. Man begrub die Gefallenen teils auf den Friedhöfen, teils in einem geweihten Massengrab auf dem Schlachtfeld, dort wahrscheinlich, wo später die Kirche von Altenesch (Süderbrok) errichtet wurde.

Nun ging es an die Teilung der Beute: Viele der adligen Herren und der Bürger, die am Kreuzzug teilgenommen oder ihn sonst irgendwie unterstützt hatten, erhielten verwaiste Höfe, und auch die Kirche ging nicht leer aus. Die Grundherrschaft mit ihren abhängigen Meiern trat an die Stelle des freien Bauerntums. Am 21. August 1235 verhieß der Papst den überlebenden Stedingern kirchliche Gnade, wenn sie sich unterwarfen. Die erzbischöfliche Oberhoheit über einen Teil von Osterstade und über die Lechterinsel wurde ohne Einschränkung wiederhergestellt. Den Löwenanteil trugen die Grafen von Oldenburg davon, die ihr Herrschaftsgebiet bis an die Weser und Ollen vorschieben konnten und mit Burgen sicherten. Die Erwartungen der Stadt Bremen wurden nicht voll erfüllt, da sie sich gegenüber den Ansprüchen des Adels und der Kirche nicht durchsetzen konnte.

Für die Beurteilung des Stedingerkrieges wird man bedenken müssen, daß die Bauern sicher keine friedfertigen Engel waren, sondern kernige und selbstbewußte Menschen, die ihre eigenen Interessen rücksichtslos und — wenn es sein mußte — auch mit Gewalt vertraten. In die feudale Ordnung jener Zeit wollten sie sich nicht einordnen lassen, wobei sie sich im wesentlichen an der „friesischen Freiheit" orientierten. Ihre Zauberbräuche waren gewiß nicht ungewöhnlich. Anstößig wurden sie für die Kirche erst, als diese nach Motiven für eine „Verketzerung" suchte. Damit bietet sich für uns ein frühes und höchst aufschlußreiches Beispiel für den rücksichtslosen Einsatz moralischer und religiöser Argumente in einer politischen Auseinandersetzung.

Architekt und Bauhandwerker vor einer Stadt. Aus Rudimentum novitiorum, Lübeck 1475.

Glanz und Elend der mittelalterlichen Stadt

Voraussetzung für die politische Erstarkung Bremens war ein erheblicher wirtschaftlicher Aufschwung. Es war von Bedeutung, daß die umliegenden Marschgebiete seit dem 12. Jahrhundert durch Kolonisten (darunter viele Holländer) erschlossen wurden; der Handel zu Wasser und zu Lande gewann im norddeutschen Raum größere Bedeutung. Die Einwohnerzahl stieg (man darf sie für die Mitte des 14. Jahrhunderts auf etwa 20 000 schätzen). Es war aber kein leichter, selbstverständlicher Aufstieg, denn er führte durch mancherlei Krisen und Rückschläge. Erzbischof und Adel standen den Interessen der Bürger oft entgegen, und auch im Innern der Stadt gab es viele Kämpfe.

Machtkämpfe

Die mittelalterliche Stadt war trotz ihrer geringen Größe (Bremen hatte im 14. Jahrhundert knapp 20 000 Einwohner) ein äußerst komplizierter Organismus. Sie hatte eine Oberschicht von Grundbesitzern und Kaufleuten, eine Mittelschicht von Handwerksmeistern und Kleinhändlern, aber auch eine breite Unterschicht, die ohne jeden politischen Einfluß war. Zudem gab es Genossenschaften, die von großer Bedeutung sein konnten: Gilden, Zünfte und religiöse Bruderschaften. Hinzu kamen dann noch Familienbindungen, wirtschaftliche Interessen, persönlicher Ehrgeiz einzelner usw. So bestanden denn mancherlei Gegensätze, die sich oft in heftigen Revolutionen entluden.

Um 1300 herrschten in Bremen einige wenige reiche Familien, von denen manche in mächtigen steinernen Wohntürmen lebten, deren Fundamente in den letzten Jahrzehnten bei Bauarbeiten mehrfach ausgegraben wurden. In diesen Stadtburgen fühlten sich die Herrschenden einigermaßen sicher vor Brand und Mord.

Einer der einflußreichsten Männer dieser Zeit war Gottschalk Frese, der sein Steinhaus dort erbaut hatte, wo heute das Alte Rathaus steht. Einige jüngere Bürger seines Anhangs verübten mancherlei Gewalttat, ohne daß dagegen gerichtlich eingeschritten wurde, weil niemand es wagte, gegen sie als Kläger aufzutreten. Diese Willkür führte zur Bildung einer Oppositionsgruppe innerhalb der Oberschicht, die sich um den reichen Arnd von Gröpelingen scharte. 1304 beschlossen nun die Parteigänger Gottschalk Freses, Arnd von Gröpelingen zu beseitigen, und drangen in dessen steinernen Wohnturm ein, der in der Langenstraße neben der Stadtwaage lag. Arnd von Gröpelingen war sterbenskrank und hatte soeben von einem Priester die Letzte Ölung empfangen. Dennoch drangen die Mörder ins Krankenzimmer ein; der Diener des Kranken warf sich schützend über seinen Herrn, aber beide wurden erstochen.

Als diese Tat bekannt wurde, gelang den Anhängern Arnd von Gröpelingens ein Gegenzug: Sie versammelten sich in der kleinen St. Nikolaus-Kapelle am Brill und zogen dann mit zwei aufgerichteten Bannern zum Markt. Sie forderten alle anständigen Bürger auf, sich ihnen anzuschließen, und nun zeigte sich, wie weitverbreitet die Unzufriedenheit mit der Partei Gottschalk Freses gewesen war: Sie mußte in aller Eile die Stadt verlassen.

Es gelang ihr nun aber, mit einigen adligen Freunden ein Bündnis gegen die verhaßte Stadt zu schließen, und so kam es zu einer schweren Fehde. Feindliche Trupps erschienen vor den Mauern Bremens, konnten aber nichts Entscheidendes ausrichten. Im Frühjahr setzte die Stadt dann zum Gegenstoß an: Ihre Truppen gingen über die Lesum und griffen die Burgen der Ritter an, die mit Gottschalk Freses Partei befreundet waren. Vierzehn Burgen sollen dabei zerstört worden sein. Der Friede, der nun geschlossen wurde, war für die Stadt sehr vorteilhaft und versperrte den verbannten Familien eine Rückkehr in ihre Heimatstadt. Doch — die Verfassung Bremens änderte sich nicht; es herrschte auch weiterhin eine kleine Oberschicht reicher Familien.

Auch nach 1304 wetterleuchtete es in Bremen immer wieder. Blutige Wirren gab es 1347, wiederum ausgelöst durch Gegensätze innerhalb der Oberschicht. Otto Lange Mertens, Sohn eines Ratsherrn, hatte sich wegen Mordes vor dem Gericht des Stadtvogts zu verantworten. Der Fall war schwierig, weil der Mörder eine mächtige Sippe hinter sich hatte und zu einer Gruppe von Angehörigen der Oberschicht gehörte, die sich nach der „Casal", einem Patrizierhaus in der Obernstraße, „Casalbrüder" nannte. Es kam bei Verhandlungen im Rathaus zu Streit und Handgemenge, dann zog man die Sturmglocken, um die Bürgerschaft auf dem Marktplatz zu versammeln. Damit war aus der Kriminalaffäre eine hochpolitische Angelegenheit geworden. Wiederum endete der Streit damit, daß einige vornehme Bürger, darunter der Mörder Otto Lange Mertens und die Casalbrüder, aus der Stadt verbannt wurden. Die Casal selbst wurde dem Erdboden gleichgemacht.

Auch die dann folgenden Jahre brachten Bremen mancherlei Unruhe und einige weitere schwere Katastrophen: der gewählte Erzbischof Moritz belagerte und eroberte 1350 Bremen, das sich ihm widersetzt hatte. Zugleich wurde die Stadt von einer verheerenden Pestepidemie heimgesucht, die ein Drittel der Bürger dahinraffte. Es folgte eine verlustreiche Fehde mit dem Grafen von Hoya; zudem mußte die wirtschaftlich zerrüttete Stadt 1358 unter demütigenden Umständen um Wiederaufnahme in die Hanse nachsuchen, aus der sie wegen Ungehorsams ausgeschlossen worden war.

Das alles erzeugte Unruhe und Unzufriedenheit. Die große Revolution, die schon Jahre hindurch gedroht hatte, wurde dann durch eine schwierige Finanzfrage ausgelöst: 1358 waren 16 Ratsherren, 150 Bürger und viele Söldner bei Verden in die Gefangenschaft des Grafen von Hoya geraten und schmachteten lange Zeit in finsteren und feuchten Kellern der Grafenburg an der Weser. Als die Fehde 1359 zu Ende war, forderte der Graf hohes Lösegeld, das die Stadt jedoch nicht bezahlen konnte, da die Kassen leer waren. Die Verwandten einiger Gefangener beeilten sich, ihre Angehörigen mit eigenen Mitteln auszulösen, verlangten aber von der Stadt eine Rückerstattung ihrer Auslagen. Andere Gefangene mußten noch lange warten, bis sie mit staatlicher Unterstützung aus dem Kerker erlöst wurden.

Das alles machte viel böses Blut, und als der Rat nun eine Sondersteuer erhob, um die finanziellen Verpflichtungen der Stadt erfüllen zu können, da wurde vor allem in

Dieses Grabdenkmal, eine Leihgabe der Ansgarii-Kirche an das Focke-Museum, hält die Erinnerung wach an Arnd von Gröpelingen. 1304 wurde der Todkranke auf dem Sterbebett in seinem Wohnturm in der Langenstraße ermordet. Auch dem treuen Knecht, der sich vergeblich über seinen Herrn warf und ebenfalls erstochen wurde, hat der Steinmetz ein Denkmal gesetzt: Mit beiden Händen hält er das Kissen, auf dem der mit einer Art Barett bedeckte Kopf des Toten liegt.

Handwerkerkreisen offenbar gemunkelt, daß die einkommenden Gelder für undurchsichtige Zwecke verwandt werden sollten. Gegen diese Steuer organisierte sich nun die „Große Kompanie", in der vor allem Handwerksmeister die Wortführer waren.

1365 wagte diese Gruppe dann den offenen Aufruhr: sie richtete ein Banner mit dem Wappen der Stadt auf, hinter dem sich viele unzufriedene Bürger versammelten.

Der Rat raffte sich nach der ersten Überraschung zum Gegenschlag auf: er bot seinen Anhang in der Stadt und auf seinen Landgütern auf, ließ die Stadttore schließen und die Sturmglocken läuten. Die Ratspartei versammelte sich bewaffnet auf dem Marktplatz; einige Rädelsführer der „Großen Kompanie" wurden ergriffen, vor das Gericht des Vogtes gebracht und nach kurzem Prozeß geköpft.

Die geflohenen Führer der „Großen Kompanie" verbündeten sich nun mit dem Erzbischof Albert, einem geborenen Herzog von Lüneburg und einem geschworenen Feind städtischer Freiheit, und behielten auch Kontakt mit einigen Freunden, die in der Stadt geblieben waren.

Am 22. Mai 1366 wagten sie einen großen Schlag: begleitet von erzbischöflichen Truppen, sammelten sich die Verschwörer nachts vor Bremen. Einige von ihnen fuhren auf der Weser mit Booten an die Stadtmauer bei der Holzpforte und wurden von eingeweihten Bürgern heraufgezogen. Dann öffnete man das Brücken- und Herdentor von innen, so daß die erzbischöflichen Kriegsknechte in die Stadt eindringen konnten. Zwei Ratsherren wurden in den nächtlichen Kämpfen erschlagen, einige verließen mit ihrem Anhang die Stadt.

Es zeichnete sich nun immer mehr ab, daß hinter dem Aufruhr recht starke Kräfte standen: neben dem Erzbischof und vielen Handwerkerzünften auch einige Ratsherren und einflußreiche Domgeistliche. Die Einigkeit dieser Partei wurde aber sehr bald durch Übergriffe der Erzbischöflichen zerstört. Diese plünderten die Bürger aus, verbrannten den hölzernen Roland, das Wahrzeichen städtischer Freiheit, bauten am Ostertor und an der Weser zwei Zwingburgen und erhoben neue Steuern.

Die ausgewichenen Ratsherren suchten und fanden sehr bald Bundesgenossen in der Hanse und in den Grafen von Oldenburg und Delmenhorst. Im Juni 1366 drangen die Befreier mit Hilfe unzufriedener Bürger in die Stadt ein und eroberten sie in kurzer Zeit.

Furchtbare Rache brach nun über die Aufständischen herein: Einer ihrer Führer wurde erschlagen und dann in einem Fenster seines Hauses in der Langenstraße aufgehängt; andere Aufrührer wurden getötet, wo man sie antraf.

Die gesamte Bürgerschaft mußte dann dem Rat einen Treueid schwören; die Zünfte kamen unter die Kontrolle der Obrigkeit.

Bürgermeister Vasmer verliert seinen Kopf

In den folgenden Jahrzehnten führte das auch weiterhin von einer grundbesitzenden und kaufmännischen Oberschicht beherrschte Bremen eine Machtpolitik großen Stils im Unterwesergebiet; Bederkesa, Land Wührden, das Stadland und Butjadingen gerieten unter das Regiment der Stadt. Sie hatte jedoch ihre Kräfte überspannt und verlor 1424 die Gebiete links der Weser in wenigen Tagen an friesische Häuptlinge. Nun gärte Unzufriedenheit in der Stadt, und so kam zur äußeren Krise eine innere.

Ein Bürgermeister mußte 1425 Bremen verlassen; ein Jahr später mußte der ganze Rat zurücktreten, und die Gemeinde wählte einen neuen, in dem die alte Oberschicht freilich immer noch stark vertreten war, aber nur durch Ratsherren, denen die Gemeinde einigermaßen vertraute. Die Anfänge einer demokratischen Ordnung waren damit gegeben. Wichtig war, daß nun beschlossen und von den Bürgern beeidet wurde, daß Konspiration gegen die neue Ordnung als Hochverrat mit dem Tode bestraft werden solle.

Aber es gärte weiterhin: der alte Rat hetzte insgeheim gegen den neuen; Teuerung und Pest erregten die Gemüter. Schließlich gingen zwei Bürgermeister und sechs Ratsherren des alten Rates aus der Stadt und zogen nach Stade. Von hier aus klagten sie bei König und Hanse über die revolutionäre Gewalttat. Anfang 1430 wurde Bremen in des Reiches Acht getan.

In dieser Zeit verließ nun Bürgermeister Johann Vasmer die Stadt und begab sich zu den Ausgewiesenen in Stade, obwohl er dem neuen Rat angehörte. Es ist nicht genau bekannt, was er dort wollte; sicher ist nur, daß er sich am 6. Juni 1430 auf den Weg nach Oldenburg machte, um dort mit den Grafen zu verhandeln.

Bei der Mühle von Rekum, also vor dem Übergang über die Weser, erkannte ihn ein Bremer Knochenhauer; Vasmer wurde ergriffen und nach Bremen gebracht, wo ihn der

Rat in kurzem Prozeß zum Tode verurteilte, weil er gegen die neue Ordnung konspiriert habe.

Die öffentliche Verhandlung vor dem Vogtsgericht, die im Strafverfahren den traditionellen Abschluß bildete, fand am 20. Juni unter dem zweiten Rathausbogen statt. Der Ankläger des Rates beschuldigte Vasmer, die Eintracht zwischen Rat und Gemeinde gebrochen zu haben und daher meineidig geworden zu sein. Vasmer jedoch beteuerte laut seine Unschuld; aber zwei Abgesandte des Rates erklärten, daß er schuldig sei und die Todesstrafe verdiene. Wiederum bestritt der Angeklagte das und forderte Dank für seine Verdienste um die Stadt. Zudem forderte er einen Beweis seiner Schuld durch Zeugen und bat den Vogt, daß er einen von den umstehenden Bürgern benenne, damit dieser — wie üblich — das Urteil sprechen möge.

Der Vogt rief nun einen Tonnenmacher auf, und dieser forderte einen eindeutigen Zeugenbeweis, obwohl ihm klar sein mußte, daß der Rat das Todesurteil bereits gesprochen hatte. Die beiden Beisitzer aus dem Rat protestierten sogleich heftig und ließen sich von ihren Kollegen im Rathaus noch einmal den Tatbestand des Eidbruches und das Todesurteil bestätigen.

Der Vogt war nun in einer schwierigen Lage. Sollte er dem Druck des Rates weichen? Er tat es und richtete nun an den Scharfrichter die makabre Frage nach dem Urteil. Vasmer protestierte heftig, denn es ging um sein Leben; aber es half nichts: Der Scharfrichter sagte: „Meine Herren haben mir befohlen zu sagen, ihm solle das Haupt abgeschlagen werden."

Vasmer wehrte sich zwar immer noch mit Worten, wurde aber dennoch durch das Ostertor zu einem Dünenhügel mit einer Windmühle in der Nähe des Paulsklosters geführt, wo er geköpft wurde. Den Leich-

Fast jede der hier geschilderten Revolutionen endete mit einem Bluturteil. Der Scharfrichter waltete, wie hier in einer Darstellung des Augsburger Laienspiegels aus dem Jahre 1500, seines Amtes.

nam brachten seine Freunde ins nahe Kloster, wo er vor der Taufe bestattet wurde.

Schon zur Zeit, als Vasmer sein Leben lassen mußte, wurde das Verfahren gegen ihn heftig kritisiert, weil der Rat zugleich Richter, Kläger und Zeuge gewesen sei. Das Bild des „unschuldigen Vasmer" blieb unangetastet, bis 1830 der damalige Rechtsanwalt und spätere Senator Ferdinand Donandt das Urteil für materiell und formell gerecht, ja, sogar für politisch notwendig hielt. Nun setzte ein heftiger Meinungsstreit ein, der aber zu keinem endgültigen Ergebnis führen konnte, weil über wichtige Einzelheiten der Handlungsweise Vasmers und des Prozesses Unklarheit herrscht.

So ist etwa unbekannt, ob der Rat bei seiner Urteilsfindung sichere Anhaltspunkte für den Verrat Vasmers hatte oder ob er nicht etwa unter dem Druck der öffentlichen Meinung handelte. Vor allem wissen wir auch nicht, welche Absichten hinter Vasmers Reise nach Oldenburg standen: Wollte er mit den Grafen gegen den neuen Rat konspirieren oder sie nur für eine Vermittlung im Streit gewinnen? Nur soviel ist sicher: Vasmer hatte sich vom neuen Rat abgewandt, so daß die Vermutung nahelag, daß er auch gegen ihn handeln wollte. Tat er es, wäre das Todesurteil gegen ihn juristisch gerechtfertigt gewesen.

Die Verhandlung im Gericht wurde durch die Einsprüche des Angeklagten und durch den Versuch des Vogtes, die Entscheidung des Rates zu umgehen, recht tumultuarisch. Es ist aber nicht mit Sicherheit zu sagen, ob sie wichtige Formfehler hatte. Jedenfalls war es sonst üblich, daß im Vogtsgericht die Urteile des Rates ohne weiteres bestätigt wurden. Daß der Vogt sich wie er es im Vasmerprozeß tat — sträubte, war im 15. Jahrhundert ungewöhnlich, so daß der Protest des Rates verständlich ist. Dennoch hängt dem Verfahren die ganze Problematik eines politischen Prozesses an, da sich das Gericht nicht freimachen konnte von den Leidenschaften jener Zeit und daher zu wirklich objektiver Rechtsprechung kaum fähig war.

Wie zu erwarten, blieb Vasmers Tod nicht ohne weitere Folgen. Im menschlichen Bereich traf er die Frau und Kinder: Der Witwe wurde sogar untersagt, Seelenmessen für den Toten lesen zu lassen, und offenbar wurden auch Teile ihres Vermögens beschlagnahmt. Der Sohn Hinrich verklagte die Stadt bei Kaiser und Reich; aber diese private Angelegenheit stand doch im Schatten des Streites zwischen dem alten und dem neuen Rat, der sich durch Jahre hinzog und Bremen die Reichsacht und den Ausschluß aus der Hanse brachte.

Erst 1435 kam es zum Vergleich des inzwischen nach Bremen zurückgekehrten alten Rates mit der Familie Vasmer: In der Ansgariikirche sollten Seelenmessen für den Toten gehalten werden, und an der Hinrichtungsstätte mußte die Stadt ein steinernes Kreuz errichten und allen Schaden der Familie Vasmer erstatten. Das Kreuz zeigt den knienden Bürgermeister und sein Wappen zu Füßen des Gekreuzigten, und im Sockel kündet die Inschrift:

In deme Jare unses Heren MCCCC an dem XXX. Jare des Dinxedaghes vor Johanis Baptiste ward Her Johan Vasmer, Borghermester hir ghedodet. Biddet Got vor de Sele. Auf dem nicht erhaltenen Grabstein stand geschrieben: Hir licht de unschuldige Johan Vasmer.

Auch in Zukunft blieb Bremen trotz seiner „Bedächtigkeit" nicht von Unruhen verschont. Man mag sie verurteilen, weil sie Menschenleben kosteten und Unsicherheit ins Leben der Bürger brachten; aber sie waren andererseits doch oft eindeutige Zeichen für neue Impulse und haben insofern auch ihre historische Bedeutung.

Sühnezeichen für Bürgermeister Vasmer in der Straße „Beim Steinernen Kreuz"

Der Schwarze Tod in Bremen

Etwa zur gleichen Zeit . . .

1304, als Arnd von Gröpelingen auf dem Krankenbett ermordet wurde —

entrissen die Osmanen dem oströmischen Kaiserreich weite Teile Kleinasiens,

wurde der italienische Dichter Petrarca geboren,

wurde die Tuchhalle in Ypern in üppigem gotischem Stil vollendet.

1365, als die „Große Kompanie" ihr Banner aufrichtete —

herrschte der diplomatisch geschickte Kaiser Karl IV. aus dem Hause Luxemburg,

wurde die Wiener Universität gegründet.

1430, als Bürgermeister Vasmer geköpft wurde —

wütete der Hussitenkrieg in Böhmen, eroberten die Türken Saloniki,

geriet Jeanne d'Arc in englische Gefangenschaft,

wurde das hochgotische Rathaus von Halberstadt vollendet.

Die Pestepidemien in Europa haben — das ist durch Forschungen der letzten Jahrzehnte immer deutlicher geworden — das wirtschaftliche und politische Leben erheblich beeinflußt. Seit dem Ende des 19. Jahrhunderts steht fest: die Pest ist primär eine Erkrankung von Nagetieren, besonders Ratten; die Übertragung auf den Menschen erfolgt durch den Pestfloh. Allerdings kann die Krankheit dann auch durch den Floh von Mensch zu Mensch übertragen werden. Durch den Insektenstich geraten die Pestbazillen in den Körper des Menschen und rufen zunächst eine Entzündung der nächsten Lymphgefäße hervor. Die Infektion dehnt sich dann auf die Lymphdrüsen aus, die bis zur Größe eines Apfels anschwellen können, daher die Bezeichnung „Beulenpest". Die Stoffwechselprodukte der Pestbazillen vergiften das Blut und versetzen den Kranken in einen rauschartigen Zustand: er lallt, taumelt und ist unruhig, bevor er völlig bewußtlos wird. Das Leiden ist nur kurz, denn der Rest vollzieht sich ohne Bewußtsein. Das Grauen lag vor allem in der völligen Hilflosigkeit der Menschen gegenüber der Seuche.

Zunächst war die Krankheit auf Asien beschränkt; 1346 aber wurde sie durch Handelsschiffe an die Küsten des Mittelmeeres verschleppt und breitete sich nun in ganz Europa mit unheimlicher Geschwindigkeit aus. 1349 erreichte sie England und das Rheinland, 1350 Norddeutschland. Die Zahl der Toten in den vier Jahren seit 1346 schätzt man für Europa auf 25 Millionen, etwa ein Viertel der Bevölkerung.

Grauen ergriff die Menschen. Ein Arzt im südfranzösischen Avignon berichtete (und ähnliches trug sich überall zu): „Einer empfing die Krankheit vom anderen, so daß ganze Geschlechter starben ohne jede Pflege und begraben wurden ohne Priester. Der Vater kümmerte sich nicht um den Sohn, der Sohn nicht um den Vater. Jede Liebe war tot, jede Hoffnung ausgelöscht ... Ärztliche Tätigkeit war nicht nur nutzlos, auch gefährlich; so wagten die Ärzte aus Furcht vor Ansteckung die Kranken nicht zu besuchen."

Über die Ursache der Seuche wurde manches vermutet. Immer wieder, etwa auch in einer Diepholzer Urkunde von 1350, wurde behauptet, die Juden hätten die Welt vergiftet. So ist denn aus Wildeshausen für dieses Jahr eine Vertreibung der Juden und Konfiskation ihres Vermögens überliefert, während man für Bremen ähnliches nur vermuten kann. Oft führte man die Krankheit auf eine unglückliche Konstellation der Sterne zurück. Es war aber jedem deutlich, daß die Pest ansteckend war, nur wußte man nicht, daß die Verbreitung durch Ratten und Flöhe erfolgte. Man glaubte an Übertragung durch den Atem, Berührung, ja, sogar durch den Anblick eines Kranken.

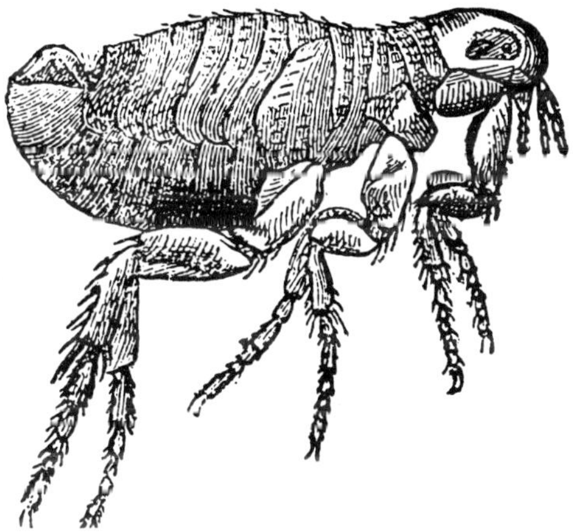

Fast fünf Jahrhunderte lang war dies winzige Tier, der Pestfloh, Ursache eines grauenvollen Massensterbens.

Sinnloses und Sinnvolles wurde gegen die Seuche unternommen: Stadttore wurden geschlossen, Wohnungen ausgeräuchert. Man floh aus pestverseuchten Orten und übertrug dadurch die Krankheit aufs flache Land. Kranke wurden zur Ader gelassen, erhielten unsinnige Medikamente oder wurden mit zauberischen Mitteln traktiert. Die Beulen schnitt man auf oder brannte sie mit glühendem Eisen aus.

Die Pest wütete in Europa bis ins 17. und 18. Jahrhundert, dann erlosch sie, zum Teil wegen der verbesserten hygienischen Verhältnisse, vor allem aber auch, weil der Träger des Pestflohs, die schwarze Hausratte, seit dem 17. Jahrhundert von der Wanderratte verdrängt wurde. Diese hielt sich von den Menschen im allgemeinen fern und beherbergte in ihrem Pelz nur selten jene besondere Floh-Art, von der die Pest übertragen wurde.

1350 wütete die Pest in vielen norddeutschen Städten, darunter auch in Bremen. Der Höhepunkt der Seuche lag im Juli, und da der Verlauf der Pest mit den Mondphasen zusammenhängt, wird angenommen, daß die Epidemie Ende März begann.

Zu dieser Zeit befand sich Bremen in einer verhängnisvollen Fehde. Nachdem 1348 Erzbischof Otto I., ein Oldenburger Graf, gestorben war, wählte das Domkapitel dessen Vetter, den Domdekan Moritz, zum Nachfolger. Der Papst jedoch, der damals im südfranzösischen Avignon residierte, ernannte Gottfried von Arnsberg, den bisherigen Bischof von Osnabrück, zum Erzbischof von Bremen. Beide Herren bemühten sich um die Stadt Bremen. Moritz wurde von der kaufmännischen und grundbesitzenden Oberschicht unterstützt, denn er kontrollierte

„Der Doctor Schnabel von Rom" - eine Darstellung aus dem Jahre 1656. In dieser Vermummung gingen die Pestärzte zu den Kranken. Der an eine Maskerade erinnernde lange Schnabel war „voll wohlriechender Spezerei". Mit dem langen Stab in der Rechten gab der Arzt den Kranken seine Anweisungen.

Eine der ältesten Darstellungen der Hausratte, die Trägerin des Pestflohs war, im Weimarer Wunderbuch von 1430.

als Inhaber zahlreicher Burgen die wichtigsten Handelswege der Umgebung.

Gottfried von Arnsberg versuchte nun, die Bürgergemeinde für sich zu gewinnen und sie gegen den Rat aufzuhetzen. Das gelang ihm auch: eines Tages drang eine Abordnung ins Rathaus ein und veranlaßte die Obrigkeit, einen Parteiwechsel vorzunehmen, sich also zu Gottfried von Arnsberg zu bekennen. Das war im September 1349.

Die Stadt hatte einen schlechten Tausch gemacht, denn sie sah sich sehr bald zu Lande und zu Wasser blockiert. Sie versuchte allerdings im April 1350, sich einen Weg nach Nordwesten zu öffnen, indem sie eine Brücke über die Lesum baute und durch eine Burg sowie eine Kogge schützte. Die Bremer unternahmen sogar einen Vorstoß auf die Geest, wo sie raubten und brannten. Dann aber ließ ihre Angriffskraft sehr schnell nach; wir dürfen annehmen, daß die Pest daran schuld war, die inzwischen in der Stadt ihr furchtbares Werk begonnen hatte.

Nun ging Moritz zur Offensive über und zog mit 900 Rittern und Kriegsknechten sengend auf Bremen zu. Die Bürger und ihre Söldner versuchten, den Übergang über die Landwehr am Dobben beim damaligen Rembertihospital zu verhindern, wurden jedoch geschlagen; 300 Streiter fanden den Tod oder gerieten in Gefangenschaft, der Rest floh in aller Eile über Gräben und Zäune in die Stadt. Die Ostertorsvorstadt außerhalb der Mauern, in der Handwerker und Kohlhöker wohnten, ging in Flammen auf. Moritz erschien mit seinem Heer vor der Stadt und bot ein eindrucksvolles Schauspiel, indem er einige Knappen zu Rittern schlug. Dann wurde das Land ringsumher geplündert.

In der Stadt aber wütete die Pest. Die Menschen waren mit ihren persönlichen Sorgen so sehr beschäftigt, daß die politischen Probleme für sie in den Hintergrund traten oder sogar bedeutungslos wurden. Als Moritz Anfang Juli 1350 erneut vor Bremen erschien, waren die Tore geöffnet. Die Kriegsknechte drangen ein, fanden die Straßen leer und die Häuser verschlossen. Sie sahen aber auch mit Schrecken, welch grausiges Werk die Pest getan hatte.

Als sie Moritz berichtet hatten und hinzufügten, die Stadt könne ohne Schwierigkeiten besetzt werden, da soll der gewählte Erzbischof gesagt haben, er wolle nicht einrücken, weil Gott mit den Bürgern Krieg führe. Wer heute lebe, sei morgen tot.

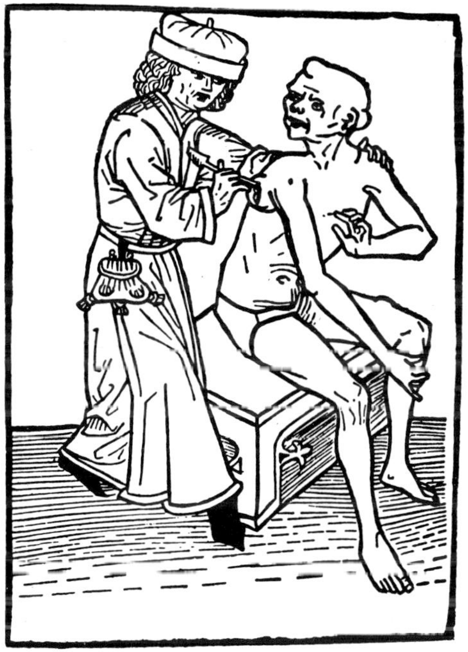

Pestarzt beim Beulenschneiden. Holzschnitt von Hans Folz aus dem „Spruch von der Pestilenz". Nürnberg 1482.

Diese maßvolle, versöhnliche Haltung war sicher nicht nur bedingt durch den Eindruck, den die Pest auf Moritz gemacht hatte, sondern auch durch die Tatsache, daß die Oberschicht ihm trotz der Fehde ergeben geblieben war. Die feindliche Gemeinde wurde nun gezwungen, sich dem Rat zu unterwerfen, und dann war der Weg frei zum allgemeinen Friedensschluß.

Über den schwarzen Tod in Bremen 1350 gibt es einige zeitgenössische statistische Angaben, die in ihrer Genauigkeit einzigartig und daher für die Forschung von großer Bedeutung sind. Die Chronik von Rinesberch und Schene berichtet, daß die Seuche auf ihrem Höhepunkt Anfang Juli täglich etwa 200 Tote forderte. Zudem berichtet eine Eintragung im Bürgerbuch, daß der Rat die namentlich erfaßten Toten kirchspielweise zählen ließ. Das Ergebnis: Liebfrauen: 1816; St. Martini: 1415; St. Ansgarii: 1922; St. Stephani: 1813; zusammen also 6966 Tote! Es wird ausdrücklich vermerkt, daß die vielen Menschen, die namenlos auf den Straßen außerhalb der Mauern und auf den Friedhöfen starben, nicht mitgezählt sind. Offenbar gingen sie in die Hunderte. Man dürfte sie außerhalb der Stadt in einem Massengrab beerdigt haben, vielleicht auf dem „Pestkamp", einem Teil der Bürgerweide, auf dem später bei Grabungen zahlreiche Gebeine gefunden wurden.

Nun hat sich durch genaue statistische Untersuchungen über spätere Pestepidemien in verschiedenen deutschen Städten ergeben, daß der Anteil der Toten — wahrscheinlich aus biologischen Gründen — nie über 40 Prozent hinausging. Nimmt man dieses Maximum für Bremen im Jahre 1350 an, so käme man auf eine Einwohnerzahl von etwa 16 000. Das entspricht auch den Schätzungen auf der Grundlage des städtischen Siedlungsraumes und der vermutlichen Zahl der Häuser.

Damit wäre Bremen im 14. Jahrhundert eine verhältnismäßig große Stadt gewesen, die allerdings von Köln und Lübeck (etwa 25 000 bis 30 000 Einwohner) erheblich übertroffen wurde, aber etwa auf gleicher Stufe stand mit Rostock, Hamburg, Lüneburg, Magdeburg, Braunschweig und Halle. Die Einwohnerzahl Bremens dürfte durch die Pest von 1350 auf etwa 10 000 gesunken sein. Sie hat sich aber sehr bald durch Zuwanderung wieder erhöht.

Über die Pestepidemien der folgenden Jahrhunderte ist nur wenig bekannt. Im allgemeinen erfahren wir aus den Quellen nur, daß wieder einmal die Pest gewütet habe.

Hin und wieder hören wir aber auch etwas mehr. So wird 1566 berichtet, daß in Bremen täglich ungefähr 50 Menschen starben bei einem Tagesmaximum von 66. Während des Sommers wurden mehrere tausend Einwohner Opfer des Schwarzen Todes. Zweimal täglich wurden die Leichen begraben — auf dem Stephanikirchhof in drei Schichten übereinander. Jede erhielt einen Sarg, den Armen schenkte der Rat das Holz. Die Totenträger hatten eine „gute Zeit", denn sie erhielten für jeden Beerdigten vier Groten.

Auch 1577 wütete den ganzen Sommer über die Pest und forderte 1500 Opfer; 1584 wurden auf dem Stephanikirchhof 995 Pesttote bestattet; 1598 legte man bei einer weiteren Epidemie Begräbnisplätze vor der Stadt beim Oster- und Doventor an; 1627 sollen in Bremen 10 000 Menschen an der Pest gestorben sein, eine Zahl, die sicher übertrieben ist.

1667 brach die Pest in der Neustadt aus, wurde aber auch in die Altstadt und die Vorstädte übertragen. Der Rat ergriff sogleich energische Maßnahmen: er ließ außer-

Bis in unser Jahrhundert hatte Bremen viele enge Gänge und Höfe. Sie waren ein Paradies für die Ratten, von denen die Pestseuchen ihren Ausgang nahmen.

halb der Stadt an abgelegener Stelle ein Pesthaus erbauen und dort die Kranken isolieren. Die Wohnungen wurden ausgeräuchert, gereinigt und geschlossen, Schildwachen verhinderten den Eintritt.

Die Einwohner Bremens wurden „treuväterlich erinnert und ermahnt", „daß sie ob allem Gott dem Allerhöchsten für die bishero verspürte Gnade nicht nur mit dem Munde, sondern auch mit dem Herzen und in der Tat danken". Die Tat sollte vor allem in Geldopfern für die Finanzierung des Pesthauses bestehen. Besonders eindringlich wurde auch vor hausierenden Bettlern gewarnt, von denen die Krankheit verschleppt werden konnte. Es war wohl zum Teil auf die durchaus zweckmäßigen Maßnahmen zurückzuführen, daß diese Epidemie nur 62 Opfer forderte.

Zum letzten Male in Bremen brach die Pest 1712 in Gröpelingen aus, das nun von Soldaten abgesperrt wurde. Im nächsten Jahr zeigte sich die Seuche dann aber im Stephaniviertel und auf der Tiefer, also in ausgesprochenen Armeleute-Gebieten. Damals wurden die Kranken in einem Pestlazarett in der Neustadt und dann in der Brautschanze zwischen Kleiner und Großer Weser isoliert, so blieb die Zahl der Toten gering. — Seither gab es in Bremen keine Pestepidemie mehr.

Sicher ist, daß die schlechten hygienischen Verhältnisse der Städte und auch Bremens in früheren Jahrhunderten die Vermehrung der Hausratte und des Pestflohs förderten. Man wohnte innerhalb der Mauern dicht beieinander, die Oberschicht behäbig in steinernen Häusern, die Armen in hölzernen „Buden" und feuchten Kellern. Die Straßen waren eng, die Häuser durchweg in Reihen an einandergefügt; aber überall gab es düstere Gänge und Winkel; die Höfe waren von Schuppen, Ställen und Aborten gefüllt. Nur wenige Straßen waren mit Bohlen oder Steinen gepflastert; die stinkenden Abwässer zogen in Rinnen träge dahin und versickerten irgendwo.

Immer wieder mußte verboten werden, daß Schweineställe und Aborte zur Straße hin gebaut wurden oder daß Unrat in die Balge, einen Nebenarm der Weser, geschüttet wurde. Der legitime Weg der Abfallbeseitigung führte durch eine Klappe der Weserbrücke in den Fluß.

Die Quellen melden nicht viel von Ungeziefer; es war selbstverständliche Begleitung der Menschen jener Zeit. Daß mit Ratten und Flöhen das Gespenst der Pest drohte, ahnte damals noch niemand.

Die vielen verlustreichen Seuchen beeinflußten das Leben der Menschen in der Stadt erheblich. Sie brachten grausige Angst und schweres Leid durch den plötzlichen Tod von Verwandten und Freunden. Auch die Stadt als Gesellschaftskörper wurde betroffen: die Einwohnerzahl sank beträchtlich, und es wurde oft schwer, genügend Bürger für die notwendigen Gemeinschaftsaufgaben zu finden.

Der durch die Pestseuchen eingetretene Mangel an Arbeitskräften trieb die Löhne hoch, das wiederum lockte viele Landbewohner in die Stadt. Die Folge war oft Streit mit den Grundherren der Umgebung, deren Meier und Leibeigene ihre Scholle verlassen hatten.

Die Zuwanderer strebten nach Gleichberechtigung mit den alten Bürgern und bildeten somit ein unruhiges Element. Es gibt Anzeichen dafür, daß sie die Revolutionen des 14. und 15. Jahrhunderts gefördert haben. Auf dem Lande wurden die Arbeitskräfte durch Tod und Abwanderung besonders knapp. Die Grundherren versuchten, ihre Bauern durch Ermäßigung der Pflichten zu halten; dennoch wurden viele Höfe verlassen, und alte Ackerfluren wurden zur Wildnis.

Der Handel lag in Pestzeiten völlig darnieder, weil sich die Städte und Dörfer gegen Auswärtige abschlossen, um die Seuche fernzuhalten. Es kam zu Absatzschwierigkeiten beim exportierenden Gewerbe.

Viele Menschen suchten in ihrer Not Zuflucht in einer tiefen, oft seltsam anmutenden Religiosität: Geißler peitschten ihre entblößten Rücken und zogen mit Bußgesängen durch die Lande; Mystiker suchten ihren eigenen Weg zu Gott. In Bremen war die Verehrung der Arzt-Heiligen Cosmas und Damian bezeichnend, deren Reliquien im Anfang des 15. Jahrhunderts in einen prächtigen Silberschrein gelegt wurden.

Etwa zur gleichen Zeit . . .

als in Bremen 7000 Menschen an der Pest starben,

hielt sich der deutsche Kaiser, Karl IV., durchweg in Böhmen auf,

residierte Papst Clemens VI. im südfranzösischen Avignon,

stiftete in England König Eduard III. den Hosenbandorden.

Der „Hundertjährige Krieg" zwischen England und Frankreich hatte bereits elf Jahre gedauert.

In Florenz sammelte Boccaccio seine Geschichten für den Decamerone.

In Lübeck wurde die Marienkirche durch Aufrichtung der Turmhelme vollendet.

Rätselhafter Roland

Bereits um 1230 hatte Bremen eine so weitgehende Freiheit vom Erzbischof erlangt, daß dessen Rechte nur noch formaler Natur waren. Allerdings hatten die Kirchenfürsten ihre Ansprüche noch nicht ganz aufgegeben, und das bot eine Quelle ständiger Reibungen. Wo immer es ging, betonte die Stadt ihre enge Bindung an das Reich, vor allem in der Zeit um 1400, als Bremen einem noch nie zuvor erreichten Machtgipfel zustrebte. Es war keine leere Geste, wenn die Rathausfassade mit den Statuen des Kaisers und der Kurfürsten geschmückt wurde, im Ratsgestühl ebenfalls der Kaiser mit dem Reichswappen erschien und der neuen Rolandsfigur der Adlerschild umgehängt wurde.

Der Bremer Roland ist und bleibt dem Historiker rätselhaft. Zwar steht er greifbar und selbstverständlich vor uns, und doch wissen wir über seinen ursprünglichen Sinn nichts Genaues. Ähnlich ist es mit den fast 40 weiteren Rolandsfiguren, die vor allem über das östliche Deutschland verstreut sind. Der Bremer Roland ist wohl der älteste erhaltengebliebene, aber vielleicht nicht der älteste überhaupt. Es scheint, als ob der Ursprung der Rolande im östlichen Kolonisationsgebiet Deutschlands, besonders an der mittleren Elbe, zu suchen ist. Hamburg mag von dort für seinen (nicht erhaltenen) Roland eine Anregung bekommen haben und Bremen wiederum von Hamburg — wir wissen es nicht.

Eine der ältesten Roland-Abbildungen in der Dilich-Chronik 1604.

Viele Bremer meinen, ihr Roland habe unverändert und unversehrt die Jahrhunderte überdauert; in Wirklichkeit hat er sich manches gefallen lassen müssen. Zuerst hören wir von ihm in der Rinesberch-Schene-Chronik, die etwa 1404 entstand. Sie berichtet, daß die Truppen des Erzbischofs, nachdem sie Bremen 1366 überrumpelt hatten, Roland verbrannten, weil sie der Stadt „keine Freiheit" gönnten. Sollte der Bericht zutreffen — und wir haben keinen Grund, an ihm zu zweifeln —, so beweist er, daß es bis 1366 einen hölzernen Roland gab, der ein Symbol für die „Freiheit" der Stadt war, wobei unter „Freiheit" verfassungs- oder gewohnheitsmäßige Rechte gegenüber dem Erzbischof zu verstehen sind. Wann der Holzroland errichtet worden war, erfahren wir nicht. Ebenso schweigt die Chronik über die Aufrichtung eines neuen Rolands.

Erst einige Jahrzehnte später kommt neue Kunde. Zu Beginn des 15. Jahrhunderts erreichte Bremen einen Höhepunkt seiner Macht und strebte nach immer mehr Rechten und „Freiheiten". Die Fälschung mehrerer Kaiserurkunden sollte dabei nachhelfen, und auch der repräsentative Neubau des Rathauses mit den Standbildern des Kaisers und der Kurfürsten an der Schauseite bedeutete ein Programm städtischer Ansprüche. In diesem Zusammenhang spielte nun auch der Roland, das alte Symbol bürgerlicher „Freiheit", eine besondere Rolle.

Nur aus einer kurzen Notiz in den Rechnungen des Rathausbaus wissen wir, daß 1404 ein neuer Steinroland gebaut wurde, der 170 Mark kostete — damals eine erhebliche Summe, die dem Wert des Standbildes durchaus entsprach. Den Steinmetz kennen wir nicht. Es ist weiterhin nicht ganz geklärt, wo der erste Steinroland stand — an der Rathauswand oder auf dem Marktplatz, wo sich die Figur heute noch befindet.

Man hat versucht, aus dem baulichen Befund dieses Problem zu lösen; aber es ist eben zu bedenken, daß der erhaltene Roland nicht mehr der alte von 1404 ist. Sicher ist aber, daß der Steinroland auch schon damals einen kaiserlichen Wappenschild trug, der freilich nicht in der alten Fassung erhalten ist. Es ist möglich, aber nicht zu beweisen, daß er damals schon die Inschrift enthielt:

„Vryheit do ik ju openbar, de Karl und menich vorst vorwar desser stede ghegheven hat: des danket gode is min radt!"

Es verging kaum ein Jahrhundert, da war das Standbild so baufällig, daß es erneuert werden mußte. Im Geschäftsbuch des Rates findet sich für 1512 eine Notiz, daß Roland „neu gemacht" und „von grauen Steinen renoviert" wurde. Es ist auf Grund einer Materialuntersuchung vermutet worden, daß damals der Pfeiler hinter dem Standbild aus Obernkirchener Sandstein erneuert wurde. Auch der Schild wurde ausgewechselt und vielleicht sogar der Kopf; das Gewand wurde bis auf den Boden verlängert.

Der Roland, wie er nun entstanden war, ist aus vielen Abbildungen bekannt. Es handelt sich um das Standbild eines jungen Mannes von 5,45 m Größe, der wie ein Ritter gekleidet ist. Die Figur war anfangs recht bunt bemalt, zeitweilig mit der Darstellung eines Löwen und eines Hundes, die sich um einen Knochen stritten; daneben stand die Inschrift: „Enem yeden dat syne".

1812, in der Franzosenzeit, geriet Roland in große Gefahr, da die Besatzungsmacht den Marktplatz modernisieren lassen wollte. Es entstanden Architektenentwürfe, die eine Beseitigung der Rolandstatue vorsahen. Roland sollte nach Paris geschafft werden, aber der bremische Maire betonte, daß er „ohne den geringsten ästhetischen Wert" sei und den Transport nicht lohne. Sicher verwandten sich auch einflußreiche Bremer für das Denkmal, und schließlich wurde es dann

Bremens Roland, bis zur Renovierung im Jahre 1938 noch mit schützendem Gitter umgeben, 1878 fotografiert. Rechts die alte Börse.

durch die Entscheidung des französischen Ministers Montalivet gerettet.

Aber der alte Recke wurde nun wieder altersschwach. 1905 erneuerte man den Baldachin, 1918 wurde der Stützpfeiler repariert; aber 1938 stellte sich dann heraus, daß Roland buchstäblich am Zusammenbrechen war: die Figur hatte sich 4½ Zentimeter geneigt und schwankte sogar, da sie schlecht mit dem Pfeiler verbunden und vor allem die Beinpartie stark verwittert war. Zudem stand Roland nicht auf festem Dünensand, sondern auf 3 m Bauschutt und loser Erde. Eine Kommission von Fachleuten riet zu einem Abbruch und Wiederaufbau.

Am 27. Juli 1938 begann die Arbeit: Das Standbild wurde auseinandergenommen, und man erneuerte schadhafte Teile aus Kalk- und Sandstein; ein festes Fundament aus vier Eisenbetonpfeilern und einer Betonplatte gab dem verjüngten Recken Standfestigkeit. Auf ein Eisengitter, das die Figur in verschiedener Form wenigstens seit 1512 umgeben hatte, wurde aus ästhetischen Gründen — aber zum Schaden des „Krüppels" — verzichtet.

Schon ein Jahr nach der Wiederherstellung verschwand Roland während der Kriegszeit hinter einer Mauer, die ihn vor Bombenschäden schützen sollte. 1945 erblickte er dann wieder das Tageslicht und dient seither erneut seinem alten Zweck: als Symbol bremischer „Freiheit", als beliebter Treffpunkt und als Fotoobjekt für viele Besucher Bremens.

Der würdige Bremer Roland hat auch einige Kinder. Als ältestes gilt der Roland von Bederkesa, der 1605 unter bremischer Herrschaft entstand.

Zunächst krönte die 1,90 m große Rittergestalt das Brunnenhaus. Als der Brunnen 1817 abgebrochen wurde, kam die Figur in den Burggarten, von wo sie 1879 auf den Platz vor dem Lehrerseminar umzog. 1945

Während des II. Weltkrieges zum Schutz vor Bomben im steinernen Verlies. 1945 fielen die Mauern und gaben den Blick wieder frei auf Bremens Roland und seinen Schild mit der Aufschrift: „Vryheit do ik ju openbar..."

wurde ihr von Marodeuren das Eisenschwert entwunden. Schließlich restaurierte man den Roland von Bederkesa 1953 und stellte ihn an würdiger Stelle auf dem Marktplatz neben der Kirche auf. Es ist eine Figur im Renaissancegeschmack.

Es gibt aber noch mehrere jüngere „Rolandskinder": Die Figur von 1737 auf dem Brunnen in der Neustadt (früher bei der St.-Pauli-Kirche, heute auf dem Neuen Markt), der von einer Bürgerkompanie gestiftet wurde; der Gipsabguß des alten Rolands von 1880 für das Germanische Museum in Nürnberg; der 1915 gestiftete „Eiserne Roland", der zwischen Altem und Neuem Rathaus unter einem Baldachin aufgestellt wurde (eigentlich ein Holzroland, der mit Nägeln beschlagen war); und als letztes Kind der Roland von Rolandia, einer von Deutschen gegründeten Ortschaft in Brasilien, dem Vater 1957 genau nachgebildet.

Soweit wir den Bremer Roland zurückverfolgen können, war er ein Symbol städtischer Freiheit. Als der Erzbischof ihn 1366 verbrennen ließ, wollte er dieses Symbol vernichten; die Bremer aber errichteten es erneut und gaben dem Kaiserschild die Freiheitsinschrift. Rolands Bild erschien 1654 auf einer Kriegsfahne; seinen Namen trugen Kriegsschiffe der Stadt im Anfang des 18. Jahrhunderts; die Bremer nannten sich „Rolandskinder". Die städtische Freiheit sollte verloren sein, wenn Roland umfiel und nicht binnen 24 Stunden wiederaufgerichtet wurde.

Symbol städtischer Freiheit — war das Rolands ursprüngliche Bedeutung? Der Name gibt uns keinen Fingerzeig: Roland war bretonischer „Präfekt" Karls des Großen und verlor in einem Spanienfeldzug sein Leben. In der Sage wuchs die Gestalt zum Schwestersohn des Frankenkönigs und zum idealen christlichen Helden. Dichtungen über ihn entstanden zunächst in Frankreich und seit dem 12. Jahrhundert auch in Deutschland. Aber dieser Sagen- und Dichtungsheld hatte ja nichts mit den Bürgern oder gar mit der Stadt Bremen gemeinsam, wenn diese auch ihren Ursprung auf Karl den Großen zurückführte. Und hier beginnen nun die Probleme.

Es fehlte nicht an Vermutungen, daß Karl der Große selbst zum Zeichen der „Reichsfreiheit" einigen Städten die Erlaubnis gab, die Statue seines (angeblichen) Schwestersohnes Roland zu errichten; aber schließlich mußte man doch einsehen, daß die Reichsfreiheit der Städte sich nicht in so frühe Zeit zurückführen ließ. Im allgemeinen sah man dann in den Rolandfiguren die Nachfolger von alten Zeichen für die hohe Gerichtsbarkeit, die zunächst durch den König und die Fürsten, dann aber auch durch die Städte ausgeübt wurde. Aus dem Gerichtsmal wurde dann im 14. Jahrhundert ein Symbol der städtischen Rechte, der „Freiheit" schlechthin.

Aber warum wurde ausgerechnet Roland (und nicht etwa der Kaiser selbst) Gerichtsfigur? Man vermutete nun folgendes: Die Gerichtsstätte hatte die Bezeichnung „Ruge-Land" (von rugen oder rügen in der Bedeutung anklagen) oder Rode-Land (womit auf das Blutgericht oder den Platz, auf dem die Roda, der Pfahl oder Galgen stand, Bezug genommen wurde). Das Zeichen auf dem Rugeland oder Rodeland wurde zum Roland. Diese Ableitung ist bis heute die wahrscheinlichste, obwohl auch sie nur Vermutung ist. Es wäre noch zu ergänzen, daß man am Rolandsbild Attribute eines Richters zu erkennen meinte: der lange Mantel, die Handschuhe, das blanke Schwert und das entblößte Haupt usw.

Aber es gab auch andere Meinungen über den ursprünglichen Sinn des Rolandbildes: Man hielt es für die Umbildung eines Marktkreuzes oder einer Statue Kaiser Ottos I., der ja 965 das Marktrecht gewährte, einer Figur, auf die man im ritterlichen Spiel Lanzen verstach, oder sogar eines vorchristlichen Donarstandbildes. In keinem Falle konnte jedoch befriedigend erklärt werden, warum aus dem alten Zeichen nun ausgerechnet ein Roland wurde. So hat es denn auch nicht an Meinungen gefehlt, die im steinernen Paladin Karls des Großen einfach ein Denkmal idealen Rittertums sahen.

Der Streit über den Ursprung der Rolandbilder wird nie einen Abschluß finden, weil die Quellen nicht ausreichen, um letzte Klarheit zu gewinnen. Sicher ist nur, daß der

Die Rolande von Zerbst (1445), Stendal (1525) und Bederkesa (1605).

Bremer Recke seit mehr als einem halben Jahrtausend ein Freiheitsroland ist. Was vorher war, bleibt uns verborgen.

Zwischen den Füßen Rolands erblickt man eine eigenartige Gestalt — offenbar einen kriechenden Menschen. Über ihn weiß jedes Bremer Schulkind die „Sage" von der Gräfin Emma und dem Krüppel zu erzählen. Sie berichtet, daß die Gräfin Emma von Lesum, eine vermögende und fromme Witwe, mit vollen Händen ihr Gut an die Armen und an die Kirche austeilte. Auch die Bremer Bürger erhofften sich von ihr eine Zuwendung, als sie 1032 mit ihrem Schwager und Erben, Herzog Benno von Sachsen, nach Bremen kam. Die Bürger baten um Weideland, und die Gräfin versprach soviel, wie ein Mann an einem Tage umgehen könne. Der neidische Schwager aber bestimmte nun einen Krüppel für dieses Werk. Nach Gebet und Segen Emmas begab sich ein Wunder: der Krüppel kroch mit unerwarteter Geschwindigkeit davon. Am Abend war dann eine große Weide — eben die Bürgerweide — eingegrenzt.

Das Bildnis des wackeren Krüppels verewigte die dankbare Stadt zu Füßen der Rolandstatue.

So etwa finden wir die Geschichte in Wagenfelds „Bremer Volkssagen" (zuerst 1845), und so ist sie seither allgemein bekannt. Was ist daran nun aber Dichtung und was ist Wahrheit?

Es ist zuverlässig überliefert, daß die Witwe eines Grafen Liudger namens Emma, die in Lesum wohnte, der Kirche gegenüber sehr freigebig war. Sie starb 1038 und wurde im Bremer Dom begraben. Es läßt sich nicht nachweisen, daß sie den Bremer Bürgern eine Weide schenkte. Im Laufe des Mittelalters verklärte sich das Bild der frommen Witwe immer mehr, bis sie dann während des 14. Jahrhunderts zum Rang einer Heiligen emporstieg. Nach der Reformation verwischten sich die Spuren. Nur die Abtei Werden an der Ruhr soll noch im 17. Jahrhundert eine unverweste Hand der heiligen Emma besessen haben, die bei der Öffnung des Grabes, in dem sonst alles vermodert war, vorgefunden worden sein soll. Jedoch ist diese Überlieferung sehr fragwürdig.

Woher kommt nun aber die Kunde, daß Emma die Bürgerweide schenkte? Es zeigt sich, daß die Behauptung sich langsam entwickelt hat: Im 11. Jahrhundert wurde von verschiedenen Schenkungen der Witwe an die Kirche berichtet; aber eine Weide bei Bremen war nicht darunter! Erst um 1420 wurde erzählt, sie habe der Kirche eine

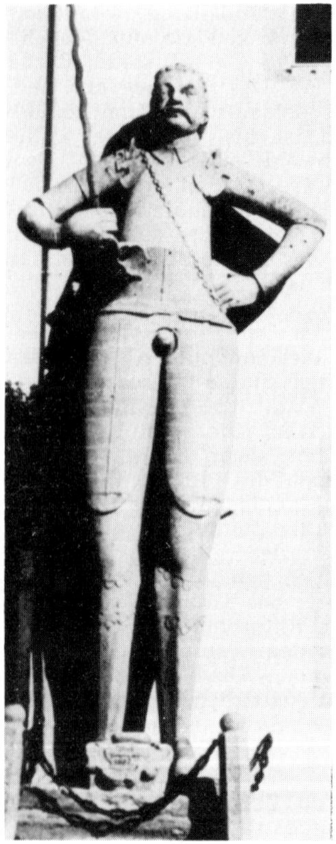

Rolande von Belgern (1610), Bramstedt (1693) und Neustadt bei Nordhausen (1750).

große Weide geschenkt. Um 1450 wurde dann gesagt, die Weide liege außerhalb der Stadt Bremen; sie wurde nun also auf jenes Gelände bezogen, das schon seit Jahrhunderten vom Bürgervieh beweidet wurde und auf dem auch das Domkapitel Weiderechte hatte: auf die Bürgerweide.

Nun fehlt aber noch die Geschichte mit dem Krüppel. Volkskundlich gesehen, handelt es sich um eine typische „Besitzergreifungssage“. Auf die Bürgerweide angewendet, findet sie sich zuerst im 18. Jahrhundert; sie war damals in Bremen allgemein bekannt und wurde von der Gattin des Syndikus Johann Friedrich Gildemeister, Amalie, geb. Kotzebue, ihrem Onkel Johann Karl Musäus mitgeteilt, der sie 1782 in die „Volksmärchen der Deutschen“ aufnahm.

Wir wissen zwar nicht genau, wann diese Krüppel-Geschichte entstanden ist; aber es ist unwahrscheinlich, daß sie den Bremern schon geläufig war, als 1404 oder 1512 ein Steinmetz der Rolandsfigur den „Krüppel“ zu Füßen legte. Das heißt nun aber, daß diese Gestalt wahrscheinlich nichts mit der Schenkung der Bürgerweide zu tun hatte, also ursprünglich eine andere Bedeutung gehabt haben muß.

Darüber gibt es mancherlei Vermutungen: Man hat von einem besiegten Slawen, von einem friesischen Seeräuber sowie von abgeschlagenem Kopf und Händen eines Missetäters gesprochen. Am wahrscheinlichsten ist aber, daß es sich um eine Symbolisierung des Dämonischen und Schlechten handelt, wie man es oft in irgendeiner Form — als Mensch, Tier und Fabelwesen — zu Füßen mittelalterlicher Statuen findet.

Auch der Krüppel zu Rolands Füßen steckt voller Geheimnisse. Die Sage von den Verdiensten des Krüppels um die Bürgerweide ist mehr Dichtung als Wahrheit.

Etwa zur gleichen Zeit . . .

1366, als die erzbischöflichen Knechte den Holzroland verbrannten,

war Kaiser Karl IV. zum Papst im südfranzösischen Avignon gereist, um ihn zur Rückkehr nach Rom zu veranlassen. Der Deutsche Ritterorden in Preußen stand in höchster Blüte. Die Hanse bereitete sich zum Krieg gegen Waldemar IV. von Dänemark vor. Das Schießpulver war vor kurzem in Deutschland bekanntgeworden.

1404, als der Bremer Steinroland errichtet wurde,

stritten sich zwei Päpste, einer in Avignon und einer in Rom, um den Stuhl Petri. Die drei nordischen Reiche waren unter der Königin Margarete vereinigt, Johann Hus war Theologie-Professor in Prag. In Zentralasien erweiterte der Mongolenherrscher Timur (gest. 1405) sein Reich. In China baute man an der Großen Mauer.

Bremen – eigenwillige Tochter der Hanse

Bremen nennt sich heute mit einigem Stolz „Freie Hansestadt“. Es nahm diesen Staatstitel zusammen mit Hamburg und Lübeck auf, als man nach dem Ende des deutschen Kaisertums 1806 auf die Bezeichnung „kaiserliche und des Heiligen Reiches Stadt“ verzichten mußte. Von den zeitweilig 150 Mitgliedern der Hanse waren freilich seit dem 17. Jahrhundert nur noch drei Städte geblieben, die durch diplomatische Mittel verschiedene Handelsinteressen und Eigentumsrechte im Ausland vertraten. Als letzte Reste alter Hanse-Herrlichkeit wurden im 19. Jahrhundert zwei ausländische Kontor- und Handelshäuser verkauft: 1853 der Stalhof in London für 72 000 Pfund Sterling und 1862 das Haus der Osterlinge in Antwerpen für 1 Million belgischer Franken. Die hanseatische Gemeinschaft der drei Städte im 19. Jahrhundert war ein Neubeginn, der nur noch im Namen, nicht aber in der Sache an die alte Hanse anknüpfte.

Hansehaus in Antwerpen.

Die Anfänge der Hanse liegen im Dunkel, und auch über ihr Wesen gibt es manche Unklarheit. Sicher ist, daß sich ihre Struktur im Laufe der Zeit erheblich gewandelt hat; aber zu keiner Zeit war die Hanse ein staatsähnliches Gebilde. Bis in den Anfang des 14. Jahrhunderts bestand sie aus deutschen Kaufleuten, die sich zusammengeschlossen hatten, um in den Handelsplätzen des Auslandes bestimmte Vorrechte zu erwerben und auszunutzen. Der germanische Ausdruck für eine Gruppe war „Hansa", und so sprach man denn seit dem Ende des 13. Jahrhunderts von „Kaufleuten der Deutschen Hanse" (etwa in London 1282).

Auch Bremer waren im Rahmen dieser „Kaufmannshanse" tätig. Sie kamen um 1280 in den Genuß der Hansevorrechte in Norwegen, wo vor allem Heringe gegen Getreide gehandelt wurden. Natürlich waren sich die konkurrierenden Kaufleute nicht immer einig — eine Tatsache, die der König von Norwegen ausnutzte: Als er 1284 mit den Hansekaufleuten in Streit geriet und diese in ihren Heimatstädten einen Handelsboykott gegen Norwegen durchsetzten, gelang es König Erich, die Bremer Kaufleute auf seine Seite zu ziehen. Als Blockadebrecher machten sie nun gute Geschäfte, denn der König überschüttete sie mit Vorrechten und räumte ihnen vor allem einen besonders günstigen Heringszoll ein. Die Heimatstädte der anderen Kaufleute reagierten aber schnell und scharf: Sie verfügten 1285 ein Verkehrs- und Handelsverbot für Bremer in ihren Städten. Nun, die Sache wurde nicht überall sehr ernst genommen, und nachdem man sich 1293 mit dem Norwegerkönig verglichen hatte, wurde der Boykott gegen die Bremer ohnehin wieder aufgehoben.

Um die Mitte des 14. Jahrhunderts wandelte sich die Hanse. Den wohlhabenden und daher einflußreichen Kaufleuten gelang es, die Ratskollegien ihrer Heimatstädte für ihre Interessen einzuspannen. Nun waren es die Städte selbst, die als Mitglieder der Hanse galten, und zwar, soweit sie bereit waren, die Hansebeschlüsse zu beachten und zu vertreten. Damit war aus der „Kaufmannshanse" eine „Städtehanse" geworden, die großes politisches Gewicht hatte. Wie stand es nun mit Bremen? Es scheint, als ob sich die Fäden, durch die Bremer Kaufleute mit der Hanse verknüpft gewesen waren, nach 1350 völlig gelöst hatten. Es waren jene Jahre, die durch Pest und verlustreiche Fehden zu den schwersten der bremischen Geschichte gehörten. Die Stadt

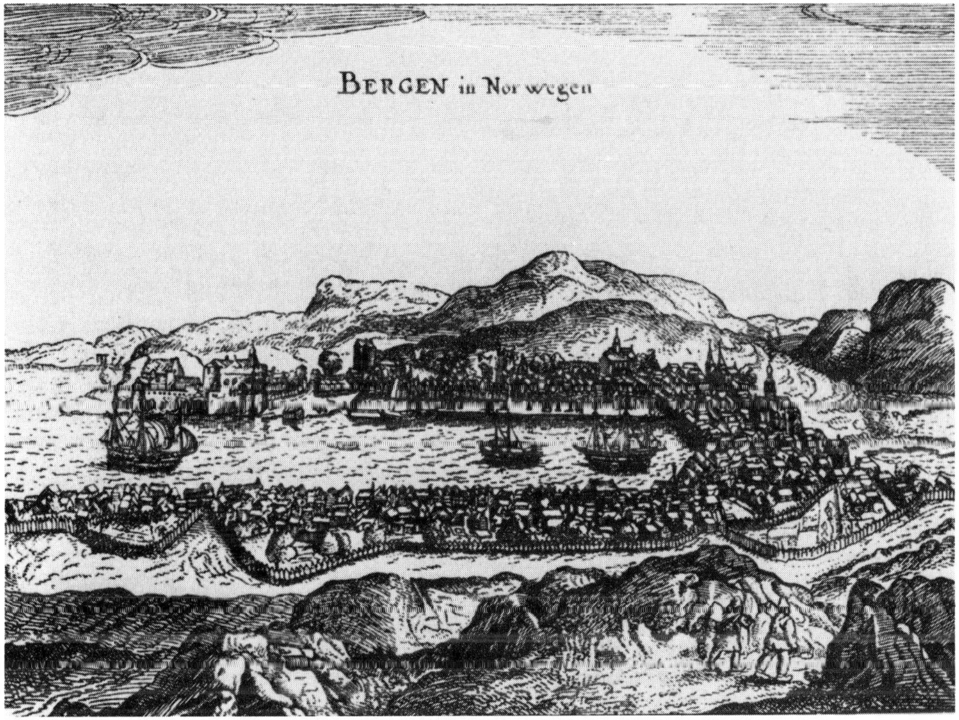

Bergen, häufiges Ziel bremischer Schiffe. Stich von Bertius um 1620.

verarmte. Viele Feuerstellen wurden verlassen, und das Gras begann auf dem Steinweg zu wachsen, wie die Chronisten berichten. Einzelne „Kaufleute" betätigten sich als Seeräuber oder als Blockadebrecher in Flandern, über das die Hanse 1358 eine Handelssperre verhängt hatte. Das gab viel Ärger, und der Städtebund war nun bestrebt, auch Bremen auf die allgemeinen Beschlüsse und Regeln zu verpflichten. So wurde der Bremer Rat aufgefordert, Gesandte auf die Lübecker Tagfahrt vom 24. Juni 1358 zu schicken. An der Weser wußte man, was das bedeutete: Man würde bittere Vorwürfe einstecken müssen und vor allem die Aufforderung erhalten, die Blockadebrecher und Seeräuber streng zu bestrafen.

Die Bremer Fernhandelskaufleute verlangten vom Rat, daß er alles unternehme, um die Hanse zu besänftigen. Der Rat aber, der die Gesandten nach Lübeck zu stellen und die unerfreulichen Verhandlungen zu führen und zu verantworten hatte, suchte einen einleuchtenden Grund, um sich vor diesem Kanossa-Gang zu drücken. Er fand ihn vier Tage vor Beginn der Lübecker Tagung, als in einem Gefecht zahlreiche Mitglieder der Ratsfamilien in die Gefangenschaft des Grafen von Hoya gerieten. Die Fernhandelskaufleute setzten den Rat nun aber erheblich unter Druck und betonten, sie würden nur dann zum Lösegeld

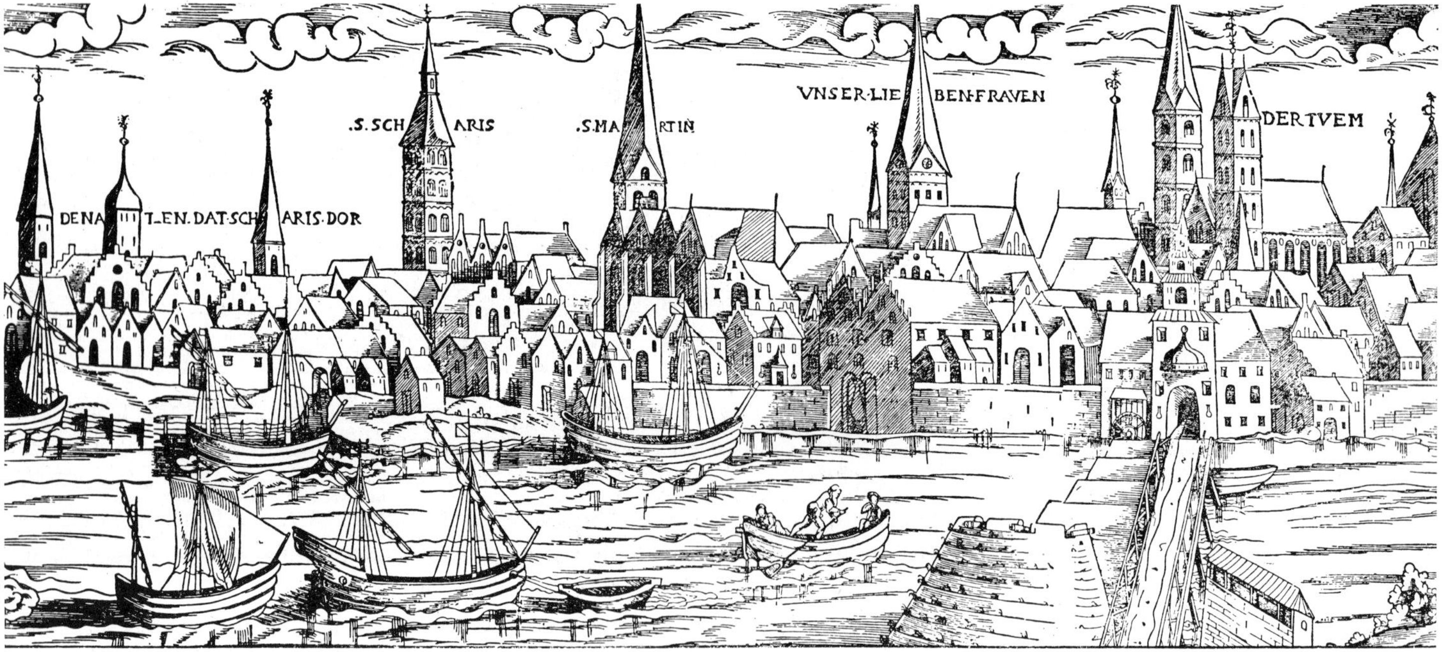

Ansicht der Stadt Bremen von Süden aus dem Jahre 1564. Ausschnitt aus einer zeitgenössischen Darstellung von Hans Weigel.

für die Gefangenen beitragen, wenn der Rat eine Gesandtschaft nach Lübeck schicke.

Zwei Ratsherren machten sich auf den Weg. Als vorsichtige Politiker versuchten sie, vorweg in Hamburg gutes Wetter zu machen. Aber dort beklagte man sich bitter über Bremer Seeräuber auf der Elbe und machte deutlich, daß man eine Demütigung der Schwesterstadt an der Weser wollte. So hatten denn die Bremer in Lübeck einen schweren Stand. Sie behaupteten zwar, die Seeräuber seien keine Bremer Bürger und die Stadt könne daher nicht für ihre Taten verantwortlich gemacht werden. Und was die Blockadebrecher in Flandern anbetreffe, so habe man durchaus versucht, sie zu bestrafen, sie seien jedoch leider entwischt.

Die Abgeordneten der anderen Hansestädte nahmen all das als Ausreden, und so waren denn die Bedingungen, unter denen Bremen am 3. August 1358 wieder in die Hanse aufgenommen wurde, äußerst drückend. Die Stadt mußte sich bereit erklären, auf Anforderung mit Schiffen und Bewaffneten auf eigene Kosten zum Schutz des Sundes — der Durchfahrt zur Ostsee — und der Elbmündung beizutragen.

Zudem sollte es die Handelssperre der Hanse gewissenhaft einhalten. Für Verletzungen des Vertrages war der Ausschluß angedroht. Bremen war nun zwar in der Hanse, aber doch mehr in der Stellung eines Satelliten mit vielen Pflichten und wenigen Rechten.

Schon 1362 mußte die Stadt ihren Beitrag im Kriege gegen den Dänenkönig Waldemar Atterdag leisten und eine Kogge mit 100 Söldnern unter dem Kommando eines Bür-

Kräne wie dieser am Weinmarkt in Brügge um 1500 haben in der Blütezeit der Hanse auch in Bremen ihren Dienst getan.

germeisters stellen. Man steckte die Leute in gleichfarbene Uniformen und war stolz darauf, daß der Bundesfeldherr, Graf Heinrich von Holstein, genannt „de iserne Hinnerk", sie ganz besonders lobte. Dennoch verschwand das Bremer Kontingent sehr bald aus dem Krieg gegen Dänemark, weil der Rat nicht an ihm interessiert war und weil revolutionäre Bewegungen die Stadt im Inneren erschütterten. Den Triumph des Stralsunder Friedens von 1370 erlebte Bremen nur als Statist, nicht als Akteur.

Das anfangs geringe Ansehen Bremens in der Hanse stieg nach und nach; aber die Stadt konnte nie ernsthaft daran denken, Lübeck aus seiner Spitzenstellung zu verdrängen. Seine Wirtschaftskraft wurde etwa gleich hoch eingeschätzt wie die von Magdeburg, Halle, Lüneburg und Braunschweig. Dem Ansehen nach rangierte es aber bald — wegen seines Alters und als Sitz eines Erzbischofs — in der Spitzengruppe. Doch gab es wegen der genauen Reihenfolge manchen Ärger. So stritt man sich wie weiland Kriemhilde und Brunhilde um den Vortritt am Portal der Marienkirche in Lübeck, und man zankte sich auch im Lübecker Rathaus um die Sitzordnung. Hier fand man 1418 ein salomonisches Urteil: Köln sollte rechts von Lübeck, rechts von Köln aber Bremen sitzen. Links von Lübeck, zwar näher am Präsidium, aber doch auf der weniger wertvollen Seite, placierte man Hamburg — ein Kompromiß, in den sich Bremen nur murrend fügte.

Angesichts der doch ganz günstigen Stellung in der Rangordnung möchte man annehmen, daß in dieser Stadt auch zahlreiche Hansetage stattfanden. Das ist aber nicht der Fall. Die erste „Tagfahrt" in Bremen war 1449, die letzte 1494; im ganzen waren es nur vier, wobei allerdings einige kleinere Zusammenkünfte nicht mitgezählt sind. Man muß eben bedenken, daß die O s t s e e das eigentliche Hansezentrum war und die meisten Hansetage daher in Lübeck und in den „wendischen" Städten stattfanden. Bremen empfahl sich nur dann als Tagungsort, wenn man großen Wert auf eine Teilnahme der holländischen Städte legte, denn es war Station am Weg zwischen Ostsee und Holland, war aber auch zur See vom Westen her gut zu erreichen.

Die Hanse war und blieb ein kaufmännischer Zweckverband. Manche Stadt, die allzusehr an den eigenen Vorteil dachte, mußte mit einigem Druck gezwungen werden, sich den allgemeinen Regeln zu fügen. Auch die Bremer trieben ihren Handel oft genug g e g e n die Interessen der Hanse, und so kamen über sie immer wieder Klagen: In Bergen versuchten sie, an verbotenen Orten „schwarz" zu handeln. Zudem beteiligten sie sich am verbotenen Handel mit Island-Fisch und verdarben dadurch den künstlich hochgehaltenen Monopolpreis des Hansekontors in Bergen. Andere Bremer handelten mit minderwertigem Mehl, mischten billigen Fisch unter teure Ware usw. In Flandern sollte ein Bremer schiffbrüchiges Gut Lübecker Bürger verschachert haben. Die Bremer waren aber wohl in allem nicht schlechter und nicht besser als andere Kaufleute dieser Zeit.

Den tollsten Alleingang im Rahmen der Hansepolitik erlaubte sich die Stadt Bremen im 15. Jahrhundert: Als Lübeck mit den Ostseestädten 1436 bis 1441 in einem zähen Seekrieg versuchte, die Konkurrenz der Holländer aus der Ostsee zu verdrängen, machte Bremen nicht mit. Es führte dann nach dem Friedensschluß seit 1442 seinen eigenen Hollandkrieg. Die Bremer „Auslieger" kaperten, was ihnen vor den Bug kam — nebenbei auch schottische, englische und französische Schiffe, was der Hanse heillose Schwierigkeiten brachte. 1443 schnappten die Bremer in der Ostsee 13 Schiffe, die sie nun samt Inhalt verkauften, zum Teil sogar in den Hansestädten. Die Gesamtbeute wurde auf 34 000 Gulden geschätzt — eine Summe, die etwa 4 Mill. bis 5 Mill. DM entspricht. Bremen war auf die Erfolge in diesem Raubkrieg sehr stolz, und die Chronisten berichten mit besonderem Hochgefühl, wie die Auslieger 1446 eine große genuesische „Kracke" erwischten, auf der sich neben vielen anderen Gütern zwei junge Löwen befanden — ein Männchen und ein Weibchen —, die lange in Bremen zur Schau gestellt wurden.

Am Ende des 14. Jahrhunderts mußten die Städte ihr Augenmerk in steigendem Maße auf die Seeräuber richten. Ihre Bekämpfung entsprach zwar unbestritten gesamthansischem Interesse; aber man war sich längst nicht immer einig, wie und wo man sie packen sollte. Solange sie vor allem die Ostsee unsicher machten, war Bremen an der Angelegenheit nur wenig interessiert. Erst als sie ihre Schlupfwinkel in den Kirchenburgen der friesischen Häuptlinge gefunden hatten und in der Wesermündung erschienen, forderte auch Bremen ihre Bekämpfung. Die Stadt versuchte jedoch zunächst einmal durch Verhandlung mit den Seeräubern Schonung für sich selbst zu erlangen.

Erst als daraus nichts wurde, stellte Bremen zum großen Flottenunternehmen von 1400, dessen Hauptlast Lübeck, Hamburg und Groningen trugen, eine einzige Kogge, die dann auch am Seegefecht in der Oster-Ems teilnahm. Die Geiseln der Friesenhäuptlinge wurden nach Bremen übergeführt, um dort in Stadttürmen untergebracht zu werden. Aber bei der Teilung der übrigen Beute kam es wegen der hohen Ansprüche des Bremer Kommandanten zu Streitigkeiten, die fast in Gewalttat ausarteten. Es bot sich nach dem Siege das bezeichnende Bild uneiniger Alliierter.

Rekonstruktionszeichnung „Bremer Kogge".

In der Hanse gaben immer die konservativen Ratskollegien der führenden Städte den Ton an. Wenn einmal in einer Stadt die herrschende Oberschicht gefährdet war, griff die Hanse ein. So ächtete sie die Bremer Revolutionäre von 1366, und so schloß sie die Stadt 1427 aus der Hanse aus, nachdem der bisherige Rat abgesetzt und ein neuer gewählt worden war. Es kam auch in den folgenden Jahrzehnten noch mehrfach zu Interventionen; aber sie wurden immer ungefährlicher, weil der Städtebund an Macht verlor.

Vor allem die Reformation wurde eine schwere Belastung für die Einigkeit der Städte. Im Streit zwischen dem evangelisch gewordenen Bremen und dem katholisch gebliebenen Erzbischof Christoph versuchten Lübeck, Hamburg und Lüneburg 1525 den Bremer Rat zu überreden, den katholischen Brauch wiederherzustellen; sie förderten damit die Sache eines Fürsten, der ein erbitterter Feind städtischer Freiheit war. Bremen hörte nicht auf die Ratschläge und blieb evangelisch. Aber Lübeck stand noch Jahre hindurch in Religionssachen gegen Bremen. Als der Bremer Ratssyndikus Johann von der Wyck auf einem Hansetag forderte, man möge nicht soviel über die „Ketzer" schelten, wurde ihm das Wort mit der Begründung entzogen: Wo Ratsgesandte zugegen seien, habe der Syndikus zu schweigen. Als Bremen sich dann 1562 der calvinistischen Richtung zuwandte, wurde die Stadt sogar bis 1576 aus der Hanse ausgeschlossen, ohne daß sie darunter besonders gelitten hätte.

Mit dem 16. Jahrhundert war das Zeitalter der absoluten Fürsten angebrochen, und eine Stadt nach der anderen mußte sich in irgendeiner Weise einem Landesherrn beugen.

Die Hanse erkannte zwar die Gefahr, konnte aber nichts Entscheidendes gegen sie tun, da sie machtlos geworden war. Der Städtebund war auch nicht mehr in der Lage, seine alten Handelsmonopole gegen die europäischen Nationalstaaten zu verteidigen. Vor allem die Niederländer und Engländer überflügelten die hansische Schiffahrt sogar in der Ostsee.

In der kraftlos gewordenen Hanse spielte Bremen eine recht bedeutende Rolle, weil es politisch noch verhältnismäßig frei war und auch wirtschaftlich florierte. Um 1600 versuchte Bürgermeister Krefting sogar, die

Portalbekrönung aus dem alten Haus Seefahrt.

Zur gleichen Zeit . . .

um 1280, als zum erstenmal Kontakte Bremer Kaufleute zur Hanse sichtbar wurden,

starb Albertus Magnus, der große Philosoph. Als deutscher König herrschte Rudolf von Habsburg.

1358, als Bremen um Wiederaufnahme in die Hanse nachsuchen mußte,

hatte Kaiser Karl IV. zwei Jahre zuvor die Goldene Bulle ausgefertigt. In Italien dichteten Petrarca und Boccaccio.

1669, als der letzte größere Hansetag stattfand,

schrieb Grimmelshausen seinen „Simplicissimus". Leibniz verteidigte die Dreieinigkeit. Rembrandt starb. In Frankreich herrschte Ludwig XIV.

1862, als das Haus der Osterlinge in Antwerpen verkauft wurde,

wurde Bismarck preußischer Ministerpräsident. Hebbel schrieb die „Nibelungen" und Turgenjew „Väter und Söhne". Verdi komponierte „Die Macht des Schicksals". In London fand eine Weltausstellung statt.

Hanse unter einer gemeinsamen Aufgabe, nämlich zum Schutz städtischer Freiheit, wiederzubeleben. Er wollte sich dabei auf jene Städte beschränken, die auch in der Lage waren, genügend Mittel für diesen Zweck aufzubringen. Es kam zu einer Art engerem Hansebund, dem Lübeck, Hamburg, Bremen, Braunschweig, Magdeburg und Lüneburg angehörten. Später traf aber doch jede Stadt in den wichtigsten politischen Fragen ihre eigene Entscheidung und schloß auch ihre Bündnisse nach eigenem Ermessen. 1669 fand noch einmal ein größerer Hansetag in Lübeck statt, auf dem neben Lübeck, Bremen und Hamburg auch noch Danzig, Braunschweig und Köln sowie durch Vollmacht Rostock, Osnabrück und Hildesheim vertreten waren. Man fühlte sich durch Fürsten bedroht, konnte es aber nicht verhindern, daß Braunschweig zwei Jahre später seine Selbständigkeit verlor. Dennoch gab man die Hanse nicht völlig auf; man meinte, daß ein kranker Körper immer noch besser sei als ein toter, daß es nützlicher sei, Ansprüche aufrechtzuerhalten, selbst wenn man sie nicht realisieren konnte, als sie völlig aufzugeben. Schließlich unterhielten nur noch drei Städte, Lübeck, Bremen und Hamburg, hansische Kontakte zur Wahrung der letzten Rechte im Ausland.

Nachdem sich 1424 herausgestellt hatte, daß Bremen seine Machtpolitik im Unterweserraum überspannt hatte und es daher zu schweren Rückschlägen gekommen war, wurde die Stadt in mancherlei innen- und außenpolitische Verwicklungen hineingezogen, die sogar dazu führten, daß Bremen vorübergehend aus der Hanse ausgeschlossen und in die Reichsacht getan wurde. Erst nachdem ein Kaperkrieg mit Holland 1446 beendet worden war, kamen einige ruhige Jahre, dann aber warf Graf Gerd von Oldenburg, eine eigenartige Mischung von Raubritter, Seeräuber und Renaissancefürst, Jahrzehnte hindurch seinen Schatten auf Norddeutschland und auch auf Bremen. Er forderte von anderen Einhaltung der Verträge und brach sie selbst ohne Bedenken; er beraubte die Kirche und drangsalierte Geistliche aller Rangstufen; er haßte und verachtete die Bürger und schatzte sie, wo er konnte. Auch Bremen hat durch den Oldenburger Raubgrafen unsäglich gelitten. Zudem brachen in der Notzeit wieder innere Krisen auf. Erst nachdem Graf Gerd der großen Schar seiner Gegner nach heftigen Kämpfen 1482 endgültig erlegen war, kamen ruhigere Zeiten.
Es ist oft angenommen worden, daß der Niedergang der Hanse am Ausgang des Mittelalters zugleich auch einen Niedergang der Hansestädte selbst bedeutet habe. Das ist ein Irrtum. Zwar gelang es der Hanse nicht mehr überall, ihre alten Monopole aufrechtzuerhalten, aber um 1500 war Europa von so großer Wirtschaftsaktivität erfüllt, daß auch die Bremer Kaufleute unabhängig von der Hanse gute Geschäfte machten. Es war eine Zeit, in der große Vermögen entstanden, die Kirchen mit bedeutenden Kunstwerken geschmückt und viele ansehnliche Bürgerhäuser gebaut wurden.
Die Blüte Bremens überdauerte alle Religionswirren des 16. Jahrhunderts, ja, sogar den 30jährigen Krieg! Erst dann ging es bergab.

Reformator oder Ketzer? – Heinrich von Zütphen

Als der Augustinermönch Bruder Heinrich von Zütphen am 9. November 1522 in Bremen die erste evangelische Predigt hielt, war das ein Ereignis, das zunächst nur einen kleinen Kreis von Bürgern erregte, aber wohl nicht als Auftakt zur Reform der bremischen Kirche empfunden wurde. Auch dürften Luthers Lehren, die damals schon seit Jahren verbreitet wurden, an der Weser noch nicht allgemein bekannt gewesen sein, obwohl mehrere Bremer, darunter Angehörige von Ratsfamilien, in Wittenberg studierten. Man kann auch nicht sagen, daß der Boden für eine Reformation in Bremen besonders günstig gewesen sei, denn die alte Kirche war hier nicht schlechter als anderswo. Für den raschen Erfolg der Reformation an der Weser wurde es dann aber wichtig, daß die Stadt zum damaligen Erzbischof Christoph, einem geborenen Herzog von Braunschweig, und zeitweilig auch zur Domgeistlichkeit ein sehr schlechtes Verhältnis hatte.

Der erste Reformator Bremens weilte nur zwei Jahre in der Stadt, und doch war sein Aufenthalt so folgenschwer wie nur wenige Ereignisse der bremischen Geschichte.

Heinrich stammte aus dem Städtchen Zütphen an der Yssel und wurde in jungen Jahren Augustinermönch. Als solcher kam er 1508 nach Wittenberg, um dort an der neugegründeten Universität zu studieren — zur gleichen Zeit übrigens, als Luther Professor in Wittenberg wurde. Nach einigen Jahren kehrte Heinrich in seine Heimat zurück und wurde Prior in Dordrecht in der Nähe von Rotterdam; aber es zog ihn immer wieder zu seinem Freundeskreis in Wittenberg, zu dem auch Luther und Melanchthon gehörten. So wuchs er denn in die reformatorische Idee hinein und vertrat sie hier und da in Predigten und Disputationen, so auch im Sommer 1522 in Antwerpen. Dort aber wurde er eingesperrt und wäre sicher als Ketzer auf den Scheiterhaufen gekommen, wäre er nicht durch Volkshaufen befreit worden. Verfolgt von Steckbriefen der Statthalterin der Niederlande, floh Heinrich durch Holland und Westfalen, um sich nach Wittenberg zu begeben. Auf dieser Reise kam er nach Bremen und nahm in der Herberge „Zum Strauß" bei Martin Hemeling Quartier.

Einige angesehene Bürger forderten Heinrich von Zütphen nun auf, zu predigen, und er tat es wahrscheinlich zum ersten Male in einer Kapelle der St. Ansgarii Kirche am 9. November 1522. Heinrich war nach allem, was wir wissen, ein leidenschaftlicher Redner, hinter dessen Worten jeder sogleich die innere Überzeugung spürte. Man hörte ihm

So wie dieser Mönch — eine Darstellung aus dem Jahre 1490 — hat Heinrich von Zütphen in St. Ansgarii gesprochen.

gern zu, und der Kreis seiner Anhänger mehrte sich mit jeder Predigt. Was er lehrte, waren Luthers Gedanken, aber er brachte sie wahrscheinlich mit Schärfe und leidenschaftlicher Gebärde vor: Priester und Laien seien in jeder Hinsicht gleich; die Heiligen seien nicht zu verehren, sondern ihre Bilder solle man verbrennen; Fegefeuer und Höllenstrafen gebe es nicht, weil Christus die Menschen durch sein Blut erlöst habe; Fasten, Beichte und äußere Frömmigkeit seien nutzlos, entscheidend sei der Glaube. Auch die Geistlichen seien der weltlichen Obrigkeit untertan. Das Abendmahl müsse den Laien in beiderlei Gestalt ausgeteilt werden.

Die „Zütphenkapelle" 1949.

Besonders scharfe Worte richtete Heinrich gegen die Bischöfe, die er „Diebe, Räuber, Mörder und Ölverkäufer zur Täuschung der Seelen" nannte, und gegen den Papst, den er als wahren Antichrist bezeichnete. Auch der Kaiser, der den Papst unterstützte, kam bei ihm schlecht weg.

Natürlich war man in Kreisen der alten Kirche zornig über den fanatischen Augustiner, aber man konnte nichts gegen ihn unternehmen, da er in der Gemeinde wachsenden Anhang fand. Und so kam denn, was kommen mußte: Heinrichs Predigt wurde sehr bald zum politischen Problem. Die Geistlichkeit beschwerte sich zunächst beim Rat der Stadt; aber es hieß in den Beratungen, daß Heinrich ein frommer und gelehrter Prediger sei, der Gottes Wort lauter und rein lehre; er sei von einigen Bürgern gebeten worden, zu predigen, und das habe er getan.

Einigen vorsichtigen Herren des Rates war es allerdings ein unangenehmer Gedanke, daß die Stadt wegen eines „Theologengezänks" politischen Unfrieden riskieren sollte; aber auch sie wollten sich von der Geistlichkeit nicht unter Druck setzen lassen. Spätere Quellen haben die Sache etwas idealisiert und erzählen, daß sich ein Bürgermeister feierlich für die von Heinrich gepredigten lauteren Wahrheiten eingesetzt habe.

Die verärgerten Geistlichen wandten sich nun an den Erzbischof Christoph, zu dem die Stadt ein notorisch schlechtes Verhältnis hatte. Er hielt sich damals in Verden auf und sandte sogleich von dort aus einige seiner Berater nach Bremen, um die Auslieferung des ketzerischen Mönches zu verlangen. Der Rat wies sie aber mit denselben Argumenten ab, mit denen Luther 1521 in Worms gegen Kaiser und Reich argumentiert hatte: man möge Heinrich widerlegen, erst dann werde man ihn strafen und verbannen.

Erzbischof Christoph forderte die Bremer von Verden aus auf, den ketzerischen Augustinermönch auszuliefern – vergeblich.

Der Erzbischof klagte nun auf einem Landtag des Erzbistums vor den Gesandten der Ritterschaft, der Geistlichkeit und der Städte über den Bremer Rat, der sich erdreistete, einen Anhänger des geächteten und gebannten Luther in der Stadt predigen zu lassen. Die Ratsvertreter taten ganz unschuldig: sie hätten nicht gehört, daß Luther gebannt und geächtet sei. Natürlich wollten sie ihn nicht protegieren, wenn man ihm ketzerische Auffassungen nachweise; man könne Heinrich ja in Bremen verhören. Der Erzbischof verlangte aber seine Auslieferung, die ihm von den Bremern verweigert wurde, weil der Mönch unter städtischem Geleit stehe. Chri-

Der Erzbischof, der Herzog von Wolfenbüttel und der König von Dänemark drohten dem reformierten Bremen mit Gewalt. Das Paulskloster vor dem Ostertor wurde ein Opfer dieser Drohungen. Man riß es ab, damit sich der Belagerer nicht darin festsetze.

stoph ritt zornig nach Verden zurück. Auch in nächster Zeit scheiterten weitere Verhandlungen, und Heinrich setzte seine Predigten in Bremen ungehindert fort.

Der Erzbischof ließ jedoch nicht locker: Für den 10. März 1523 berief er eine große Kirchenversammlung nach Buxtehude und forderte auch den Mönch Heinrich auf, sich dort zu rechtfertigen. Schutz und Geleit wurden ihm zwar urkundlich zugesagt, aber man wußte in Bremen nur zu gut, wie wenig davon zu halten war. Heinrich kam nicht, schickte aber 87 Thesen seiner Lehre und forderte als eifriger Schüler Luthers, man möge versuchen, ihn aus der Heiligen Schrift zu widerlegen. Wahrscheinlich hat sich die hohe Versammlung damit nicht abgegeben, sondern Heinrich einfach verdammt. In Bremen schlugen Geistliche nun Zettel am Tor des Domes und des Rathauses an, aus denen zu ersehen war, daß Luther und seine Anhänger in Acht und Bann getan waren. Der Rat suchte und fand volle Unterstützung in der Bürgerschaft, der Erzbischof aber plante zusammen mit seinem Bruder, dem Herzog Heinrich von Wolfenbüttel, sowie dem König von Dänemark ein gewaltsames Vorgehen gegen Bremen.

Schon das erste Gerücht davon hatte Folgen, die wir heute bedauern mögen: Das Paulskloster — sicher ein Bauwerk von hohem künstlerischem Wert — fiel aus militärischen Gründen der Spitzhacke zum Opfer, denn es lag vor dem Ostertor (bei der heutigen Paulistraße) auf einer Erhöhung und hätte bei einer Belagerung dem Angreifer einen Stützpunkt bieten können.

Als die Nachricht kam, feindliche Reiter seien im Anzug, bat der Abt des Klosters um Zuflucht in Bremen; aber bevor es zum Umzug kam, fiel eine verhängnisvolle Entscheidung. Die Bürgermeister saßen vor dem Rathaus, wie sie es an bestimmten Tagen zu tun pflegten, und fragten einen Bürger, wie man es wohl bewerkstelligen könne, daß das Paulskloster abgerissen werde. Der Wunsch sprach sich in Windeseile herum, und sogleich holten einige Handwerker ihr Werkzeug und begannen das Zerstörungswerk. Aber es gelang zunächst nicht, das feste Mauerwerk zu beseitigen.

Der Rat befreite das Schmiede-Amt ein Jahr lang vom Verteidigungsdienst gegen die Zusage, die Mauern abzubrechen; es dauerte jedoch noch 24 Jahre, bis die letzten Reste des Klosters verschwanden. Von den Findlingen, die dabei geborgen wurden, soll der Weg zum Warturm gepflastert worden sein.

In dieser Zeit wurde noch weiteres für die Verteidigung der Stadt getan. Vor dem Stadtgraben wurde alles beseitigt, was die Sicht hinderte: Bäume und Sträucher wurden umgehauen und Hunderte von Häusern dem Erdboden gleichgemacht. Vor dem Doventor wurden Kapellen niedergebrochen. Beim Stephanitor vertiefte man den Stadtgraben und begann dort mit dem Bau eines gewaltigen Zwingerturmes (1533 vollendet, aber schon 1647 durch Blitz zerstört) und einer Bastion an der Weser, der „Wichelnburg". Auch an einem riesigen Turm auf der Halbinsel zwischen Kleiner und Großer Weser, „Braut" genannt, arbeitete man in diesem Jahr (1531 vollendet, 1739 durch Blitzschlag zerstört). Das Ansgariitor wurde mit einer Erdbastion verstärkt.

Was als kleiner religiöser Streit begonnen hatte, war nun also zu einem militärisch-politischen Konflikt von bedeutendem Ausmaß geworden.

Der Abschluß der Reformation in Bremen stieß auf einige Schwierigkeiten, weil vor allem viele Geistliche dem alten Glauben treu blieben. Vergebens versuchte man vielfach, vor allem die Pfarrer zu veranlassen, das neue Wort zu predigen. Sie blieben bei

Der Stephanitorzwinger und die Wichelnburg. Ihr Bau wurde wegen der Bedrohung Bremens durch Erzbischof Christoph im Jahre 1524 begonnen.

der alten Gewohnheit und lasen weiterhin die Messe. Nun entschlossen sich einige Gemeinden 1524, neben Heinrich von Zütphen, der an St. Ansgarii wirkte, weitere evangelische Prediger einzustellen und von Spenden zu unterhalten. So kamen zwei niederländische Flüchtlinge nach Bremen: Jakob Probst (Prawest) aus Ypern, ein Freund Luthers und Heinrichs von Zütphen, der sich in Antwerpen nur durch einen Widerruf vor dem Flammentod bewahrt hatte, und Johann Tiemann aus Amsterdam, der nach Wittenberg geflohen war und dort geheiratet hatte. Beide waren bedeutende Persönlichkeiten von hoher Gelehrsamkeit; Probst predigte nun in der Liebfrauenkirche, Tiemann in St. Martini. So war denn die Reformation in Bremen zu Beginn ein Werk niederländischer Flüchtlinge.

Die alten Pfarrer blieben immer noch katholisch, ließen die neuen Prediger jedoch ihr Werk tun und waren zufrieden, daß man ihnen die Einkünfte ließ. Anders die Mönche: Sie eiferten gegen die Ketzer und gegen den Rat, der sie schützte, bis die lautesten von ihnen aus der Stadt gewiesen wurden.

Seit 1525/26 wurde an allen Bremer Pfarrkirchen nur noch nach der neuen Lehre gepredigt. Die lateinische Messe aber verstummte. 1529 wurde den Bürgern schließlich verboten, im katholisch gebliebenen Dom am Gottesdienst teilzunehmen.

Diesen endgültigen Sieg seines Glaubens hat Heinrich von Zütphen nicht mehr miterlebt. Kein Geringerer als Luther hat auf Grund von Augenzeugenberichten die erschütternden Nachrichten über sein Ende zusammengestellt.

Der Pfarrer von Meldorf in Dithmarschen, Nicolaus Boye, bat Heinrich, er möge kommen und den Bauern die neue Lehre künden. Die Bremer Freunde rieten von der Reise ab, Heinrich aber lockte die neue Aufgabe, und so verließ er die Stadt am 28. November 1524. Zwei Tage später war er in Meldorf in Dithmarschen und begann sogleich zu predigen. Er hatte auch einigen Erfolg, aber der Prior des dortigen Dominikanerklosters, August Torneborch, setzte bei der Obrigkeit durch, daß Heinrich die Predigt verboten wurde. Gottes Gebot war ihm jedoch wichtiger als der Menschen Befehl, und so setzte er mit Zustimmung der Gemeinde sein Bekehrungswerk fort. Die Gegner, unter denen die Mönche von zwei Klöstern die fanatischsten waren, holten nun zum vernichtenden Schlag aus. Sie organisierten am 9. Dezember nachts in Hemmingstedt bei Meldorf eine Versammlung von 800 Landleuten, die nun mit einigen Fässern Bier traktiert wurden. Dann zog man mit Fackeln nach Meldorf, wo man um Mitternacht ankam, brach ins Pfarrhaus ein, trieb den Pfarrer Boye auf die Straße, band Heinrich von Zütphen an den Schwanz eines Pferdes und schleppte ihn im Hemd und barfuß, wie man ihn aus dem Bett gezogen hatte, in bitterer Kälte davon. Um 4 Uhr morgens kam man in Heide, dem Hauptort Dithmarschens, an. Heinrich wurde zunächst in einen Keller gesperrt und dann gegen 8 Uhr auf den Richtplatz gezerrt. Luther berichtet, eine mitleidige Frau habe in ihrer Haustür gestanden und geweint, Heinrich aber habe sie mit dem Hinweis getröstet, sein Schicksal sei Gottes Wille.

Nun wollte man ihn in einem Gerichtsverfahren als Ketzer zum Feuertod verurteilen lassen, aber der zuständige Vogt weigerte sich, unter so turbulenten Verhältnissen ein Verfahren durchzuführen. Es gelang dann, einen anderen Vogt zu gewinnen — angeblich durch Bestechung —, und nun wurde das Urteil gesprochen: „Dieser Übeltäter, der Gott und seine Mittler gelästert hat, soll verbrannt werden." Heinrich widersprach, wurde aber von fanatischen Bauern schwer mißhandelt.

Zeitgenössisches Bild des Jakob Probst aus Ypern, eines Freundes Heinrichs von Zütphen. Probst verkündete den neuen Glauben in der Liebfrauenkirche.

Was nun kam, wird in Luthers Bericht in grauenhaftem Detail geschildert; es war ein barbarisches Gemisch damaliger Rechtspflege und unkontrollierter Lynchjustiz. Auf einer kleinen Anhöhe war ein Reisighaufen aufgeschichtet, der nicht brennen wollte. Frierend und aus mehreren Wunden blutend stand Heinrich von Zütphen im dünnen Hemd zwei Stunden davor — die Hände zum Gebet gefaltet. Schließlich band man ihn auf eine Leiter und warf ihn in den schwelenden Scheiterhaufen. Als er laut zu beten begann, schlugen ihm Fanatiker mit der Faust auf den Mund. Nach weiteren grauenhaften Mißhandlungen erschlug ihn schließlich einer mit dem Hammer. Sein versengter Leichnam wurde am nächsten Tag verscharrt. Seit 1830 steht auf dem Friedhof in Heide ein schlichtes Denkmal, das an den Tod Heinrichs von Zütphen erinnert, und ein Granitblock zeigt die Stelle an, wo er vermutlich verbrannt wurde.

In den gleichen Jahren . .

als Heinrich von Zütphen 1522 in Bremen seine erste evangelische Predigt hielt und 1524 in Heide verbrannt wurde,

wurde Luthers Übersetzung des Neuen Testaments gedruckt, beendeten die Schiffe der Magellan-Flotte die erste Weltumsegelung, eroberten die Türken Rhodos, begann der große Bauernkrieg und starb der Maler Hans Holbein d. Jüngere.

Der „Aufstand der Hundertvier“

Die Jahrzehnte nach Einführung der Reformation brachten Bremen wie anderen Städten schwere innere Wirren und gefährliche außenpolitische Verwicklungen. Zweifellos trug der neue Glaube dazu bei, daß vielfach an den alten Autoritäten Kritik geübt wurde und daß man sich unter Berufung auf gottgewolltes Recht gegen mancherlei Willkür wandte.

Der Aufruhr in Bremen entzündete sich an einer Nebenfrage: an der unzulänglichen Kontrolle des Rates über die Bürgerweide. Es wurde behauptet, daß sich einige angesehene Bürger und Geistliche Teile der Weide für private Zwecke angeeignet hätten. Dahinter steckte jedoch allgemeine Kritik am Stadtregiment. Kleinere Gewaltakte und lautes Murren ließen seit 1523 aufhorchen. Es wurde allmählich deutlich, daß sich der Kreis der Opposition erweiterte: nicht nur Handwerker, sondern auch viele Kaufleute stimmten in den Chor der Unzufriedenen ein. Der Rat versuchte, die Opposition als Aufwiegler abzutun, aber die Erregung wuchs. Sturmglocken wurden geläutet, in Gemeindeversammlungen aufreizende Reden gehalten. Ein Ausschuß von 16 Personen wurde gebildet, der den Gemeindestandpunkt in der Bürgerweide-Angelegenheit vertreten sollte, sich aber sehr bald mit der ganzen Starrheit des absolutistischen Regiments konfrontiert sah.

Es wurde klar: Ohne eine grundlegende Verfassungsreform kam man nicht weiter. Man forderte eine scharfe Kontrolle des Stadthaushalts durch die Gemeinde, eine Vereinfachung der Verwaltung, eine Beteiligung der Geistlichkeit an den Bürgerpflichten, eine schnellere Erledigung aller Rechtsfälle und manches andere. Aber was uns heute als vernünftig erscheinen mag, das sah der Rat damals als Hochverrat an. Der Sprecher der Reformer wurde sogar zum Tode verurteilt, dann aber zur lebenslänglichen Verbannung begnadigt.

An die Spitze der Oppositionsbewegung traten nun radikale Männer, von denen der Goldschmied Johann Dove der bedeutendste und konsequenteste war. Jede Volksbewegung braucht sichtbare Probleme und greifbare Gegner, da sie mit abstrakten Verfassungsfragen nur wenig anfangen kann; die Bürgerweide-Frage war ein solcher „Aufhänger“. Der erste Sündenbock, an dem sich der aufgestaute Volkszorn austobte, war

Opfer der Revolte der Jahre 1530/1532 wurde der Komtur des Deutschen Ritterordens, an dessen damaligen Wohnsitz heute noch die Komturstraße erinnert. Unser Bild aus dem 17. Jahrhundert zeigt einen bremischen Deutschordenskomtur.

Die Sturmglocken läuteten, die Bürger rebellierten gegen den Rat — das war im Bremen der Jahre 1530 bis 1532. Diese revolutionären Wirren entzündeten sich ausgerechnet an der Bürgerweide, die — folgt man dieser Ansicht aus der Storck-Chronik, 1822 — das Bild einer ausgesprochen friedlichen Idylle bietet. Damals, 1530, argwöhnten viele Bremer, es gäbe bei der Nutzung der Bürgerweide zum Nachteil des einfachen Bürgers einige widerrechtlich Privilegierte, und darüber kam es zu blutigen Auseinandersetzungen, in deren Verlauf Komtur Rudolf von Bardewisch ermordet wurde.

Rudolf von Bardewisch, der Komtur des Deutschen Ritterordens, der in seinem Hof an der heutigen Komturstraße wohnte.

Im Frühjahr 1531 entstand auf unkontrollierbare Weise das Gerücht, er verwahre Urkunden, die über den Bürgerweide-Streit Auskunft zu geben vermöchten. Als er sie nicht auslieferte, traf ihn der unversöhnliche Haß der öffentlichen Meinung. Er wurde zwar gewarnt und floh am 10. Mai durch das Herdentor; aber er kehrte in die Stadt zurück, da er Mutter und Schwester zu Gast hatte. Das aber sollte sein Verderben sein.

Eine aufgebrachte Volksmenge versammelte sich vor dem Haus des Komturs, der sich in Begleitung seiner sechs Knechte mit Urkunden und Silbergeschirr im Raum über den Gewölben der Deutschordenskirche in Sicherheit gebracht hatte. Von dort aus versuchte er durch ein Erkerfenster zu verhandeln, wurde aber mit einer Hakenbüchse beschossen und zog sich zurück. Einige Aufrührer zwangen nun den städtischen Geschützmeister, Kanonen aufzufahren und auf die Kirche zu schießen. Als auch das nichts nützte, stiegen einige kräftige Burschen auf einer Leiter zum Komtur hinauf und erstachen ihn und vier seiner Knechte. Die Leichen warf man auf den Friedhof hinab. Schließlich brach ein Haufe in den Deutschordenshof ein, zerschlug das Inventar, eignete sich einige Kleinigkeiten an und betrank sich.

Das ganze war ein grausamer und sinnloser Gewaltakt, der sich zwar nicht wiederholte, aber für den weiteren Verlauf der Revolution von großer Bedeutung war, denn immer wieder wurde mit dem Hinweis auf „des Komturs Reise" Druck auf die Gegner ausgeübt. So wurden die Elterleute des Kaufmanns, die seit langem Sprecher ihres Berufsstandes waren, eingeschüchtert und gezwungen, ihr Amt niederzulegen sowie das Urkundenarchiv auszuliefern.

Der Rat mußte es sich gefallen lassen, daß ihm eine Gemeindevertretung von 104 Bürgern entgegengesetzt wurde, die immer wieder auf dem Rathaus erschien und in allen öffentlichen Angelegenheiten ein Mitspracherecht forderte.

Nur die evangelischen Prediger standen treu zum Rat, und sie waren wohl die gefährlichsten Propagandisten der alten Ordnung. Von ihnen mußten sich die 104 sagen lassen, daß ihre Opposition ein neues Mittel des Satans sei, Zwietracht in die Stadt zu streuen. Sie würden als Geistliche keineswegs schweigen, denn ihre Aufgabe sei es, Sünden anzuprangern.

So spitzten sich die Gegensätze immer mehr zu, bis dann in der Nacht vom 7. zum 8. April 1532 alle vier Bürgermeister und sechs Ratsherren mit ihrem Anhang heimlich die Stadt verließen und im bremischen Schloß Bederkesa eine Art Exilregierung bildeten. Aus der sicheren Emigration widerriefen sie alle Kompromisse, zu denen sie sich unter dem Druck der Aufständischen bereit erklärt hatten.

Jede Revolution verliert ihren Schwung, wenn sie sich allzu sehr aufs Verhandeln legt. Von den Ausgewichenen kamen mehrfach Briefe in die Stadt, über die in offener Volksversammlung beraten wurde.

Zum ersten Male trat die Gemeinde am 1. Mai 1532 auf dem Domshof zusammen. Der Brief der Ausgewichenen wurde vorgelesen, und dann wurde jedes der vier Kirchspiele in eine der vier Ecken des Platzes geschickt, um zu beraten. Aber es gab überall nur ein Durcheinander von Stimmen. Die Entscheidung wurde vertagt, und die Kirchspiele versammelten sich am nächsten Tag in ihren Kirchen. Dort aber zeigte sich in aller Deutlichkeit, daß viele Kaufleute und Handwerker den Tumult der letzten Zeit verabscheuten und den Rat immer noch als die gottgewollte und traditionelle Obrigkeit ansahen. Sogar die 104 brachen in Uneinigkeit auseinander, und nur etwa die Hälfte blieb der Revolution treu; die anderen zogen sich zurück. In zwei Kirchspielen — in St. Martini und Liebfrauen — wurden die Radikalen glatt überstimmt.

Dann kam die gesamte Gemeinde wieder auf dem Domshof zusammen. Die Redner standen auf Tonnen und Tischen; die Worte gingen hin und her, bis man einen Ausschuß aus Bürgern und Ratsherren bildete, der die Antwort an die Ausgewichenen entwerfen sollte. Über allem Wirrwarr bemerkte man kaum noch, daß nun auch zwei Prediger die Stadt heimlich verlassen hatten.

Ähnliche Unruhen füllten die nächsten Wochen. Eine Versöhnung wurde erschwert, weil die Emigranten eine allgemeine Amnestie und einige vernünftige Reformen verweigerten.

Inzwischen war es den Bürgermeistern und Ratsherren von Bederkesa aus gelungen, Söldner und bewaffnete Bauern in die Stadt zu schmuggeln, um im geeigneten Augenblick dem revolutionären Treiben ein Ende zu bereiten. Aber dazu kam es nicht. Am 20. August 1532 war die letzte Versammlung der ganzen Bürgerschaft auf dem Domshof. In einem Ring wurde die Trommel geschlagen und Ruhe geboten. Dann forderten der Sekretär des Rates und der Stadthauptmann die Abschaffung der Reste des aufrührerischen Regiments der 104. Geschehe es nicht, müsse man mit der Einmischung von Fürsten rechnen, und das sei ein Nachteil für die Stadt. Die Söldner und Bauern des Rates trugen ihre Waffen unter dem Wams und waren zum Losschlagen bereit, aber das war nicht mehr nötig, denn es erhob sich keine Stimme für die 104.

Die Zeremonie beschloß ein symbolischer Akt: Die Urkunde, die dem Rat von den 104 abgepreßt worden war, wurde aus dem Hause Johann Doves geholt. Ein Ratsherr prüfte sie auf ihre Echtheit und hielt sie hoch, dann durchstach er sie zweimal mit dem Messer und machte sie dadurch ungültig.

Am 5. September ritten die Emigranten wieder feierlich in Bremen ein und stellten das alte Ratsregiment wieder her. Die demokratische Episode war damit zu Ende.

Einige „Aufrührer" traf die in die Formen des Rechts gekleidete Rache der zurückgekehrten Herren. Mochte man es noch gutheißen, daß vier Bürger geköpft wurden, weil sie den Komtur ermordet hatten, so war insbesondere das Ende Johann Doves nichts anderes als politische Rache. Drei Monate saß er in einem finsteren Stadtturm. Was ihm vorgeworfen wurde, waren läppische Unregelmäßigkeiten, die zu Diebstählen aufgebauscht wurden. Vom Aufruhr war nur beiläufig die Rede, denn diese Schuld traf außer Dove noch viele Bürger der Stadt, und einen Massenprozeß wollte der Rat vermeiden. Dove war nach der Haft körperlich gebrochen und soll vom Armesünderkarren den Rat und die Bürger um Vergebung gebeten und alle zum Gehorsam gegenüber der Obrigkeit ermahnt haben. Dann wurde er geköpft und auf dem Martini-Kirchhof begraben.

Zwei nebensächliche Maßnahmen des wiedereingesetzten Rates stehen uns heute noch vor Augen: Die Treppe vom Liebfrauenkirchhof zur oberen Rathaushalle wurde abgerissen und die Tür zugemauert, um künftig das Eindringen unzufriedener Volksmassen zu erschweren. Zudem ließ der Rat die Wand neben seinem Gestühl mit einem Gemälde vom Salomonischen Urteil schmücken: Ein symbolisches Zeichen dafür, daß man zwar autoritär, aber doch gerecht urteilen wolle.

Junker Balthasar von Esens

In der Eingangshalle des neuen Focke-Museums findet man eine Ritterrüstung, hinter deren geschlossenem Visier sich ein derb geschnitztes bemaltes Gesicht verbirgt. Früher stand die geharnischte Figur im Aufgang des Schüttings und trug eine Hellebarde, die auf den Boden gestoßen wurde, wenn ein Besucher durch Betreten einer beweglichen Treppenstufe einen komplizierten Mechanismus in Bewegung setzte. Heute hat dieser „Complimentarius" seine Rolle ausgespielt und ist ein Museumsstück geworden.

Woher stammt nun diese Rüstung? Der Überlieferung nach war sie eine Beute der Bremer im Kriege gegen den Junker Balthasar von Esens, Wittmund und Stedesdorf. Dieser Mann war ein raffinierter Politiker und rauher Krieger; er hatte etwas von einem grausam-verschlagenen Kondottiere an sich, dessen Motto gewesen sein soll: „Gott ist der Herr im Himmel; die Menschen aber müssen auf Erden selbst zusehen, wie sie zu etwas kommen!" Als Friese und Landjunker verachtete und haßte er alle Kaufleute, so daß er sie ohne Hemmungen beraubte, erpreßte und umbrachte. Es gelang ihm aber auch, sich in die großen po-

Eine Art Kondottiere des Nordens war der Junker Balthasar von Esens, dessen Rüstung (unser Bild) heute noch im Focke-Museum zu sehen ist.

litischen Konstellationen seiner Zeit einzuschalten.

Die Bremer erkauften sich zunächst mit größeren „Geschenken“ seine Schonung, aber es kam trotzdem immer wieder zu Reibereien, die sich dann 1536 in einem regelrechten Krieg entluden. Er wurde durch ein an sich unbedeutendes, aber für die Taktik des Junkers doch recht bezeichnendes Ereignis ausgelöst. Ein bremischer Schiffer landete bei Esens, um eine Reparatur am Steuerruder vorzunehmen. Balthasar ließ das Schiff als Strandgut beschlagnahmen und erpreßte zudem von der Besatzung hohes Lösegeld. Der Junker ließ sich dann zwar auf Verhandlungen ein, trieb aber nebenher eifrig Seeraub. Zwar hätten ihn die Bremer mit größeren und fortgesetzten „Präsenten“ etwas zähmen können, aber man fürchtete, daß dadurch auch andere friesische Häuptlinge zum Seeraub ermuntert werden könnten.

Die Stadt beschritt nun zwar den Rechtsweg gegen den Junker, indem sie ihn beim Reichskammergericht verklagte; aber da sie wußte, daß solch ein Prozeß nur ein fragwürdiges praktisches Ergebnis haben konnte, rüstete sie zugleich zum Kriege. Im Herbst 1537 liefen ihre Schiffe gegen Balthasars Seeräuber aus, aber es kam zu keiner Entscheidung.

Der Winter 1537/38 war dann von diplomatischer Bewegung erfüllt, denn der Herzog von Geldern stellte sich hinter den Junker, und es drohte zudem noch eine Intervention des Königs von Frankreich und des Herzogs von Lothringen. Bremen aber fand Unterstützung bei den protestantischen Fürsten Nord- und Mitteldeutschlands. So hätte die kleine Seeräuber-Affäre sehr leicht zu einem großen Kriege werden können, jedoch zeigte sich sehr bald, daß die Drohungen und Hilfsversprechen nur auf dem Papier standen.

1538 ruhten die Waffen und Enterbeile, dann aber griff Balthasar 1539 wieder an. Um Pfingsten erschienen seine Mannschaften sogar in der Weser und kaperten zehn bremische Schiffe. Nun folgte ein wüster Raubkrieg, der von beiden Seiten mit großer Erbitterung geführt wurde.

Am 10. August gelang den Bremern ein guter Fang: Ihre Flotte stellte ein Raubschiff Balthasars, das zwar zu entkommen suchte, aber auf Grund lief und beschossen wurde. Nun gab sich die Besatzung gefangen: der Kapitän Franz Beme und 80 Mann. Sie wurden nach Bremen gebracht und dort in zwei Befestigungstürmen eingesperrt. Was aber sollte mit ihnen geschehen? Waren sie ordentliche Soldaten und gegen ein Lösegeld zu entlassen? Oder waren sie Seeräuber und daher vor ein Gericht zu stellen? Franz Beme hatte zwar einen Bestallungsbrief des Junkers Balthasar; aber es ließ sich nachweisen, daß die Mannschaft geräubert hatte, wobei auch französische, portugiesische und englische Kaufleute nicht verschont geblieben waren. Balthasar bot Lösegeld für seine Mannen; aber die Rechtsgutachten, die Bremen von verschiedenen Seiten einholte, fielen für die Gefangenen ungünstig aus. Zudem forderten verschiedene Fürsten eine schnelle Bestrafung.

Und so kamen denn Franz Beme und seine Leute vor das Bremer Gericht. Der Seeraub

Die Festung Esens nach einer Darstellung des 18. Jahrhunderts. Im Oktober 1540 beschossen die Bremer, der dauernden Überfälle und Übergriffe des Junkers Balthasar von Esens überdrüssig, die Festung aus 24 Kanonen und brachten sie in ihre Gewalt.

Zur gleichen Zeit...

... im Jahre 1531, als in Bremen der Deutschordens-Komtur ermordet wurde, schlossen protestantische Fürsten und Städte den „Schmalkaldischen Bund"; fiel Ulrich Zwingli, der Schweizer Reformator, in der Schlacht von Kappeln; starb Tilman Riemenschneider, der große Würzburger Bildschnitzer; begann Pizarro die Eroberung von Peru.

... und 1540, als Balthasar von Esens starb, wurde der Jesuitenorden durch den Papst bestätigt; heiratete Heinrich VIII. von England seine vierte Frau; herrschte in Konstantinopel Suleiman II. der Große.

war durch Zeugen und Indizien leicht zu beweisen; aber viele Mitglieder der Mannschaft behaupteten, sie hätten nach Befehlen gehandelt und seien der Meinung gewesen, daß sie sich in einem ordentlichen Kriege befänden. Die Einwände halfen nichts: gegen 79 Gefangene, darunter vier Schiffsjungen, wurde das Todesurteil verhängt und an zwei aufeinanderfolgenden Tagen durch Köpfen vollstreckt. Einen adligen Seeräuber richtete man zwischen dem äußeren und dem inneren Ansgariitor, die anderen wurden auf dem Jodutenberg bei der Michaeliskirche getötet. Die Köpfe steckten bis 1547 auf dem Galgen bei Walle.

Junker Balthasar tobte, als er von dem Schicksal seiner Leute erfuhr, und ließ sogleich drei gefangene Bremer umbringen, die überhaupt nichts verbrochen hatten.

Inzwischen war der Junker in die Reichsacht getan und einigen norddeutschen Fürsten und Städten aufgetragen worden, ihn zur Strecke zu bringen. Die Hauptlast des Krieges trugen freilich weiterhin die Bremer, die nun Landsknechte warben und Schiffe ausrüsteten. Das bremische Heer zog sengend und brennend durchs Harlingerland und begann im Juli die Belagerung von Esens. Einige hundert Arbeitsleute mußten Schanzen graben, und auf Schiffen brachte man schweres Geschütz, Feuerkugeln und Feuerpfeile.

So begann denn am 8. Oktober 1540 die denkwürdige Beschießung von Esens aus 24 Kanonen. Überall in der kleinen Stadt und im Schloß flammten Brände auf, während Junker Balthasar todkrank zu Bett lag. Einst hatte er geschworen, er wolle als Feind der Bremer sterben, und diesen Eid hat er auch gehalten. Kurz vor seinem Tode am 18. Oktober 1540 sagte er, daß er sein Land mit in den Abgrund ziehen möchte, damit die Bremer es nicht gewinnen könnten.

Nach Balthasars Ende war der Weg zum Frieden frei. Des Junkers Neffe, Johann von Rietberg, und seine Mutter mußten die Herrschaft Esens von der Stadt Bremen zu Lehen nehmen und versprechen, daß sie keine Seeräuber mehr beherbergten. Zudem erhielt Bremen eine große Kriegsentschädigung. Es gelang der Stadt später zwar nicht, den neuen Herrn von Esens in seiner Abhängigkeit zu halten; aber der Rietberger hatte nicht das Format seines Oheims Balthasar, sondern war einer der vielen kleinen und unbedeutenden Grafen seiner Zeit.

Belagerung im 16. Jahrhundert (Holzschnitt).

Belagertes Bremen trotzt kaiserlichen Heeren

Die Religionshändel und die ehrgeizigen Pläne des Habsburger-Kaisers Karl V. und einiger Fürsten führten im 16. Jahrhundert zu politischen Verwicklungen, in die auch das protestantische Bremen tief verstrickt wurde. Es war seit 1531 im Schmalkaldischen Bund, in dem sich die Protestanten unter Führung des Kurfürsten Johann Friedrich von Sachsen und des Landgrafen Philipp von Hessen organisiert hatten. Hauptgegner war Karl V., der nicht nur römisch-deutscher Kaiser, sondern auch König von Spanien und Herr der Niederlande war. Nach langer politischer Krise begann 1546 die entscheidende Auseinandersetzung: der Schmalkaldische Krieg, der sich vor allem in Süd- und Mitteldeutschland abspielte, aber auch vor Bremen einen sehr wichtigen Schauplatz hatte.

Kaiser Karl V., Porträt von Tizian.

Es ging um kirchliche und politische Fragen: um die Existenz des protestantischen Glaubens, um kaiserliche Gewalt und um Fürstenrecht, vor allem aber auch um die Freiheit einiger großer Stadte, darunter Bremen. Karl V. beabsichtigte, das Gebiet der Wesermündung zu annektieren und den von ihm beherrschten Niederlanden anzugliedern.

Im November 1546 beauftragte der Kaiser in seinem Feldlager in Schwaben drei Kriegsobristen, darunter Christoph von Wrißberg, mit 16 Fähnlein Fußvolk (etwa 4000 Mann) und 500 Reitern die protestantisch gewordenen Gebiete Westfalens und Niedersachsens zu unterwerfen. Zum Oberbefehlshaber bestimmte er Jobst von Cruningen In zwei Wochen gelang es den kaiserlichen Truppen, Westfalen zu durchstoßen und die Stadt Minden zu besetzen Der Weg nach Bremen war nun frei.

Die Stadt war zu energischem Widerstand bereit, denn es ging um Glauben und Freiheit der Bürger. Man scheute keine Opfer, und so wanderten denn auch die mittelalterlichen Silberschätze der Kirchen in die Münze, wo aus ihnen Geld geprägt wurde. Nun warb man Landsknechte, beschaffte Geschütze mit Munition und setzte die Befestigungen instand. Etwa 2000 Landsknechte, 260 Reiter und 1600 bewaffnete Bürger und Bauern lagen in der Stadt, so daß Wälle, Tore und Türme ausreichend besetzt werden konnten. Zahlreiche schwere Eichbäume wurden noch aus dem Hemelinger Holz nach Bremen gefahren, als der Gegner schon bei Nienburg und Hoya stand.

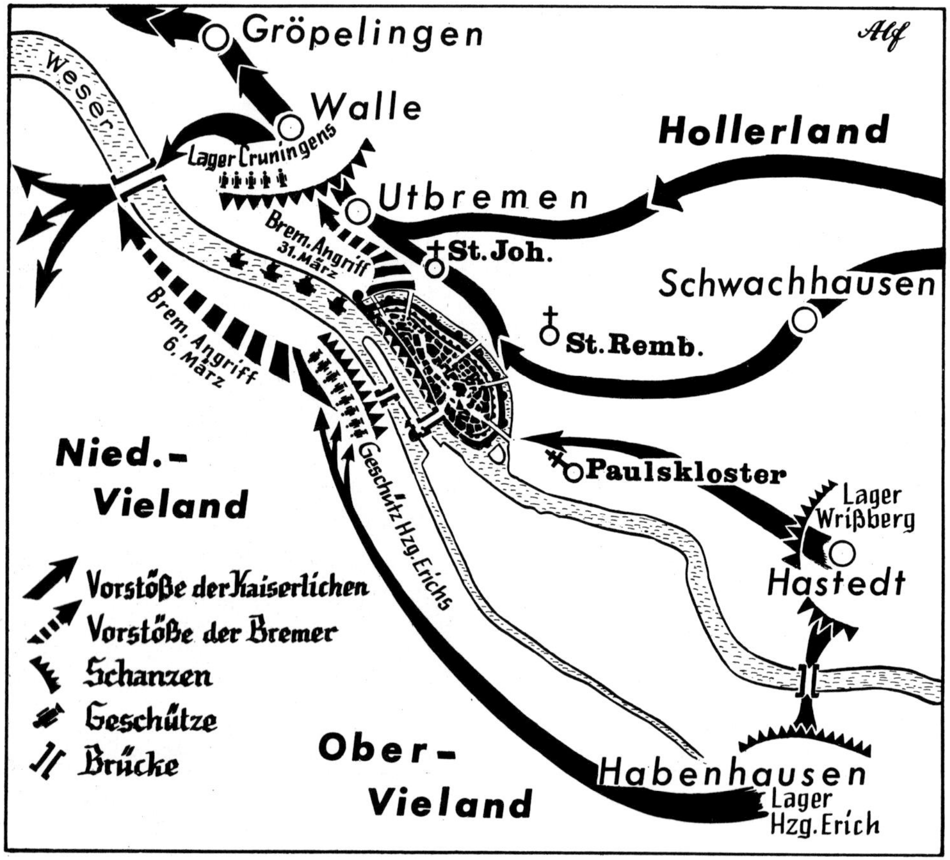

Dramatische Monate bremischer Geschichte spiegeln sich in dieser Karte: Im Jahre 1547 belagerten die „Kaiserlichen" unsere Stadt.

Mitte Februar 1547 erschien, etwa 6000 Mann stark, das Heer Cruningens und Wrißbergs. Das flache Land wurde geplündert, soweit die Bewohner sich nicht mit ihrer Habe in der Stadt in Sicherheit gebracht hatten. Sogar die Glocken aus der Horner Kirche wurden entführt und die Orgel zerstört. Der Erzbischof Christoph soll vor Freude die Hände über dem Kopf zusammengeschlagen haben, als er die Dörfer um Bremen brennen sah. Es war rauhes Kriegsvolk, das keine Schonung kannte. Einige verwegene Landsknechte kamen bei Nacht und Nebel bis an die Stadtmauer und riefen den Bürgerwachen Schimpfworte zu. Das Gros aber zog in westlicher Richtung weiter und setzte sich zwischen Walle und Burg fest. Auf der Weser und Lesum wurden etwa 80 Bremer Schiffe erbeutet, die die Stadt nicht erreichen konnten, weil sie im Eis festsaßen.

Am 20. Februar forderte Cruningen die Kapitulation der Stadt: Bremen solle fußfällig die Schlüssel übergeben, die Truppen einlassen und dem Kaiser gehorsam sein. Rat und Bürgerschaft weigerten sich jedoch, „mit den mutwilligen Mordbrennern und Bösewichtern" zu verhandeln und wollten wagen, „daß der unterste Stein nach oben komme". In den nächsten Tagen kam es zu manchen Scharmützeln, aber zu keiner Entscheidung. Überfälle der Kaiserlichen auf das Vieland dienten der Verproviantierung; den Bremern gelang es, manchen kleinen Trupp zu fangen oder auch Wagen mit Nachschub zu erbeuten. Sie zerstörten zudem rücksichtslos alle Gebäude, die im Vorfeld der Stadt die Sicht behinderten: die Reste des Paulsklosters vor dem Ostertor und das Dorf Utbremen gingen in Flammen auf, die Rembertikirche wurde abgebrochen.

Das bedeutendste Unternehmen der Belagerer begann am 6. März 1547: Sie schlugen in Gröpelingen eine Brücke über die

Weser, um dauernden Zugang zum Vieland zu haben und um jegliche Seeschiffahrt nach

Der Führer der Protestanten, Kurfürst Johann Friedrich von Sachsen, der 1547 in die Gefangenschaft Kaiser Karls V. geriet.

Bremen unmöglich zu machen. Damit wäre der Lebensnerv der Stadt getroffen worden. Aber schon am Tage darauf zog ein Trupp von 400 Bürgern und Landsknechten auf dem linken Weserufer nach Lankenau. Dort war der Gegner von vielen kleinen Schiffen aus eifrig mit dem Brückenbau beschäftigt. Es gelang, 14 Schiffe an Land zu ziehen und zu verbrennen. So blieb die Weser frei.

Schließlich erhielt Wrißberg am 27. März schweres Geschütz, und nun drohte der Stadt eine Beschießung. Die Kanonen wurden in eine Schanze in Walle gebracht, und von dort flogen in den nächsten Tagen einige neunpfündige Eisenkugeln in die Stadt, ohne Schaden anzurichten. Am 31. März kam es dann zu einem folgenschweren Unternehmen. Bei nebeligem Wetter fuhren vier Kriegsschiffe die Weser hinunter. Vier Fähnlein städtischer Bürger und Knechte (also etwa 1000 Mann), dazu 100 Reiter griffen das Lager in Walle an, während die Schiffsbesatzungen in die Schanzen an der Weser einbrachen und sieben Kanonen auf die Schiffe brachten. Der Feldhauptmann Jobst von Cruningen erhielt einen Kopfschuß und starb am gleichen Tage.

Im feindlichen Heer, das ohnehin unter erheblichen Versorgungsschwierigkeiten litt, erkannten die Obristen nun offenbar, daß Bremen mit einer solch unzulänglichen Belagerung nicht zu bezwingen war, und so ließen sie schon am 1. April ihr Lager anstecken und weit und breit die Häuser abbrennen, wo sie noch stehengeblieben waren; dann zogen sich die Truppen über die Lesum zurück und lagerten sich in der Gegend von Marßel und Ritterhude.

Sechs Wochen und einen Tag hatte das Heer vor Bremen gelegen, aber man wußte, daß die Gefahr noch nicht vorbei war; so verbesserte die Stadt ihre Befestigungen von Tag zu Tag: Tausende von zugespitzten

Bremischer „Consul" und „Proconsul", Ratsherr und Bürgermeister in der Tracht des 16. Jahrhunderts. Haltung und prunkvolle Kleidung zeigen den selbstbewußten Bürger, der sogar den mächtigsten Fürsten jener Zeit zu trotzen wagte. Stich in der Bremer Dilich-Chronik.

Pfählen wurden vor dem Stadtgraben zu doppelter Staketreihe in den Boden geschlagen und überall Fallgruben angelegt. Hinter den Mauern hielt man Kessel für kochendes Wasser bereit, das man auf den stürmenden Gegner schütten wollte. Schiffe aus dem befreundeten Hamburg liefen in die Weser ein, um den Strom zu schützen.

Inzwischen hatte Kaiser Karl V. Ersatz für den gefallenen Jobst von Cruningen geschickt: den neunzehnjährigen, temperamentvollen Herzog Erich II. von Calenberg, der nun zusammen mit Wrißberg sogleich mit etwa 11 000 Mann eine neue Belagerung ins Werk setzte. So bezog Wrißberg am 19. April ein neues Lager in Hastedt, während der Herzog sich mit schwerem Geschütz in Arsten und Habenhausen postierte und von dort aus das ganze Vieland besetzte. Damit war nun die schwach befestigte Weserfront Bremens aufs höchste bedroht. Die Bürger trafen sogleich Gegenmaßnahmen. An der Schlachte warf man eine Schanze auf, und in der Weser wurden Mastbäume eingerammt, die — mit einer schweren Kette verbunden — ein überraschendes Landen

So wie auf diesem Holzschnitt von 1546 „Kriegsrat vor einer belagerten Stadt" werden auch die Kriegsobristen Kaiser Karls V. vor Bremen zusammen gesessen haben.

feindlicher Schiffe verhindern sollten. Auch quer durch den Fluß schlug man auf der Höhe der Holzpforte eine Pfahlreihe ein. Zudem wurde die Weserbrücke mit feuchten Laken gegen Brandgeschosse geschützt. Der Feind aber versuchte, am Ufer der Kleinen Weser bei der Brautbrücke eine Schanze aufzuwerfen. Die Bremer machten am 23. April einen Ausfall, um sie zu zerstören; aber der Feind konnte dort nicht verdrängt werden.

Beim Peterswerder ließ Herzog Erich eine Brücke bauen, um eine dauernde Verbindung zwischen den beiden Belagerungsheeren sicherzustellen. Dann trieb er Bauern zusammen, um ein gewaltiges Unternehmen durchzuführen: Die Weser sollte in die Ochtum geleitet werden, um die Stadt dann durch das trockene Flußbett angreifen zu können; es stellte sich aber heraus, daß das Bett der Weser tiefer war als das der Ochtum. Als am 8. Mai die Nachricht eintraf, daß die Hauptarmee der Schmalkaldener unter dem Kurfürsten von Sachsen bei Mühlberg an der Elbe geschlagen worden sei, ließ Herzog Erich zum Zeichen des Triumphes 12 Kugeln aus schwerem Geschütz in die Stadt schießen, ohne Schaden anzurichten.

Aber inzwischen trafen im katholischen Lager beängstigende Schreiben ein, denn die norddeutschen Protestanten waren nicht müßig gewesen und hatten ein Heer geworben, das unter dem Kommando der Grafen Christoph von Oldenburg und Albrecht von Mansfeld stand. Am 1. Mai rückte es sengend und brennend in das Land Erichs von Calenberg ein, so daß sich der Herzog am 22. Mai gezwungen sah, die Belagerung Bremens abzubrechen. Seine Truppen verbrannten die Weserbrücke beim Peterswerder und ihr Lager. Dann zogen sie weseraufwärts: Wrißberg am rechten und Herzog Erich am linken Weserufer. Das Geschütz der Abteilung Wrißbergs blieb jedoch bei Arbergen im Sand stecken, wodurch sich sein Marsch verzögerte und die geplante Vereinigung beider Abteilungen bei Hoya unterblieb.

Mit seinen etwa 7000 Mann traf Herzog Erich am Nachmittag des 23. Mai bei der Drakenburg nördlich von Nienburg an der Weser auf die protestantische Armee, die etwa 9000 Mann umfaßte. Darunter waren etwa 2500 Hamburger und 5000 Sachsen unter dem Obristen Thumbshirn. Die Katholischen postierten ihre Kanonen auf einigen Hügeln, stellten sich zur Schlachtordnung auf und hofften, daß die Abteilung Wrißbergs rechtzeitig kommen werde. Aber die Protestanten griffen ohne Zögern an. Ihre Losung war „Gott sei mit uns!", die des Gegners „Hilf, Gott, und laß sie nicht leben!"

Die Drakenburger Schlacht in der Dilich-Chronik, 1604.

Und nun begann jene denkwürdige Schlacht, die über das Schicksal des Protestantismus und die Macht des Kaisers in Norddeutschland entscheiden sollte. Zunächst einmal sanken die Krieger dreimal in die Knie und baten Gott um Hilfe gegen die Feinde, sangen zwei Psalmen und wurden von den Predigern ermahnt, im Dienste Gottes wacker anzugreifen. Dann schossen beide Seiten ihr Geschütz ab, und die Protestanten griffen mit Reitern und Fußvolk Herzog Erichs Abteilung an. Innerhalb einer Stunde schlugen sie den Feind in die Flucht. Der Herzog konnte durch die Weser entkommen, 2500 seiner Landsknechte aber fielen auf dem Schlachtfeld, 1000 ertranken in der Weser und weitere 2500 gerieten in Gefangenschaft. Das gesamte Geschütz — 18 Kanonen — wurde erbeutet.

Während der Schlacht war auch Wrißberg eingetroffen, konnte aber nicht mehr entscheidend eingreifen; es gelang ihm jedoch, den Troß der Protestanten zu überfallen und dabei die wohlgefüllte Kriegskasse zu erbeuten. Schnell eilte er mit dem Geld davon. Als er in die Gegend von Bassum kam, zog eine Bremer Abteilung aus, um ihn abzufangen. Einige Bürger bekamen schon in Brinkum Angst und kehrten wieder um, andere zogen weiter und machten gute Beute und 500 Gefangene. Aber Wrißberg mit der Kriegskasse erwischten sie nicht. Der zog in aller Eile nach Wildeshausen und dann weiter in die Niederlande, verfolgt von Herzog Erichs Vorwurf, er habe ihn bei der Drakenburg im Stich gelassen.

Die von den Protestanten erbeuteten Geschütze wurden nach Bremen gebracht, wo sie zehn Jahre lang auf dem Domshof standen, bis Herzog Erich sie wieder einlöste. Die Pistolen des Herzogs und andere Kriegstrophäen waren im Zeughaus, bis sie 1803 verkauft wurden.

Die Sieger von der Drakenburg zogen am Pfingstsonntag, dem 29. Mai, in Bremen ein und wurden auf dem Markt vom Rat und einer großen Volksmenge empfangen. Die evangelischen Obristen bewirtete man im Schütting.

Der Protestantismus in Norddeutschland und die Freiheit Bremens waren zunächst einmal gerettet. Die Bremer waren stolz auf ihren Anteil am Erfolg. Zwar hatten sie an der Schlacht bei der Drakenburg nicht teilgenommen, aber durch ihren zähen Widerstand gegen das kaiserliche Belagerungsheer war es den Protestanten möglich gewesen, sich zu rüsten und zu sammeln.

Zur gleichen Zeit . . .

. . . im Jahre 1547, als Bremen belagert wurde und die Protestanten bei der Drakenburg siegten,

. . . war Luther ein Jahr tot, starben Heinrich VIII. von England und Franz I. von Frankreich, geriet der Führer des Schmalkaldischen Bundes, Kurfürst Johann Friedrich von Sachsen bei Mühlberg an der Elbe in Gefangenschaft Kaiser Karls V, übernahm Michelangelo die Bauleitung der Peterskirche in Rom und herrschte in Rußland Iwan der Schreckliche.

Hexenjagd in Bremen

Der Glaube an Zauberei ist vorwiegend ein Problem der Volkskunde und der Theologie; die gerichtliche Verfolgung von Zauberern und Hexen gehört in den Bereich der Rechtsgeschichte. Theologisch und volkskundlich gesehen, beruht die Fähigkeit zu zaubern auf der Wirksamkeit überirdischer Kräfte, die der Mensch sich unter bestimmten Bedingungen nutzbar machen kann. Für die Gerichte war besonders die böse Form des Zauberns bedeutsam: das Schaden-Stiften mit Hilfe des Teufels; diese Unterstützung des Teufels aber war nur durch einen Abfall von Gott zu erlangen — so glaubte man. Das war ein Delikt, das von der Kirche und den weltlichen Gerichten als schweres Vergehen angesehen wurde.

Der Glaube an Zauberei ist so alt wie die Menschheit — er ist auch heute noch nicht ausgestorben. In früheren Zeiten war Zauber in irgendeiner Form eine alltägliche Sache. Sie beruhte auf Sinnestäuschung — oft in einem Rauschzustand —, aber auch auf Mißverstehen ganz natürlicher physikalischer, chemischer und biologischer Vorgänge. Viele Männer und Frauen zauberten gewerbsmäßig. Verfolgung setzte nur ein, wenn man meinte, daß Schaden gestiftet und ein Teufelsbund geschlossen worden war. Die Bezeichnung „Hexe" findet sich in Bremen nicht. In der Volkskunde versteht man darunter eine Frau, der neben „gewöhnlicher" Zauberei auch Teufelsbuhlschaft, Luftfahrt und Teilnahme am Hexensabbat vorgeworfen wurde.

Die Rechtslage war in Bremen seit dem Mittelalter eindeutig: Das Stadtrecht von 1303 drohte, daß jeder Christ, der vom Glauben abfiel und sich mit Zauberei abgab, auf dem Scheiterhaufen zu verbrennen sei, wenn er auf frischer Tat ertappt wurde. Da nun aber der Vorwurf der Zauberei nur selten durch den direkten Augenschein bewiesen werden konnte, sondern im allgemeinen auf dem Geschwätz der Leute beruhte, mag es zunächst in Bremen zu keinen Todesurteilen gekommen sein. Jedenfalls ist darüber nichts bekannt.

Das wurde aber im 16. Jahrhundert anders — in einer Zeit also, die ohnehin im theologischen Bereich mancherlei Erregung brachte. Wichtig war auch, daß man jetzt den „Täter" nicht nur verfolgte, wenn er auf

Holzgeschnitzte Darstellung einer Teufelsfratze an der Güldenkammer in der oberen Halle des Rathauses, entstanden um 1616.

frischer Tat ertappt wurde, sondern auch dann, wenn unbescholtene Bürger gegen ihn den Vorwurf der Zauberei erhoben. Der Rat als Gerichtsinstanz zog nun Erkundigungen ein und befragte den Verdächtigen unter Anwendung der Folter. Das „Geständnis" war dann die Grundlage des Todesurteils: Zauberer und Hexen wurden lebendig verbrannt, wenn man sie nicht gnadenweise köpfte. Juristisch und mit klarem Verstand besehen, hat das Gerichtsverfahren gegen sie zwei besonders schwache Stellen, die allein die ungeheuerlichen Verfolgungen des 16. und 17. Jahrhunderts erklären: der allgemeine Glaube an das böse Teufelswerk der Zauberer und Hexen und die Tortur. Übrigens richtete sich die erste Kritik an der Hexenverfolgung, wie sie u. a. etwa 1583 von dem bremischen Arzt Johann Ewich geübt wurde, nicht etwa gegen den Glauben an Zauberei und Teufelsbund, sondern gegen die Mittel, die zur Überführung des „Täters" angewandt wurden.

Naiv und schaurig zugleich ist diese Darstellung „Der Teufel zeigt sein Hinterteil" aus dem Buch des „Ritters vom Turm", Basel 1493.

Es seien nun einige typische Fälle geschildert, zunächst Tätigkeit und Ende des Zauberers Johann Polemann 1520. Er hatte zu bürgerlichen Handwerksmeistern verwandtschaftliche Beziehungen und war ein beliebter Zauberer, dem die Menschen wie einem Propheten zuströmten. Seine Spezialitäten waren der Nachweis verlorener und gestohlener Sachen sowie die Schatzsuche. Dabei ließ er ein 12jähriges Kind in einen Spiegel sehen — eine Abart des in Bremen stark verbreiteten Kristallsehens. Das Kind konnte aus dem Spiegel angeben, wo sich das Gut oder der Schatz befand.

Auf Grund dieser Nachweise wurden nun viele unschuldige Menschen des Diebstahls bezichtigt, ein Ärgernis, das dem Rat der Stadt nicht verborgen bleiben konnte. Polemann wurde verhaftet, und man machte ihm den Prozeß, da er sich mit dem Teufel eingelassen und andere Menschen durch Verdächtigungen geschädigt hatte. Die Beweisaufnahme war einfach, da sich die Zauberei in aller Öffentlichkeit abgespielt hatte. Die Vergehen reichten aus, ihn zum Feuertod zu verurteilen, aber aus besonderer Gnade wurde er „nur" geköpft.

Das war ein Fall von schlichter Zauberei. Seit etwa 1530 gibt es dann auch in Bremen

Die irdische Gerichtsbarkeit bereitete den Hexen ein Ende auf dem Scheiterhaufen, doch nach den Vorstellungen der Menschen im 15. Jahrhundert war ihre letzte Station der Höllenrachen, wie man ihn rechts auf dieser Deckenmalerei in der Kirche zu Scholen bei Sulingen erblickt. Außer dem Sünder-Haufen in der Kette bringen die Teufel eine Immendiebin und eine Butterhexe.

Fälle von Hexerei, also Teufelspakt und Teufelsbuhlschaft, Luftfahrt und Hexensabbat. Dafür ein Beispiel von 1559: Im Juni dieses Jahres hatte im adligen Gericht zu Meyenburg, 25 km nördlich Bremens, ein Prozeß gegen Katharina Havekost und andere Frauen stattgefunden. In den umfangreichen Geständnissen waren auch zwei Frauen belastet worden, die im stadtbremischen Gericht Neuenkirchen (bei Rekum/Farge) wohnten: die Renstedesche und Alke Boges. Beide wurden vom Vogt in Neuenkirchen gegriffen, nach Bremen gebracht und dort im Hurrelberg, dem Stadtgefängnis, eingesperrt. Man versuchte aus ihnen eine Bestätigung der von der Meyenburger Hexe erhobenen Beschuldigungen herauszufoltern, diese abzurunden und zu ergänzen. Bei der Renstedeschen hatte man keinen Erfolg, und so mußte man sie wieder freilassen: Alke Boges aber legte ein umfangreiches Geständnis ab.

In ihrem Geständnis finden sich folgende Punkte: Die Meyenburger Hexe Gesche Jürgens hatte ihr versprochen, sie wolle ihr einen feinen Jüngling besorgen, der ihr in vollem Maße zu Willen sein sollte. Wenn sie den Ton eines Hörnchens höre, solle sie zum Empfang der Hexensalbe kommen. Das tat Alke denn auch in einer Donnerstagnacht: Beim Blasen des Hörnchens beschmierte sie sich mit der Salbe und schwebte sogleich in einem Backtrog auf den Schierkenberg, ein bronzezeitliches Hügelgrab bei Meyenburg. Dort sei sie, so gestand Alke, von Gesche Jürgens in 1000 Teufels Namen mit einem Teufel namens Tietke verlobt worden. Dieser war ein hübscher Jüngling mit schwarzem Anzug und einer Straußenfeder am Barett. Die Gesellschaft bestand aus sieben weiteren namentlich genannten Hexen, die auf Schaufeln, Spaten und Backtrögen herbeigesaust kamen. Für das Festmahl seien anderer Leute Kühe und Pferde geschlachtet worden (eine gute Erklärung für ungeklärte Viehdiebstähle!). Dazu tranken die Ranghöchsten Wein, die anderen Bier. Der oberste Teufel klimperte auf einem Saiteninstrument, und dazu wurde getanzt. Auf diesen Festlichkeiten war Alke Boges zweimal. Zweimal ging Alke mit ihrem Tanzpartner ins Gebüsch, wobei sie feststellte, daß er kalt wie ein Fisch und schwer wie ein Mehlsack war. Wir wissen heute, daß alle diese Bilder tatsächlich im Traum erscheinen können, wenn man sich mit narkotischen Salben, insbesondere aus Nachtschattengewächsen, einreibt. Der Volkskundler Prof. Dr. Peuckert hat das an sich selbst erprobt. Alke Boges gestand, daß sie zwei Jahre der „Hexenzunft" angehört habe. Das reichte aus, sie zum Scheiterhaufen zu verdammen.

1575 findet sich dann der Fall der Kattrine Stattländer, wohl einer Bürgersfrau. Ihr Geständnis ist noch im Original erhalten: es enthält zehn Punkte. Es ergibt sich, daß Kattrine einem Kreis von Frauen angehörte, der sich mit Heilzauber und Kristallsehen — einer Art von Wahrsagerei — beschäftigte. Im Prozeß wurde der Heilzauber manchmal als Giftmischerei ausgelegt. Außerdem bekannte Kattrine Buhlschaft mit einem Teufel namens Krum Tylke, der mit roten Hosen, schwarzem Rock und schwarzem Federhut bekleidet war.

Am Schluß des Prozesses passierte etwas Überraschendes: Die Angeklagte stritt im Vogtsgericht alles ab. Es heißt dann aber: Da sie solches vorher mit und ohne Tortur bekannt hatte und auch sonst überführt war, hat ein Ehrbarer Rat das Urteil bestätigt und Dionysius, der Scharfrichter, das Urteil gefunden; sie wurde zu Pulver verbrannt. Diese Prozedur kostete 35 Gulden. Geschrieben ist das Geständnis vom Aktuar des Rates, Dyrick von Minden. In greller Weise wird hier die hoffnungslose Verstrickung klar, in die sich eine Frau verwickelt fand, die erst einmal wegen Zauberei in die Mühle der Justiz geraten war.

Die letzten beiden Hexen wurden in Bremen 1603 verbrannt. Dann aber wird der Rat in der Beurteilung der Beweismittel zusehends skeptischer und bestraft Zauberei oft einfach nur als Betrug. Es fehlt jedoch bis 1650 nicht an Prozessen, die sehr leicht mit dem Feuertod hätten enden können.

Der merkwürdige Fall des Marktvogts Henrich Kattau

Ein sehr merkwürdiger Fall dieser Spätzeit ist der des Marktvogts Henrich Kattau, der außerordentliches Aufsehen erregte. Kattau hatte zunächst mit Heringen und Tierhäuten gehandelt und wurde dann Marktvogt in Bremen. Als solcher hatte er die polizeiliche Kontrolle des Marktbetriebes. Er muß ein recht seltsamer Mann gewesen sein, der sich sehr bald durch sein eigenes Verhalten ins Gerede der Leute brachte. Er hatte gewiß ein loses Mundwerk und nahm es auch sonst mit der Moral nicht so genau. Bei einer Hochzeit soll er beim Jawort des Bräutigams einen Lederriemen dreimal geknotet und „nein" gesagt haben, wodurch bewirkt wurde, daß der unglückliche junge Ehemann keine Kinder zeugen konnte.

Dann ließ er eine Frau einen Schuldschein mit Blut schreiben, alles Dinge, die sich zum Verdacht der Zauberei verdichteten. Weiter erzählte man sich, daß er ein Schiff über Nacht von Holland nach Bremen gesteuert habe. Noch Jahrzehnte später machten Kinder mit Kreide auf der Straße „Kattau-

Kreuze", über die angeblich kein Zauberer hinwegtreten konnte.

Nachdem sich die Gerüchte gemehrt hatten, griff der Rat ein und ließ im Oktober 1639 Kattau nebst Frau verhaften. Am 6. November wurden beide „durch alle Grade" gefoltert, wobei neben der alten Streckleiter zum erstenmal eine neue Folterbank erprobt wurde. Kattau gestand auch dies und jenes, dennoch konnte sich der Rat nicht entschließen, ein Todesurteil zu verhängen. Der ehemalige Marktvogt wurde am 16. Januar 1640 unter großem Zulauf am Pranger mit Ruten „ausgestrichen" und aus der Stadt verbannt. Als er vom Pfahl gelöst worden war, soll der Schwerenöter zu einem Bekannten gesagt haben: „Darauf schmeckt ein Römer voll Wein!"

Im ganzen wurden in Bremen zwischen 1513 und 1603 nachweisbar wegen Zauberei 14 Personen verbrannt und 5 geköpft. Drei Frauen starben im Gefängnis, gegen fünf wurden leichtere Strafen verhängt. Das ist eine geringe Zahl, wenn man bedenkt, daß die Verbrennungen in anderen Städten in die Hunderte gingen. Das Erlöschen der Hexenverfolgung geschah durch zunehmende Vorsicht bei der Ermittlung des Tatbestandes sowie durch eine stärkere Verbreitung naturwissenschaftlichen Denkens.

Aber auch in späterer Zeit beschäftigte sich die Obrigkeit noch häufig mit Zauberei und Teufelswerk, wobei hin und wieder auch die Geistlichkeit eingeschaltet wurde, so etwa 1629, als das Gerücht umging, die Schüler des Gymnasiums Illustre beschäftigten sich mit Teufelskünsten. Der Rektor der Schule aber erklärte damals, es habe sich um naturwissenschaftliche Experimente gehandelt.

Besonders bedenklich fanden alle bremischen Geistlichen 1649 die Erlebnisse eines Schusterjungen. Er hatte nachts für seinen Meister auf Wache gestanden und beim Streit mit der Ablösung im Zorn gesagt, er wolle des Teufels sein. Sogleich erschien nun auch der Satan und bot seine Dienste an. Er hob den Jungen in die Luft, entschwebte mit ihm nach Arsten, wo er ihn dann allerdings in den Schlamm fallen ließ. Satan hatte auch versucht, den Schusterlehrling mit Geld zu gewinnen; aber was zunächst wie Geld ausgesehen hatte, erwies sich später als Pferdedreck. Wir wissen nicht, wie der Junge zu diesem Geschwätz kam, aber die Pastoren nahmen es durchaus ernst und redeten ihrem vorübergehend verirrten Schäfchen scharf ins Gewissen.

Zwei Jahre später brüteten die Geistlichen dann über dem Brief eines jungen Mädchens mit Namen Anna Bartels, die bekannte, „um eine geraume Zeit — leider Gottes — mit schweren Anfechtungen des leidigen Teufels" verfolgt, „zermartert und geplagt zu sein". Satan sei ihr wiederholt erschienen und habe ihr Geld geboten. Sie sei dann „in

Scheiterhaufen, Galgen, Rädern — diese grausigen Strafen erwarteten die Hexen und alle, die sich mit dem Teufel eingelassen hatten. Holzschnitt aus dem Laienspiegel, 1509.

Liebesgedanken geraten" und habe dem als galanter Jüngling auftretenden Satan „Humores und Zuneigung bekannt". Sie sei dann aber in einen Graben geworfen worden, in dem sie ertrunken wäre, wenn ein Passant sie nicht gerettet hätte. Der Satan erschien auch später noch mehrfach bei ihr und erwies sich als grober Liebhaber; er richtete sie dermaßen zu, daß sie „wohl ganze Tage und Nächte taub, blind und sprachlos" darniederlag. Sie bat darum, als „armes betrübtes Mägdlein" durch „christliche und dem göttlichen Wort gemäße Mittel" erlöst zu werden, und daß sie als „gläubiges Schäflein Christi vor dem höllischen Wolf möge errettet werden". Bei näherer Betrachtung läßt sich der Verdacht nicht ausschließen, daß Anna Bartels ein anstößiges Liebesverhältnis zu einer Verführung durch den Teufel umdichtete. Sie erreichte aber ihre Absicht: Die Pastoren nahmen den Inhalt des Briefes ernst und beteten für sie.

Aber auch in den nächsten Jahrzehnten machte Zauberwerk der Obrigkeit und den Geistlichen mancherlei Sorgen: das Evangelium Johannis wurde in des Teufels Namen gelesen, Soldaten machten sich mit Zauberzetteln unverwundbar, Haustüren wurden mit einer Zaubersalbe bestrichen, und schließlich berichtete 1751 ein Arzt über eine katholische Frau in der Neustadt, die „widernatürliche Dinge, wie Glas, Nadeln, Haare usw., ausbrechen könnte", nachdem sie einen Schluck Weihwasser oder ein Körnchen geweihtes Wachs zu sich genommen hatte.

So zieht sich denn auch weiter der Zauberglaube durch die Akten der weltlichen und geistlichen Obrigkeit. Die Fälle werden oft noch recht ernst genommen; aber es regt sich auch mancher Zweifel, vor allem aber lodern keine Scheiterhaufen mehr.

Zur gleichen Zeit . . .

. . . im Jahre 1520, als Johann Polemann, der „Schatzsucher", geköpft wurde, schrieb Luther seine großen Reformationsschriften und verbrannte die päpstliche Bannbulle; Magellan entdeckte die nach ihm benannte Straße zwischen Feuerland und Südamerika.

. . . im Jahre 1603, als in Bremen die letzten beiden Hexen verbrannt wurden, entstand Johannes Bayers astronomischer Atlas und starb William Gilbert, der die Elektrizität und den Erdmagnetismus untersuchte.

Religion und Politik vermischen sich

Die religiösen Diskussionen im Gefolge der Reformation erregten die Gemüter in einem heute nur schwer verständlichen Maße. Der Feldprediger Albert Hardenberg kam 1547 nach Bremen, nachdem er bei der Drakenburg die Niederlage der kaiserlichen Truppen miterlebt hatte, und wurde der erste evangelische Prediger am Dom. 1555 geriet er in der Abendmahlsfrage mit einigen Kollegen in einen Streit, der sogleich auch die öffentliche Meinung ergriff. Selbst im Rat erhitzten sich die Gemüter immer mehr.

Einer der bedeutendsten Vertreter der bremischen Oberschicht, Bürgermeister Daniel von Büren der Jüngere, stellte sich auf Hardenbergs Seite und nahm damit Stellung gegen die Mehrheit seiner Ratskollegen und gegen die orthodox-lutherischen Prediger. Hardenberg mußte Bremen 1561 nach einem Urteil des niedersächsischen Kreistages verlassen; aber es zeigte sich, daß weite Kreise der Mittelschicht und eine Minderheit des Rates um Daniel von Büren seinen Ideen die Treue hielten. Unter ihrem Druck verließen die angesehensten Hardenberg-Gegner 1562 die Stadt — in der Hoffnung, sehr bald mit Hilfe auswärtiger Freunde als Sieger zurückzukehren. Aber die Partei Daniel von Bürens entwickelte viel diplomatisches Geschick und konnte sich halten. Bremen wurde zwar wieder einmal aus der Hanse ausgeschlossen, aber das wirkte sich auf den Handel kaum noch aus. Und als die meisten der Emigranten 1567 nach Bremen zurückkehren durften, konnten sie es nur als Privatleute und mußten auf ihr früheres Amt verzichten.

Bremen neigte in der Folgezeit immer mehr den Auffassungen Calvins zu, und die Stadt fand damit geistigen und kulturellen Anschluß an die um ihre Freiheit ringenden Niederlande, mit denen ohnehin seit langem lebhafte Wirtschaftsbeziehungen bestanden hatten.

Die Jahrzehnte nach 1567 waren einigermaßen ruhig: Das Wirtschaftsleben blühte, und die bremische Renaissance brachte ihre schönsten Bauten hervor: die Stadtwaage, das Kornhaus, den Schiffsgiebel des Schütting, die Marktseite des Rathauses, das Gewerbehaus und zahlreiche Privathäuser. Die Stadtchronik Johann Renners und andere historische Werke entstanden, um die Bedeutung Bremens hervorzuheben; und einige Holzschnitte und Kupferstiche zeigen zum erstenmal das türmereiche Bild der stark befestigten Stadt.

Als Diplomat und Jurist überragte Bürgermeister Henrich Kreffting seine Kollegen; er wollte die Hanse als Bollwerk städtischer Freiheit gegen die Ansprüche der Fürsten wiederbeleben — jedoch auf die Dauer vergebens, denn die gemeinsamen Interessen der Städte waren nicht mehr stark genug. Kreffting wurde 1611 Opfer der Pest, und mit ihm wurde auch der Hanse Plan begraben!

Als ob man ahnte, daß schwere Kriegszeiten bevorstünden, begann man die bremischen Befestigungswerke seit 1601 zu modernisieren.

Daniel von Büren d. Jg.

Albert Rizäus Hardenberg

Bremens Befestigungen erregten Bewunderung

Wer heute in den Wallanlagen spazierengeht und die Enten auf dem Stadtgraben füttert, dem wird bei diesem friedlichen Geschäft nicht einfallen, daß er sich auf altem militärischem Terrain befindet. Auch wird man nicht mehr daran denken, daß Bremen einmal eine stark bewehrte Stadt war, wenn man durch das Oster- oder Herdentor, durch die Zweite Schlachtpforte oder die Bischofsnadel geht. Nur Kenner beachten es, wenn hier und da bei Bauarbeiten ein Stückchen Stadtmauer zum Vorschein kommt — ein kümmerlicher Rest von einer einstmals gewaltigen Anlage, hinter der die Bürger Jahrhunderte hindurch in Sicherheit ihrer Arbeit nachgehen konnten. Die Fehden großer und kleiner Herren, der Städte und Bauernschaften bedrohten immer wieder die blühende Stadt. Und so wurden denn für sie Mauer, Wall und Graben ein unerläßliches Mittel der Selbsterhaltung, ein Werk zudem, auf das die Bürger stolz waren.

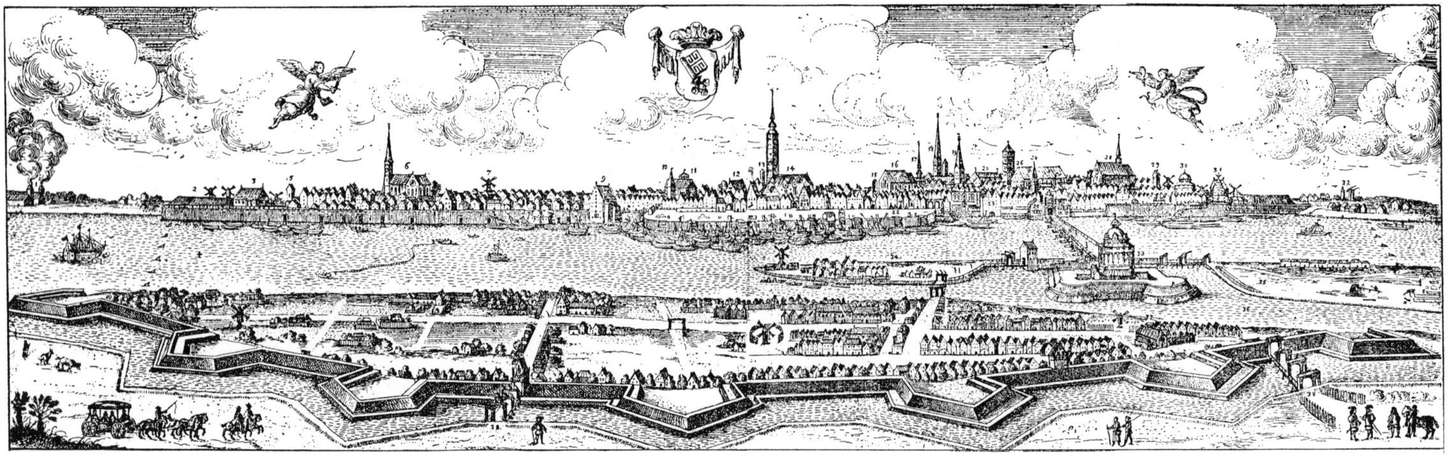

Türmereich präsentiert sich auf dieser Ansicht von Johann Landwehr aus dem Jahre 1661 im Hintergrund die Stadt Bremen, von der Neustadtseite aus gesehen — ein liebliches Bild. Weniger lieblich und an die harte Wirklichkeit mit ihren Kämpfen und Belagerungen erinnernd im Vordergrund auf dem Neustadtufer die von Valckenborg entworfenen sieben Bollwerke. Die „Braut" (rechts) mit ihren Wällen und Bastionen aus dem 16. Jahrhundert schützte den Übergang über die Weser.

Über die ältesten Befestigungsanlagen ist nur wenig bekannt. Man darf annehmen, daß die Domdüne durch Wall, Graben und Palisaden gesichert war — etwa in der gleichen Weise, wie an der Elbe die „Hammaburg“ angelegt wurde. Die von Normanneneinfällen und dem Haß sächsischer Fürsten bedrohten Erzbischöfe ließen die Befestigung wahrscheinlich verstärken. Von solchen Arbeiten hören wir um 994 und dann wieder um 1020. Immer noch handelte es sich um einen Erdwall und trockenen Spitzgraben, wie Ausgrabungen auf dem Domshof beim Anlegen des Luftschutzbunkers 1940 gezeigt haben.

Erzbischof Hermann (1032—1035) begann nun, die Domburg mit einer Mauer zu befestigen, aber als er starb, waren erst die Fundamente gelegt. Sein Nachfolger setzte das Werk fort. 1043 war sie teilweise bereits bis zu den Zinnen aufgeführt, an anderen Stellen blieb sie unfertig, war aber auch hier immerhin 5 bis 7 Ellen hoch (also etwa 3 bis 4 m). Zum Marktplatz hin wurde ein gewaltiger Torturm in italienischer Bauart mit sieben Kammern errichtet.

Von dieser sicher sehr imposanten Befestigung sind wahrscheinlich nur einige Reste des Fundaments unter dem Neuen Rathaus erhalten geblieben, denn schon der große Erzbischof Adalbert ließ die Mauer seit 1043 wieder abreißen, um Steine für sein großzügiges Dombau-Projekt zu gewinnen. Wahrscheinlich war die Domdüne seither wieder nur mit Wall, Graben und Palisaden sehr unzulänglich geschützt.

Seit dem 12. Jahrhundert wächst das Selbstbewußtsein der Bürger, und sie bilden nun eine politisch aktive Gemeinde, die auch nach militärischem Selbstschutz strebt. Sie umgeben ihre Siedlung zunächst mit einem Wall, dann aber um 1200 in unruhiger Zeit mit einer Stadtmauer und einem Graben, über deren Verlauf und Konstruktion durch Schriftquellen, Abbildungen und Überreste allerhand bekannt ist. Sie verlief von der Holzpforte an der heutigen Straße „Am Wall“ entlang bis zum Ansgariitor, dann aber an der Jakobi-, Hanken- und Wenkenstraße zum Fangturm (Geeren) und traf dort auf die Weser. Das Viertel um die Stephanikirche wurde erst 1305 einbezogen. Auch die Weserfront wurde schon im 13. Jahrhundert mit einer Mauer befestigt, durch die später Pforten auf die Schlachte (Schlachtpforten) und die Tiefer führten. Die Mauer hatte sieben Tore, deren Lage heute noch durch Verlauf und Namen von Straßen erkennbar sind: das Oster-, Bischofs-, Ansgarii-, Herden-, Doven-, Stephani- und Brückentor (an der Wachtstraße). Über jedem dieser Tore erhob sich ein Turm, und davor führte eine Zugbrücke über den Graben. Jenseits der Weserbrücke, auf der Teerhofhalbinsel, wurde der „Burgwall“ aufgeworfen, von dem aus der Zugang zur Brücke kontrolliert werden konnte.

Die Höhe der Mauer ist unbekannt, aber man wird sie auf 4 bis 5 m schätzen können. Überreste zeigten, daß sie eine Stärke von 1 bis $1^1/_2$ m hatte, daß die Fundamente im allgemeinen aus Findlingen bestanden und der freie Aufbau aus Ziegelsteinen errichtet wurde, die man in den Ziegeleien vor dem Stephanitor und bei St. Remberti brannte. Sie wurde mit zahlreichen Türmen bewehrt — allein zwischen Oster- und Herdentor waren es etwa ein Dutzend verschiedener Bauart. Einige von ihnen sind in ihren Fundamenten oder eingebaut in Häusern bis in unser Jahrhundert erhalten geblieben. Sie ragten aus der Mauer vor und sollten den toten Winkel am Mauerfuß überwinden. Nach außen hin waren sie rund und hatten Schießscharten, nach innen waren sie größtenteils flach geschlossen oder offen (Schalentürme). Hier konnte an Winden Kriegsmaterial hochgezogen werden, das dann auf Mauerbrustwehren verteilt wurde.

Die Verteidigungskraft wurde erhöht durch die Weser und den Stadtgraben, der gewiß über 2 m tief und etwa 30 m breit war. Sichere Angaben fehlen darüber.

Der Rabensturm, auch Hurrelberg genannt. Er gehörte zur mittelalterlichen Stadtmauer und diente lange als Gefängnis. Beim Bau des Polizeihauses wurde er abgerissen.

Als Schuldturm und Stadttor zugleich diente das Ansgariitor, hier nach einer Lithographie aus dem Jahre 1820. Elf Jahre später wurde das Ansgariitor abgebrochen.

Jedes Kirchspiel hatte ein Mauerstück zu verteidigen und den Wachdienst zu versehen. Das gehörte zu den Bürgerpflichten. Zwei „Mauerherren" aus dem Rat überwachten die Instandhaltung; die Finanzierung bedeutete für die Stadt mit ihren etwa 15 000 Einwohnern eine große Anstrengung; sie erfolgte aus verschiedenen städtischen Einkünften: aus einer Abgabe neugewählter Ratsherren, aus testamentarischen Vermächtnissen reicher Bürger, aus Abgaben von bestimmten Verbrauchsgütern, aus Zöllen, aus Verpachtungen von städtischen Grundstücken und Ziegeleien sowie aus einer Art Grundsteuer.

Gelegentlich wurden auch Sondersteuern erhoben, und zudem waren die Bürger zur Arbeitsleistung — zum Bürgerwerk — verpflichtet. Dieses Opfer lohnte sich, denn das ganze reiche Wirtschaftsleben der Stadt konnte nur hinter dieser Schutzwehr gedeihen. Nie gelang es im Mittelalter seit dem Ausbau der Befestigung einem Gegner, in die Stadt mit offener Gewalt einzudringen, wohl aber durch List und bei Uneinigkeit der Bürger, so etwa 1350 und 1366.

Mauer und Graben boten bis zum Ende des 15. Jahrhunderts ausreichenden Schutz gegen alle bis dahin üblichen Waffen. Auch die ersten Kanonen konnten der alten Befestigung kaum Schaden tun, aber Zahl und Kaliber der Geschütze nahmen zu, und man erkannte nun sehr bald, daß man sich am besten mit Erdwällen gegen die neuen Waffen schützte. Die Bremer fingen nun 1512 am Ostertor an zu schanzen und warfen in den nächsten Jahren nach und nach an den gefährdetsten Stellen Erdbefestigungen auf, bis dann schließlich ein zusammenhängender Wall mit vorspringenden Rondellen vorhanden war. Von diesen Anlagen hat sich nichts bis in unsere Zeit erhalten, weil sie im 17. Jahrhundert moderneren Festungsbauten weichen mußten.

Bremen tat in dieser Zeit noch ein Weiteres für seine Sicherheit: Der Rat ließ drei gewaltige Zwingertürme bauen. Einer stand an der Weser beim Stephanitor, einer vor dem Ostertor, und der dritte, „Braut" genannt, auf der Halbinsel zwischen Großer und Kleiner Weser. Sie entstanden alle zwischen 1514 und 1534 und wurden von auswärtigen Besuchern viel bewundert. Baumeister war der Niederländer Jacob Bockes van Vollenhof, der nach Vollendung seines Werkes als Wiedertäufer aus Bremen vertrieben worden sein soll. Die Türme waren rund und aus Ziegelsteinen gemauert. Ihr Durchmesser betrug 25 bis 30 m, die Mauern waren 4 bis

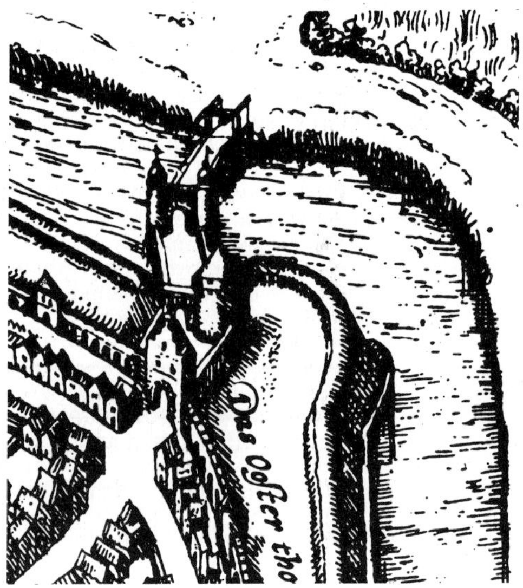

Das Ostertor mit den Wällen des 16. Jahrhunderts. Auch die alte Stadtmauer ist noch deutlich sichtbar.

5 m dick. Im Inneren lagen mehrere gewölbte Räume übereinander, in denen Pulver, Kugeln und Pechkränze verwahrt wurden. Durch kleine Öffnungen im Gemäuer konnte man mit Kanonen und Gewehren schießen.

Im Ostertorzwinger war lange Zeit die Folterkammer, an deren dicken Wänden das Geschrei der Gemarterten grausigen Widerhall gefunden haben muß. Alle Zwingertürme wurden im Laufe der Zeit vom Blitz getroffen, der das in ihnen gelagerte Pulver entzündete. So wurde der Ostertorzwinger 1624 schwer beschädigt, aber wiederhergestellt und erst 1826 abgebrochen, 1647 der Stephanitorzwinger, 1739 die „Braut" zerstört.

Gerüstet mit alten Mauern, neuen Wällen, Rondellen und Zwingertürmen, überstand Bremen 1547 die doppelte Belagerung durch kaiserliche Heere, ohne nennenswerten Schaden zu erleiden. Den Festungsanlagen verdankte die Stadt ihre politische Freiheit. In den niederländischen Kriegen der zweiten Hälfte des 16. Jahrhunderts wurde ein ganz neues System entwickelt, das sich als sehr wirkungsvoll erwies: die zickzackförmigen Gräben und Schanzen, die alle modernen Festungen des 17. Jahrhunderts in eindrucksvoller Weise kennzeichneten.

In Bremen begann man mit der Modernisierung um 1600 am Stephanitor, kam aber zunächst nicht recht voran, weil eine andere Aufgabe vordringlicher erschien: angesichts der Entwicklung des Geschützwesens wurde es immer bedenklicher, daß die lange Weserfront — abgesehen von der alten Stadtmauer an der Schlachte und der „Braut" mit ihrer Bastion vor der Großen Weserbrücke — ungeschützt war. Schon 1547 hatte Herzog Erich von Calenberg die Stadt von der linken Weserseite aus beschießen lassen. Im Jahre 1620 kam der vielbeschäftigte niederländische Festungsingenieur Johann van Valckenborg nach Bremen und schlug auf der linken Weserseite gegenüber der Stadt ein System moderner Schanzen und Gräben vor.

Die Pläne wurden lange untersucht, Prinz Moritz von Oranien und andere auswärtige Fachleute wurden zu Rate gezogen, und schließlich erhielt das Projekt seine endgültige Form. Valckenborgs Plan wurde dann seit 1623 durch den Bauunternehmer Jacob Classen für 104 000 Bremer Mark verwirklicht (heute wäre es ein Millionenbetrag, der aber damals von etwa 25 000 Einwohnern getragen werden mußte). 1626 war das Werk einigermaßen abgeschlossen — die „Neustadt" war entstanden.

Die Anlage bestand zunächst aus sieben spitzen Bollwerken, das achte auf dem Werder wurde später hinzugefügt. Außerhalb des Grabens lief eine Schanzlinie, „Contre-

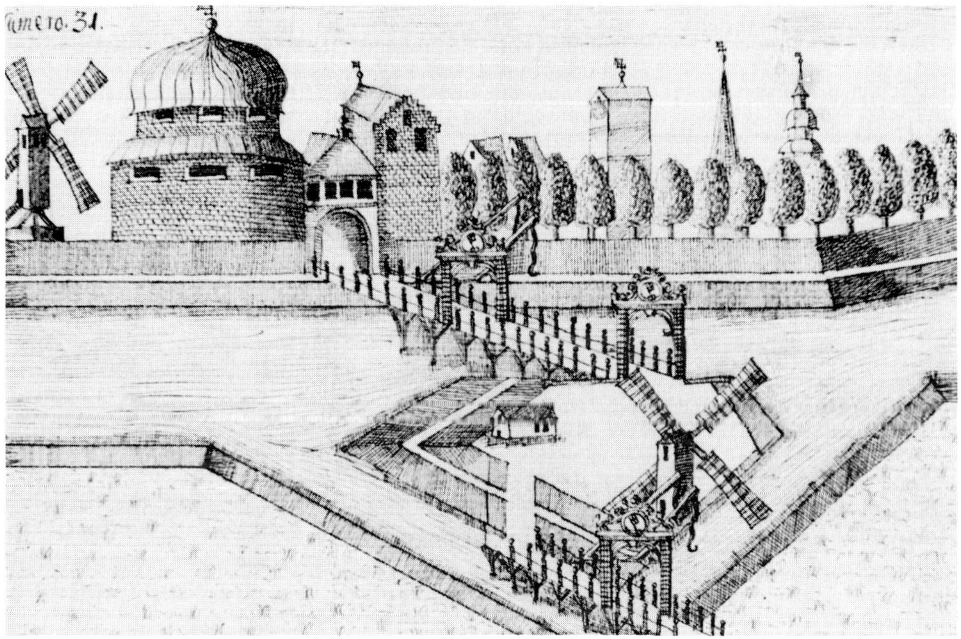

Die Folterkammer der Stadt barg lange Zeit hindurch dieser Zwinger am Ostertor, links im Bild neben der Windmühle. Er zählte ebenso wie die zwei anderen zwischen 1514 und 1534 erbauten Zwingertürme (die „Braut" auf der Halbinsel zwischen Großer und Kleiner Weser und der beim Stephanitor) zu den vielbestaunten Sehenswürdigkeiten der Stadt. Auf dieser Zeichnung von 1757 ist vorn noch ein Teil der Befestigungen des 17. Jahrhunderts sichtbar.

scarpe" genannt. Der Graben war an der Sohle etwa 45 m breit, seine Tiefe betrug fast 2 m bei Niedrigwasser. Die Bollwerke waren am Fuß etwa 20 m stark und etwa 4 m hoch. Auf ihnen befand sich eine 5 m starke und 1,70 m hohe Brustwehr, so daß der Wall im ganzen etwa 5,70 m Höhe hatte. In die Neustadt konnte man durch drei Zugänge gelangen: durch das Bunte und das Hohe Tor sowie über die Kleine Weserbrücke (heute Brautbrücke).

Die Verteidigung dieser ausgedehnten Anlage mußte zunächst von den Altstädtern mit übernommen werden. Zwar warb man mit allerhand Zugeständnissen um Siedler für die Neustadt, aber der Erfolg war gering, weil die Altstadt doch das wirtschaftliche und politische Zentrum blieb und daher große Anziehungskraft besaß.

Entsprechend dem System der Neustadtbefestigung wurden nun auch die Schanzen der Altstadt nach Valckenborgs Plänen modernisiert, aber man kam nur stückweise voran, obwohl die Gefahren des Dreißigjährigen Krieges zu äußersten Verteidigungsanstrengungen mahnten. Zunächst legte man um 1630 vor das Oster- und Bischofstor einige spitze Schanzen, die auf Merians bekanntem Stadtplan zu sehen sind; aber erst seit 1659 entstand dann in zügiger Weise ein starkes Bollwerk nach dem anderen, bis das Werk 1663 abgeschlossen wurde, gerade rechtzeitig, um 1666 die Schweden abzuwehren.

Hinter diesen gewaltigen Anlagen bestand Bremen mancherlei Gefahren, besonders in seinen Kriegen mit Schweden 1654 und 1666.

Die folgenden anderthalb Jahrhunderte brachten nur unbedeutende Veränderungen und Reparaturen; aber im großen und ganzen wurde doch immer deutlicher, daß eine Stadt wie Bremen sich im Spiel der Großmächte trotz ihrer Befestigung kaum noch militärisch behaupten konnte. Diplomatische Mittel gewannen dagegen immer größere Bedeutung. Sie wurden von einigen Bremer Staatsmännern meisterhaft gehandhabt, Wälle und Gräben aber gerieten in Verfall.

Das Weserbrücken-Tor von 1688 nach einem Stich von 1833. Die lateinische Inschrift über der Einfahrt lautete in Übersetzung: „Erhalte, o Herr, die Herberge Deiner Kirche". Links neben dem Tor das Wachthaus, im Hintergrund der Domturm.

Zur gleichen Zeit...

1512—1534, als die Bremer ihre Stadt mit einem Erdwall und Zwingertürmen schützten, erreichte Luther den Höhepunkt seines Wirkens und fand der große Bauernkrieg statt.
1623—1626, als die Befestigung der Neustadt nach Valckenborgs Plänen gebaut wurde, drang Tilly, der Feldherr der katholischen Liga, in Westfalen ein und schlug dann Christian IV. von Dänemark bei Lutter am Barenberge. Wallenstein schuf sich eine eigene Söldnerarmee.
1803, als man begann, die Festungsanlagen zu schleifen, veränderte der Reichsdeputationshauptschluß auf Drängen Napoleons die politische Landkarte Deutschlands.

Auf den Wällen am Stephani- und Ostertor drehten seit dem 17. Jahrhundert Windmühlen ihre Flügel, eine erhob sich sogar auf dem Doventorsturm. Kleine Gemüsegärten breiteten sich auf den Wällen aus, und auch auf der Contrescarpe bauten die Bürger ihren Kohl an. Auf dem Wall wuchsen seit dem 18. Jahrhundert Bäume, so daß er an manchen Stellen zur Freude der Bürger einen parkartigen Charakter annahm, anderwärts aber wurde er als Abfallplatz benutzt. Auf den Grashängen weidete das Vieh oder lag Wäsche zum Bleichen, Bürger trabten zum Graben um Wasser zu schöpfen; überall tummelte sich die Jugend und ramponierte die Festungswälle.

Im Jahre 1802 beschlossen dann Rat und Bürgerschaft, den Wall „in freundliche Gartenanlagen und terrassenartige Spaziergänge mit schattigen Ruheplätzen und Lauben umzuwandeln und dieselben in einen dem Auge gefälligen Zusammenhang zu bringen". Die Ausführung erfolgte bereits seit 1803 durch den Bremer Gärtner Altmann.

Eine letzte verspätete Rolle als militärische Anlage spielten Wall und Graben am 14. und 15. Oktober 1813, als in den „Befreiungskriegen" Tettenborns russische Truppen in einem Gefecht am Ostertor von der französischen Besatzung kurze Zeit aufgehalten wurden. Nach diesem kriegerischen Intermezzo wurden die letzten Reste der Bastionen zu Gartenanlagen umgewandelt.

Ein scharfer Gegner Bremens: Graf Anton Günther von Oldenburg. Stich von Woumans.

Im Dreißigjährigen Krieg war Bremen dank seiner starken Befestigungen ein Hort des Friedens. Doch fehlte es der Stadt nicht an harten Problemen. Das Fahrwasser der Weser verwilderte und versandete immer mehr. Schiffe, die noch vor wenigen Jahrzehnten in der Balge oder an der Schlachte anlegen konnten, kamen jetzt nicht mehr nach Bremen. Der Stadt drohte das Schicksal Brügges, das auch einst vom Meer abgeschnitten worden war. Oft mußten größere Schiffe unterhalb Bremens ankern, wo die Fracht in Kähne umgeladen wurde. Da entwickelten nun Kaufleute und Schiffer den Plan eines Hafens an der Aue-Mündung. 1619 fing man an zu graben, und 1621 war man fertig: der Vegesacker Hafen war entstanden. Er bewährte sich einige Jahrzehnte hindurch, dann aber war die Versandung so weit fortgeschritten, daß größere Schiffe nur noch bis Brake kamen.

Schwierigkeiten machte auch Graf Anton Günther von Oldenburg. Es gelang diesem wendigen Diplomaten 1619 mit einem Hinweis auf große Unkosten durch Deich- und „Wasserbauten", eine Zustimmung der Kurfürsten zu einem oldenburgischen Zoll auf der Weser zu erlangen, der die Schiffahrt auf bedenkliche Weise belastet hätte. Bremen hatte in dieser Sache zahlreiche Verbündete, darunter die Niederländer, und wehrte sich mit Kriegsschiffen gegen die Zollerhebung. Jahrzehnte hindurch wurde gestritten.

Ein weiteres Problem war die Frage der Reichsunmittelbarkeit Bremens. Durch sie wurde die Stadt in zwei Kriege mit der damaligen Großmacht Schweden verwickelt.

Sieben Stufen führten zu dem von den Zimmerleuten errichteten Gerüst vorm Rathaus, auf dem der Scharfrichter am Morgen des 12. Mai 1654 das Urteil an dem stolzen und ehrgeizigen Bremer Eltermann Burchard Lösekanne vollstreckte. Eine grausige Szene, die fast bis ins architektonische Detail dieser zeitgenössischen Darstellung einer anderen Hinrichtung auf einem Marktplatz glich.

Des Eltermanns grausiges Ende

In der Nacht vom 11. zum 12. Mai 1654 hallten Hammerschläge über den stillen Marktplatz. Zimmerleute bauten beim Roland ein Gerüst mit sieben Stufen, auf dem sich am nächsten Morgen der letzte schauerliche Akt einer menschlichen und politischen Tragödie vollenden sollte, die seit einigen Wochen die Gemüter der Bürger der Hansestadt erregt hatte.

Am nächsten Morgen gegen 9 Uhr wurde ein gestiefelter und gespornter Mann mit schwarzem Samtkleid, langem Trauermantel und breitkrempigem Hut, an beiden Armen gefesselt und in Begleitung des Predigers von St. Stephani, vor den Rat geführt. Stolz und selbstbewußt trat er auf, nahm zwar seinen Hut ab, ließ aber sein Haupt mit einer Lederkappe bedeckt. Ein Ratssekretär las das Sündenregister vor: Als Bürger und Eltermann des Kaufmanns habe der Angeklagte den Grafen von Oldenburg und die Krone Schweden gegen die eigene Vaterstadt unterstützt. Er habe gehofft, daß er durch die Schweden „ein großer Mann" werde. Er habe die Gegensätze zwischen Rat und Bürgerschaft geschürt und ein Spottgedicht gegen den Rat verfaßt.

Dann wurde das Urteil verkündet: dem Beklagten „sollten die beiden vordersten Finger der rechten Hand, nachgehends das Haupt durch den Scharfrichter abgehauen worden". Nun verlor der stolze Mann für einen Augenblick die Selbstbeherrschung. Er nahm seine Ledermütze ab, fiel auf die Knie nieder und bat flehentlich, man möge ihn vom Abhacken der Finger verschonen und seinen Leichnam „manierlich" begraben lassen. Schroff und hart wurde die Bitte vom Rat abgeschlagen.

Der Verurteilte wurde nun auf den Marktplatz hinausgeführt. Er hatte sich wieder völlig in der Gewalt und stieg sicheren Schrittes die sieben Stufen zum Schafott hinauf. Dort legte er seinen Trauermantel ab, und dann half ihm der Scharfrichter, sich weiter zu entkleiden. Der Todeskandidat kniete nieder, ließ zwei Finger seiner rechten Hand mit Krampen auf einem Holzblock befestigen und dann mit einem Beil abhacken, worauf der Henker sogleich mit einem Schwertstreich den Kopf abschlug. Körper, Kopf und Finger wurden in einen Sarg gelegt, aus dem Ansgariitor hinausgefahren und auf dem Arme-Sünder-Friedhof (dem alten Michaelisfriedhof an der Falkenstraße) begraben. Viele Leute waren hinausgelaufen und spieen voll Haß und Verachtung auf das Grab. Das war das Ende des Eltermannes Burchard Lösekanne. Wie war es dazu gekommen?

Krieg mit Schweden

Das Schicksal dieses Mannes fügt sich ein in den schweren Existenzkampf der Stadt Bremen nach dem Dreißigjährigen Kriege. Seit Jahrhunderten war es das Hauptstreben bremischer Politik gewesen, die Weser für die Schiffahrt freizuhalten und die Stadt vor drückenden Verpflichtungen gegenüber dem Landesherrn — dem Erzbischof — zu bewahren. Im großen Kriege 1618 bis 1648 hatte Bremen sich geschickt zwischen den Großmächten gehalten — zwischen Dänemark, Schweden und dem Kaiser. Seit etwa 1644 aber wuchs die Bedrohung durch die damalige Großmacht Schweden, die sich an den Flußmündungen der Nord- und Ostsee festsetzen wollte. Es gelang ihr, den dänisch-erzbischöflichen Einfluß in dem Gebiet zwischen Weser und Elbe fast völlig zu verdrängen. Bremen erkaufte sich mit klingender Münze vorübergehend Schonung, war aber sehr darauf bedacht, seine Freiheit auch für die Zukunft zu sichern, und versuchte eine Anerkennung als Reichsstadt zu erwirken. Der Kaiser sah hier eine Möglichkeit, die Macht der Schweden in Norddeutschland zu schwächen, und er stellte daher am 1. Juni 1646 für 100 000 Gulden in Linz eine Urkunde aus, die die Anerkennung Bremens

Soldat aus dem 17. Jahrhundert

als Reichsstadt „erneuerte". Jedoch machte Schweden sogleich Schwierigkeiten, denn es war nicht gewillt, auf die wichtige Hafenstadt zu verzichten. Auch sonst gab es Streitpunkte in Hülle und Fülle: die Behinderung des lutherischen Glaubens im reformierten Bremen, das Schicksal der bremischen Stiftsgüter, die von den Schweden sehr großzügig verschenkt wurden, usw.

Die Juristen aller Parteien schrieben sich über die strittigen Fragen zunächst einmal die Finger wund, Gesandtschaften zogen hin und her. Am 12. Juli 1649 standen zwei würdige Bremer Ratsherren in Stockholm vor der 25jährigen Königin Christine, Tochter des bei Lützen gefallenen Gustav Adolf. Die an sich gar nicht besonders leutselige junge Dame tat sehr liebenswürdig. Ihre Ansprache in deutscher Sprache hatte einen konzilianten Ton, war aber im übrigen ziemlich nichtssagend. Die Königin war über die bremische Angelegenheit schlecht informiert; anders der wendige Reichskanzler Axel Oxenstierna, der in den folgenden Verhandlungen ein hartnäckiger Verfechter der angeblichen Rechte seines Landes war. Er forderte die Huldigung Bremens.

Zunächst blieb jedoch für Bremen ein anderes Problem vorrangig: der von Oldenburg erhobene Elsflether Zoll, der eine schwere Belastung für die Schiffahrt war. Die Stadt wehrte sich mit Waffengewalt, verstieß damit aber gegen die Bestimmungen des Westfälischen Friedens und kam am 12. Oktober 1652 in die Reichsacht. Ein kaiserlicher Herold, der sie in der Stadt verkünden sollte, erschien in gelbseidenem, mit einem Reichsadler bestickten Gewand in seiner Kutsche an der Bremer Landesgrenze beim Warturm. Er wurde dort von Wachtposten angehalten und fror einige Stunden in der

Winterkälte, weil er zu stolz war, sich in der Wachtstube zu wärmen. Ratsherren und Bürger bestürmten ihn, sein Vorhaben nicht durchzuführen; aber darüber hatte der Herold nicht zu entscheiden. So wurde er denn schließlich durchgelassen, kam aber nur bis

Ein bremisches Ratsmitglied, damals Consul genannt, aus dem 17. Jahrhundert.

zum Buntentor, wo er erneut angehalten wurde. Nun kehrte er zornig um, stieg am Warturm auf ein Roß und verkündete feierlich die Reichsacht gegen Bremen. Er verteilte dann gedruckte Achtsurkunden unter das Volk und ließ auch einige Exemplare am Schlagbaum, an Bäumen und Häusern anheften. Dann fuhr er weiter nach Delmenhorst.

Die Lage der Stadt erschien nunmehr hoffnungslos: sie hatte Oldenburg, Schweden, Kaiser und Reich gegen sich. Es schien nur noch eine Frage von Monaten, bis Bremen sich so demütigenden Bedingungen unterwerfen mußte wie nie zuvor.

Die außenpolitischen Mißerfolge wirkten sich sogleich auf die inneren Verhältnisse aus. Die meisten Ratsherren waren für ein konsequentes Durchhalten, einige aber für Nachgeben. Auch bei den Bürgern war man sich nicht einig; ganz allgemein herrschte jedoch große Erregung und Angst vor der Zukunft, obwohl man sich militärisch hinter den gewaltigen Festungsanlagen einigermaßen sicher fühlen konnte. Vor allem wurde Kritik am Ratsregiment laut, an schlampiger Finanzverwaltung, willkürlicher Rechtsprechung usw. Wortführer der Unzufriedenen waren die Elterleute des Kaufmanns.

Es war für die Stadt nicht leicht, sich aus den außenpolitischen Schwierigkeiten herauszuwinden. Um aus der Reichsacht gelöst zu werden, mußte Bremen den Elsflether Zoll 1653 anerkennen und dem Grafen von Oldenburg eine große Entschädigungssumme zugestehen.

Die Beziehungen zu Schweden spitzten sich immer mehr zu. Nachdem die Verhandlungen bereits 1651 ergebnislos abgebrochen worden waren, blieb nur noch die nackte Gewalt. Der Generalgouverneur und Feldmarschall Hans Christoph von Königsmarck, einer der berühmtesten Haudegen des Dreißigjährigen Krieges, besetzte im Juli 1653 Vegesack, stationierte dort eine Besatzung und ließ alle vorbeifahrenden Schiffe kontrollieren. Die bremischen Untertanen in Neuenkirchen und Blumenthal wurden mit Kontributionen belegt und gezwungen, für die Schweden Schanzen zu graben.

Im Frühjahr 1654 brach dann der offene Krieg aus. Königsmarck raffte einige hundert Bauern und Soldaten zusammen, setzte am 29. März mit ihnen von Vegesack nach Lesumbrok über und ließ die Schanzen der Burg beschießen. Die 130 bremischen Soldaten wehrten sich zwar, aber auf die Dauer war der Widerstand ohne Hilfe aus der Stadt hoffnungslos. Der Bremer Rat stand nun vor der Frage: sollte man die Burg entsetzen oder nicht. Die Kriegsbegeisterung war sehr gering, aber schließlich versammelte sich am Abend des 30. März doch ein

Die Widersacher Bremens zur Zeit der Schwedenkriege. Links Königin Christine von Schweden, Tochter Gustav Adolfs, rechts Königsmarck.

kleines, unwilliges Heer: vier Kompanien Bürger, 220 Schützen, 500 Vorstädter und vier Kompanien Soldaten. In der Dämmerung marschierte man los und kam bis Gröpelingen. Dort wurde auf dem ummauerten Friedhof und bei den Bauern Nachtquartier bezogen. Königsmarck hatte sich unterdessen zwischen Oslebshausen und der Burg verschanzt. Die Bremer machten gar nicht erst Anstalten zu einem Angriff, sondern kehrten am 1. April in die Stadt zurück.

Die Besatzung der Burg fühlte sich im Stich gelassen und kapitulierte am 2. April, nachdem etwas hin und her geschossen worden war. Die Schweden rückten nun bis Walle vor, wo die Bremer die Deiche durchstochen und das Land überschwemmt hatten.

In der Stadt erkannte man die große Gefahr, und so wurde die Bürgerschaft am 3. April vor das Rathaus gerufen. Die schlimme Lage wurde erklärt, und man beschloß nun, daß man sich mit einer hohen Kontribution einen Waffenstillstand auf sechs Monate erkaufen solle; aber Königsmarck empfing die bremischen Gesandten nicht einmal, er wollte den vollen Sieg.

In dieser schweren Zeit war die Stimmung in Bremen sehr schlecht, vor allem verstärkten sich die Gerüchte, daß Verrat im Spiel sei. Der Verdacht richtete sich gegen den Bürgermeister Statius Speckhan, der sich zunächst noch zu rechtfertigen verstand, und dann vor allem gegen den alten Widersacher des Rates und Eltermann des Kaufmanns Burchard Lösekanne.

Lösekanne war 50 Jahre alt, Bremer von Geburt und hatte sich bereits in jungen Jahren zu einem beredten und etwas intriganten Juristen entwickelt. 1636 war er Eltermann des Kaufmanns geworden und hatte immer wieder die Amtsführung des Rates heftig kritisiert. Seinen Gegnern gelang es aber sehr bald, ihn zu Fall zu bringen. Als Präses der Elterleute hatte er sicher zu sehr seinen eigenen Vorteil bedacht, und es wurde ihm Unterschlagung vorgeworfen. Die Sache ist heute nicht mehr genau nachzuprüfen, deutlich werden nur die heftigen Streitigkeiten, in deren Verlauf Lösekanne 1652 so sehr ausgeschaltet wurde, daß er sein Amt als Eltermann nicht mehr wahrnehmen konnte. Er suchte nun Anschluß an die Schweden. Seine Beziehungen zum Landesfeind waren nicht verborgen geblieben, und so schickte der Rat am 21. April 1654 einen Sekretär und 16 Soldaten in Lösekannes Haus in der Obernstraße. Sie beschlagnahmten eine große Menge Schriftstücke, nach deren Einsicht der Eltermann zwei Tage später verhaftet wurde.

Das konfiszierte Material war belastend. Es enthielt eine Art Tagebuch, in dem alle Ereignisse in Bremen, die für Schweden Bedeutung haben konnten, verzeichnet waren, 114 Kopien von Briefen an verschiedene schwedische Beamte und Offiziere mit Nachrichten über zivile und militärische Begebenheiten in der Stadt, eine Urkunde der Königin Christine, die Lösekanne ein Jahresgehalt und eine feste Anstellung zusicherte, sowie zwei recht zahme Gedichte, die Kritik

In diesem Bauernhaus in Habenhausen wurde 1666 nach der zweiten kriegerischen Auseinandersetzung zwischen Schweden und Bremen der „Friede von Habenhausen" geschlossen. Das Haus — unsere Aufnahme entstand vor dem ersten Weltkrieg — ist in den dreißiger Jahren, als es schon nicht mehr als Wohnung diente, zusammengefallen.

am Rat übten. Die Schriftstücke Lösekannes enthielten keine eigentlichen Staatsgeheimnisse, aber immerhin unterrichteten sie die Schweden über die Uneinigkeit zwischen Rat und Bürgerschaft sowie im Rat selbst, über Schwierigkeiten auf finanziellem, wirtschaftlichem und militärischem Gebiet, über die allgemeine schlechte Stimmung, die Bereitschaft zu Unterwerfung usw. Einer der letzten Briefe enthielt detaillierte Nachrichten über die Reaktion der Bremer auf den schwedischen Angriff gegen die Burg am 30. März 1654.

Lösekanne wurde nach seiner Verhaftung im Ostertorzwinger eingesperrt und dort viermal von den Beauftragten des Rates verhört. Er stellte die ganze Korrespondenz als eine bedeutungslose Darstellung allgemein bekannter Tatsachen und Gerüchte dar. Er habe sich den Schweden zugewandt, weil er in Bremen keine gut dotierte Stellung bekommen habe und in Geldnot gewesen sei. Mehrfach wurde Lösekanne in die Folterkammer geführt, und dort wurden ihm die grausigen Instrumente gezeigt. Und so sagte er vielleicht etwas mehr, als ihm lieb war: Er habe bei den Schweden ein „großer Mann" werden wollen, dieser und jener Bürger sei sein Informant gewesen.

Man wird nicht bestreiten können, daß Lösekanne seine Vaterstadt in ihrer großen Not verriet. Er hatte dazu mehrere Motive: Es mag sein, daß bei seiner Handlungsweise ein Rachegefühl gegen die Stadt, in der er so große Schwierigkeiten gehabt hatte, eine Rolle spielte; vielleicht trieb ihn auch seine Neigung zum Intrigieren, aber welcher versierte Spion hinterläßt seinen Gegnern so sorgfältige Unterlagen über seine Tätigkeit wie Lösekanne? Das Hauptmotiv für den Verrat war — darüber kann auf Grund der Akten kein Zweifel bestehen — die finanzielle Notlage und der berufliche Ehrgeiz.

Nach dem damals geltenden Recht war das Todesurteil gegen Lösekanne nicht zu beanstanden, und dennoch spüren wir die Rache seiner Gegner dahinter; uns schaudert es zudem, wenn wir das Bild des Strafvollzuges vor Augen haben: das Schafott auf dem Markt, darauf der kniende Mann, dem zunächst zwei Finger und dann der Kopf abgeschlagen werden.

Die Lage der Stadt wurde durch das Ende Lösekannes nicht besser. Der Krieg gegen Schweden ging weiter und konnte nur mit erheblichen Zugeständnissen im Stader Vergleich vom 28. November 1654 beendet werden: Bremen mußte der Krone Schwedens huldigen, Lehe und Bederkesa abtreten.

Der zweite Krieg 1666, in dem der schwedische Reichsfeldherr Carl Gustav Wrangel Bremen mit 10 000 Mann belagerte, konnte nach Intervention mehrerer Fürsten im Frieden von Habenhausen beendet werden, in dem fast alles beim alten blieb. Bremen mußte der Krone Schwedens huldigen, behielt aber Sitz und Stimme im Reichstag.

Im gleichen Jahre . . .

1654, als Burchard Lösekanne hingerichtet wurde,

dankte Königin Christine von Schweden ab und wurde ein Jahr später katholisch;

schuf Rembrandt seine Radierung „Christus in Emmaus";

demonstrierte Otto von Guericke in Regensburg die Wirkung des Luftdrucks an seinen „Magdeburger Halbkugeln";

regierten Ludwig XIV. in Frankreich und Oliver Cromwell in England.

Der Bücherschatz in Bierfässern

Zwei Jahre vor dem Ende des Dreißigjährigen Krieges, 1646, ließ der Ratsherr und Scholarch Dr. Henrich Meier in Gegenwart eines Notars einige Kisten und Fässer öffnen, die seit Jahrzehnten in einem unbenutzten Saal des damaligen Gymnasiums und ehemaligen Katharinenklosters zwischen Schüsselkorb und Sögestraße gestanden hatten. Was dabei zum Vorschein kam, waren viele Bücher, gedruckte und handgeschriebene, riesige Folianten und kleine, zierliche Formate — etwa 4000 Schriften verschiedenen Inhalts. Es fanden sich auch einige Urkunden des Klosters St. Gallen aus dem 8. Jahrhundert und das berühmte Perikopenbuch Kaiser Heinrichs III. aus dem 11. Jahrhundert — heute die wertvollste Handschrift der Bremer Staatsbibliothek. Es waren die Bücher des 1635 verstorbenen Melchior Goldast von Haiminsfeld, über deren Schicksal 1646 entschieden werden sollte.

Dieser Melchior Goldast war eine seltsam schillernde Persönlichkeit gewesen, ein barocker Gelehrter von großer Vielseitigkeit und ein eigenwilliger Höfling.

Er wurde 1578 im Schweizer Thurgau als Sohn eines kleinen Gutsbesitzers geboren. Als Gymnasiast war Melchior in Memmingen, als Student in Ingolstadt und Altdorf bei Nürnberg. Er wurde Jurist, aber seine Liebe galt zeit seines Lebens den Büchern, die er zu Hunderten las, kaufte und gelegentlich auch entwendete. Sie begleiteten ihn durch sein unstetes Leben, das ihn in viele Städte und an zahlreiche Höfe führte.

Zunächst verbrachte er einige Jahre ohne Amt in der Schweiz, dann promovierte er 1603 in Heidelberg und wurde Studienberater eines vermögenden Barons. 1606 zog er nach Frankfurt am Main, wo er sich als freier Schriftsteller und Rechtsberater durchschlug und 1612 in eine Patrizierfamilie einheiratete. Für einige Fürsten schrieb er Gutachten und legte den letzten Pfennig in Büchern an. Er lebte daher recht ärmlich. Durch seine Schriften wurde Melchior Goldast oft in die politischen und theologischen Streitigkeiten seiner Zeit hineingezogen. Er war Kalvinist und damit ein scharfer Gegner der katholischen Gegenreformation, und er war auch ein beredter Verfechter der Reichs- und Kaiseridee.

1615 übernahm er endlich ein Amt: das eines Hofrats der Schaumburger Fürsten in Bückeburg und Stadthagen. Er bekam ein

Bremen zur Zeit Melchior Goldasts von Haiminsfeld auf einer Medaille von J. Blum, 1640.

Wertvollste Handschrift der Bremer Staatsbibliothek ist das Perikopenbuch Heinrichs III. aus dem 11. Jahrhundert, das mit reicher Malerei ausgestattet ist. Unser Ausschnitt zeigt, vergrößert, eine Abendmahlszene. Dieses Perikopenbuch, eine Sammlung biblischer Textstellen für einzelne Fest- und Wochentage, stammt auch aus Goldasts „Bücherfässern", von denen hier erzählt wird.

Rittergut und wurde reichlich dotiert, so daß er auch seine Bücherschätze erheblich mehren und selbst Bücher drucken lassen konnte. Doch dann brach der Dreißigjährige Krieg aus, der sehr bald auch die kleine schaumburgische Residenz gefährdete. So zog sich Melchior Goldast 1624 ins sichere Frankfurt zu seiner Familie zurück. Dort lebte er wieder von Rechtsgutachten, die er für mehrere Fürsten anfertigte, vor allem für den Landgrafen von Hessen, aber auch für den Kaiser.

Es erscheint zunächst seltsam, daß er seine Bibliothek nicht nach Frankfurt mitnahm, sondern sie in Bremen deponierte. Die ersten Beziehungen Melchior Goldasts zu dieser Stadt hatten sich vor kurzem aus einem Rechtsgutachten in der Sache des Elsflether Zolls ergeben; aber daß Bremen für die Bücher ein Asyl wurde, hat seinen Grund wahrscheinlich darin, daß die Stadt nicht weit von Bückeburg entfernt lag und eine starke Festung war; der Transport nach Frankfurt wäre zu weit und zu gefährlich gewesen.

Melchior Goldast hatte keine Gelegenheit mehr, mit seinen Büchern zu leben, denn er starb plötzlich mit 58 Jahren durch einen Schlaganfall am 11. August 1635 in Gießen.

Schon am 15. September 1635 schrieb Landgraf Georg von Hessen nach Bremen und bat den Rat, die „Fässer und Einschläge" mit den Büchern zu inspizieren und den Erben Melchior Goldasts in Frankfurt Nachricht über das Ergebnis zukommen zu lassen. Ein Ratsherr und einige Syndizi nahmen sogleich eine Ortsbesichtigung vor und fanden Kisten und Fässer unversehrt.

Elf Jahre lang vernehmen wir nun nichts von den Büchern; dann aber wurde 1646 jene Besichtigung vorgenommen, von der oben die Rede war. Die Stadt plante nun den Ankauf der Bücher. Die Verhandlungen mit den Erben Melchior Goldasts in Frankfurt führten dann zu einem Kaufpreis von 1300 Reichstalern.

Die Bibliothek wurde den Kisten und Fässern entnommen, von Staub und Schimmel befreit und mit den Büchern des Rates und des Gymnasiums vereinigt, so daß jetzt eine recht bedeutende Stadtbibliothek entstand. Sie wurde 1660 im ehemaligen Auditorium theologicum des Gymnasiums dem allgemeinen Gebrauch zugänglich gemacht. Aber

Das Katharinenkloster nach einer Darstellung aus dem 18. Jahrhundert. Seine Mauern beherbergten lange Zeit das Gymnasium illustre, das Universitätscharaker hatte. Hier lagerten auch die Bücherschätze Melchior Goldasts von Haiminsfeld.

noch bevor die Neuordnung der Bibliothek abgeschlossen war, erlitt sie aus Gründen diplomatischer Höflichkeit einen herben Verlust.

Der gelehrte schwedische Geheime Rat Isaak Vossius kam nach Bremen und besichtigte auch die Bücherschätze. Begehrlich richtete er seine Blicke auf einige Werke und trachtete danach, sie in seinen Besitz zu bringen. Er bat die Königin Christine, die selbst eine äußerst gelehrte Frau war, für ihn zu intervenieren. Sie schickte 1650 den Kammer- und Kanzleirat Niclas von Höpcken nach Bremen, um Verhandlungen aufzunehmen, und versprach große Huld, wenn man sich großzügig erweisen sollte. Der Bremer Rat überschlug sich fast in Dienstfertigkeit und erklärte sich sogleich „untertänigst" bereit, alle gewünschten Bücher auszuliefern. Die Liste enthielt mehr als 30 Werke, überwiegend historische und antike Schriften, darunter sicher recht wertvolle Handschriften und Drucke: Werke von Euripides, Persius, Cicero, Plinius usw. Die Königin schrieb einen freundlichen Dankesbrief, die Stadt Bremen blieb jedoch in den kommenden Jahren nicht vor Bedrückung durch schwedische Ansprüche landesherrlicher Rechte bewahrt.

Die meisten Bücher Melchior Goldasts blieben in Bremen und gehören auch heute noch zu den Kostbarkeiten der Staatsbibliothek.

Fast eine Universität

Die älteste universitätsähnliche Einrichtung in Bremen ist an das Katharinenkloster geknüpft, von dem heute nur noch ein Teil des Kreuzganges erhalten ist und an das die Katharinenstraße und der Klosterkeller erinnern. 1450 wurde den Dominikanern dieses Klosters gestattet, eine „Theologische Fakultät" einzurichten, die mit einer Vorlesung über die Paulusbriefe an die Römer eröffnet wurde. Über den Lehrbetrieb ist kaum etwas bekannt. Er fand ohnehin durch die Reformation ein baldiges Ende. Der Prior, der Lesemeister und zwei Mönche wurden bereits 1525 aus der Stadt verbannt, weil sie gegen den neuen Glauben geeifert hatten, und drei Jahre später machte der Rat die letzten Mönche zu Pensionären.

Es wurde nun aber sogleich im alten Kloster eine neue Schule auf evangelischer Grundlage eingerichtet. Im Anfang waren es mit dem Leiter fünf Lehrer, die in zwei Räumen unterrichteten; aber die Zahl der Lehrkräfte und Klassen wuchs, bis ein Grundstock von sieben Klassen erreicht war. Die Schüler wurden nicht etwa zu Geistlichen ausgebildet, sondern sie erhielten eine allgemeine Bildungsgrundlage für bürgerliche Berufe. Sicher gab es Lateinunterricht, auch Religionsunterweisung, aber man wird annehmen dürfen, daß auch andere Wissenschaftszweige in den Anfängen gelehrt wurden. Einzelheiten sind darüber nicht bekannt.

1584 erhielt die Schule eine achte Klasse, die prima oder publica classis genannt wurde und in der die ersten bescheidenen Grundlagen für ein späteres Studium in den damals üblichen vier Fakultäten gelegt wurden. Es war damit eine Stufe zwischen einer gehobenen Bürgerschule und einer Universität entstanden, die durch hervorragende Lehrer einen guten Ruf besaß. In der prima classis unterrichteten sogar sechs

Einer der Dominikaner-Mönche, wie sie früher im Katharinenkloster lebten.

Männer, darunter so bedeutende wie Johann Ewich (der Mediziner), Christoph Pezelius (der Theologe) und Nathan Chyträus (der Humanist).

1610 erfolgte durch den Theologen Matthias Martinius aus Emden, einen hervorragenden Pädagogen und Organisator, eine bedeutsame Reform der Schule: Es entstand die schola illustris mit einer sechsklassigen Unterstufe, dem Pädagogeum, und einer Oberstufe mit vier Fakultäten. Zu einer Universität fehlte nur noch ein kaiserliches Privileg und damit das Recht, akademische Grade zu verleihen.

In der Oberstufe lehrte etwa ein Dutzend Professoren, deren finanzielle Lage nicht beneidenswert war. Die Gehälter waren nicht nur miserabel (30 bis 50 Taler im Jahr waren keine Seltenheit), sie blieben sogar Jahre hindurch ganz aus. So strebten die Professoren allgemein nach einem einträglicheren Nebenposten: die Theologen nach Pfarrstellen, die Juristen nach einem Amt als Senator oder Syndikus. Einige Professoren unterhielten einen Mittagstisch für Studenten, eine Professorenfrau betrieb einen Kramladen. Oft wurden Privatstunden gegeben.

Über den Betrieb in der Schule ist aus Verordnungen allerhand zu entnehmen. Sie hatte einen eigenen Drucker sowie eine Art Mensa für bedürftige und fleißige Schüler. Jeder Lehrer führte sonntags seine Klasse vor- und nachmittags in die Kirche. Vierteljährlich wurde geschlossen das Abendmahl genommen. Am Schluß jedes Semesters fand eine Prüfung statt, die drei bis vier Wochen dauerte und in der die Versetzung in die nächsthöhere Klasse erkämpft werden mußte.

Vom Lehrer wird verlangt, er solle fromm, ehrlich, ernsthaft und nüchtern, kurzum ein Vorbild für andere sein. Er solle zudem in einem ehrbaren langen Kleide einhergehen, sonntags in der Kirche für Ordnung sorgen, sich in der Schule der Schimpfworte enthalten, sich durch Ernst und Freundlichkeit die Liebe der Schüler erwerben. Den Schülern wird das Waffentragen verboten, vor Trunkenheit und nächtlichem Herumtreiben wird eindringlich gewarnt. Alle Schüler werden zu Fleiß und eifrigem Kirchgang angehalten. Unverbesserliche sollen derart bestraft werden, „daß anderen die Lust vergeht, ähnliches zu tun". Verbote und Gebote beweisen immer, daß es Verstöße gegen sie gibt, denn sonst wären sie nicht nötig.

Tatsächlich finden sich viele Zeugnisse dafür, daß auch die Bremer Studenten ein lustiges Völkchen waren und in ihrem Lebenswandel dem sittenstrengen reformierten Bürgertum oft genug Grund zum Tadel gaben. Es ereigneten sich handfeste Keilereien mit Handwerksgesellen, Degengefechte zwischen Kommilitonen, obwohl das Waffentragen streng verboten war; Mädchen wurden belästigt, Bürger in der Nachtruhe

Wenig studienbeflissen sieht das Meißner/Kiesersche „Schatzkästlein" auf diesem Kupferstich „Bremen um 1625" die Bremer Studenten im Katharinenkloster. „Schändliches Prassen, fauler Schlaf und blinde Liebe" seien, so heißt es da, ihr Verderben.

Der Theologe Martinius, von 1610–1630 Rektor des Gymnasiums im Katharinenkloster. Von ihm wird berichtet, daß er auf dem Fußboden las und schrieb. Dabei lagen die Bücher ringsherum. Er selbst hat 68 Schriften verfaßt.

gestört, Anschläge vom Schwarzen Brett gerissen und Inhaftierte aus dem Karzer befreit.

Das Pädagogeum, die Unterstufe der schola illustris, schuf die Grundlage für das eigentliche Studium. Den Schülern wurde beigebracht: die Beherrschung von Latein, „eine nicht geringe Erfahrung im Griechischen", die Anfänge des Hebräischen, gute Kenntnis der Rhetorik und Logik, etwas Rechnen, die Anfänge der Geometrie, etwas Musik und „eine Fülle heilsamer Lebensregeln".

Die Oberstufe brachte dann Vorlesungen und Textinterpretationen, Disputationen und Deklamationsübungen in Philosophie, Geschichte, Redekunst, Griechisch, Hebräisch und „anderen orientalischen Sprachen", sowie Theologie, Jura und Medizin.

Das Bremer Gymnasium genoß einige Jahrzehnte hindurch großes Ansehen. Viele Studenten kamen aus den deutschen Landschaften reformierten Glaubens, aus den Niederlanden, ja, aus Frankreich und England. Die Zahl der Immatrikulierten war so groß wie die einer kleinen Universität jener Zeit, etwa 200 bis 300. Während des Dreißigjährigen Krieges und der Schwedenkriege sank die Anziehungskraft der schola illustris ganz erheblich, und im Anfang des 18. Jahrhunderts ging es dann schnell bergab: Die Studentenzahl sank auf 50 und weniger. Das kleine, schlecht dotierte Bremer Gymnasium konnte sich gegenüber den landesherrlichen Universitäten mit ihrem großzügig geförderten Wissenschaftsbetrieb und ihrem Promotionsrecht nicht mehr halten.

Ähnlich erging es auch dem Pädagogeum: Die Zahl der Schüler stieg im 17. Jahrhundert auf 500 bis 600, sank aber im 18. Jahrhundert auf etwa 30. Die Lateinschule entsprach nicht mehr den Bildungsanforderungen des Bürgertums in dieser Zeit. Das Bremer Institut verstand es nicht, sich der geistigen Wendung zum Französischen und zu den Naturwissenschaften anzupassen und blieb einem reichlich altmodischen Humanismus verhaftet.

Der Schatten jener Bildungsanstalt, die einmal wie eine Universität ausgesehen hatte, wurde 1810 fortgewischt, und wenige Jahre später — 1817 — wurde mit der „Hauptschule" ein Neubeginn gemacht.

Zur gleichen Zeit . . .

1610, als die schola illustris in Bremen mit vier Fakultäten gegründet wurde,

ermordete Ravaillac König Heinrich IV. von Frankreich;

komponierte Monteverdi die „Marienvesper".

1646, als die Bibliothek Melchior Goldasts aus Fässern und Kisten hervorgeholt wurde,

erhielt Bremen vom Kaiser ein Reichsstadtprivileg;

wurde Leibniz geboren;

wurde in Münster und Osnabrück über die Beendigung des Dreißigjährigen Krieges verhandelt.

Strafgerichte Gottes?

Überraschende Katastrophen waren für die Menschen immer erregend: Jeder, der keinen Schaden durch sie nahm, war froh, daß er so gut davongekommen war; aber er fühlte sich doch beunruhigt, weil er erkannte, daß es zerstörende Kräfte gab, die er nicht zügeln konnte. Immer wieder meinte man, in den Katastrophen werde der Zorn Gottes sichtbar; aber Gottes Zorn entzieht sich wissenschaftlicher Untersuchung, eine Betrachtung darüber muß hier zurücktreten. Wir müssen uns mit der Beobachtung begnügen, daß die meisten Katastrophen auf die Entfesselung von Naturkräften zurückzuführen waren, oft auch durch menschliche Nachlässigkeit gefördert. Vor allem Gewitter versetzten der Stadt Bremen immer wieder schwere Schläge, aber auch auf mancherlei andere Weise zeigte sich die menschliche Ohnmacht.

Der Dom hat sein Gesicht durch manche Katastrophe immer wieder verändert. So brach am 27. Januar 1638 der südliche Turm unter großem Getöse zusammen. Zwar hatte er schon seit zehn Jahren einen Riß, dennoch kam der Einsturz völlig überraschend. Acht Glocken stürzten mit dem Gestein und Gebälk herunter, die Trümmermassen zerschmetterten zwei kleine Häuser, die an den Dom angelehnt waren. Acht Personen wurden getötet. Vom Stumpf des Turmes wurde noch morsches Gestein von einem Maurermeister abgerissen, dann räumte man die Trümmer fort. Erst 1889 wurde der Südturm wiederaufgebaut.

Die Schicksalsstunde des nördlichen Domturms mit seiner hohen Spitze schlug am 4. Februar 1656. In der Nacht hatte ein Gewitter mit Sturm und Schneegestöber getobt; auch am Morgen schneite es noch

Vor rund 300 Jahren, an einem kalten Februartag, läuteten die Feuerglocken in Bremen Sturm: Der nördliche Domturm stand in Flammen. Unser Bild zeichnete Ende des vorigen Jahrhunderts Dombaumeister Max Salzmann, nach dessen Plänen dem Dom in den Jahren 1889 bis 1901 seine heutige Gestalt gegeben wurde.

weiter. Gegen 8.30 Uhr gab es einen mächtigen Donnerschlag, aber niemand merkte, daß der Blitz in den Domturm eingeschlagen hatte. Gegen 12 Uhr erst hüllte sich die

Diesen Anblick bot Bremens Dom bis zum Jahre 1638. Im Januar dieses Jahres stürzte der südliche (rechte) Turm plötzlich in sich zusammen, der nördliche (linke) Turm brannte 18 Jahre später völlig aus.

Spitze in Rauch und brannte dann lichterloh wie eine Fackel. Die Feuerglocken wurden in der ganzen Stadt geläutet; löschen war bei der Höhe des Turms unmöglich, Tausende betrachteten hilflos das traurig-schöne Bild. Gegen 13 Uhr war die Turmspitze ausgebrannt, neigte sich und fiel nun auf das Dach des Kirchenschiffes, das sogleich zu brennen begann. Klettergewandte Bürger und Schiffer stiegen hinauf, die Spritzen begannen ihre Arbeit. Soldaten reichten auf Leitern stehend Wassereimer hinauf, und schließlich wurde das Feuer eingedämmt; aber das Dach über dem Langhaus wurde bis auf die Gewölbe ein Raub der Flammen, nur über dem Chor blieb es erhalten.

Die Schweden, denen der Dom damals gehörte, ließen die Dächer notdürftig wiederherstellen. Der Turm wurde zunächst nur flach gedeckt, erhielt dann aber 1767 eine häßliche „welsche Haube", die erst 1889/93 durch einen spitzen Helm ersetzt wurde.

Auch andere Kirchtürme Bremens wurden vom Blitz getroffen, so am 8. April 1647 nachts um 1 Uhr der von St. Ansgarii. Das Feuer im Gebälk des Turmes konnte gelöscht werden, es fraß sich dann aber weiter in die Spitze, wo es dem menschlichen Zugriff entzogen schien. Alle, die in der Nähe der Kirche wohnten, fürchteten für ihre Häuser, lamentierten und baten um Gottes Hilfe. Da aber stieg um 8 Uhr morgens ein Dachdecker aus dem obersten Fenster des Turmes, befestigte draußen eine kleine Leiter und stieg, soweit es ging, am Helm empor. Dann schlug er mit einem Beil die Spitze mit dem Knopf ab, die brennend über des Dachdeckers Kopf hinweg in die Tiefe stürzte. Dadurch wurde der Turm gerettet; der mutige Mann erhielt von den Bauherren 18 Taler zur Belohnung. Einige Tage später fand ein Dankgottesdienst in allen bremischen Kirchen statt mit Glockenläuten, Gesang, Predigt und Gebeten.

Nicht nur der Blitz, sondern auch menschliche Fahrlässigkeit löste Brandkatastrophen aus. So begann um Mitternacht vom 6. auf den 7. Dezember 1754 ein Feuer im Stephaniviertel in dem Haus eines Gerbers durch die Schuld von „Waschweibern", die einen Ofen überheizten. Der Brand fraß sich schnell weiter in dem eng bebauten Viertel mit seinen kleinen Häusern, Schuppen und Verschlägen, ohne daß man ihn in der Eile wirkungsvoll bekämpfen konnte. Der Wind jagte die Feuerfunken in die Luft, hinauf zur Turmspitze von St. Stephani. Sie fing Feuer und brannte bald mit hellem Schein, dann stürzte sie herab und fiel auf das Kirchendach, das ebenfalls ein Raub der Flammen wurde. Zwar hielten die Gewölbe stand, aber auch im Kirchenraum war die Hitze so groß, daß die Orgel verbrannte.

Überall in der Stadt war die Aufregung groß: die Menschen jammerten und brachten ihre Habe aus den gefährdeten Häusern in Sicherheit, von den Türmen läuteten die Glocken und bliesen Trompeter, der Trommelwirbel der Soldaten hallte weithin. In einem Gedicht jener Zeit, das auch nicht die Spur eines Kunstwerks trägt, aber doch die Stimmung einigermaßen realistisch wiedergibt, heißt es:

Dort sieht man Mann und Frau ihr einzig Kind wegtragen;
Es schreit; man hört es oft, doch lallend, „rettet!" sagen.
Hört, wie der Wächter dort oft „Feuer! Feuer!" schreit,
Seht, wie ein alter Greis durchs Laufen sich befreit.
Er reibt die dürre Hand, er stammelt, ächzt, will sprechen.
Er spricht: „Mein Gott will jetzt die Stadt im Zorne rächen."

Sicher hielt man die Katastrophe in der Nacht für größer als sie wirklich war. Am nächsten Tag legte sich der Wind, und die Feuerspritzen verhinderten eine weitere Ausbreitung des Feuers; im ganzen sollen nur neun Häuser vom Feuer vernichtet worden sein. Aber auch der Turm von St. Stephani war völlig ausgebrannt, zudem war das Dach über den Gewölben des Kirchenschiffes zerstört. Der hohe Turmhelm wurde zunächst nicht erneuert, man behalf sich mit einem stumpfen Dach, das erst 1856 durch eine neue Spitze ersetzt wurde.

Explosion der „Braut"

Alle diese Katastrophen übertraf jedoch das Schicksal der drei riesigen Zwingertürme, die zur Sicherung der Stadt im Anfang des 16. Jahrhunderts erbaut worden waren. Sie dienten zur Lagerung von Kriegsmaterial, u. a. auch von Schießpulver.

Am 9. Juni 1624 wurde der Ostertorzwinger durch den Blitz getroffen. Die 4 m dicken Mauern des Oberteils wurden durch die Pulverexplosion gesprengt. Zwölf Menschen fanden den Tod, die Häuser an der Marterburg wurden schwer beschädigt. Den unteren Teil des Zwingers stellte man wieder her und versah ihn mit einer Haube. Erst 1828 wurde er abgerissen, und aus seinen Steinen wurden die heute noch stehenden Gebäude der Ostertorwache gebaut.

Der nächste Schlag traf den Zwinger beim Stephanitor, und zwar am 5. August 1647. Nachmittags gegen 16 Uhr schlug hier der Blitz ein und entzündete sechs Tonnen Pulver, so daß der riesige Turm auseinanderbarst. Jedermann meinte, „daß Himmel und Erde ineinanderfielen" und daß dies der letzte Tag der Welt sei. Aber ganz so schlimm war es doch nicht. Dennoch war der Schaden groß genug: das benachbarte Zuchthaus wurde schwer beschädigt, und einige Gefangene verließen verstört und zum Teil verletzt mit den Holzblöcken, an denen sie festgekettet waren, ihre zerschmetterten Zellen. Viele Häuser im Stephaniviertel waren beschädigt worden. Der Stephanitorzwinger wurde nicht wiederhergestellt, er verschwand aus dem Stadtbild.

Am folgenschwersten und erregendsten war das Schicksal der „Braut" auf der „Herrlichkeit" zwischen Großer und Kleiner Weser im Jahre 1739. Der Turm hatte im Fundament einen Durchmesser von 27 m und eine Höhe von etwa 50 m. Drei gewölbte Etagen lagen übereinander, die Mauern waren unten etwa 4 m dick. Es handelte sich also um ein Bauwerk beträchtlichen Ausmaßes. Im obersten Gewölbe lagen Kriegsmaterialien: Sturm- und Pechkränze, Licht- und Brandkugeln, Handgranaten und Pulver.

Der 21. September 1739 war ein dunstiger, schwüler Tag, abends gab es Wetterleuchten, und nachts entlud sich dann ein kurzes Gewitter über Bremen. Gegen 1.20 Uhr schlug ein Blitz in die „Braut" ein und entzündete den Pulvervorrat. Die Gewalt der Explosion war so groß, daß von dem riesigen Bauwerk kein Stein auf dem anderen blieb. Niemand in der Stadt dachte bei dem gewaltigen Krachen an die „Braut", sondern man glaubte

Die „Braut", Zwingerturm auf der „Herrlichkeit" zwischen Großer und Kleiner Weser, wurde im Laufe der Jahrhunderte verschiedentlich umgebaut. Auf dem Aquarell von 1772 zucken bereits die Blitze, die 1739 dem Bauwerk ein Ende mit Schrecken bereiteten.

Eine Schreckensnacht für Bremen, die Nacht vom 21. zum 22. September 1739. Nach einem schwülen Tag schlug gut eine Stunde nach Mitternacht der Blitz in die „Braut“ auf der „Herrlichkeit“, hinter deren meterdicken Mauern große Pulvervorräte gelagert waren. Der Zwingerturm zerbarst — siehe unser Bild aus dem 18. Jahrhundert — unter furchtbarem Krachen und riß über 30 Bremer mit in den Tod. Viele Häuser in der Nähe wurden völlig zerstört und Hunderte im weiten Umkreis teils schwer beschädigt.

überall, das eigene Haus sei durch den „Donnerstrahl" zerstört worden. Auch die in der Nähe des Turms liegenden Häuser wurden völlig vernichtet, die Menschen zerrissen und weithin durch die Luft geschleudert. Ein Gedicht im Bänkelsängerstil bringt das in naiv-gruselige Reime:

Du hast zerschmettert mit dem Knall
Auch viele Menschenkinder.
Der eine lag dort an dem Wall,
Im Wasser auch nicht minder.
Hie lag ein Arm, da Fuß und Bein
Wohl zwischen altem Grus und Stein,
Dazu die Eingeweide.
Den einen fand man ohne Kopf,
Den anderen ohne Beine;
Vom dritten waren noch im Rock
Die Arme ganz alleine.
Es hing dort an dem Wasserrad
In dieser guten werten Stadt
Ein Stücke Fleisch und Blutes.

Am größten war die Zerstörung in unmittelbarer Nähe der „Braut" an der „Herrlichkeit". Hier wurden auch die meisten Menschen getötet: der Akzisemeister mit seiner Frau und fünf Kindern, zwölf Bürger auf der Wache, Müller, Arbeiter, Bauaufseher, Frauen und Kinder. Im ganzen waren es 32 Tote. Im weiten Umkreis wurden Hunderte von Häusern beschädigt: an der Wachtstraße, Tiefer, Martinistraße, Schlachte und in der Neustadt. Schließlich fiel dann ein feuriger Schwefelregen herab; aber kein Haus geriet in Brand, weil ein starker Platzregen niederging.

Die Explosion der „Braut" wurde vielfach als ein Strafgericht Gottes angesehen, zumindest aber von den Predigern der Gemeinde als ein solches hingestellt, um dann eine Mahnung zur Besserung des Lebenswandels anschließen zu können. Pastor Vogt rief von der Domkanzel: „Da die Vielheit unserer Laster die Sandkörner am Ufer des Meeres übertrifft, siehe, so ging Dampf aus von Gottes Nase und fressend Feuer von seinem Mund." Und am Schluß legte er Gott die Worte in den Mund: „Bessere dich, Bremen, ehe sich mein Herz von dir wendet und ich dich zu einer wüsten Stadt und zu einem Steinhaufen mache, darinnen niemand wohnt!" In einer anderen Predigt forderte er, man möge erkennen die „Sünden, Bosheiten und Laster, worinnen man bisher gelebet und in welchen man sich Gottes Geboten und seinem eigenen Gewissen zuwider eben wie die Säue im Kot mit vielem Vergnügen herumgewälzt".

Aber nicht nur die Pastoren wurden zu Predigten beflügelt, sondern — wie bereits angedeutet wurde — auch die Poeten zu Gedichten, die freilich in ihrer gequälten Reimerei manche unfreiwillige Komik hervorbrachten:

Ach, ihr Bürger, helft mir klagen
Über unsre werte „Braut",
Die vom Donnerstrahl geschlagen . . .
Wer ist, dem das Herz nicht bricht
Über dieses Strafgericht?
Steinern' Herzen müssen schmelzen,
Sich in Wehmuts-Wasser wälzen!

In einem anderen Gedicht heißt es:

Bremen, deine Sünde macht,
Daß in der vergangnen Nacht
Deine „Braut" ist aufgeflogen,
Und du bist in Schreck gezogen . . .
Über dreißig sind zerschmettert
Augenblicklich, da der Knall
Hier mit Blitz und Donner wettert,
Lebend tot, wie Knall und Fall.
Spiegelt euch, ihr Menschen, dran!
Denkt, Gott auch euch strafen kann.
Bessert euch, Gott wird euch decken,
Sonst euch grausamlich erschrecken.

Zur gleichen Zeit . . .

1638, als der südliche Domturm zusammenstürzte,

wurde Ludwig XIV. von Frankreich geboren;

starb der niederländische Maler Pieter Breughel d. Jg. („Höllen-Breughel").

1739, als die Bremer „Braut" explodierte,

schrieb Kronprinz Friedrich von Preußen (später Friedrich II.) den „Antimacchiavelli";

schrieb Johann Sebastian Bach seine „Orgelmesse";

wurde der österreichisch-türkische Krieg durch den Frieden von Belgrad beendet.

Ein Hauch von Versailles – nur Pfuschwerk?

Französische Anmut in Bremen — wie ein Schlößchen in Versailles sah die von dem Franzosen Broëbes entworfene und 1695 vollendete Bremer Börse aus, die auf dem Liebfrauenkirchhof über dem heutigen Bacchuskeller stand. Die Kellerfenster sind die des damaligen, mit seinen Gewölben über dem Erdboden liegenden Bacchuskellers. Der Pavillon links in diesem Entwurf von Broëbes wurde nicht voll ausgebaut — man scheute die weitere Ausgabe, denn der Bau hatte bereits ein Vielfaches des Voranschlags verschlungen . . .

Mancher Fremde, der um 1700 Bremen besuchte, stand staunend vor einem Gebäude, das mit seiner französischen Eleganz direkt aus Versailles importiert zu sein schien. Hätte er Passanten angesprochen, würden sie ihm gesagt haben, das sei die Börse; der eine hätte sie schön gefunden und der andere hätte ein paar gehässige Bemerkungen über die fremde Mode gemacht, alle aber würden erzählt haben, daß das vor kurzem fertiggestellte Bauwerk zum Ärger vieler allzugroße Summen verschlungen habe.

Börsen waren um 1700 keine Neuigkeit mehr. Der Handel mit Wertpapieren und größeren Warenmengen verlangte Zusammenkünfte der Interessenten: von Kaufleuten und Finanziers. Zunächst verhandelten sie auf dem Markt unter freiem Himmel, dann seit dem 17. Jahrhundert im allgemeinen in besonderen Gebäuden, den Börsen. Die größeren von ihnen — etwa in London und Amsterdam — beherbergten einen internationalen Betrieb großen Ausmaßes.

Meistens ging die Initiative zur Errichtung eines eigenen Börsengebäudes natürlich von den Kaufleuten aus, und so dürfte es auch in Bremen gewesen sein; aber hier war von Anfang an der Rat mitbeteiligt. Man plante nun 1613, die baufälligen Schuhbuden und das Stadtgefängnis auf dem Liebfrauenkirchhof neben dem Rathaus abzureißen, um dort eine Börse zu bauen.

Bei der Ausführung dieses löblichen Planes war man dann aber sehr bedächtig und wurde eigentlich nur durch die notwendige Beseitigung verschiedener Übelstände dazu gebracht, überhaupt etwas zu tun. Die häßlichen Schuhbuden verschwanden 1614, aber nun kamen dem Rat gegen die Börse erhebliche finanzielle Bedenken, und man zögerte, mit dem Bau zu beginnen.

In jenen Jahren bestand jedoch für den Ratskeller größerer Raumbedarf, und es lag nahe, ihn zum Liebfrauenkirchhof hin zu erweitern, eben dort, wo man die Börse geplant hatte. So wurde denn 1620/21 ein Keller ausgebaut und zum Schutz gegen die Witterung mit Sandsteinplatten belegt. Auf diesem Keller sollte später die Börse errichtet werden. Zunächst entstanden aber nur ein paar unansehnliche Buden, in denen Kramwaren, Schuhe und Bücher verhökert wurden. Die Kaufleute besprachen weiterhin in einem Winkel des Marktes ihre Geschäfte, beengt von Fischtrögen und Fleischtischen, gestört vom Schreien der Menschen und dem Kläffen der Hunde.

In den nächsten Jahrzehnten erwiesen sich die Sandsteinplatten auf dem erweiterten Ratskeller als schlechter Wetterschutz. Regenwasser sickerte in die Gewölbe, der Frost drohte sie zu sprengen. Man sicherte sie nun mit einem Klinker- und Fliesenbelag, aber auch das war nur ein Provisorium: die Kellergewölbe wurden immer morscher. Wollte man sie endgültig schützen, mußte ein Gebäude über ihnen errichtet werden: eben die seit langem geplante Börse.

Einheimische Handwerksmeister entwickelten solide Baupläne, der Rat aber ver-

Wuchtiger und viel weniger elegant präsentierte sich die Börse, als sie rund 40 Jahre nach ihrer Errichtung umgebaut und mit einem zweiten Stockwerk versehen wurde.

handelte 1685 mit einem französischen Architekten: Jean Baptiste Broëbes, dessen Geschmack sich an Mansart und den Bauten in Versailles orientierte.

Broëbes war aus seiner Heimat als Hugenotte vertrieben worden und kam 1685 ins reformierte Bremen, wo er bereits ein Jahr später trotz manchem Protest Ratsbaumeister wurde. Er zeichnete einen Entwurf für die Börse und stellte zudem ein Holzmodell her. Zweifellos war seine Lösung modern und elegant, aber sie war recht kostspielig. Das Gebäude sollte einstöckig sein, an beiden Enden waren schmucke Pavillons vorgesehen. Barocker Zierat und ein gebrochenes Dach gaben den nötigen Schwung. Es versprach, ein für Norddeutschland einmaliges Gebäude zu werden. Die Mehrheit der Ratsherren entschied sich für den Plan von Broëbes, die einheimischen Zunftmeister aber mußten sich mit Arbeiten im Auftrag des ihnen verhaßten fremden Architekten begnügen. Das war Anlaß zu manchen heftigen Streitigkeiten.

Überall meinten die Gegner französisches Pfuschwerk zu entdecken: im Fundament seien wertvolle Sandsteine vermauert und die Wände würden notdürftig mit Eichenbalken zusammengehalten, erzählten sie jedem, der es hören wollte. Immer wieder wurden gewaltige Baukosten prophezeit. Schließlich war dem Architekten der Aufenthalt in Bremen so sehr verleidet, daß er um seinen Abschied bat; aber der Rat winkte ab und forderte, daß Broëbes zunächst einmal den Bau beenden möge. Dennoch nahm der Franzose Verhandlungen über eine Anstellung in Berlin auf und verließ Bremen 1692 bei Nacht und Nebel.

In Berlin wurde er Ingenieur-Hauptmann und Hofarchitekt, dann Professor der Baukunst an der Akademie der Künste. Später trat er in sächsischen Dienst und vollendete den Schloßbau in Barby. Am bekanntesten wurde er durch sein 1733 veröffentlichtes Werk über Schlösser des preußischen Königs, das er mit prächtigen Kupferstichen ausstattete; darunter waren auch Pläne der Bremer Börse und des Weserbrückentores, das ebenfalls ein Werk von Broëbes war.

Nach der Flucht des französischen Architekten wurde der Bau von einem einheimischen Baumeister bis 1695 vollendet. Dieser mußte wohl oder übel den Plan seines verhaßten Vorgängers übernehmen, allerdings baute er statt der vorgesehenen beiden Pavillons nur einen an der Rathausseite. Dennoch wurde der Kostenvoranschlag erheblich überschritten. In der Bevölkerung munkelte man, der Bau habe 20 000 bis 25 000 Taler verschlungen. Das dürfte einigermaßen zutreffen, denn bis Juni 1691 hatte Broëbes nach den erhaltenen Rechnungen bereits 11 903 Taler ausgegeben. Der Voranschlag hatte im ganzen nur 5100 Taler gefordert!

Das Bauwerk des Franzosen Broëbes war von Anfang an nicht nur aus finanziellen, sondern auch aus architektonischen Gründen sehr umstritten; erst die Forschung der letzten Jahrzehnte ist einhellig zu dem Ergebnis gekommen, daß die Börse ein wertvolles Kunstwerk darstellte, das in einem reizvollen, aber keineswegs störenden Kontrast zum benachbarten Rathaus gestanden haben muß.

Ein Börsengebäude hatte man nun, aber noch keine Börsenordnung. Bisher war alles nach der Gewohnheit gegangen, und es wäre auch weiterhin so gelaufen; aber der Börsenbetrieb vergrößerte sich, und es gab wohl manchen Streit, so daß der Rat 1701 versuchte, eine Börsenordnung einzuführen. Er setzte eine Kommission aus Ratsherren, Elterleuten des Kaufmanns und Bürgervertretern ein, die über einen Entwurf mit 38 Artikeln beraten sollte. Gleich zu Beginn der Verhandlungen kam es zu einem heftigen Streit um die Zuständigkeit. Als ein Eltermann sich den Entwurf erbat, um ihn mit seinen Kollegen durchzusprechen, weigerten sich die Ratsherren, ihn herauszugeben: es sei nicht angebracht, daß andere an einem Entwurf des hochweisen Rates „mit ihrer Naseweisheit" herumnörgelten. Auch am Inhalt der Börsenordnung blieb manches umstritten, vor allen Dingen die Passagen, die sich auf die Kompetenzen von Rat und Kaufmannschaft bezogen. Weniger Uneinigkeit bestand über den eigentlichen Sachinhalt, der sich mit der Börsenzeit, dem Maklerwesen, dem Wechsel- und Assekuranzengeschäft und mit Strafen für Vergehen beschäftigte. Schließlich trat die projektierte Börsenordnung überhaupt nicht in Kraft, und alles ging nun weiterhin nach alter Gewohnheit.

Über den Handel an der Bremer Börse um 1700 ist nur wenig bekannt, da die Geschäfte im allgemeinen mündlich abgewickelt wurden. Soviel weiß man aber, daß kaum mit Wertpapieren gehandelt wurde. Man machte vor allem Geschäfte mit Waren, die tatsächlich in Schiffen und Speichern vorhanden waren und von denen in der Börse Proben vorgezeigt wurden. Bei allgemeingängigen Waren mit Qualitätsnormen (etwa Hering, Leinwand, Tabak usw.) wurden auch spätere Lieferungen ausgehandelt. Das Geldgeschäft spielte eigentlich nur im Warenkredit eine größere Rolle.

Der Broëbes-Bau blieb in der ursprünglichen Form nur etwa 40 Jahre erhalten. Da das Dach leckte und der Dachstuhl morsch wurde, kam man auf den Gedanken, die Reparatur mit einer Aufstockung zu verbinden, um dadurch einige Räume zu gewinnen. Bauleiter wurde der Ingenieur-Kapitän Giselbert von Warneck, der im ergänzten oberen Stockwerk einfach nur die alte Architektur des unteren wiederholte. Das Dach war ziemlich flach, wodurch das Gebäude viel von seiner früheren Eleganz verlor. Da es höher geworden war, verdeckte es den Blick auf die Liebfrauenkirche und wirkte gegenüber dem Rathaus zu wuchtig. Trotz allem wurde die Börse von vielen Fremden immer noch bewundert. Ein Besucher schrieb um 1800: „Das schönste Gebäude ist die Börse. Oben ist ein prächtiger Saal, der zu Konzerten und bisweilen zu Bällen gebraucht wird. Unten ist der freie Durchgang zwischen mehreren Säulen. Hier wandeln zu bestimmten Stunden des Tages ... die Kaufleute auf und ab, schließen Kontrakte, Tausche, acceptieren und diskontieren Wechsel ... Es ist ein Vergnügen zu sehen, wie der tätige Unternehmungsgeist hier sein Wesen treibt."

Die Börse war aus dem Stadtsäckel bezahlt worden, und die Kaufleute waren nur Benutzer -- aber keineswegs die einzigen. Zur Freimarktzeit zogen Wanderhändler in die untere Halle und hielten vor allem Modewaren feil: Uhrketten, Hutnadeln, englische Rasiermesser, mit denen „man sich nicht schneiden kann", Zahnstocher-Etuis, Schminke, Strümpfe, Fächer, Reitpeitschen usw. Die Bremer Kaufleute ersuchten mehrfach, daß man diese Marktschreier aus der Börsenhalle verbannen möge; aber sie erhielten vom Senat stets ablehnenden Bescheid mit dem Hinweis, daß das Gebäude nicht der Kaufmannschaft gehöre. Erst mit der Franzosenzeit wurde das muntere Freimarkttreiben aus der Börse ferngehalten.

Aber die Halle diente weiterhin nicht nur den Kaufleuten, für die sie lediglich in der Börsenzeit mittags von 13 bis 14 Uhr reserviert war. Es gab hier Rekrutenaushebungen, Gerichtsverhandlungen usw. Als jedoch das Stadtmilitär hier „Übungen im Bajonettieren" abhalten wollte, versagte der Senat 1836 seine Zustimmung. Nachdem die Kaufleute 1864 ausgezogen waren, wurde die Halle 1871 zum Schwurgerichtssaal umgebaut. Außerdem gab es im Erdgeschoß noch einen Raum, in dem ein Lotterieeinnehmer untergebracht war. Er wurde jedoch sehr bald von einem Buchhändler und dieser wiederum 1825 durch das erste Kontor der Sparkasse abgelöst.

Auch die Räume im oberen Stockwerk dienten verschiedenen Zwecken: für Vereinsversammlungen, Ausstellungen, Konzerte und Festlichkeiten verschiedener Art. 1808 ließ der Senat die Zimmer für seine „Privatversammlungen" „möblieren und dekorieren" (vorher hatten die Herren im Ratskeller ihre Feste gefeiert). Hier tagte seit 1815 der Bürgerkonvent, und hier wurden seit 1879 die Zivilsachen des Landgerichts verhandelt.

An der Außenwand der Börse zum Rathaus hin war ein Halseisen angebracht, an

Als die Börse ausgebrannt und die Reste 1889 beseitigt worden waren, blieb nur noch der damals schon Bacchus geweihte Weinkeller unter der Börse übrig. Man vertiefte ihn um einen Meter — der heutige Bacchuskeller entstand. Im alten Bacchuskeller — unser Bild — ging's fröhlich zu: einer der Zecher ist schon zu Boden gegangen ...

dem man gelegentlich Übeltäter anschloß, um sie der Neugier und dem Spott ihrer Mitmenschen auszusetzen. Ein Fremder konnte sich um 1800 die Frage nicht verkneifen, „ob dies Halseisen für die Spatziergänger auf der Börse oder für die Geschäftstreibenden bestimmt sey".

Die Börse war also mehr als ein Jahrhundert eine wichtige Stätte staatlichen, wirtschaftlichen und gesellschaftlichen Lebens. Allmählich aber verblich ihr Glanz, und so konnte sie im 19. Jahrhundert, als Bremen zum Rang einer Welthandelsstadt emporstrebte, nicht mehr den gewünschten repräsentativen Rahmen für festliche und geschäftliche Gelegenheiten abgeben. Seit 1864 diente das Gebäude nicht mehr als Börse der Kaufleute. Diese waren in den prächtigen Neubau an der Ostseite des Marktplatzes umgezogen.

Die alte Börse wurde zuletzt immer häßlicher. Früher hatten das Rot der Ziegelsteine und das Grau des Sandsteins einen reizvollen Farbenkontrast gebildet. Aus unerfindlichen Gründen strich man jedoch das ganze Gebäude mit schmutzig-grauer Ölfarbe. Nur die Westseite wurde 1879 restauriert und gewann dadurch einen Rest des alten Glanzes zurück. Als in diesem Jahre die Pferdebahn gebaut wurde, amputierte man am Portal einige vorspringende Teile.

Mit Pferd und Wagen, aber doch schon mit einer neumodischen Dampfspritze rückte Bremens Feuerwehr an, als die Börse am Neujahrstag 1888 in Flammen stand. Aber aller Eifer der tüchtigen Brandbekämpfer war vergebens, nur rauchende Reste blieben von dem einst anmutigen Bauwerk, Bremen war um eine Sehenswürdigkeit ärmer.

Der Brand in der Neujahrsnacht

So war das Gebäude längst kein Prunkstück mehr, als am 1. Januar 1888 seine Schicksalsstunde schlug. Bereits in der Silvesternacht hatte es einen Schornsteinbrand gegeben (der Schornstein der Ratskellerküche ging durch die Börse). Die Feuerwehr hatte den Brand zwar sehr schnell gelöscht, aber nicht bemerkt, daß der Schornstein einen Riß hatte, durch den sich der Brand in den Dachstuhl der Börse fraß. Um 10.25 Uhr wurde die Feuerwehr alarmiert, weil Rauch über dem östlichen Teil des Daches sichtbar wurde; sehr bald aber schlugen helle Flammen hervor. Die Dampfspritze trat in Tätigkeit. Eine Abteilung Soldaten, die soeben den Gottesdienst in der Liebfrauenkirche beendet hatte, bildete mit Schutzleuten eine Sperrkette, um die vielen Neugierigen zurückzuhalten. Akten des Landgerichts wurden in aller Eile geborgen und ins Rathaus gebracht. Möbel, Teppiche und die Kaiserbilder von Wulfhagen wurden herausgeschleppt oder aus den Fenstern herabgelassen. Gegen 13 Uhr war das Feuer einigermaßen gebändigt. Der Dachstuhl blieb nur im östlichen Drittel erhalten; im ersten Stock waren die Zimmer unbrauchbar geworden.

Hitze und Löschwasser hatten schweren Schaden angerichtet, das Wasser war durch das Erdgeschoß bis in den Keller gelaufen.

Nun war der Wunsch allgemein: Der alte Kasten muß verschwinden. 1889 war er bereits abgerissen, und nur die unterirdischen Teile blieben als Bacchuskeller erhalten. Dieser mußte freilich um fast einen Meter vertieft werden, damit über ihm zusammen mit dem Liebfrauenkirchhof ein freier Platz entstand. Auf ihm herrscht seither reges Leben; heute gibt es hier u. a. den Blumenmarkt und die Bürgerparktombola. Zwischen 1893 und 1942 sah Kaiser Wilhelm I. von hohem Streitroß majestätisch herab.

Im gleichen Jahre ...

1695, als der erste Bremer Börsenbau vollendet wurde, war das Heidelberger Schloß vor kurzem von Truppen Ludwigs XIV. zerstört worden,
starb der französische Fabeldichter Lafontaine,
entdeckte Leeuwenhoek den Blutkreislauf bei Kaulquappen.

1888, als die Bremer Börse abbrannte, wurde Wilhelm II. Kaiser, nachdem Wilhelm I. und Friedrich III. kurz nacheinander gestorben waren, schrieb Storm den „Schimmelreiter" und Hauptmann den „Bahnwärter Thiel",
schufen Cézanne, van Gogh und Liebermann ihre schönsten Gemälde, formte Rodin seine „Bürger von Calais".

Vielleicht lag's am schockierenden Tempo, mit dem Zar Peter durch Bremen raste, daß kein Künstler das Ereignis zeichnete — wenigstens sucht man vergeblich nach Bildern. Doch den Bremern wird sich praktisch ein Anblick geboten haben, wie bei diesem Brautwerbungszug des Landgrafen Philipp III. von Hessen-Butzbach 1632 vor Bremen.

Zar Peter schockierte die Bremer

Bremen hatte zwar Jahrhunderte hindurch eine republikanische Verfassung, wenn auch beileibe keine demokratische im heutigen Sinne; das hinderte aber Rat und Bürgerschaft nicht, auf eine große Zahl von Fürstenbesuchen stolz zu sein. Hier wie auch in anderen Städten war dafür ein pomphaft-barockes Zeremoniell ausgearbeitet worden, besonders wenn Herrscher größerer Staaten ihren Reiseweg durch Bremen nahmen, so etwa, als der Dänenkönig Friedrich IV. und seine Gemahlin 1724 von Stade aus über Bremen nach Oldenburg reisten.

Vier Deputierte des Rates fuhren in einer Karosse mit vier Pferden bis zu den „Drei Pfählen" in Hastedt, wo sie an der Landesgrenze „Ihro Majestäten zu recipieren" hatten. Vor ihnen ritten „die Herren Studiosi mit zwei Trompetern" sowie einige uniformierte Reiter. Als die Majestäten eingetroffen waren, traten die Ratsdeputierten an deren Wagen, und der Syndikus „machte das Bewillkommnungskompliment" — er hielt eine schwülstige Rede. Das Fürstenpaar wurde gebeten, auszusteigen und in einem „dazu destinierten Haus" einen Imbiß einzunehmen. Man sagte sich hier gegenseitig nochmals „Komplimente", und dann fuhr man weiter.

Der Einzug in Bremen geschah in folgender Reihenfolge: Am Anfang ritten zwei Trompeter, dann folgten „die Herren Studenten", Diener des Rates und Soldaten. Hinter diesen fuhren die Ratsdeputierten in ihrem Wagen, dann kamen die Majestäten in ihrer mit sechs Pferden bespannten Karosse, gefolgt von der königlichen Prinzessin im eigenen Gefährt. Dahinter rollten noch vier leere Kutschen, die „ein hochweiser Rat" vorsichtshalber mitgeschickt hatte, und den Schluß bildeten die „Kavaliere und Damen, auch andere Bediente" in Wagen sowie 500 Pferde.

Beim Einzug in die Stadt donnerten auf den Festungswällen 130 Kanonen, und die Bürgerschaft stand mit Waffen an der Straße Spalier. „Ein hochweiser Rat befand sich in Corpore vor dem Rathaus", ebenso hatte die kleine städtische Wehrmacht dort Paradeaufstellung genommen. Vom Balkon des Rathauses tönten Pauken und Trompeten.

Die Majestäten stiegen vor einem Privathaus auf dem Domshof ab, wo sie von zwei Ratsdeputierten empfangen und in die „aptierten Zimmer" geführt wurden. Draußen postierte man eine Kompanie Grenadiere, vor den Zimmern hielten Unteroffiziere Wache. Den dänischen Kavalieren und „subalternen Bedienten" wurde in benachbarten Häusern Quartier angewiesen. Dann kam ein Festmahl mit 14 Gerichten, bei dem es zwischen den Majestäten, Kavalieren und Ratsherren zu Gesprächen über lokale Angelegenheiten kam: über die Bestellung des Rates, die Anzahl der Soldaten, die Qualität des Bremer Biers usw. Nach der gemeinsamen Tafel wurde dem Fürstenpaar Tee auf dem Zimmer serviert, und dann brach man wieder auf.

Der Auszug erfolgte in der gleichen Reihenfolge wie der Einzug und ebenfalls unter dem Donnern von 130 Kanonen. Der Weg führte zur Landesgrenze am Varrelgraben, wo das Oldenburger Geleit die Gäste

Peter der Große nach einem Porträt von de Roy, gemalt in Paris 1717.

übernahm und nach Delmenhorst brachte.

Das also war ein Besuch mit einem Normalprotokoll ohne besondere Zwischenfälle und Tücken. Aber nicht alle Gäste waren bereit, sich dem gängigen Zeremoniell zu fügen; sie bockten, erlaubten sich extravagante Späße mit den Stadtvätern und Bürgern, wofür die Durchreise Zar Peters des Großen im Dezember 1716 ein besonders drastisches Beispiel war.

Es ist in den Geschichtswerken immer wieder geschildert worden, wie sich bei Peter tierische Wildheit und europäische Gesittung auf seltsame Weise mischten. So besteuerte er etwa die traditionellen russischen Bärte und ließ sie bei allen Untertanen rücksichtslos abschneiden, die nicht zahlen konnten oder wollten. Wer sich den Neuerungen widersetzte, wurde auf abschreckende Weise umgebracht. So schuf der Zar einen absolutistisch gezügelten Staat, der auf mancherlei Weise Anschluß an den europäischen Westen suchte. Der kurze, vom Standpunkt eines strengen Protokolls geradezu chaotische Aufenthalt Peters in Bremen fiel in eine Zeit voll politischer Unruhe. Schweden, das nicht nur das Herzogtum Bremen, sondern auch das Domgebiet in der Stadt innegehabt hatte, war im Begriff, einer Koalition von Rußland, Polen, Sachsen, Dänemark und Preußen zu erliegen.

Der Repräsentant des damaligen Erzfeindes Rußlands, der schwedische Generalgouverneur, residierte während Peters Besuch im Palatium neben dem Rathaus.

Die Dänen hatten 1712 die vordem schwedischen Herzogtümer Bremen und Verden besetzt; der schwedische Generalgouverneur Graf Vellingk hatte sich mit seinen Beamten beim Einmarsch der Dänen von Stade nach Bremen zurückgezogen und residierte dort bis 1720 im alten erzbischöflichen Palatium (heute steht dort das Neue Rathaus). Die Stadt ließ es nicht zu, daß dänische Truppen einmarschierten und ihn vertrieben oder gefangennahmen. 1715 hatte Dänemark dann die Herzogtümer Bremen und Verden an den Kurfürsten von Hannover abgetreten, der im Jahre vorher König von England geworden war. Auch jetzt blieb Graf Vellingk noch in Bremen, konnte aber nur über den alten erzbischöflichen Dombezirk verfügen.

Zu dieser Zeit schob Rußland seinen Einfluß an der Ostsee immer weiter vor: russische Truppen standen in Pommern, 1716 knüpfte der Zar dynastische Bande mit Mecklenburg. Allgemeines Mißtrauen gegen die russische Politik drohte die Koalition gegen Schweden zu sprengen. Um der Gefahr einer Isolierung zu begegnen, suchte Peter der Große nun Anschluß an die Niederlande und Frankreich. So unternahm er jene Reise nach Westeuropa, die ihn auch durch Bremen führte.

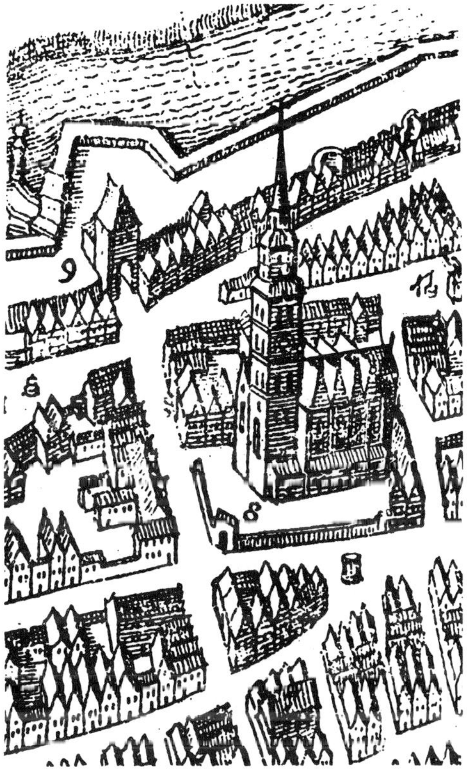

Hier am Ansgariikirchhof nahm der Zar Quartier im Hause Dr. Schönes.

Hier traf am 4. Dezember 1716 die Nachricht ein, der Selbstherrscher aller Reußen werde in einer Woche kommen. Man traf sogleich die Maßnahmen für einen festlichen Empfang. Sieben Ratsherren wurden als Empfangskomitee bestimmt, und als Quartier des Zaren sah man das Haus Dr. Hermann Schönes am Ansgariikirchhof vor, während die Begleiter im Krameramtshaus (heute Gewerbehaus) und in einigen Nachbarhäusern übernachten sollten. Ein Koch wurde beauftragt, einen Speiseplan für drei Gänge mit je 15 Gerichten zu entwerfen. Bei Fischern und Wassermüllern wurden die besten Fische angefordert, Wildbret wurde bestellt, zwei Ochsen mußten ihr Leben lassen; im Hause Dr. Schönes wurden diverse Flaschen Wein und Branntwein eingekellert, und für einen eventuellen nächtlichen Einzug besorgte man 200 Pechfackeln.

Von der Bürgerwehr sollten zehn Kompanien beim Einmarsch und ebenso viele beim Ausmarsch Spalier stehen. Beim Doven- und Ansgariitor wurden noch kleine Kanonen aufgepflanzt, damit die protokollarisch erforderliche Zahl von Schüssen abgegeben werden konnte. Zudem instruierte man die Bauern des bremischen Landgebietes, daß sie für den Vorspann der Gäste 300 Pferde bereithalten sollten. Vor der Tür des Zarenquartiers wurden Leuchter eingegraben.

Um das komplizierte Empfangsprotokoll zur rechten Zeit in Bewegung setzen zu können, mußte man natürlich den genauen Zeitpunkt der Ankunft des hohen Herrn wissen. Aber darüber herrschte völlige Unklarheit, und das machte das Empfangskomitee nervös. Man schickte einen Kurier nach Stade, aber auch von ihm traf keine Nachricht ein. Zwei Tage vor der erwarteten Ankunft wurden Soldaten als Kundschafter zur Burg beordert; aber auch sie konnten zunächst nichts erspähen; dann erschien gegen Mittag der Reisemarschall des Zaren, Graf Apraxin, der sogleich nach Bremen geleitet wurde. Dort erklärte er zur allgemeinen Bestürzung, der Zar werde in kurzer Zeit ebenfalls eintreffen, und er hoffe, daß man ihm sogleich die angeforderten 300 Pferde als Vorspann zur Verfügung stellen könne. Im übrigen wolle der hohe Herr nur „durchpassieren", gedenke im Warturm zu übernachten und wolle frühmorgens um 3 Uhr weiterfahren.

Die Ratsdeputierten erkannten mit Schrekken, daß bei diesem Plan die Empfangsvorbereitungen hinfällig geworden wären; vor allem aber standen die Pferde natürlich nicht bereit. Das wurde dem Grafen Apraxin auch gesagt, und zudem wurde darauf hingewiesen, daß sich beim Warturm nur zwei Häuser befänden, in denen das Gefolge des Zaren unmöglich unterkommen könne. Man habe in Bremen ein sehr schönes Quartier vorgesehen. Der russische Graf meinte nun, der Zar sei nicht „hoffähig" und könne sich mit der ganzen Suite sehr wohl in einem einfachen Pastorenhause einlogieren. Dennoch besichtigte Apraxin schließlich das Haus Dr. Schönes und versprach, den Zaren umzustimmen. Er bat um ein frisches Pferd, damit er seinem Herrn entgegenreiten könne.

In aller Eile liefen nun die protokollarischen Maßnahmen an, die mit einem Empfang an der Landesgrenze — damals bei Grambke — beginnen mußten. Die Trommeln wurden gerührt und Trompeten geblasen, wodurch die Bürgerschaft aufgefordert wurde, sich sogleich auf den Empfang des Herrschers aller Reußen vorzubereiten. Drei Herren vom Empfangskomitee bestiegen einen Wagen und fuhren sofort los. In Walle gelang es dann, wie vorgesehen, einen Pauker und zwei Trompeter sowie berittene Studenten, junge Bürger, Diener des Rates und Soldaten an die Spitze zu setzen. Den Schluß des Zuges bildete der mit sechs Pferden bespannte Ratswagen, der für den Zaren vorgesehen war.

Schon in Gröpelingen meldeten einige Kundschafter, der Zar sei ganz in der Nähe. Als die Bremer Abteilung den Winterweg hinter Oslebshausen erreicht hatte, sah man den Zug der Russen in schnellem Galopp heransprengen. Zunächst kamen als Geleitschutz zwanzig hannoversche Dragoner, dann folgte ein schäbiger Reisewagen, der mit acht kräftigen Bauernpferden bespannt war. In ihm saß der Zar mit drei vornehmen Russen und seinem Hofzwerg („Ein greisenhafter Zwerg mit langen, auf die Schultern wallenden Haaren von unerträglicher Häßlichkeit und Mißgestalt, mit quäkender Froschstimme", beschreibt ihn ein Zeitgenosse). Hinter diesem Gefährt schaukelte zwischen zwei Pferden eine „unansehnliche Sänfte", gefolgt von Höflingen und Beamten in Wagen und zu Pferde.

Der Zug der Bremer hielt nun an. Das Empfangskomitee stand im besten Staatskleid am Wegesrande. Die Gäste aber sprengten vorüber, die Begrüßung beschränkte sich auf ein gnädiges Winken des Zaren aus seiner Kutsche. Die Ratsdeputierten standen wie gelähmt. Dann schoß ihnen der Gedanke durch den Kopf: Wir müssen unbedingt versuchen, die weiteren Punkte des Protokolls zu erfüllen! Die Empfangsherren jagten dem Zaren nach, gefolgt von der galoppierenden bremischen Reiterschar. Ein Augenzeuge berichtet, es sei „artig" anzusehen gewesen, wie „einem der Hut, einem anderen die Pistolen, dem dritten der Degen weg-, einige gar vom Pferd gefallen, auch überfahren worden, so daß es einer confusen Flucht ähnlicher als solenner Einholung gleichete".

Schließlich holten die Bremer auf, aber auch der Zar trieb seine acht Bauernpferde an; es machte ihm offenbar Spaß, dem Empfangskomitee ein Schnippchen zu schlagen. Eine Weile jagte man fast Wagen an Wagen nebeneinander her, bis der Zar in Utbremen die Bremer vorbeifahren ließ, da seine Gäule müde geworden waren. So konnte man denn endlich die vorgesehene Reihenfolge einnehmen. Von den Wällen donnerten 130 Kanonen dreimal ihre Salven. So zog man denn zum Doventor herein, dann durch die Faulenstraße zum Ansgariikirchhof. Vor dem Haus Dr. Schönes stand eine Ehrenkompanie, Trompeter bliesen vom Ansgariikirchturm. Bürgermeister Köhne und drei Ratsherren warteten vor der Tür, um den Herrscher zu begrüßen. Der Zar entstieg seinem Wagen mit der Mütze in der Hand und eilte sogleich in die hintere Stube. Den Ratsdeputierten blieb nichts anderes übrig, als ihm zu folgen. Der Bürgermeister sagte seine Komplimente auf, und der russische Vizekanzler Schafferow antwortete.

Im übrigen lehnte der Zar die meisten Aufmerksamkeiten, die man ihm zugedacht hatte, so ein Festbankett, ab. Für den Zaren war Bremen Nachtquartier und weiter nichts, zudem noch eins, das seine Tücken hatte, denn Graf Vellingk, Vertreter Karls XII. von Schweden, seines Erzfeindes, war ganz in der Nähe.

Kaum hatte sich Peter der Große in seinem Quartier niedergesetzt, da erschienen zahlreiche Adlige und angesehene Bürger, die aus Höflichkeit und Neugier um eine

So sah damals das Doventor aus, durch das Zar Peter recht protokollwidrig einzog.

Audienz baten. Der Zar ließ das anfangs über sich ergehen, als er aber hörte, daß auch die Frau Graf Vellingks und schwedische Adlige erschienen waren, empfing er niemanden mehr. Er trank mit dem kleinen Kreis seiner Berater etwas Wein und Branntwein und rauchte Tabak in einer türkischen Pfeife. Inzwischen hatte man in der hinteren Stube ein großes Bett aufgebaut, aber der Zar wollte in einem Nebenraum auf seiner eigenen Matratze schlafen.

Dann nahte das Abendessen, geplant als gesellschaftliches Ereignis allerersten Ranges, aber der Zar erschien nicht, er speiste in einem anderen Raum mit vier seiner engsten Vertrauten. Die Herren des Empfangskomitees waren nun in großer Sorge, daß sich die Russen betrinken könnten: aber es ging dann glücklicherweise alles „gar manierlich" zu. Die meisten Gäste sprachen mit den Bremern deutsch, nur der General Graf Apraxin bediente sich der lateinischen Sprache, was auf die Gastgeber großen Eindruck machte. Ein Mißklang ergab sich dadurch, daß Apraxin forderte, um drei Uhr morgens sollten 250 Pferde als Vorspann für die Weiterreise zur Verfügung stehen. Aus dem Bremer Landgebiet waren die Pferde zwar schon angefordert worden, es war aber vorauszusehen, daß nur wenige rechtzeitig eintreffen würden.

Der Zar war inzwischen in einem anderen Zimmer am Kaminfeuer eingenickt, später legte er sich auf seine Matratze. Die anderen Russen schliefen auf einem Strohlager in der Stube. Bereits um 3 Uhr erschien dann Graf Apraxin beim zuständigen Ratsdeputierten und forderte die Pferde an; aber sie waren noch immer nicht eingetroffen, und so sammelte man einige Gäule in der Stadt. Peter verschmähte das Frühstück, das ihm angeboten worden war, und fuhr gegen 4 Uhr los. An vielen Häusern waren auf Weisung des Rates Leuchten angebracht, Soldaten mit Fackeln wiesen den Weg durch die Stadt. Von den Wällen donnerten wieder die Geschütze, und selbst die kleinen Kanonen der Schiffsmodelle im Schütting wurden abgebrannt, als der Zar vorüberfuhr . . .

Im gleichen Jahre . . .

1716, als Peter der Große seinen Überraschungsbesuch in Bremen machte,

regierte in Preußen der „Soldatenkönig",

war in Frankreich soeben Ludwig XIV. gestorben,

besiegte Prinz Eugen die Türken bei Peterwardein,

starb Leibniz.

Die Stadt in vielen Nöten

Nach dem Dreißigjährigen Krieg hatte Bremen in den Auseinandersetzungen mit Schweden seine „Freiheit" einigermaßen wahren können, wenn es auch eine erhebliche Verkleinerung des Landgebietes in Kauf nehmen mußte. Es war aber den bremischen Politikern klar, daß sich ähnliche Gefahren jederzeit wiederholen konnten — und das in einer Zeit, in der Bremen im Innern wenig gefestigt war; denn es gab bei den Kaufleuten und der Gemeinde eine starke Opposition gegen das Ratsregiment; die Finanzen waren zerrüttet, und die Wirtschaft Bremens befand sich in einem beängstigenden Abstieg. Er war durch den Zollstreit und die Kämpfe mit Schweden eingeleitet worden. Weiterhin wirkten sich die ständige Verschlechterung des Fahrwassers der Weser und die Verarmung des Hinterlandes immer mehr aus. Ein enger Anschluß an die Niederlande bedeutete auf die Dauer nur geringen Vorteil; denn die Holländer unterlagen 1667 selbst in einem See-

krieg den Engländern. Nur vorübergehend nahmen die Geschäfte noch einen Aufschwung, wenn die Kaufleute des neutralen Bremen ihre Waren an alle kriegführenden Parteien absetzen konnten. In den ersten Jahrzehnten des 18. Jahrhunderts besserte sich die Lage etwas durch gute Beziehungen zu den Niederlanden und Frankreich; aber im großen und ganzen war die Zeit planwirtschaftlichen Merkantilismus, der dem Freihandel nur geringen Spielraum ließ, recht ungünstig für die Stadt. Erst der Unabhängigkeitskrieg der USA öffnete am Ende des 18. Jahrhunderts neue Märkte. Inzwischen war die politische Lage Bremens mehrfach recht kritisch gewesen. Die Wirtschaftsinteressen verlangten strikte Neutralität der Stadt, um sowohl von der Kriegsfurie verschont zu bleiben, als auch nach allen Seiten Geschäfte machen zu können. Zwar ging es mit der Macht Schwedens immer mehr bergab, aber andere Staaten traten an seine Stelle und brachten Bremen in schwierige Situationen. Im Nordischen Kriege, als der Schwedenkönig Karl XII. in der russischen und türkischen Ferne verschwunden war, besetzten die Dänen 1712 u. a. das „Herzogtum" Bremen. Der schwedische Generalgouverneur floh aus Stade nach Bremen und verwaltete hier das Domgebiet, den letzten Besitzrest seines Landes in Norddeutschland. Die Dänen traten das „Herzogtum" Bremen schon 1715 an den Kurfürsten von Hannover ab, der soeben König von England geworden war, und 1720 wurde dann schließlich auch das Domgebiet in Bremen hannoversch.
Damit kam Bremen in recht nahe, manchmal allzunahe Berührung mit einer neuen Großmacht: England-Hannover. Es ergab sich nun sogleich die Frage, ob sie die Reichsunmittelbarkeit der Stadt und die Rechte in den Landgebieten respektieren werde. Es gab von Anfang an Reibereien. Zwar wurde Bremen 1731 unter Druck des Kaisers als Reichsstadt anerkannt, aber die Lage des Landgebietes blieb noch offen. Schließlich kapitulierte Bremen 1741 auf ein Ultimatum hin: Im Zweiten Stader Vergleich verlor die Stadt Blumenthal und Neuenkirchen völlig, während sie über einen Teil des Werderlandes und der Vahr ihre Hoheitsrechte aufgeben mußte. Vegesack blieb als Außenhafen bremischer Hoheit unterstellt.
Zwar hatte Bremen seine Reichsfreiheit und den Rest seines Landgebietes einigermaßen sicher verbrieft, aber wirtschaftliche und militärische Schwäche machten ihm unmöglich, künftig seine Neutralität im Spiel der großen Mächte wirksam zu sichern.

Karte der Weser unterhalb Bremens in der Dilich-Chronik 1604. Im Flußbett liegen zahlreiche Inseln und Sandbänke, zwischen denen sich der mit Tonnen und Baken gekennzeichnete Schiffahrtsweg hindurchschlängelt, bevor er im „Oceanus germanicus" endet.

„Wir machen aus Bremen ein zweites Troja“

Vor allem der Siebenjährige Krieg (1756 bis 1763), in dem Österreich, Rußland und Frankreich gegen Preußen und England mit Hannover standen, brachte von Anfang an große Gefahren. Man mußte befürchten, daß sich der Krieg auch nach Norddeutschland ziehen werde. Bremen hoffte zwar, als neutrale Macht zwischen den Fronten-gute Geschäfte zu machen, es bestand aber doch die Gefahr, daß die Stadt wegen der hautnahen Berührung mit Hannover, dem seit 1720 der Dombezirk gehörte, in die militärischen Aktionen hineingezogen werde.

Sollte man für die Neutralität kämpfen? Schon im Juni 1757 stieß ein französisches Heer durch Westfalen gegen Hannover vor. Die britisch-hannoverschen Truppen wichen auf die Weser zurück, bis sie dann bei Hastenbeck in der Nähe von Hameln geschlagen wurden. Das Kriegsgeschehen zog sich nun weserabwärts, wobei die Franzosen von dem energischen Herzog von Richelieu geführt wurden.

Der Bremer Rat hatte an der Landesgrenze Schilder aufstellen lassen, auf denen in französischer Sprache kundgetan wurde, daß hier das neutrale Territorium der Republik Bremen beginne. Eine schwache Abteilung von Hannoveranern respektierte auf ihrem Rückmarsch die Bekanntmachung und zog von Hastedt aus murrend auf dem Blocklander Deich nach Grambke und Burg. Die Franzosen jedoch warfen die Schilder um und erschienen am 29. August mit 8000

Rührend naiv, beinahe operettenhaft sehen die Soldaten auf den zeitgenössischen Bildern aus: links ein Bremer Grenadier des 18. Jahrhunderts, rechts ein Fähnrich.

Mann und 20 schweren Geschützen trotzigen Sinnes vor dem Steintor, der damaligen Außenbefestigung am Dobben. Verhandlungen gingen hin und her. Französischerseits beschwerte man sich bitter darüber, daß in der Stadt ein hannoversches Kornmagazin geduldet worden sei und daß etliche Bürger durch Lieferungen an die feindliche Armee gute Geschäfte gemacht hätten. Die Besitzungen Hannovers in der Stadt wolle man nun konfiszieren, und zu diesem Zweck müsse ein Tor geöffnet werden. Der General d'Armentières gab schließlich 25 Minuten Bedenkzeit, dann werde er die Stadt mit der Artillerie zu einem Trümmerhaufen machen.

In dieser Weise war auch in den vergangenen Zeiten manchmal gedroht worden, und Bremen hatte dennoch erfolgreich widerstanden. Doch ist nicht eindeutig zu sagen, wie 1757 die Chancen bei einer Verteidigung standen; wahrscheinlich aber waren sie schlecht, denn die Befestigungsanlagen waren verwahrlost, und vor allem war die Artillerie völlig veraltet. Unterstützung konnte man von keiner Seite erwarten. Zudem forderten die guten Handelsbeziehungen zu Frankreich, daß Bremen es mit diesem Lande nicht gänzlich verdarb. Der Rat beschloß, dem Ersuchen d'Armentières nachzugeben — ein folgenschwerer Präzedenzfall, wie sich bald zeigen sollte.

Steintor mit Zugbrücke. Mehrfach standen während des Siebenjährigen Krieges Truppen verfeindeter Mächte davor.

Am 29. August gegen 15 Uhr marschierten die Franzosen durch das Steintor und besetzten das Ostertor. Der General nahm Quartier im Palatium (heute Neues Rathaus), einige seiner Truppen logierten in Bürgerhäusern und Zelten. Das Gros lagerte außerhalb der Stadt: zunächst bei Hastedt und Schwachhausen, dann seit dem 2. September im Waller und Gröpelinger Feld. Am 12. September erschien der Oberbefehlshaber, der Herzog von Richelieu, mit glänzendem Gefolge in Bremen, begrüßt durch einen Salut aus 40 Kanonen.

Vor der alten Börse auf dem Liebfrauenkirchhof paradierte hinter flatternder Fahne zum Präsentiermarsch eine bremische Grenadierkompanie, dann bezog der Herzog sein Quartier in einem der vornehmen Landhäuser der Neustadt. Am nächsten Tage inspizierte er die Truppen, und mittags gab der Senat ihm zu Ehren ein reichhaltiges Festmahl. Die Honoratioren der Stadt erschienen zum erstenmal nicht in ihrer düsteren Amtstracht, sondern in bunter Rokokogewandung, wie sie der eine oder andere heimlich in der Truhe liegen gehabt hatte. Die Franzosen waren in bester Laune, denn der britisch-hannoversche Oberbefehlshaber hatte vor wenigen Tagen im Kloster Zeven schmachvoll kapituliert.

Die Franzosen räumten die Stadt am 16. September 1757 nach einer dänisch-oldenburgischen Intervention und nach einem bremischen „Geschenk" von 60 000 Talern. Es blieb jedoch das Gefühl allgemeiner Unsicherheit. Besonders spürte man mit großem Unbehagen, daß es mit der städtischen Freiheit nicht mehr weit her war und daß die Zukunft den großen Mächten gehöre. Das wurde Anfang 1758 besonders deutlich; ja, die Ratlosigkeit in Bremen nahm geradezu groteske Formen an.

Dem Prinzen Ferdinand von Braunschweig, der neuerdings an die Spitze der Briten und Hannoveraner getreten war, gelangen einige erfolgreiche Manöver gegen die Franzosen, nachdem deren Hauptheer bei Roßbach in Thüringen am 5. November 1757 von den Preußen geschlagen worden war. Im Dezember dieses Jahres und in den ersten Januartagen 1758 zogen Truppen beider Parteien an Bremen vorbei. Zeitweilig sah es so aus, als ob es zu einer großen Schlacht vor den Mauern der Stadt kommen werde. 8000 Franzosen rückten von Celle aus an der Aller und Weser entlang. Man sah ihre Kavallerie, Infanterie, Kanonen und Bagagewagen von den Stadtwällen aus auf der Contrescarpe. Es entstand ein großes Kriegslager westlich der Stadt. Bremen schloß wieder einmal seine Tore, verstärkte die Wachen und erklärte sich neutral. Einer der französischen Kommandeure drohte in Anspielung auf den allgemein bekannten klassischen Fall einer gründlich zerstörten Stadt, er werde Bremen in einen Steinhaufen verwandeln, er werde ein zweites Troja aus Bremen machen, wenn die Stadt sich irgendwie mit den Hannoveranern, die auch in der Nähe waren, einlassen sollte.

Zweifellos war es für die Franzosen mißlich, bei Gröpelingen die Hannoveraner vor sich und eine so große befestigte Stadt wie Bremen im Rücken zu haben, und so schickten denn ihre Oberbefehlshaber, die Herzöge von Richelieu und Broglio, am 15. Januar Schreiben, in denen eine sofortige und freiwillige Übergabe gefordert wurde, widrigenfalls man die Stadt stürmen müsse. Um der Forderung besonderen Nachdruck zu verleihen, besetzten sogleich zwei französische Infanterieregimeter die Contrescarpe vom Ostertor bis zum Stephanitor. Wieder eilten die Parlamentäre geschäftig hin und her, aber die Berufung der Stadt auf ihre Neutralität war erneut in den Wind geredet. Sollte man nun kapitulieren oder nicht?

Große Unruhe verbreitete sich in der Stadt; überall rotteten sich diskutierende Menschen zusammen. Weite Kreise der mittleren und unteren Schicht der Bürger wollten die Stadt verteidigen; Kritik an der schlappen Haltung des Rates wurde immer lauter. Andererseits waren die Honoratioren — der Rat und die führenden Kaufleute, vor allem aber auch die Spitzen der Bürgerwehr — überzeugt, daß man dem Ansturm des kriegsgewohnten Franzosenheeres nicht standhalten könne. Kapitulierte man freilich

Einzug der französischen Generalität in Bremen am 16. Januar 1758. Zeitgenössischer Holzschnitt. Die Stadt ist völlig verzeichnet.

ohne die geringsten Zeichen eines Widerstandes, so hatte man es mit den Hannoveranern völlig verdorben. Die Stadt war also in einer bösen Zwickmühle.

Nun entwickelte sich das geradezu groteske Bild eines Scheinkrieges, in dem die Franzosen ohne einen Schuß und ohne jedes Opfer in die Stadt gelangen wollten, während die Bremer bemüht waren, dasselbe ohne einen Schuß, ja, ohne Gewalt zu verhindern. Die Belagerer bedrohten einige Stadttore mit Kanonen, ohne zu schießen, und darüber wurde es Nacht. Der Graben war nur an den Rändern gefroren; einige Franzosen legten Leitern und Bretter hinüber und gelangten an den Fuß des Stadtwalles. Andere hatten die ersten Hindernisse beim Doventor überstiegen und machten von hier aus Anstalten, in die Stadt einzudringen. Der Stadtkommandant, Major von Singhoven, mußte sich das alles tatenlos aus nächster Nähe mit ansehen, dann aber trug er dem Präsidenten des Senats vor, daß man die Franzosen mit Kanonen- und Musketenfeuer bekämpfen müsse, wenn man eine Überrumpelung Bremens verhindern wolle. Nun wurde ihm das Schießen ausdrücklich verboten.

Der französischen Truppenführung, deren Glorie in letzter Zeit ohnehin ziemlich ramponiert war, erschien die nächtliche Kletterpartie als unwürdige Kriegshandlung, und so ließ denn der General La Touche herüberrufen, er werde die ganze Vorstadt verbrennen und die Stadt berennen, wenn die Tore nicht in einer halben Stunde geöffnet würden.

Derweilen tagten Rat und Bürgerschaft und konnten sich nicht einig werden. Eine Deputation erreichte von den Franzosen nur eine Fristverlängerung bis Mitternacht. Schließlich erlangten im Rathaus die kapitulationsbereiten Honoratioren die Mehrheit, nachdem ihre Gegner nach Hause gegangen waren, und so öffnete man kurz nach Mitternacht das Ostertor für eine französische Wache von 100 Mann.

Im Morgengrauen des 16. Januar 1758 wurde dann eine förmliche Kapitulation mit 13 Artikeln geschlossen, die dem Wortlaut nach recht milde war, die aber doch eine Besetzung der Stadt zuließ. Es hieß darin, daß die Besetzung wegen Vertragsbruches der Hannoveraner erfolgt sei. Die Rechte der Stadt, auch die Stellung als Reichsstadt, sollten unangetastet bleiben.

Das Zeughaus in der alten Kirche des Katharinenklosters glich im 18. Jahrhundert fast einem Museum. Harnische und Hellebarden waren durch die Entwicklung der Kriegstechnik überholt. Die Kanonen taugten nur noch zu Böllerschüssen bei Fürstenbesuchen.

Die Festungswerke, die ja ohnehin nicht mehr viel wert waren, sollten nicht zerstört werden; Zeughaus, Geschütze, Munition und Kornhäuser verblieben bei der Stadt; es wurde schonende Einquartierung versprochen; die Wachen wollte man mit französischen und bremischen Soldaten besetzen. Die Franzosen garantierten für gute Disziplin ihrer Truppen, die Offiziere sollten alle Einkäufe bar bezahlen. Die Besatzung werde abziehen, wenn die Lage es gestatte.

Die Kapitulation war vor allem bei den Handwerkern und Schiffern höchst unpopulär; es hieß, die Stadt sei an die Franzosen schändlich verraten worden. Eine radikale Gruppe drang mit Äxten und Knüppeln gegen das Rathaus vor. Zwei Kommandos Stadtsoldaten gingen nun mit aufgeschraubtem Bajonett vor und postierten sich vor den Eingängen des Rathauses, während französische Reiter und Grenadiere das Palatium deckten. Französische und bremische Offiziere, zu denen sich auch einige Honoratioren gesellten, versuchten die „kochende Volksseele" zu besänftigen. Die Gruppe ließ nun vom Rathaus ab und griff französische Grenadiere an, die aus der Ostertorstraße anrückten. Zunächst schossen diese zur Warnung in die Luft — ohne Erfolg. Nachdem ein Soldat durch einen Schlag auf den Kopf niedergestreckt worden war, gaben die Franzosen eine scharfe Salve, durch die zwei Angreifer und zwei neugierige Passanten — darunter eine Frau — getötet wurden. Die Aufrührer flohen zwar, rotteten sich aber noch einmal zusammen, um das Zeughaus im alten Katharinenkloster am Schüsselkorb aufzubrechen und sich mit Waffen zu versorgen. Da erscholl der Ruf: „Die Hannoveraner sind vor dem Stephanitor!" Und alles eilte nun dorthin.

Inzwischen besetzten die Franzosen in aller Eile die wichtigsten Plätze und Straßen. Infanterie und Kavallerie zog in die Neustadt, ein Regiment stellte sich mit einer Kanone am Flügel auf dem Domshof auf, ein anderes marschierte zum Zeughaus, ein drittes besetzte die Tore. Hier und da wurden Wachen aufgestellt; auf der Obernstraße biwakierten Truppen; Patrouillen durchstreiften die Straßen. Bremen glich einem Heerlager. Durch Prügel und Spießrutenlaufen verstanden es die französischen Kommandeure jedoch, bei ihren Soldaten gute Disziplin zu halten. Deserteure wurden vor versammelter Mannschaft auf dem Domshof aufgehängt.

Inzwischen drang nun Prinz Ferdinand von Braunschweig mit seinen Briten, Hannoveranern und Preußen vor, und es war zu vermuten, daß er Bremen bald erreichen werde. Aber es kam wieder nicht zu dem erwarteten Kampf um Bremen. Am 24. Februar nachts um 3 Uhr erhielten die französischen Truppen den Befehl zum Abmarsch. Regiment für Regiment verließ in aller Eile die Stadt. Zu dieser Zeit streiften bereits die ersten hannoverschen Jäger auf der Contrescarpe, und schon am Abend erschien der General von Diepenbrock vor dem Doventor und verlangte innerhalb einer halben Stunde eingelassen zu werden.

Wieder rotteten sich radikale Gruppen zusammen, vor denen der Rat mehr Angst hatte als vor den Hannoveranern. Diese waren inzwischen mit fünf Regimentern und einer Reiterschwadron auf der Contrescarpe aufmarschiert und hatten die Kanonen auf die Brücken gerichtet. Der Sturmangriff konnte beginnen, wenn der Morgen graute. Rat und Honoratioren boten eine Kapitulation mit Bedingungen an, die etwa den von den Franzosen zugestandenen entsprachen.

Am 25. Februar gegen 14 Uhr zog General von Diepenbrock mit gezogenem Säbel durch das Dovetor, hinter sich seine Truppen. Die Musikkapellen spielten, so laut sie konnten, und die Fahnen flatterten im Winde. Der Oberfeldherr Prinz Ferdinand von Braunschweig war sehr zornig auf die Bremer, weil sie sich den Franzosen nicht genügend widersetzt, ja, sie sogar recht freundlich behandelt hatten. So verlangte er denn am 1. März eine schwere Kontribution: 200 000 Portionen Brot, je 20 000 Rationen Hafer und Heu, die in das Zentralmagazin zu Hoya transportiert werden muß-

Prinz Ferdinand von Braunschweig, Oberbefehlshaber der englisch-hannoverschen Truppen und voller Zorn auf Bremen. Die neutralistische Schaukelpolitik der Hansestadt mißfiel ihm.

ten. Ein Bürgermeister, ein Ratsherr und zwei angesehene Bürger sollten dafür als Geiseln geradestehen.

Der Bürgerkonvent lehnte die Kontribution rundweg ab, weil die Stadt ja kein erobertes Feindesland sei; aber nun wurden auch noch große Mengen Stroh, Butter, Käse, Fleisch, Reis und Heringe gefordert. Es half nichts: die Waren mußten geliefert werden.

Die Hauptkämpfe spielten sich in den nächsten Wochen an der oberen Weser, in Hessen und Westfalen ab. In der Stadt blieb ein Lazarett, zudem kamen und gingen britische und hannoversche Truppen. Sie benahmen sich oft, als ob sie sich in Feindesland befänden. Im Sommer 1759 wälzte sich die Kriegsfurie noch einmal wieder an die Weser. Ein hannoversches Korps überrumpelte die Wachen am Kattenturm und am Buntentor bei Nacht und Nebel und war plötzlich in der Stadt, ohne daß man damit gerechnet hätte. Das Zeughaus wurde gründlich geplündert, und Bremen war damit nahezu ohne Waffen. Zu allem Überfluß wurden die Ruhr und andere Seuchen eingeschleppt, von denen Hunderte dahingerafft wurden. Anfang Oktober 1761 erschienen noch einmal Franzosen vor Bremen, wurden aber von englischen Truppen sogleich wieder zurückgetrieben.

Erst mit dem Frieden von Hubertusburg und Paris im Februar 1763 kehrten auch in Bremen ruhigere Zeiten ein. Die englischen Truppen zogen ab und wurden an der Wesermündung eingeschifft. Im allgemeinen waren die Bremer über den Frieden recht froh; aber es gab doch einige wendige Bürger, die in der unruhigen Zeit zwischen den Parteien sehr gute Geschäfte gemacht hatten. Für sie hätte der Krieg noch weitergehen können.

Nachdem der bremische Handel in den letzten Jahrzehnten des 18. Jahrhunderts einen spürbaren Aufschwung genommen hatte und die Manufakturen bereits anfingen, industrielle Formen zu entwickeln, legte sich immer mehr der Schatten Frankreichs auf die Stadt, wenn auch nicht der Revolution. Es gab zwar manche Unzufriedenheit mit dem Rat in Bremen, aber der Geist der Französischen Revolution blieb an der Weser zunächst ziemlich platonisch, denn es fehlten die Angriffspunkte für eine grundsätzliche und leidenschaftliche Opposition: Bremen war bereits eine Republik, hatte keine starre Oberschicht, das gehobene Bürgertum besaß ein gewisses Mitspracherecht und stand gesellschaftlich der Ratsschicht sehr nahe. Die unteren Schichten drängten in Bremen noch nicht nach einer Veränderung, da ihnen das politische Bewußtsein fehlte.

In den Koalitionskriegen seit 1792 versuchten bremische Staatsmänner um der Geschäfte willen die Neutralität der Stadt zu wahren und entwickelten mit vielen Diplomatenreisen und riesigen Bestechungssummen ein äußerst geschicktes Spiel, in dem der Senator Georg Gröning die Schlüsselfigur war. Aber man erlebte seit 1795 dasselbe wie im Siebenjährigen Krieg: Welche Macht auch immer Truppen nach Bremen schickte, sie mußten trotz Protest aufgenommen werden: Hannoveraner, Preußen und schließlich Franzosen.

Immerhin gelang es Bremen, das aus kluger Berechnung eigentlich von Anfang an auf Frankreich setzte und sich nach außen neutral gab, im Reichsdeputationshauptschluß von 1803, der die deutsche Landkarte völlig veränderte, seinen Vorteil zu wahren: Oldenburg mußte auf den für Bremen so lästigen Elsflether Zoll verzichten, wenn auch erst nach einer Zehnjahresfrist, und es übergab das Dorf Grolland; Hannover überließ das Domgebiet in Bremen, Hastedt, Schwachhausen, die im Stader Vergleich von 1741 übernommenen Gebiete des Werderlandes und das Dorf Vegesack.

Bremen versuchte in dieser Zeit seine Neutralität auch damit zu beweisen, daß seit 1803 die Festungsanlagen abgetragen und zu Gartenanlagen umgestaltet wurden. Aber die Stadt blieb ein Spielball der wenigen Großmächte, die damals das Schicksal Europas bestimmten: England-Hannover, Preußen und Frankreich. Bei all diesem Hin und Her war es kaum noch von Bedeutung, daß 1806 das Deutsche Kaiserreich sein Ende fand und Bremen damit keine Reichsstadt mehr war, sondern formal völlige Souveränität erlangte. Die drei Hansestädte versuchten in einer engen Interessengemeinschaft ihre Souveränität zu wahren und nannten sich „Freie Hansestädte" — eine irreale Politik, die vor allem der damalige Senator Smidt energisch und dennoch letzten Endes ohne Erfolg vertrat. Schon seit November 1806 war Bremen von französischen Truppen besetzt, wurde in das System der Kontinentalsperre eingebaut und mit Kontributionen belegt.

Im gleichen Jahre ...

1757, als die Franzosen zum ersten Mal in Bremen einmarschierten, wurden einige später berühmte Männer geboren: Karl August, Großherzog von Weimar sowie Freund und Gönner Goethes, der Freiherr vom Stein und Lafayette, der französische General.

1758, als Bremen erneut vor den Franzosen kapitulierte, lebte Goethe als achtjähriger Knabe in Frankfurt, wohnte Lessing in Berlin und war Mozart zwei Jahre alt.

Die „Schwarze Schar" in Bremen

Frühjahr 1809: Große Hoffnungen gehen durch Europa, denn Napoleons Thron scheint zu wanken. Seine erste schwere Niederlage beim Donau-Übergang in der Nähe von Wien beim Dorf Aspern wirft lange Schatten, in Spanien verzehren sich die Franzosen gegen Engländer und einheimische Partisanen. Tiroler Bauern sperren die Täler ihres Landes und reiben die französischen und bayerischen Besatzungstruppen auf. Überall in Deutschland gärt es: der preußische Hauptmann von Katt versucht Magdeburg zu überrumpeln; der hessische Oberst von Dörnberg macht einen Angriff auf Kassel; Major von Schill zieht mit seinem Freikorps durch Mitteldeutschland und Westfalen, dann weicht er an die Ostsee aus. Aber Napoleon schlägt die Österreicher bei Wagram und zwingt ihnen im Juli den Waffenstillstand auf; seine Truppen unterdrücken nun alle Aufstände in Deutschland.

Herzog Friedrich Wilhelm von Braunschweig-Öls. Teile seiner „Schwarzen Schar" kamen auch nach Bremen. Der Herzog fiel 1815 an der Spitze seines Freikorps in der Schlacht bei Waterloo.

Ein General der österreichischen Armee schloß sich dem Waffenstillstand nicht an: Herzog Friedrich Wilhelm von Braunschweig-Öls. Als Reichsfürst glaubte er sich berechtigt, eigene Außenpolitik und einen eigenen Krieg gegen Napoleon zu führen. Er hoffte vielleicht, sein Beispiel werde einen allgemeinen Volksaufstand auslösen; aber dafür war Deutschland noch nicht reif. Als der Herzog es erkannte, blieb ihm nur noch der Weg zur Nordseeküste und die Überfahrt nach England.

Man nannte sein kleines Heer die „Schwarze Schar" — nach der Farbe ihrer Montur und des Tschakos mit dem Totenkopf aus Metall. 1300 Mann Fußvolk, 650 Reiter und vier Geschütze folgten dem Herzog durch Sachsen und Thüringen nach Braunschweig und dann an die Weser. Zwei französische Divisionen unter Reubel und Gratien versuchten ihnen den Weg zur Küste abzuschneiden. Und bei dieser Jagd spielte auch Bremen, das seit fast drei Jahren von Franzosen besetzt war, eine flüchtige Rolle.

Anfang Juli erschienen englische Schiffe an der Küste. Bei einer Landung in Cuxhaven wurden einige Batterien zerstört und die Kanonen an Bord gebracht; dasselbe geschah bei Lehe an der Wesermündung.

In Bremen gab es zu dieser Zeit nur eine schwache Besatzung, weil Napoleon die Truppen für seinen Feldzug in Österreich abgezogen hatte. Einen größeren Aufstand wagten die Bremer trotzdem nicht; aber durch die englische Landung in Cuxhaven wurden einige Kraftnaturen ermuntert, von requirierten Wagen die Stränge durchzuschneiden, eine französische Schildwache zu verprügeln sowie den Stadtkommandanten Oberst Ranke zu beschimpfen und mit Dreck zu bewerfen.

Am 1. August mußte der „schwarze" Herzog die Stadt Braunschweig verlassen, und er zog nun in Eilmärschen an die Weser, die er bei Nienburg am 4. August erreichte. Am gleichen Tage abends um 22 Uhr sprengte der westfälische Oberst Lepel durch das Buntetor in der Neustadt und eilte sogleich zum Präsidenten des Senats, um im Auftrag von General Reubel zu melden, daß der Herzog von Braunschweig auf dem Wege nach Bremen sei. Man müsse ihn unbedingt aufhalten, bis die beiden französischen Verfolgungsdivisionen eingetroffen seien. Zu dem Zwecke wolle er das Kommando über das Bremer Stadtmilitär übernehmen; die Neustadt sei in Verteidigungszustand zu setzen, die Weserbrücke abzubrechen; alle Schiffe müßten auf das rechte Weserufer verlegt werden. So könne man die Bande des Herzogs daran hindern, über die Weser zu setzen, bis die Generäle Reubel und Gratien mit ihren Divisionen eingetroffen seien.

Die Bremer hatten es mit der Ausführung der Befehle nicht besonders eilig; aber am nächsten Tage wurden doch die Tore stark besetzt, während das übrige Stadtmilitär im Börsensaal am Liebfrauenkirchhof versammelt wurde. Beim Buntentor pflanzte man sechs Kanonen hinter Brustwehr und Graben auf. Den wenigen Soldaten, die man hier postierte, wurde nahegelegt, sich vor einer größeren Truppenmacht rechtzeitig aus dem Staube zu machen.

Die „Schwarze Schar" lagerte bei Syke an jener Stelle, wo heute ein Gedenkstein steht. Sie zog dann weiter über Stuhr nach Delmenhorst; im Abstand von etwa zehn Wegstunden folgte die Division Reubel. Um diese abzulenken, sollte eine Abteilung der Schar unter Major Korfes auf Bremen marschieren.

Dort ging das Gerücht um, der Herzog sei mit 5000 Mann im Anmarsch (sein „Heer' war im ganzen nicht halb so groß!). Vom Domturm sah man dann mit Ferngläsern einige hundert Soldaten auf dem Buntentorsteinweg anrücken.

Die napoleonischen Obersten Lepel und Ranke — Kampfkommandant und Standortbefehlshaber — befahlen Widerstand am Buntentor; aber die von den Franzosen bisher absichtlich schwach gehaltene bremische Soldateska zeigte wenig Bereitschaft, sich für fremde Interessen zu schlagen, und auch die Bürger der Neustadt wurden unruhig, da die Kämpfe ihr Leben und ihre Habe gefährdet hätten. Schließlich verbot der Senat den bremischen Soldaten zu feuern.

Die beiden Obersten aber sprengten kurz darauf mit zwölf französischen Zöllnern aus dem Stephanitor, um sich in Sicherheit zu bringen.

Vor dem Buntentor erschien hoch zu Roß ein „schwarzer" Rittmeister mit Trompeter. Auf den patriotischen Zuruf: „Gott grüß euch, ihr deutschen Brüder!" antwortete aus vielen Bürgerkehlen ein kräftiges „Hurrah!" Dann aber marschierten 250 Infanteristen und 160 Kavalleristen in die Stadt. Ratsdeputierte baten um Schonung; aber das war eigentlich gar nicht nötig, denn die „Schwarzen" waren froh, wenn man ihnen selbst nichts tat. Sie machten keine großen Umstände, sondern biwakierten auf öffentlichen Plätzen, flirteten etwas mit den Stadtschönen, politisierten mit den Bürgern und ließen sich mit Verpflegung versorgen. Dann fielen sie müde auf ihr Strohlager. Kleinere Disziplinlosigkeiten, auch ein Fall von Erpressung, blieben wenig beachtete Randerscheinungen.

Am nächsten Mittag — es war der 6. August — zog die Abteilung wieder weiter in Richtung Delmenhorst. Bei Iprump jedoch traf sie abends auf die Vorhut des Generals Reubel, und so kam es zu einer zweistündigen Schießerei mit Kanonen und Musketen, bei der es keine Verluste gab. Die „Schwarzen" zogen sich vorsichtshalber über die Ochtum an die Weser zurück, wo sie in Seehausen übernachteten. Hier beschlagnahmten sie ein Bockschiff, mit dem sie dann weserabwärts fuhren. Zwanzig Kämpfer von Iprump waren versprengt worden und flohen nach Bremen, wo sie schnell wieder aus dem Stephanitor hinauskomplimentiert wurden. Der Senat war froh, daß die Stadt den kompromittierenden Besuch der „Schwarzen" los war.

Das Gros des braunschweigischen Freikorps war am 6. August von Delmenhorst über Berne nach Huntebrück marschiert, wo das Übersetzen zehn Stunden dauerte. Der Herzog schickte einige Reiter voraus, die in Elsfleth alle Schiffe beschlagnahmten — 14 an der Zahl. Ihre Ladung wurde teils gelöscht, teils in großer Eile in die Weser geworfen. Die Pferde verkaufte man, weil man sie nicht mehr brauchte. Dann gingen die „Schwarzen" an Bord. Eine Abteilung, die keinen Platz mehr fand, zog weiter nach Brake und zu anderen Weserhäfen, wo weitere

Schiffe belegt wurden. Im ganzen verließen 22 Fahrzeuge die Weser; zwei Kähne wurden allerdings bei Geestendorf vom Feind aufgegriffen. An der Butjadinger Küste wurde die kleine Flotte von englischen Schiffen ins Geleit genommen und nach Helgoland gebracht. Von dort aus ging der Herzog mit den Seinen nach England.

General Reubel war der „Schwarzen Schar" nicht nach Elsfleth gefolgt, weil er ihre Stärke wahrscheinlich überschätzte und sich nicht ohne die Division Gratiens in einen entscheidenden Kampf einzulassen wagte. Er zog nach Bremen, wo er am 7. August mit 4000 Mann eintraf.

Scheiterhaufen englischer Waren

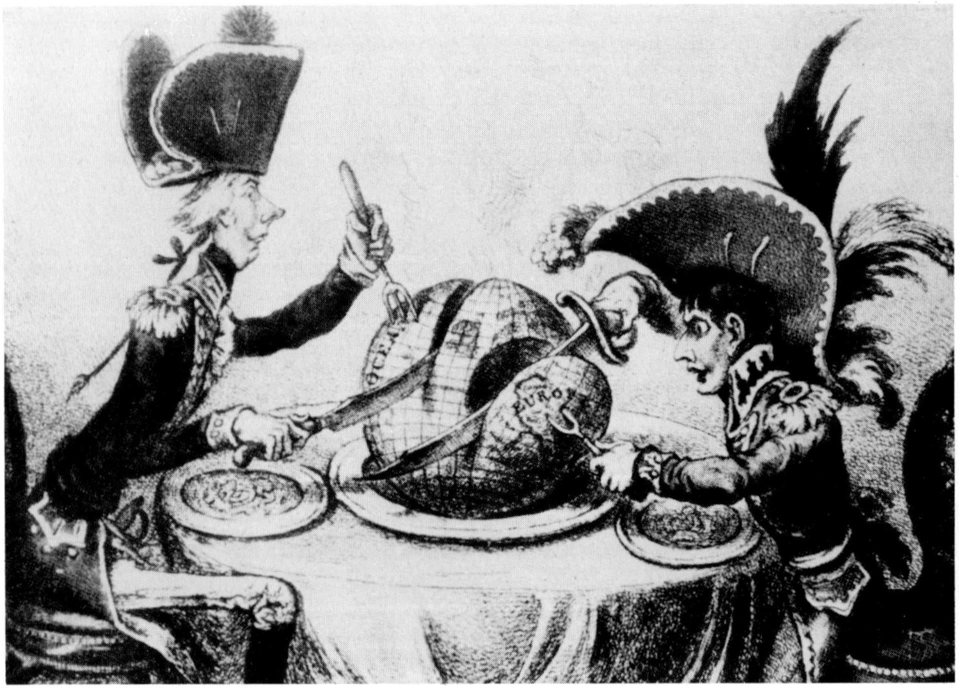

Eine zeitgenössische Karikatur, die eine für Bremen besonders schmerzlich spürbare Entwicklung glossiert: Napoleon (rechts) und Pitt (England) teilen sich die Welt. Das Land an Napoleon, die See an England — auf der Strecke blieb Bremens Handel.

Für Bremens Handel hatte die französische Besetzung katastrophale Folgen, denn die Kontinentalsperre mit ihren Zöllen und Kontrollen machte den Seeverkehr fast unmöglich, und auch der sonstige Handel wurde schwer geschädigt. Der Kampf der Franzosen gegen englische Waren erregte immer wieder die Gemüter. Den Kaufleuten war schon 1806 befohlen worden, ihre britischen Waren anzugeben und auszuliefern, und es wurde natürlich auch grundsätzlich verboten, mit ihnen zu handeln.

Es gelang dem Senator Georg Gröning, einem der bedeutendsten Diplomaten der bremischen Geschichte, am 10. Dezember 1806 in Posen bis zu Napoleon selbst vorzudringen und ihm die Bedenken des Senats darzustellen: Die Engländer würden wegen der Besetzung Bremens durch französische Truppen die Schiffe der Stadt beschlagnahmen und durch die Beseitigung der hanseatischen Konkurrenz ihre eigene Handelsposition stärken; auch der Absatz französischer Waren werde erheblich erschwert. Die bremische Neutralität müsse auch im Interesse Frankreichs liegen.

Gröning war so beredt, daß der Kaiser ihn sehr lange und sehr gnädig anhörte, ja, hin und wieder zu kleinen Scherzen aufgelegt war. Auch Außenminister Talleyrand, der dabeisaß, nickte mehrmals zustimmend. Aber in der Frage der Kontinentalsperre war Napoleon zu keiner Konzession bereit. Gröning ließ jedoch nicht locker und folgte dem

Diktator zusammen mit dem Hamburger Syndikus Doormann nach Warschau, Dresden und Paris, aber ohne sichtbaren Erfolg: Bremen blieb besetzt, und die Jagd auf englische Waren dauerte an.

Sie erlebte Anfang Dezember 1810 einen dramatischen Höhepunkt, wenige Tage bevor Bremen als Departementshauptstadt ins französische Empire einverleibt wurde. In Hamburg war kurz vorher eine eigene Behörde eingerichtet worden, die sich ausschließlich mit der Bekämpfung des englischen Handels zu befassen hatte. Ihr Präsident, General Campans, war sehr eifrig und wollte gleich zu Beginn seiner Tätigkeit ein eindrucksvolles Exempel statuieren. Er ordnete an, daß alle Bewohner Bremens eine Liste der in ihrem Besitz befindlichen englischen Waren einzureichen hatten. Gerüchteweise wurde verbreitet, daß auf sie eine Sonderabgabe erhoben werden solle.

Viele Bürger sagten sich nun: lieber diese Abgabe als wegen unvollständiger Angaben Bekanntschaft mit einem französischen Gefängnis machen! So gingen viele lange Listen ein, aber nach acht Tagen wurde ein kaiserliches Dekret veröffentlicht, nachdem die englischen Waren konfisziert werden sollten. Um auch die nicht listenmäßig erfaßten Güter zu entdecken, wurden Haussuchungen in der ganzen Stadt veranstaltet. Zöllner in Begleitung französischer Soldaten, eines Ratsdieners und zweier Sachverständiger gingen von Haus zu Haus und nahmen sich vor allem die Packhäuser vor. Ballen wurden aufgeschlitzt, der Inhalt von Säcken wurde ausgeschüttet, ganze Lager machte man mit Wasser, Ätzkalk und Vitriol unbrauchbar.

Die beschlagnahmten Waren wurden auf mehr als 50 Fuhrwerken durch das Herdentor auf die Bürgerweide geschafft. Große Scharen von Bürgern strömten hinterdrein, einige Senatoren wurden zum Mitgehen gezwungen. Auch der Kommandeur der Besatzung, General Boyer, war zugegen. Französisches und bremisches Militär bildeten einen Kreis, in dessen Mitte aus den englischen Waren ein riesiger Scheiterhaufen geschichtet wurde, dessen Wert man auf 100 000 Taler schätzte. Am 6. Dezember 1810 verzehrte dann die Flamme diese Güter.

Senator Georg Gröning (1745—1825), einer der bedeutendsten Diplomaten der bremischen Geschichte. In seinem hartnäckigen Kampf um Bremens Neutralität drang er in Posen bis zu Napoleon persönlich vor.

Die Schwester des damaligen Senators und späteren Bürgermeisters Johann Smidt hat dabei das Gespräch von zwei französischen Soldaten belauscht. Der eine sagte: „Sieh mal, das brennt nicht schlecht!" — Der andere meinte aber: „Wie schändlich! Arme Leute! Arme Leute!" Die Frau erzählte später: „Ich hätte dem braven Menschen gern einen Taler für sein Mitleid geschenkt, aber wer konnte dazumal wohl verschenken?!" Es waren böse Zeiten, in denen selbst die Oberschicht mit dem Taler rechnen mußte!

Es wurde erzählt, daß von den konfiszierten Waren manches den Flammen entging, weil es von den Wachtposten entwendet wurde. Noch aus dem Scheiterhaufen wurden Stücke Seidenzeug und Kattun sowie ganze Bündel Garn herausgezogen, von den französischen Soldaten mitgenommen und zum Teil für einen Schleuderpreis verkauft.

Eine Woche später wurde Bremen Departementshauptstadt des französischen Kaiserreiches. Der Senat mußte abtreten, und an seine Stelle traten ein Maire und ein Munizipalrat. Verwaltung und Gerichtsbarkeit wurden französischem Muster angepaßt, wobei freilich mancher veraltete Zopf abgeschnitten wurde. Im großen und ganzen wurde Bremen dennoch wie eine eroberte Stadt behandelt.

Im gleichen Jahre ...

1809 schrieb Goethe die „Wahlverwandtschaften",
starb Joseph Haydn,
wurde Darwin geboren.
1810 wurde Andreas Hofer in Mantua erschossen,
wurde Fritz Reuter geboren,
gründete Georg Henschel eine Maschinenfabrik in Kassel.

Die Russen befreien Bremen von den Franzosen

Durch Beschluß des französischen Senats und nach dem Willen Napoleons wurde Bremen am 10. Dezember 1810 Departementshauptstadt des Empire und war nunmehr — wie der Generalgouverneur Marschall Davout in Hamburg es ausdrückte — „mit dem Glücke Napoleons des Großen und seinem Reiche vereinigt". Die Stadt litt aber weiterhin unter der Kontinentalsperre sowie unter den vielen Steuern und Zöllen, mit denen Frankreich seine Kriege finanzierte. Davout hatte zwar versprochen: „Ihr werdet gleich Napoleons alten Untertanen seiner Liebe und Sorgfalt teilhaftig werden", aber die meisten Bremer hätten gern auf diese „Liebe und Sorgfalt" verzichtet.

Ein noch nicht 20jähriger französischer Staatsrat erschien im Rathaus, erklärte den Senat für abgeschafft, ließ sich eine Bibel geben und den provisorischen Maire, Daniel Klugkist, einen ehrenwerten, aber etwas altersschwachen Mann, seine Hand zur Vereidigung darauflegen.

Präfekt des Departements der Wesermündungen wurde der Graf von Arberg, ein eleganter Junggeselle mit Schauspielerfreundin, der aber im allgemeinen verständnisvoll und fleißig, wenn auch durch sein Amt recht unselbständig war. Seine Dienst- und Privaträume richtete er im Eschenhof an der Domsheide (heute Hauptpost) ein. Die undankbare Stellung des Maire, der immer wieder im Kreuzfeuer der Kritik von allen Seiten stand, erhielt nach dem Rücktritt Klugkists Wilhelm Ernst Wichelhausen, vordem Professor des Rechts am gar nicht mehr illustren Gymnasium — ein Mann, der seine Tätigkeit sehr ernst nahm, frankreichfreundlich war, aber immer wieder mit viel Geschick Mittel des Ausgleichs suchte.

Viele Senatsmitglieder und angesehene Bremer vermieden es, in der neuen, recht gut funktionierenden Verwaltung ein Amt zu übernehmen; sie ersparten sich damit viel Ärger, entzogen aber ihrer Vaterstadt in schwieriger Zeit ihre Erfahrung.

Es gab in den folgenden drei Jahren mancherlei Grund zur Unzufriedenheit: die Wirtschaft lag am Boden, die Steuern waren hoch. Viel böses Blut machte es, daß mancher junge Bremer die französische Montur anziehen mußte und in Rußland den Tod fand. Nach dem Untergang der Großen Armee im russischen Winter ließen die Erhebung Preußens und Österreichs sowie der Vormarsch der Russen die Franzosen in Bremen befürchten, daß es mit dem ruhigen Leben bald vorbei sein werde. Einige von ihnen schickten Frauen und Kinder vorsichtshalber in die Heimat zurück.

Auch der Präfekt wollte seine Freundin und seine wertvollste Habe in Sicherheit bringen, seine Kutsche wurde jedoch in Brinkum beraubt. Er selbst mußte zu seinem Leidwesen in Bremen ausharren, umgab sich mit einer Präfekturgarde und zog Gendarmerie aus den Landgebieten nach Bremen.

Gerüchte und Nachrichten über die militärischen Ereignisse drangen nach Bremen, und über sie wurde eifrig diskutiert. In Wursten und im Oldenburgischen kam es zu Unruhen. Bremen war in diesen Tagen Sammelpunkt versprengter und zurückweichender Truppenverbände, es wurde aber auch Ausgangsbasis für französische Gegenmaßnahmen.

Besonderes Aufsehen erregte das Schicksal der fünf Oldenburger, die in jener turbulenten Zeit mit Zustimmung des abreisenden französischen Unterpräfekten eine provisorische Regierung gebildet hatten. Sie wurden gefangengenommen und nach Bremen geführt. Vandamme, der französische Militärbefehlshaber in Norddeutschland, „ärgster Wüterich der französischen Armee", beschuldigte sie des Aufruhrs. Es wurde deutlich: an den Oldenburgern sollte ein abschreckendes Exempel statuiert werden. Es ging im Kriegsgerichtsverfahren vom 9. April 1813 nicht mehr um eine wirkliche Urteilsfindung, das Ergebnis des Prozesses war von Vandamme bereits vorher befohlen worden. Von den fünf Angeklagten wurden von Finkh und Berger zum Tode verurteilt, die anderen drei erhielten sechs Monate Gefängnis.

Die beiden Todeskandidaten wurden schon am 10. April unter starker militärischer Bewachung zum Richtplatz vor dem Doventor gefahren, und hier vollzog sich nun das widerlich-formale militärische Hinrichtungszeremoniell: Im geschlossenen Kreis wurde das Urteil noch einmal verlesen und dann durch Erschießen vollstreckt.

Geradezu diabolisch war der Befehl Vandammes, daß ein General, der sich für einen Aufschub der Exekution eingesetzt hatte, diese nun leiten mußte und daß die drei Überlebenden der Hinrichtung ihrer Freunde beiwohnen und anschließend zusammen mit Vandamme frühstücken mußten.

Nicht nur der Tod der beiden Oldenburger, sondern auch das Schicksal des Dorfes Lilienthal zeigte den Bremern in grellen Farben, was sie erwartete, wenn es auch sie gelüsten sollte, die französische Herrschaft abzuschütteln. In den ersten Apriltagen waren russische Grenadiere durch das Wörpedorf gezogen, und in den Dorfkrügen hatte man etwas voreilig die Befreiung gefeiert; aber dann gab es ein unglückliches Gefecht an der Wümme, bei dem — nach französischer Behauptung — einige Lilienthaler mitgeschossen haben sollten. Die Franzosen kamen nachts wutschnaubend ins Dorf; der Amtmann Schröter schwang sich halbbekleidet aufs Pferd und floh ins Moor; das Dorf wurde beschossen, geplündert und verbrannt.

Die Bewohner entkamen mit knapper Not im Nachtgewand, 80 Gebäude gingen in Flammen auf. Das alles geschah nach dem Grundsatz Vandammes: „Gerecht durch Gewohnheit, werde ich schrecklich durch meine Pflicht. Ganz Soldat und den Pflichten dieses Standes treu, schone ich nichts, wenn der Wille meines Herrn, das Wohl meines Vaterlandes und der Ruhm unserer Waffen es erfordern."

Die Kämpfe in Sachsen und Schlesien waren zunächst wechselhaft, und niemand wußte, wie sie am Ende ausgehen würden. Dem Oberbefehlshaber der französischen Truppen in Norddeutschland, Davout, Herzog von Auerstädt und Fürst von Eckmühl, gelang es Ende Mai, Hamburg zurückzuerobern.

Diesen Marschall kennzeichnet nichts besser als die zornige Erwiderung, die er einem Pastor gab, der im Namen der Bremer Geistlichkeit erklärt hatte: „Wir beten für den Frieden!" Davout darauf: „Wieso Frieden? Was habt ihr euch in den Frieden zu mischen, das ist eine Sache der großen Mächte, nicht eure! Betet für Gehorsam, Unterwerfung! Das ist eure Pflicht!"

Die Bremer wurden durch ein scharfes Polizeiregiment bedrückt und durch einseitige französische Propaganda bearbeitet; sie waren im allgemeinen vorsichtig und wagten keinen Aufruhr.

Erst im Herbst neigte sich die Waage deutlich zuungunsten Napoleons. Dennoch war man in Bremen völlig überrascht, als am 13. Oktober 1813 Gewehrschüsse vor dem

Drei Männer, deren Namen mit der Franzosenzeit in Norddeutschland eng verbunden sind. Von links nach rechts: Daniel Klugkist, von den Franzosen zum „Maire" ernannt, der französische Oberbefehlshaber in Norddeutschland, Davout, und der Bremer Zuckerfabrikant Heinrich Böse, der ein von ihm auf eigene Kosten aufgestelltes Freiwilligen-Korps von 75 Jägern gegen die Franzosen führte.

Ostertor knatterten. In der Stadt wurden die Alarmtrommeln gerührt. Schließlich schossen Haubitzen herein, und schwarzer Rauch wirbelte in den Himmel: die Windmühle auf dem Altenwall brannte.

Die französische Militärbesatzung war ziemlich schwach: Sie bestand aus etwa 500 Schweizern sowie 100 berittenen Jägern und Zöllnern. Hinzu kamen acht Kanonen, die aber niemand bedienen konnte. Dem angreifenden russischen Obersten (späteren General) Tettenborn standen 800 Kosaken, 440 Mann Kavallerie und 400 deutsche Jäger (darunter einige Lützower) sowie eine Batterie von drei Geschützen zur Verfügung. Es war ein „fliegendes Korps", das zwischen Elbe und Weser hin und her streifte.

Der französische Stadtkommandant Oberst Thuillier war zum Widerstand entschlossen. Er gab allen Bremern Hausarrest und schickte seine Soldaten auf die entfestigten Wallanlagen und vor allem an die Tore. Der Oberst wurde jedoch beim Ostertor von einem preußischen Scharfschützen getötet. Sein Vertreter überschätzte die Tettenbornsche Heerschar und willigte sogleich in eine Kapitulation, die den Franzosen freien Abzug mit Waffen und Fahnen gestattete.

Tettenborn ritt an der Spitze seiner Kosaken unter dem Jubel der Bürger in Bremen ein; abends gab es überall große Festbeleuchtung. Ein Augenzeuge berichtete: „Man fraternisierte mit den auf dem Walle, der Domsheide und dem Domshof biwakierenden Kosaken und fütterte sie mit Näschereien. Die Kosaken waren teils uniformiert, teils in Kleidern, wie der Zufall sie ihnen zugeführt hatte. Erbeutete Kleider wurden über die anderen angezogen; die Pferde waren klein und unansehnlich, aber muskulös und unermüdlich."

Die französische Verwaltung blieb zunächst erhalten, nur einige Beamte wurden ausgewechselt. Im übrigen sah Tettenborn in seinem Vormarsch nach Bremen nicht nur eine Befreiungsmission, sondern vor allem auch ein „Finanzunternehmen", denn er und sein Adjutantenschwarm leerten mit großem Eifer die staatlichen Warenlager — vor allem das der Tabakregie — und die öffentlichen Kassen.

Tettenborn, Befehlshaber des „fliegenden Korps", das auch Bremen befreite.

Am 21. Oktober kam der militärische Rückschlag: 2000 französische Soldaten standen plötzlich vor dem Buntentor. Es war verrammelt, aber die Franzosen sprengten es und drangen in die Neustadt ein. Die Kosaken flohen über die Weserbrücke und dann aus dem Ostertor, die Franzmänner stürmten hinterher.

Der einmarschierende französische General war unerwartet gnädig. Es war ein überraschend mildes Regiment in den nächsten Tagen, denn die Besatzer hatten wohl selbst das Gefühl, einer verlorenen Sache zu dienen, und wollten alle Schwierigkeiten vermeiden.

Am Abend des 25. Oktober kam auf verschlungenen Wegen die Nachricht über Napoleons Niederlage bei Leipzig nach Bremen und verbreitete sich in Windeseile. Bereits einen Tag später verließen die letzten französischen Truppen die Stadt durch das Buntetor. Abends rückten einige hundert Kosaken in die Stadt, und schließlich zog auch Tettenborn wieder ein.

Sicher war die allgemeine Begeisterung noch ziemlich gedämpft; vor allem die Honoratioren waren vorsichtig, denn über die Zukunft gab es noch manches Rätselraten, und Hamburg blieb von den Franzosen besetzt. Das böse Schicksal v. Finkhs und Bergers stand allen noch schreckhaft vor Augen. Von zwei Ratsherren — Smidt und Gondela — wurde Tettenborn aber veranlaßt, am 6. November 1813 die alte Verfassung mit dem Senatsregiment wiederherzustellen.

Etwas verspätet kam die Bremer Jungmannschaft doch noch zu einem bescheidenen Anteil am Befreiungskrieg. Ein erneuter Aufruf Tettenborns forderte „Bremens Männer und Jünglinge" auf, „die heilige Wehr zu ergreifen für die ehrwürdigen Rechte eures väterlichen Bodens". Man brachte für die hanseatische Legion 300 Mann auf die Beine und 150 Mann aufs Pferd. Der wohlhabende und zugleich patriotische Zuckerfabrikant Heinrich Böse („Hauptmann Böse") warb zudem auf eigene Kosten ein „Freiwilliges Bremisches Jäger-Korps" von 75 Mann.

Schließlich zog man am 9. Februar 1814 los, am 19. Februar überquerten die Bremer

Oktober 1813: Kosaken unter Oberst Tettenborn greifen Bremen an, schießen Häuser am Wall in Brand, die Franzosen kapitulieren.

den Rhein, dann lagen sie untätig in Lüttich und traten von Brüssel aus den Rückmarsch an, ohne den Feind überhaupt zu Gesicht bekommen zu haben.

Auch nachdem Napoleon von Elba entwichen war, dauerte es lange, bis die Hanseaten in Bewegung kamen; sie erreichten Antwerpen, als der Feldzug im wesentlichen bereits entschieden war.

Jäger Anna Lühring alias Kruse

Die Begeisterung jener Zeit ergriff auch manches Mädchen, das bedauerte, kein Mann zu sein — so auch Anna Lühring in Bremen, die 17jährige Tochter eines Zimmermanns. Am 26. Oktober 1813 wurde ein junger Leutnant der Lützower Jäger bei den Lührings einquartiert und hatte offenbar einen kleinen Flirt mit Anna. In Bremen traten damals etwa 30 Freiwillige in das Korps ein. In der Nacht vom 13. zum 14. Februar 1814 schlüpfte Anna in das Gewand ihres Bruders und verließ das Elternhaus in der Neustadt.

Am 28. Februar erreichte sie die Lützower, die gerade Jülich belagerten, und meldete sich als „Eduard Kruse aus Oldenburg" bei einem Hauptmann. Der „junge Mann" wurde dem 3. Bataillon der Jäger zu Fuß unter dem Turnvater Jahn zugeteilt, und kein Mensch ahnte zunächst, daß der „kleine Kruse" ein Mädchen sei. Auch im Kampf bewies Anna so viel Mut wie jeder andere Soldat.

Da traf eines Tages ein Brief von Vater Lühring aus Bremen ein, weil er jenen Leutnant, der einmal bei ihm im Quartier gelegen hatte, verdächtigte, daß er seine Tochter entführt habe. Der Brief zirkulierte im Offizierskreise, und sogleich kam Eduard Kruse in Verdacht, Anna Lühring zu sein. Der Hauptmann knöpfte sich seinen Soldaten vor, und nun kam es zu einem Geständnis. Dennoch ließ man Anna Lühring alias Kruse bei der Truppe, legte den Vorgesetzten aber ans Herz, den Jäger Kruse immer „allein ins Quartier zu legen oder zusammen mit den ehrenhaftesten Männern".

Anna zog dann noch mit den Lützowern nach Belgien und Frankreich, darauf ging es nach Berlin, wo die Freiwilligen im Juli 1814 entlassen wurden. Annas Kompaniechef brachte das Mädchen zunächst bei einem Lotteriedirektor unter, weil der alte Lühring von seiner Tochter nichts mehr wissen

Zeitgenössische Darstellung Bremer Freiwilliger aus den Jahren 1813 bis 1815.

wollte. Er verachtete sie ebenso wie ihre Schwester, die mit einem französischen Offizier durchgebrannt war. Die Kunde von der „heldenmütigen Bremerin“ verbreitete sich sehr bald in Berlin; eine Prinzessin lud sie ein, in manchen Soireen wurde sie bestaunt, selbst der alte Blücher ließ sich das junge Mädchen vorstellen.

Schließlich beruhigte sich der Vater, und so fuhr Anna am 28. Januar 1815 in Lützower Uniform nach Bremen. Hier wurde sie von

Ein Bild von Anna Lühring, ordengeschmückt, neben sich Tschako und Gewehr, aus der Zeit, als sie als „Jäger Eduard Kruse“ gegen die Franzosen gekämpft hatte und von den Bremern umjubelt und von einer Prinzessin empfangen wurde und ...

einer großen Menschenmenge gefeiert. Abends gaben die Honoratioren ein Fest im Ratskeller, und am nächsten Tage machte sie die Runde bei den Senatoren. Der Senat erwog, ihr ein namhaftes Geschenk für ihre Aussteuer zu machen.

Das alles dauerte einige Tage, dann wurde es still um Anna Lühring, die nun zurückgezogen bei ihrem Vater wohnte. Sie mußte schließlich ans Geldverdienen denken und ging nach Hamburg, wo sie in einem Geschäft für „weibliche Industrieartikel“ arbeitete. 1821 heiratete sie einen Kellner, der bereits 1832 starb. Die Witwe lebte sehr ärmlich von Näharbeit, nur hin und wieder erhielt sie kleinere Geschenke von ihren alten Kriegskameraden. Im Alter konnte sie nur noch grobe Matrosenhemden nähen, und sie geriet in Not. Als sie 64 Jahre alt war, gewährte ihr der Bremer Senat eine Rente von 150 Talern jährlich. 1866 — mit 70 Jahren — starb der einst so flotte Lützower Jäger Eduard Kruse als fast vergessenes altes Mütterchen — ein liebenswürdiger, bescheidener Mensch, der nur ganz kurze Zeit entgegen seinem eigentlichen Wesen von der allgemeinen Begeisterung emporgehoben und mitgerissen worden war, dann aber wieder in jenen grauen Alltag zurücksank, an den die meisten Menschen der unteren Schichten gefesselt waren.

Im gleichen Jahre ...

1813, als für Bremen die Befreiungsstunde schlug, schrieb Beethoven an seiner Oper „Fidelio“,

wurden mehrere später berühmte Künstler geboren: Giuseppe Verdi, Richard Wagner und Friedrich Hebbel,

baute Stephenson an einer Lokomotive für Grubenbahnen.

... 50 Jahre später: Zeitgenössische Zeichnung der verwitweten Anna, die sich kümmerlich von Näharbeiten ernährte und der dann der Senat eine Rente gewährte.

Wieder Freie Hansestadt

Die brennendste Frage nach der Befreiung von der Franzosenherrschaft war nicht so sehr die innere Neuordnung Bremens, die im wesentlichen (wenn auch nicht nur!) in einer Wiederherstellung der Verhältnisse vor 1810 bestand. Von viel größerer Bedeutung war das Problem der staatsrechtlichen Stellung Bremens. Es war ja nicht ausgeschlossen, daß die Stadt etwa an Hannover fallen würde; denn welche Rolle spielte schon der Wunsch eines Gemeinwesens von 35 000 Einwohnern in der Politik der Großmächte? Die hanseatischen Gesandten, darunter Senator Johann Smidt, mußten manche Reise unternehmen und manche Stunde im Vorzimmer eines „großen Herrn" warten, um die Interessen der drei Städte an die entscheidenden Persönlichkeiten heranzubringen. Immer wieder fanden sie im Freiherrn vom Stein, dem ehemaligen preußischen Staatsmann, mit seinen guten Beziehungen zum Zaren einen verständnisvollen Fürsprecher. Die Entscheidung fiel auf dem Wiener Kongreß 1815: Bremen wurde als Freie Hansestadt ein Glied des Deutschen Bundes.

Die Stadt konnte nun in ruhigerer Zeit daran denken, ihre völlig zerrüttete Wirtschaft wiederaufzubauen, insbesondere Sicherheit und neue Märkte für den Handel schaffen.

Die Weser war, ist und bleibt die Lebensader bremischer Wirtschaft und damit der Stadt überhaupt. Die Bürger taten mancherlei, um das Fahrwasser zu sichern: sie schlossen Verträge, führten Kriege, setzten Tonnen und Leuchtfeuer, köpften Seeräuber. Seit dem ausgehenden 16. Jahrhundert versandete die Weser jedoch immer stärker. So grub man 1619—1622 an der Auemündung das Vegesacker Hafenbecken. Aber kaum ein Jahrhundert später verwehrten Sand und Schlick den Seeschiffen auch hier den Zugang. Seither mußten die für Bremen bestimmten Waren aus Seeschiffen in Leichter umgeladen werden — vornehmlich in oldenburgischen Gewässern.

Schiffe auf der Reede von Bremerhaven, 1847

Aus der Not geboren – Bremerhaven

Die Zeit nach der Beseitigung der französischen Herrschaft (1813) brachte bösen Hader zwischen Oldenburg und Bremen über den seit langem umstrittenen Elsflether Zoll. 1803 hatte sich der Herzog Peter Friedrich Ludwig verpflichtet, den Zoll zum 31. Dezember 1812 aufzugeben. 1814 behauptete er dann, er habe das Versprechen damals nur unter der Voraussetzung gegeben, daß er noch zehn Jahre in den Genuß der Einkünfte kommen werde; daran habe ihn aber die französische Besetzung gehindert. Alle Verhandlungen blieben erfolglos, und jährlich flossen 100 000 Taler in Oldenburger Kassen — zum Schaden des Bremer Handels. Mit Mühe und Not wurde der querköpfige Herzog schließlich dazu gebracht, sich in ein Schlichtungsverfahren des Deutschen Bundes zu schicken.

Der bremische Gesandte, Senator Johann Smidt, ging dabei ungewöhnlich geschickt vor, überspielte Oldenburg und erreichte, daß der Zoll nur noch bis zum 7. Mai 1820 erhoben wurde.

Das Verhältnis zwischen Oldenburg und Bremen, vor allem zwischen dem Herzog und Johann Smidt, blieb sehr gespannt. Es gab auch weiterhin konkrete Streitpunkte. Da schickte zum Beispiel die oldenburgische Regierung ein Kriegsschiff in die Wesermündung mit dem Auftrag, den Gesundheitszustand der Besatzungen der einlaufenden Schiffe zu kontrollieren, ein Vorwand, um die oldenburgischen Hoheitsansprüche auf der Weser zu demonstrieren.

Neuen Ärger gab es, als die Anliegerstaaten im Februar 1821 in Minden grund-

Die entscheidenden Gegenspieler im Kampf um Bremens Geltung als Seehafenstadt vor 150 Jahren waren der Herzog Peter Friedrich Ludwig von Oldenburg (oben), der schließlich mit Kriegsschiffen operierte . . .

. . . und Bremens damaliger Senator und späterer Bürgermeister Johann Smidt, der diplomatisch-gewandt auch gegen Widerstände in Bremen selbst sein Ziel verwirklichte: die Gründung Bremerhavens.

sätzliche Beschlüsse über die Flußschiffahrt faßten. Viele Sonderrechte wurden beseitigt, die vielen Zölle durch eine allgemeine Schiffsabgabe ersetzt. Bremen sollte das Recht haben, für die Betonnung der Weser ein „Lastgeld" zu erheben. Bremen sicherte dem Herzog in einem Geheimvertrag zu, von oldenburgischen Schiffen keine Abgaben zu verlangen. Kaum war die Weserschiffahrtsakte 1824 unterzeichnet, da protestierte der Herzog trotzdem. Er ahnte nicht, welche Entwicklung er damit auslöste.

In der Sache des „Lastgeldes" erfuhr Senator Gildemeister 1825 in Berlin von einer Anweisung der oldenburgischen Regierung an ihre Konsuln: sie sollten sich darum bemühen, daß in den Schiffs- und Ladungslisten der Bestimmungsort „Port of Bremen" der Wahrheit entsprechend durch „Port of Brake" zu ersetzen sei, denn Bremen sei eben kein Seehafen mehr. Am 31. Mai 1825 abends versammelte sich der Bremer Senat und besprach den oldenburgischen Schritt; man beurteilte ihn als eine Maßnahme, die an der Existenz der Stadt rüttelte. Bürgermeister Smidt hat erzählt, daß er in der folgenden Nacht über eine Lösung gegrübelt habe und daß dabei das vage Bild eines Hafens in der Geestemündung entstanden sei. Aber dieser Gedanke war nicht mehr ganz neu.

Zum ersten Male war der Plan, an der Geestemündung Land zum Bau eines Hafens zu erwerben, 1795 in Verhandlungen Bremens mit Frankreich aufgetaucht. Der Plan ging vorerst wieder unter in den folgenden politischen und wirtschaftlichen Krisen. Angesichts der Streitigkeiten über den Elsflether Zoll dachte Smidt 1816 daran, die Ankerplätze der Schiffe vom oldenburgischen Ufer auf die hannoversche Seite in den Bereich der Geestemündung zu verlegen, ohne daß dabei aber an einen Hafenbau gedacht war. Den Oldenburgern wurde damit gedroht; Smidt sprach darüber auch mit dem hannoverschen Bundestagsgesandten, mit Kaufleuten und Senatskollegen; aber in Bremen hielt man das hannoversche Ufer wegen der Sandbänke und Strömungsverhältnisse für unbrauchbar.

Hannover aber zeigte sich interessiert und schlug sogar den Bau einer Landstraße von Lehe nach Bremen vor. An der Geestemündung wurden einige Bauten, so auch Duckdalben, ausgeführt, die jedoch noch keinen Hafen ausmachten. Diese primitiven Anlagen boten den Schiffen keinen Anreiz zum Anlegen. Die hannoversche Hafenordnung von 1824 blieb ein Stück Papier.

Der Holländer van Ronzelen erbaute den Hafen in Bremerhaven.

Nun griff Smidt den Hafenplan wieder auf, allerdings als rein bremisches Unternehmen. Smidt fand bei maßgeblichen Bremern Zustimmung, obwohl jeder spürte, daß es sich um einen Plan mit großem Risiko handelte. Schon am 12./13. Juni 1825 fuhren Smidt, Bürgermeister Nonnen, Eltermann Fritze und Kapitän Wendt nach Geestendorf und nahmen eine Ortsbesichtigung vor, die positiv ausfiel. Am 17. Juni gab Smidt einen allgemeinen Bericht im Senat, der noch einmal die Gefahr durch Oldenburg in den schwärzesten Farben schilderte und betonte, daß man sich an Hannover halten müsse. Den Hafenplan jedoch teilte er zunächst noch nicht mit, wie er auch künftig dem Senat die wichtigsten Dinge vorenthielt.

Smidt wurde nun vom Senat mit Verhandlungen in Hannover beauftragt. Am 19. Juni fuhr er los und kam nach 17stündiger Fahrt am Ziel an. Er hat über die Gespräche dort nur ganz allgemeine Berichte gegeben; in Privatbriefen an ganz wenige Vertraute war er offener, und manches schrieb er ihnen zwischen den Zeilen mit unsichtbarer Tinte.

Smidt war ein raffinierter Diplomat. Am Tag nach seiner Ankunft in Hannover besuchte er den Minister von Bremer. Er sei, so erzählte Smidt, auf einer kleinen Entspannungsreise nach Göttingen, wo seine Söhne studierten, und wolle nicht versäumen, den Minister zu besuchen, um das gute Einvernehmen zwischen Hannover und Bremen zu fördern. Der Minister war nicht in Eile, und so hatte Smidt Gelegenheit, nach und nach sein eigentliches Anliegen vorzubringen. Er betonte mehrfach das gute Verhältnis Bremens zu Hannover, die gemeinsamen Wirtschaftsinteressen an der Unterweser und hetzte ein wenig gegen Oldenburg.

Dann bot er in vagen Andeutungen die Hilfe Bremens für Schiffahrtsprojekte an und bemerkte, daß man in der Stadt neue Pläne habe. Oldenburg habe zwar viele Vorteile zu bieten, das größere Vertrauen aber weise auf Hannover. Der alte Minister war etwas überrascht, versprach jedoch, darüber nachzudenken.

Abends lud Smidt den einflußreichen Kabinettsrat Rose zum Tee ein. Man kam nun auch bereits auf Einzelheiten zu sprechen; vor allem betonte Smidt natürlich die wirtschaftlichen Vorteile, die auch für Hannover dabei abfallen würden. Umstritten blieben jetzt und in allen künftigen Verhandlungen die Hoheitsrechte über den Hafen, die Smidt für Bremen in Anspruch nahm, womit Hannover also eine Gebietsabtretung zugemutet wurde. Der Bremer Bürgermeister betonte immer wieder, daß nur ein bremischer Hafen die Schiffe anziehen könne, daß man für einen solchen in Bremen die erforderlichen 200 000 Taler bewilligen werde. Man könne an der Wörpe ein Stück Land zum Tausch bieten, damit Hannover keinen Gebietsverlust erleide.

Die eigentliche Entscheidung mußte in London fallen. Georg IV., der König von England und Hannover, war ein primitiver und launischer Genußmensch, und so lagen die hannoverschen Angelegenheiten in der Hand der „Deutschen Kanzlei" unter dem Minister Graf Münster, einem gewandten Diplomaten. Der hatte von Anfang an Bedenken: die Landabtretung sei aus Prestigegründen bedenklich; zudem wolle Bremen vielleicht überhaupt keinen Hafen bauen, sondern nur Hannovers Möglichkeiten blockieren. Die Verhandlungen waren an einem toten Punkt angelangt.

Dennoch wurde in den nächsten Monaten mit Hannover weiterverhandelt, nach Kompromissen und schonenden Formulierungen gesucht. Am 30. September 1825 erfuhr dann der Senat zum ersten Male etwas — aber längst nicht alles — über die Hafenpläne. Und nun kamen auch die ersten Bedenken von bremischer Seite: die neue Stadt könne eine Konkurrenz Bremens werden, Hannover könne außerhalb des bremischen Bezirkes selbst Anlagen errichten, die den Handel an sich ziehen könnten.

In mühsamen Verhandlungen Smidts mit hannoverschen Beamten wurde an einem Vertragstext gearbeitet. Für die knifflige Frage der Hoheit fand man schließlich eine Lösung: man wollte sie überhaupt nicht erwähnen; Bremen sollte aber fast alle Rechte erhalten, die die „Hoheit" ausmachten.

Als Graf Münster im Sommer 1826 wieder einmal nach Hannover kam und ihm über die Verhandlungen berichtet wurde, sagte er schroff, die Sache sei für ihn erledigt. Und da war es dann der alte Minister von Bremer, der die Courage hatte, den mächtigen Herrn zu bitten, er möge sich doch wenigstens die Vertragsentwürfe ansehen. Nur so wurde das Projekt gerettet, und spitze Zungen meinten später, daß man Bremerhaven aus Dankbarkeit nach dem hannoverschen Minister von Bremer benannt habe. Smidt wurde nach Hannover gebeten; am 10. Juli 1826 wurde in Derneburg, dem Gut des Grafen, der Vorvertrag unterzeichnet.

Immer noch wurden die Einzelheiten geheimgehalten. Ganz „zufällig" trafen sich

Mit Geschick hatte Smidt erreicht, daß Bremens neuer Hafen im früher hannoverschen Gebiet bremisch wurde. Die militärischen Aufgaben sollten aber laut Vertrag auch hier weiter beim Königreich Hannover liegen. Das von Hannover errichtete Fort Wilhelm (unser zeitgenössisches Bild) gab dem machtvoll und repräsentativ Ausdruck.

einige Herren aus Hannover und Bremen dann mit dem 26jährigen holländischen Wasserbaumeister van Ronzelen in Lehe.

Sie stapften ins Marschland, wo früher einmal die schwedische „Karlsburg" gelegen hatte. Dort kam es zu langen Debatten über die Größe des Grundstücks und seine Eignung. Van Ronzelen hatte sogar schon bestimmte Vorstellungen vom Hafen.

Der Bremer Senat erfuhr nun zum ersten Male die Einzelheiten des Vertragswerkes, als er es am 7. November 1826 ratifizieren sollte. Am 24. November erhielt der Bürgerkonvent Kenntnis, weil er die Gelder für die Hafenbauten bewilligen mußte. Die Konventsmitglieder wurden einzeln auf Geheimhaltung verpflichtet. Aber nun gingen doch Gerüchte um; die Geestendorfer fürchteten, daß sie bremisch werden müßten, die Spediteure in Brake bangten um ihr Geschäft, in oldenburgischen Regierungskreisen gab es „gewaltige Bewegung". Derweilen wurde am Vertragstext für die endgültige Fassung immer noch gefeilt.

Smidt meinte einmal, daß der Vertrag bei Berücksichtigung aller Einwände auf einer Schiebkarre transportiert werden müsse.

Schließlich war der Abschluß erreicht: Bremen kaufte für fast 74 000 Taler das Land mit den alten hannoverschen Hafenanlagen, verpflichtete sich, innerhalb von drei Jahren 200 000 Taler in den Bau eines Hafens für Schiffe von mindestens 120 Lasten (240 Tonnen Frachtgewicht) zu investieren. Die Hoheit für das Werftgelände bis 100 Morgen sollte an Bremen übertragen werden, im übrigen Gebiet sollte Bremen — abgesehen von militärischen Dingen — alle Rechte ausüben, die zur „Hoheit" gehörten. Hannover bekam von Bremen 200 Morgen an der Wörpe bei Lilienthal. Am 10. April 1827 wurden die Urkunden in Hannover ausgetauscht, und am 1. Mai fand die feierliche Übergabe des Geländes statt. Auf der Weser böllerte das bremische Schiff „Johann Carl" mit Kanonen. Smidt umschritt mit seiner Begleitung das Gebiet, mit dem Bremen auch 19 neue Untertanen übernahm.

Am ehemals hannoverschen Hafenhaus wurde die Bremer Flagge aufgezogen, am Geestendorfer Ufer flatterte die hannoversche Flagge. Als Abschluß der Zeremonie gab es im Hafenhaus ein kleines Festmahl, bei dem mit Rheinwein auf das Wohl von Bremerhaven getoastet wurde.

So optimistisch Smidt und seine Anhänger auch waren, es gab in Bremen manche Bedenken. Der Kostenvoranschlag van Ronzelens, der nun in bremischen Dienst trat, belief sich auf 400 000 Taler innerhalb von drei Jahren; schließlich wurden aber bis 1831 600 000 Taler ausgegeben. Wegen der hohen Kosten gab es im Bürgerkonvent einiges Knurren. Es wagten sich Stimmen hervor, die vorschlugen, man möge die „Pfütze" wieder zuwerfen. In der Tat, die technischen und finanziellen Schwierigkeiten waren groß.

Trotz allem Gezänk wurden die Arbeiten am 2. Juli 1827 begonnen; 500 bis 700 Arbeiter waren beschäftigt, eine Buden- und Barackenstadt wuchs hoch, Kegelbahnen und Wirtschaften sorgten für Zerstreuung. Man schuf den „alten Hafen" mit einer Wassertiefe von sechseinhalb Metern, einen neuen Weserdeich und eine Schleuse. Am 12. September 1830 fuhr — entgegen allen offiziellen Absichten und Wünschen — der amerikanische Segler „Draper" als erstes Schiff in den Hafen ein.

Es geriet in der Mündung des Vorhafens auf Grund und konnte nur mit großer Mühe wieder flottgemacht werden. Dem „Draper" folgten zunächst nur wenige Schiffe; 1831 waren es nur 95 von 1097, die für Bremen bestimmt waren. Erst langsam wurden es mehr; nach und nach wurde Bremerhaven das, was es sein sollte: der junge Seehafen einer alten Hansestadt.

Im gleichen Jahre ...

1830, als das erste Schiff Bremerhaven anlief,

wurde in Paris der „Bürgerkönig" durch die Juli-Revolution gestürzt,

kam Chopin nach Paris,

wurde der spätere Kaiser Franz Joseph von Österreich geboren,

schrieb Goethe am zweiten Teil des „Faust".

Schon rund zehn Jahre nach der Gründung Bremerhavens im Jahre 1827 bot sich in dessen Altem Hafen dieses stattliche Bild.

Letzte Rettung – der Heuboden

Am 15./16. Februar 1962 wehte ein Sturm aus Nordwest und trieb das Wasser in die Deutsche Bucht und die Flüsse. Es gab eine „Doppeltide", bei der sich die zweite Flut zur ersten addierte, ohne daß es dazwischen zu einer eigentlichen Ebbe gekommen war. Das Wasser suchte die Umgebung von Hamburg besonders schwer heim.
Auch in Bremen wurde Sturmflutwarnung gegeben. Zunächst lief das Außendeichsland voll, wo zahlreiche Notbauten der Nachkriegszeit betroffen wurden. Dann stieg das aufgepeitschte Wasser an den Deichen hoch und nagte an ihrem Erdreich. Vor allem der Lesum- und der Ochtumdeich waren schwer gefährdet. Stellenweise lief das Wasser über die Krone; ein großer Teil des Vielandes wurde überflutet. Die Weser erreichte eine Höhe von 3,20 m über Normalhochwasser; an der Großen Weserbrücke las man 5,41 m über NN ab. Oberhalb des Weserwehrs stand das Wasser auf gleicher Höhe. Unter Einsatz aller technischen Mittel wurde gerettet, was zu retten war. Aber sieben ältere Menschen ertranken. Hunderte mußten ihr Heim verlassen. Doch es gab keinen Deichbruch, und das eigentliche Bremer Stadtgebiet blieb vom Hochwasser völlig verschont.
Wasserkatastrophen waren seit eh und je dramatische Höhepunkte im Leben der Menschen unserer Stadt. Es handelte sich jedoch früher, vor der Weserkorrektion 1887, im allgemeinen nicht um Sturmfluten, sondern um Überschwemmungen durch Oberwasser. Eisschmelze oder längere Regenfälle brachten so viel Wasser, daß es zwischen den Deichen nicht schnell genug abfließen konnte. Erschwerend kam oft hinzu, daß Eisbarrieren unterhalb Bremens oder Westwind den Abfluß zur Nordsee behinderten. Nach der Weserkorrektion (seit 1887) hat es kein Hochwasser mehr gegeben, das durch seine Höhe eine Katastrophe gebracht hätte; die Brückenzerstörungen 1947 erfolgten nicht durch besonders hohes Wasser, sondern eigentlich durch Eis, losgerissene Schiffe und technische Mängel an den Brücken.
Die Hochfluten aus früherer Zeit sind nur lückenhaft überliefert. Man muß annehmen, daß sie ihren Anfang nahmen, als die Flüsse seit dem 12. Jahrhundert eingedeicht wurden. Vorher standen die Häuser auf Wurten, und das Wasser konnte sich in den Niederungen verteilen. Weiterhin kann man annehmen, daß die Gefahren mit der zunehmenden Versandung des Flußbettes wuchsen und im 18./19. Jahrhundert ihren Höhepunkt hatten.

Überschwemmung im Warfeld 1962.

6. März 1827: Der östlich vom Sielwall gelegene Teil des Osterdeichs, der damalige Eisenradsdeich, hielt dem Hochwasser nicht mehr stand. Der Deich brach an zwei Stellen, und die Fluten stürzten sich — der Maler Menken hat das damals in diesem Bilde festgehalten — in die Ostertorsvorstadt und richteten schlimme Schäden an, mehrere Häuser wurden fortgerissen.

Aus dem Jahre 1359 wird berichtet, daß das Hochwasser einen Teil der Weserbrücke wegriß. Auch in den folgenden Jahrhunderten ist in den Chroniken oft von Flutkatastrophen die Rede: Deiche wurden überflutet und brachen, die Niederungen wurden weithin überschwemmt.

Mit dem Schiff konnte man bis Huchting fahren. Wenn man die Glocken der Martinikirche läuten wollte, mußte man mit einem Einbaum über den Kirchhof rudern. Oft trieben Teile der Brücken fort. In der Neustadt stieg das Wasser bis zum Türsturz der kleinen Häuser. Auch kuriose Begebenheiten werden berichtet: 1643 floh ein Hase aus den überschwemmten Kohlhöfen vor dem Ansgariitor, verfolgt von Soldaten und anderen Leuten, über den gefrorenen Stadtgraben auf den Wall und verkroch sich in einem Schweinestall, wo Meister Lampe lebendig gegriffen wurde. Bei der Kämmereimahlzeit im Rathaus zierte er dann als leckerer Braten die Festtafel.

Seit dem 17. Jahrhundert finden sich vereinzelt Angaben über die Fluthöhen. 1685 stand das Wasser am 25. November sechs Fuß (etwa 1,70 m) über der Schlachte; das dürften etwa 4,20 m über dem normalen Wasserstand oder 6,50 m über NN gewesen sein. 14 Jahre später stieg die Flut an der Schlachte noch 60 cm höher. Für 1739 gibt es wieder eine Höhenangabe: Im Januar 1739 stieg das Wasser 13 Fuß (etwa 3,70 m) über den Normalstand, 6,00 m über NN. Im Gegensatz dazu führte die Weser 1699 während einer sommerlichen Dürre nur einen Meter Wasser. Wenig erfahren wir über die eigentliche Ursache des Hochwassers. Da es meistens im Februar/März kam, dürfte es im allgemeinen eine Folge der Schneeschmelze gewesen sein. Bisweilen ist aber auch von anhaltenden Regenfällen die Rede, sehr selten von Sturmfluten, die vor allem das Küstengebiet trafen.

Hart und grausam mutet das Deichrecht früherer Zeiten an. Jeder Hof hatte für ein Deichstück zu sorgen. Entstand auf dem gerügten Stück ein Deichbruch, mußte der Pflichtige ihn sofort schließen. Sonst wurde sein Haus abgerissen, und die Trümmer dienten zum Stopfen des Bruches.

Deichgraf und Geschworene zogen zur Brake und steckten einen Spaten in die Erde. Wer ihn zog und sich bereit erklärte, den Deich zu schließen, der durfte auch den zugehörigen Hof übernehmen. Viele Höfe, ja, ganze Dörfer haben auf diese Weise ihren Eigentümer gewechselt. Brach ein ungerügter Deich, so zogen Deichgraf, Geschworene und alle Bauern hinaus und schlossen die Brake kniehoch über dem Wasser; den Rest der Arbeit mußte der Deichpflichtige selbst übernehmen. Konnte oder wollte er es nicht, so wurde wieder der Spaten gesteckt.

So präsentierte sich der für den Schutz vor Hochwasser wichtige Osterdeich 1863.

Erst seit 1876/78 werden die Deiche nicht mehr von den einzelnen Deichpflichtigen, sondern von den Deichverbänden unterhalten und die Lasten auf die im Schutze der Deiche wohnenden Grundstückseigentümer umgelegt.

Den vom Wasser Bedrängten wurde auch früher, so gut es ging, geholfen: Man fuhr mit Schiffen zu ihnen hinaus, brachte Menschen und Vieh in Sicherheit und versorgte sie mit Nahrungsmitteln. Nicht nur in der Kirche gab es Kollekten, auch ein „Hochweiser Rat, dem das Elend der Notleidenden zu Herzen geht, sorgte alsobald väterlich für die im Wasser Sitzenden und auf dem Boden ihrer Häuser vor Kälte und Hunger zitternden armen Leute und ließ durch die Herren Gogrefen eine große Menge Brot backen und dieselbe ihnen zuführen". So heißt es in einer Akte von 1771.

Im 19. Jahrhundert verdichtete sich das dramatische Bild der Hochwasserkatastrophen durch mancherlei Einzelheiten. Mehrfach wurden die Bremer in den ersten Jahren des 19. Jahrhunderts von Hochwasser mit Höhen von 6—7 m über NN heimgesucht, bis das Jahr 1827 kam.

Nach einem späten und strengen Winter begann am 26. Februar Tauwetter, kurz darauf stieg das Wasser, bis es am 6. März morgens eine Höhe von 7,27 m über NN erreicht hatte. Beim Buntentor drang das Wasser aus der Kleinen Weser in die Neustadt und stürzte in Strömen über den Eisenradsdeich (heute Ostteil des Osterdeichs ab Sielwall), der an zwei Stellen brach. Die Fluten drangen in die Ostertorsvorstadt ein und rissen die Steintorbrücke über den Dobben sowie mehrere Häuser fort. Die Menschen und ein Teil ihrer Habe wurden mit Schiffen und Pferden gerettet.

Ende März gab es erneut Hochwasser, bei dem auch ein Teil des Werderlandes überschwemmt wurde, so daß man nur mit Schiffen von Grambke nach Burg kommen konnte. Das war eine eindringliche Warnung, und so wurde in den nächsten Jahren an den Deichen vieles getan; aber schon 1830 kam dann eine Katastrophe, gegen die alles Menschenwerk machtlos war.

Der Winter 1829/30 war sehr lang, denn schon im November hatte der Frost eingesetzt. Die Weser und ihre Nebenflüsse waren bald zugefroren, und dann fiel hoher Schnee. Im Februar 1830 war die Eisdecke 50—60 cm dick. Es wurde ein gefährliches Hochwasser vorausgesagt, und man traf alle Maßnahmen zur Abwehr. Hilfsmannschaften wurden eingeteilt, „Bindwasen", Erlenpfähle, Vorschlaghämmer, Handrammen, Wagen mit Mist und Stroh, Leitern und Bretter standen bereit. Aus Minden und Verden sollten Expreßboten das Herannahen des Hochwassers melden.

Am 26. Februar fiel dann Tauwetter ein, und es regnete. Die Schneemassen tauten schnell, aber der gefrorene Boden nahm kein Wasser auf, so daß riesige Wassermassen zu Tal flossen. Bei Bremen stieg die Weser zunächst nur langsam. Am 27. Februar wurde die Eisdecke hochgehoben, sie zerbrach in große Schollen, die stellenweise Verstopfungen verursachten. Es war ruhiges Wetter, aber das Steigen des Wassers war unheimlich; am 1. März kam um 8 Uhr ein Bote aus Borgfeld ins Rathaus zur Deichkommission und meldete, daß der Deich bei Katrepel gebrochen sei und die Wassermassen ins Holler- und Blockland stürzten.

Die Deichbruchstraße in Hastedt hält heute noch die Erinnerung wach an die Wasserkatastrophe von 1830, eine der furchtbarsten, die Bremen je erlebte und die sich selbst noch in diesem naiven Bild eines Augenzeugen unmittelbar widerspiegelt. Aquarell des Lehrers Johann Friedrich Jacobsen, der damals in Hastedt unterrichtete.

Bis Mittag konnte der Bruch jedoch unter großer Anstrengung gestopft werden.

Im Laufe des Tages stieg das Wasser an der Weserbrücke auf 6,80 m über NN. Fieberhaft wurde auch in der Nacht an den gefährdeten Stellen gearbeitet, und man stopfte Stroh und Mist in die durchlässigen Stellen.

In Hastedt erreichte das Wasser eine Höhe, die man nicht für möglich gehalten hatte: etwa 6 m über dem normalen Wasserstand. Hier kam es zu einer schweren Katastrophe: Gegen 10 Uhr brach der Deich an zwei Stellen. Ein Augenzeuge berichtete: „Mit donnerartigem Brausen warfen die entfesselten Wogen sich auf die nächsten Gebäude, und in kurzer Zeit waren die Wohnungen von 27 Familien fortgerissen, und 6 andere Wohn- und 2 Nebenhäuser, worin noch 12 Familien wohnten, wurden so beschädigt, daß sie als Obdach unbrauchbar geworden waren." Bäume wurden entwurzelt, die Angstschreie der Menschen übertönten gellend das Tosen des Wassers. Zehn Personen ertranken.

In Bremen wurden Schiffe auf Wagen verladen und sogleich nach Hastedt gefahren, wo sie gegen Mittag eintrafen und eingesetzt werden konnten. Der am schwersten vom Schicksal Getroffene war der Chirurg Block: Er verlor seine Frau und sechs Kinder. Er schilderte seine Erlebnisse folgendermaßen:

„Von den drohendsten Gefahren plötzlich umgeben, von tobenden Fluten ringsum eingeschlossen, sah ich für mich und meine Familie keine sicherere Zuflucht als den Boden meines erst kürzlich erbauten Hauses." Dessen Mauern wurden jedoch unterspült, und nach zwei Stunden stürzte die eine Hälfte des Hauses zusammen. „Wir hielten uns umschlungen und erneuerten den Entschluß, gemeinsam zu sterben ... In demselben Augenblick stürzte die südliche Hälfte des Hauses ein, wir alle fuhren hinunter. Wunderbar! Mit der Brust auf der Ruine hängengeblieben, zog ich die anderen ... nach und nach wieder zu mir herauf." Eineinhalb Stunden wartete die Familie vergeblich auf Hilfe. Dann wurden auch die noch stehenden Trümmer des Hauses fortgerissen.

Eine rührselige Szene aus dem Jahre 1841: Überschwemmung am Buntentorsteinweg.

„Ich mußte das Schrecklichste sehen, und sehe es noch: Wie sie mit den Wellen kämpfen und dann untersinken. Nur einer unter meinen Söhnen ... wird an einen Baum geworfen und hält sich fast bewußtlos an diesem fest. Mich selbst hatte ein Balken gestützt, der den Fluten noch widerstand." Drei Stunden hielten die beiden in dem Inferno durch, bis ein Kahn sie rettete. Die Leichen der Kinder wurden zum Teil erst im nächsten Jahr im Hastedter Feld, von Sand überspült, gefunden.

Noch viele andere gerieten in große Not. Sechs Menschen hatten sich auf einen Wagen geflüchtet, der auf einem stehengebliebenen Deichstück stand. Die ganze Nacht verbrachten sie in dieser verzweifelten Lage, bis sie gerettet wurden. Zehn Minuten später versank der Wagen in den Fluten.

Der Lehrer Lahusen hatte 33 Knaben in Pension und gab ihnen gerade Unterricht, als der Deich brach. Die kranke Frau des Lehrers rettete sich, bis zum Leib im Wasser watend, auf einen nahen Hügel, der Lehrer und seine Zöglinge folgten. Kaum waren sie in Sicherheit, da wurde das Haus fortgerissen. Erschütternd war die Klage des Mannes, der seine Existenz vernichtet sah.

Ein „naiver" Maler, der Lehrer Johann Friedrich Jacobsen, der damals in Hastedt amtierte, hielt die dramatischen Vorgänge des Deichbruchs mehrfach in Aquarellen fest, und eine Allerweltspoetin, Hedwig Hülle, schrieb ein Gedicht „Zum Besten der Überschwemmten“:

Da rauschet so schwer
Wie Donner daher
Des Wassers verwüstende Kraft
Und wälzt sich und wühlt
Und trichtert und spült,
Zergrabend die dämmernde Haft.
Nun stürzt, was nicht den Fluten entrann,
Vom Schrecken beflügelt, zum Dache hinan
Der halbuntergrabenen Hütte.
Da strecken sich Arme um Hilfe empor,
Es tönt der Kinder jammernder Chor,
Das Elternpaar in der Mitte.
Und gewaltig nahet, erbarmungslos
Des Eises Scholle. Mit sicherem Stoß,
Getrieben von schäumender Flut,
Entreißt sie dem Greis die Gattin kalt,
Sie rafft ihm fort mit finsterer Gewalt
Die Kinder — sein teuerstes Gut.
Mit ihm an reißenden Wellen stehn
Zwei Knaben nur noch, und weinend sehn
Die Drei hinunter so still:
„Wo ruhn die geliebten Leichen wohl?“
So tönt es von ihren Lippen hohl.
Und jeder sie schauen will.
Und ein junger Mann mit düstrem Sinn
Blickt unverwandt nach der Stätte hin,
Wo versank die liebende Braut.
Ach, tief die ewige Wunde brennt!
„Warum so grausam von ihr getrennt?“
Er seufzt es, von Wahnsinn umgraut.

Das mag uns unerträglich sentimental erscheinen, aber es gab doch die Stimmung der betroffenen Menschen wieder. Die Naturkatastrophe bedeutete eben für manche ein hartes Schicksal: Angst, Entbehrung und Verlust von lieben Menschen und vertrautem Gut.

Die Katastrophe in Hastedt, an die heute noch die Deichbruchstraße erinnert, war am 2. März. Am nächsten Morgen brach der Deich in Habenhausen auf 120 Meter. Das Vieland wurde überschwemmt, die Ochtumbrücke in Kattenesch weggerissen. Am 4. März brachen auch die Deiche bei Oslebshausen und Lesumbrook, am 5. März bei Grambkermoor. Nun stürzten die Fluten auch ins Werderland. Bremen lag in einer weiten Wasserwüste, in der die Deiche teilweise verschwunden waren und nur noch Häuser und Bäume aufragten. Das Vieh stand bis

Die große Überschwemmung um die Jahreswende 1880/81 unterspülte die Kaimauern am Weserbahnhof — große Teile des Gebäudes und ein Schuppen stürzten ein.
Zeitgenössisches Foto

zum Bauch im Wasser und brüllte vor Kälte. Viele Schiffe mußten eingesetzt werden, um abgeschnittene Menschen zu retten und zu versorgen. Nachdem das Wasser etwas gesunken war, mußten alle Kräfte aufgeboten werden, um die größten Schäden zu beseitigen.

Die Katastrophe von 1830 führte dann dazu, daß die Wasserbau-Deputation einige Fachleute beauftragte, Gutachten über eine „Bändigung der Wassergefahr" auszuarbeiten. Erhöhung und Verstärkung der Deiche konnten angesichts der Wasserhöhe nur als Notbehelf gelten, und für eine Begradigung und erhebliche Vertiefung der Weser war die Zeit noch nicht reif. So liefen denn die Vorschläge im wesentlichen darauf hinaus, daß das eigentliche Bremer Stadtgebiet durch eine Ableitung der Wassermassen in eingedeichte Überflutungsgebiete geschützt wurde. Ein Sachverständiger schlug auch die Umleitung der Weser durch den begradigten Stadtgraben der Neustadt vor.

Die Jahrzehnte nach 1830 brachten noch manche Wassernot; es gab mehrmals Wasserstände von mehr als 7 m über NN. Höchster Stand war mit 7,71 m über NN am 30. März 1845!

Die letzte große Flut war im Winter 1880/81. Kurz vor Weihnachten ließen gewaltige Mengen Oberwasser den Fluß ansteigen. An der Schlachte wurden Schutzwehre aus Erde aufgeworfen, ebenso vor den Kellereingängen der Häuser. Gerüchte über eine bevorstehende „Springflut" und über Mängel am Eisenradsdeich beunruhigten die Menschen. Am 1. Weihnachtstag lief das Wasser über den Reedeich (Woltmershausen) ins Niedervieland, so daß schließlich eine weite Wasserfläche bis Huchting und Delmenhorst entstand, aus der die Gehöfte wie Inseln herausragten. Die Südervorstadt wurde zwar zunächst noch vom Woltmershauser Schutzdeich gedeckt, blieb aber gefährdet. Vorsichtshalber räumte man die Keller. Inzwischen waren Teerhof und Werderviertel überschwemmt. Am 27. Dezember war der Wasserstand an der Weserbrücke auf 7,52 m über NN gestiegen.

Auch die Wümmedeiche kamen in Gefahr. Eine Überschwemmung des Blocklandes hätte das Abwässern eines Teiles der neuen Kanalisation unmöglich gemacht. In der Nacht zum 29. Dezember zogen 160 Feuerwehrleute mit Fackeln hinaus, um zu helfen; aber alle Mühe war vergebens: Am 29. morgens brach der Wümmedeich im Niederblockland, und das Wasser drang bis zur Stadt vor, da versäumt worden war, die Unterführungen im Eisenbahndamm zu verschließen. Der Bürgerpark wurde überschwemmt; im Parkhaus stand das Wasser in den unteren Räumen 1 m hoch. Die Tiere im Wildgehege wurden freigelassen und retteten sich auf höher gelegene Stellen. Später wurden sie wieder eingefangen und in Ställe gebracht. Viele Hasen, Ratten und Mäuse ertranken. Das Torfbassin im Findorffviertel trat über die Ufer, die Eisenbahnunterführung der Schwachhauser Chaussee lief voll Wasser, und der Verkehr mußte hier mit einer Fähre aufrechterhalten werden. Der kleine Dampfer „Stern" unterhielt die Verbindung von Lilienthal und Borgfeld mit der Stadt quer durchs Blockland.

Nach dem 29. Dezember fiel das Wasser langsam. Da aber gab die unterspülte Kaimauer am Weserbahnhof am 3. Januar 1881 nach. Große Teile des Hauptgebäudes und ein Schuppen stürzten zusammen.

Anfang Januar gab es noch einmal scharfen Frost, die Wasserflächen bedeckten sich mit Eis. Ende Januar setzte Tauwetter ein, riesige Eisschollen zogen stromabwärts und stauten sich am 11. Februar bei der Moorlosen Kirche in Mittelsbüren. Dort türmten sich nach und nach hohe Eisberge auf, die den Fluß verstopften. Das Wasser stieg nun schnell, am 15. Februar begann es über die Ochtumdeiche zu fließen und überschwemmte das Vieland und die Südervorstadt. Auch durch den gebrochenen Wümmedeich konnten erneut die Fluten gegen Schwachhausen und die westliche Vorstadt vordringen. Die Weser stieg auf fast 7 m über NN.

Der Versuch, die Eisbarriere bei Mittelsbüren mit Dampfern aufzubrechen, scheiterte an der Unzulänglichkeit der Mittel. Am Abend des 18. Februar löste sie sich von selbst, und am 20. Februar abends wurde durch Sprengungen bei Vegesack der Abfluß erleichtert. Jedoch wurde noch am 13. März 1881 der höchste bisher überhaupt festgestellte Wasserstand an der Weserbrücke abgelesen: 5,52 m über dem Normalstand, das sind 7,80 m über NN. Die Marke ist an der Großen Weserbrücke eingeschlagen — zusammen mit den „niedrigen" Wasserständen von 1926, 1946 und 1962. Erst im April war das Wasser so weit gesunken, daß man an die Dichtung des Wümmedeiches und an die Beseitigung der sonstigen Schäden gehen konnte.

Die Katastrophe hatte noch ein parlamentarisches Nachspiel: Es kam in der Bürgerschaft zu erregten Debatten über Versäumnisse der zuständigen Behörden. Oberbaudirektor Franzius und zwei Bauinspektoren beantragten daraufhin Disziplinarverfahren gegen sich. Eine vom Senat eingesetzte Untersuchungskommission kam jedoch zu dem Ergebnis, daß sie keine Schuld traf.

Das war nun die letzte in einer langen Reihe von Flutkatastrophen, bei denen die Einwohner Bremens die Überlegenheit der Naturgewalten zu spüren bekamen. Erst durch den Einsatz moderner technischer Mittel wurde die Weser so sehr vertieft und begradigt, daß der ungehinderte Abfluß derartige Hochwasserstände nach menschlichem Ermessen ausschließt.

Gesche Gottfried

Zu schaurigem Ruhm gelangt, wurde Gesche Gottfried später im Gefängnis von namhaften Künstlern der Zeit porträtiert. Als zutreffendste Zeichnung wird diese von Wagner bezeichnet.

In einer stürmischen Mainacht des Jahres 1931 machte sich vor dem Brautportal des Doms ein Mann auf seltsame Weise an einem Pflasterstein zu schaffen. Als Passanten nahten, ging er schnell davon. Am nächsten Tag sah jedermann, was geschehen war. Der Basaltstein im Straßenpflaster, eingelassen an der Stelle, wo einst die Giftmörderin Gesche Gottfried hingerichtet worden war, trug nicht mehr wie bisher ein einfaches Kreuz. Jetzt war statt dessen ein Hakenkreuz in seine Oberfläche eingemeißelt. Der nächtliche Steinmetz hatte den Stein verändert. Was der Unbekannte, ohne Zweifel von glühendem Haß gegen Hitler und seine Partei erfüllt, wollte, war klar. Es war alte Bremer Sitte, im Vorbeigehen auf diesen mit einem Kreuz versehenen Stein zu spucken — lebendig gebliebener Ausdruck des Abscheus und der Verachtung für die Giftmörderin. Jetzt sollten die Bremer auf ein Hakenkreuz spucken. Der Bremer Senat, bemüht, den damals aufs äußerste erhitzten politischen Kampf zu entschärfen, ließ den Stein entfernen und vorerst von Dr. Grohne im Focke-Museum verwahren.

Das war 1931. Fünf Jahre ließ der nationalsozialistische Senat dann erst ins Land gehen. In stiller Abendstunde — hatten die Bremer vielleicht diesen kuriosen Zwischenfall doch noch nicht vergessen? — wurde der Stein dann 1936 in seiner ursprünglichen Form wieder an derselben Stelle im Domshofpflaster eingesetzt. Aber erst nach und nach lebte die alte Spucksitte wieder auf. Erst in jüngster Zeit ist sie in Vergessenheit geraten. Gilt das auch für die schaurige Geschichte der Gesche Gottfried?

Madame Gottfried, geb. Timm, verwitwete Miltenberg, bewohnte Anfang 1828 eine ansehnliche Wohnung in der Pelzerstraße. Teppiche, Blumen, ein fülliges Sofa, Kupferstiche, Vasen, Porzellan und eine kleine Bibliothek neuerer Schriftsteller verbreiteten die Atmosphäre behaglichen Bürgertums. Madame selbst war sorgfältig gekleidet. Sie schien das Leben einer ehrbaren, wohltätigen Witwe zu führen. Unheimlich war nur, daß in den letzten Jahren mehr als 30 Menschen, die ihr nahegestanden hatten, schwer erkrankt und zum Teil gestorben waren. Der Tischler Bolte hatte ihr nicht weniger als 13 Särge liefern müssen. Als schwergeprüfte Frau wurde sie viel bemitleidet.

Im selben Hause wohnte als Eigentümer der Rademachermeister Rumpf. Dessen Frau war vor mehr als zwei Jahren nach heftigem Erbrechen gestorben. Einige andere Mitglieder des Haushalts litten ebenfalls sehr an Magenkrankheiten. Auch der Meister selbst wurde schließlich leidend, probierte allerhand Gegenmittel, schimpfte auf die Zugluft und Ausdünstungen des Fußbodens. Madame Gottfried aber zeigte sich voller Mitgefühl.

Das Haus, in dem Gesche Gottfried wohnte: Pelzerstraße 37, abgerissen beim Bau des Lloydgebäudes.

Am 4. März 1828 ließ Meister Rumpf ein Schwein schlachten und verzehrte ein Stück Fleisch mit Behagen, ein anderes Stück legte er in den Schrank. Am nächsten Tag wollte er es essen. Er stutzte — das Stück lag plötzlich auf der anderen Seite. Er sah sich das Fleisch genauer an und entdeckte weißliche Körner, die er auch sonst schon in seinem Essen bemerkt hatte. Madame Gottfried beruhigte ihn: Das sei Fett und nichts anderes. Rumpf war jedoch mißtrauisch geworden und wandte sich an seinen Hausarzt, der das Fleisch von einem Chemiker untersuchen ließ. Nun kam es heraus: Die weißlichen Körner waren Arsenik.

Am 6. März 1828 ging die Anzeige an das Kriminalgericht. Noch am selben Tage wurden mehrere Zeugen verhört, und sehr bald richtete sich schwerer Verdacht gegen die Witwe Gottfried. Sie wurde in der Wohnung verhört und — um Aufsehen zu vermeiden — erst in der Dunkelheit des Abends per Kutsche ins Stadthaus transportiert. Und nun setzte sich eine schauerliche Lawine des Verdachts in Bewegung: Man mußte annehmen, daß die vielen Erkrankungen und Todesfälle im Bekannten- und Verwandtenkreise der Witwe ebenfalls auf ihr Konto gingen. Gesche Gottfried wurde Tagesgespräch. Einen solchen Kriminalfall hatte es in Bremen noch nicht gegeben. Natürlich fehlte es auch nicht an wüsten Gerüchten: Die Gottfried habe ihre Kinder als Braten serviert, sie habe den „bösen Blick".

Ihr Leben war zunächst nicht ungewöhnlich. Sie wurde am 6. März 1785 zusammen mit einem Zwillingsbruder als Tochter eines fleißigen und sparsamen Schneidermeisters namens Timm geboren. Es war ein sehr solider Handwerkerhaushalt, in dem die Kinder aufwuchsen. Sie durchliefen die Klipp- und Kirchspielschule; aber schon mit zwölf Jahren wurde Gesche im eigenen Haushalt eingesetzt und mußte auch außerhalb durch Wollnähen Geld verdienen. Manche Münze wurde in den Sparstrumpf gesteckt. Das Mädchen war fleißig, bescheiden und freundlich, auch etwas sentimental — aber eine Freude der biederen Eltern und der Nachbarn (kleinere Diebereien blieben unentdeckt). Die Dreizehnjährige nahm mit einigen Freundinnen Tanz- und Französischunterricht und spielte am Sonntag in Komödien, wobei ihre Schönheit vielfach bewundert wurde.

Als sie sechzehn war, kamen die ersten Heiratsanträge. Da Gesches Bruder auf der Wanderschaft auf Abwege geriet, hingen die Eltern um so mehr an ihrer Tochter. 1806 wurde dann die Werbung des Sattlermeisters Miltenberg erhört, eines verlotterten Witwers, der einige Jahre von einem trunksüchtigen Weibsteufel tyrannisiert worden war und sich eigentlich nur durch einiges Vermögen empfahl. Gesche gelang es, den verwahrlosten Miltenbergschen Haushalt einigermaßen in Ordnung zu bringen, aber der liederliche und trunksüchtige Mann war eine Enttäuschung für die junge Frau. Er brachte Saufkumpane ins Haus, darunter den Weinreisenden Gottfried, einen eleganten Lebemann, der auf die enttäuschte Madame großen Eindruck machte. 1807 wurde eine Tochter geboren, 1808 ein Sohn, der jedoch nicht lebensfähig war.

Das Leben im Miltenbergschen Haus entartete immer mehr in weinseliger Frivolität und spottete aller bürgerlichen Moral. Beim dritten Kind, einem 1810 geborenen Sohn, blieb unklar, wer der Vater war. Der offizielle Ehemann, der durch Ausschweifungen seine Gesundheit ruiniert hatte, wurde seiner Frau immer lästiger und ekelhafter. Nun geschah es — sie beschloß, ihn mit Gift zu beseitigen. Im Juli 1813 läßt sie sich von ihrer Mutter Schwarzbrot mit Arsenik gegen Mäuse geben, kratzt das Gift aber ab und mischt ihrem Mann davon ins Frühstück. Erbrechen und Durchfall waren die Folgen. Dann gab sie ihm eine weitere Portion in die Hafersuppe. Er krümmte sich lange in furchtbaren Schmerzen, und sein schauriges Brüllen erfüllte das Haus, bis er schließlich starb. Der Arzt Dr. Olbers, auch als tüchtiger Astronom bekannt, konstatierte „hitziges Gallenfieber".

Der Mord blieb unentdeckt, und das enthemmte die ohnehin schon haltlos gewordene Frau immer mehr. Gift erschien ihr nun als probates Mittel zur Beseitigung mancher Schwierigkeiten. Ihr Sinnen und Trachten war jetzt auf eine Heirat mit dem alten Freunde Gottfried gerichtet, der aber zögerte. Gesche räumte deshalb alle Personen aus dem Wege, die dieser problematischen Ehe nach ihrer Meinung entgegenstanden: die Mutter mit vergifteter Limonade (Diagnose: „Innerliche Entzündung"), das jüngste Kind mit vergiftetem Kuchen vom Begräbnismahl. Es folgte die älteste Tochter, dann der lebensüberdrüssige Vater und zwei Monate später ihr letztes Kind, ein fünfjähriger Sohn (Diagnose nach einer Obduktion: „Verschlingung der Eingeweide"). Alle starben unter furchtbaren Qualen, die von der Mörderin z. T. beobachtet wurden. Immer heuchelte sie Schmerz, gab sich wohltätig und fromm.

Nun schien sie unabhängig und ohne lästigen Familienanhang dazustehen; da aber kam ihr Bruder 1816 völlig verwahrlost aus der Fremde zurück. Er wurde sogleich als lästiger Miterbe des väterlichen Vermögens mit vergiftetem Schellfisch ins Jenseits befördert.

Mit allen Mitteln umgarnte sie ihren Gottfried, von dem sie schließlich ein Kind erwartete. Sie konnte ihn aber nicht zur Heirat bewegen, glaubte dann aber, er werde vielleicht in schwerer Krankheit nachgeben. Starb er, so konnte sie ihn beerben. Sie gab ihm nun Gift, und auf dem Sterbebett erfolgte tatsächlich die Kopulation durch einen Prediger. Gottfried wurde am 5. Juli 1817 das achte Opfer (Diagnose: „Leberverstopfung"). Drei Monate später gebar sie einen toten Sohn.

In den folgenden sechs Jahren beeindruckte die doppelte Witwe durch Seelengüte und Liebenswürdigkeit. Sie hatte mancherlei Liebschaften. 1823 machte ihr ein etwas tölpelhafter Witwer namens Zimmermann einen Heiratsantrag. Sie lieh von ihm 800 Taler. Da sie ihn nicht heiraten wollte, beseitigte sie den lästigen Schuldner mit „Mäusebutter". Eine Freundin, die mit Ratschlägen lästig geworden war, erhielt auch eine Portion, die aber nicht tödlich wirkte.

Gesche Gottfried vergiftet ihren Vater, der ihr zuruft: „Weg, weg von mir, du Scheusal!" Buchillustration.

Dann setzte sie die grauenhafte Vergiftungsserie fort, wobei es im Einzelfall schwer ist, überhaupt ein Motiv zu finden: Manchmal entdeckt man irgendeinen kleinen Ärger, oft aber gibt es nicht den geringsten Grund. Die Witwe Gottfried verabreichte nun ihre „Mäusebutter" in einer Art Vergiftungssucht an alle, die mit ihr Umgang hatten. Die genaue Zahl hat sich nicht ermitteln lassen, jedenfalls waren es mehr als 30 Personen. Die meisten kamen nach kurzer Krankheit noch mit dem Leben davon; einige aber starben. Die Witwe Gottfried bekannte später: „Ich konnte mit Lust Böses tun!" Das ging so weiter, bis sie durch die Aufmerksamkeit des Rademachermeisters Rumpf im März 1828 entlarvt wurde.

Am 6. März, ihrem Geburtstag, wurde sie ins Stadthaus gebracht, wo man ihr 13 Korsetts auszog, die aus der mageren Frau eine Witwe mit attraktiver Rundung gemacht hatten. In zahlreichen Verhören wurde ihr Lügengewebe nach und nach zerrissen; mehr als 30 Leichen wurden exhumiert und nach Giftspuren untersucht. Es war ihr gelungen, ein Fäßchen „Mäusebutter" ins Gefängnis zu schmuggeln; es wurde als wichtiges Indiz in ihrem Bett gefunden. Sie hat sich aber nicht entschließen können, sich selbst zu vergiften, obwohl sie grauenhafte Angst vor dem hatte, was kommen mußte. Sie wußte zwar, daß sie eine große Verbrecherin war, wirkliche Reue aber zeigte sie nicht. Pastor Dräsecke bemühte sich bei vielen Besuchen

Das Stadthaus, in dem Gesche Gottfried 1828 „einsaß" und vor dem 1830 das Gerichtstribunal auf einem Podest thronte.

um ihr Seelenheil. Sie hatte aber nur sentimentales Mitleid mit sich selbst und vergoß über ihr Schicksal heiße Tränen.

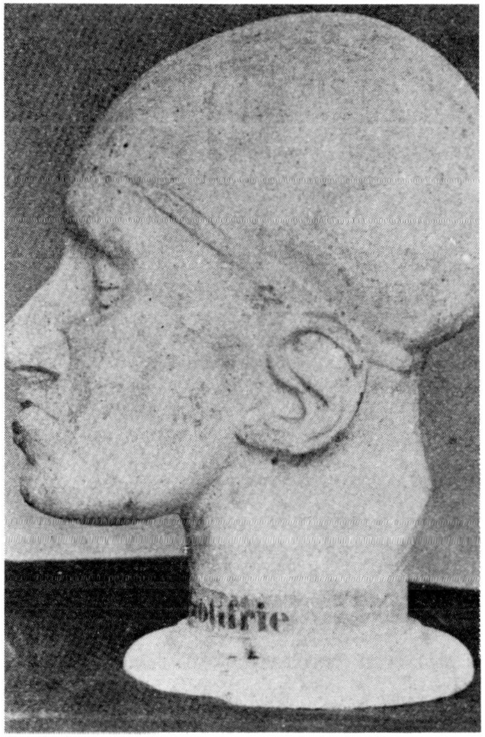

Zu den ungewöhnlichen im letzten Krieg zum großen Teil verlorengegangenen Schaustücken des „Kriminalmuseums" in Bremen gehörte dieser Gipsabdruck von der Giftmörderin.

Hinrichtung der Gesche Gottfried. Ausschnitt aus einer Buchillustration.

Inzwischen war sie zu einer berühmten Frau geworden. Sie wurde im Gefängnis porträtiert, ein Budenbesitzer bot 4000 Mark, wenn er sie auf dem Freimarkt ausstellen dürfe, und einige Pitavalschriftsteller schrieben die ersten Bücher über sie.

Am 17. September 1830 verurteilte sie das bremische Obergericht zum Tode mittels Schwertes, weil sie 15 Personen durch Gift getötet und viele andere an ihrer Gesundheit geschädigt hatte. Sie sah das Urteil als gerecht an, aber in den folgenden Monaten wechselten in ihr Angst und Gelassenheit. Am 6. April 1831 sprach das Oberappellationsgericht in Lübeck seine Bestätigung aus. Ein Mangel war es sicher, daß die Motive der Gottfried im einzelnen vielfach unklar blieben, weil kein Psychiater herangezogen wurde.

Das Gericht war jedenfalls von der Zurechnungsfähigkeit der Angeklagten überzeugt. Nach allem, was wir wissen, dürfte es sich nicht darin geirrt haben.

In den letzten acht Tagen aß die Sünderin nichts mehr, wahrscheinlich in der Hoffnung, vor dem Hinrichtungstermin zu sterben. Am 20. April 1831 wurde ihr mitgeteilt, daß die Exekution am nächsten Morgen stattfinden solle. Sie verschenkte ihre Habe, vom Bettzeug bis zur Brille, und beschäftigte sich sehr gründlich mit der Frage der Garderobe für ihren letzten Auftritt. Um 7.45 Uhr bestieg sie einen Leiterwagen, auf dem sie durch ein Spalier von Soldaten und Bürgerwehr zum Domshof gefahren wurde. Dort war im Winkel zwischen Dom und Waisenhaus ein drei Meter hohes Schafott errichtet.

Vor dem Portal des Stadthauses saßen auf einer zweiten Tribüne die Herren des Gerichts. Schon in der Nacht hatte sich der Platz mit vielen Neugierigen gefüllt; am Morgen waren es etwa 35 000.

Mit Mühe stieg Gesche Gottfried zur Richtertribüne hinauf, wo sie sich das Urteil anhörte, zunächst stehend, dann auf einem Bock sitzend. Senator Droste brach den Stab und übergab sie dem Scharfrichter Dietz aus Nienburg. Sie verabschiedete sich von jedem Richter mit Handschlag (was vielfach heftige Kritik auslöste), dann wurde sie zum Schafott geführt, wo sie auf einen Lehnstuhl gebunden wurde. Ein Gehilfe des Scharfrichters zog ihren Kopf an den Haaren in die Höhe, und der Meister trennte ihn mit einem Schlag vom Rumpf. Aus der Menge ertönte vereinzelter Beifall.

Der Kopf kam in Spiritus und wurde im Museum „zum Vorteil der Taubstummenanstalt" zur Schau gestellt.

Ein Augenzeuge sagte: „Die Gutmütigkeit schaut auch im Tode noch aus allen Zügen." Das mache die Möglichkeit erklärbar, „daß ihre bösen Handlungen so lange unentdeckt blieben".

Schon 1829 erschien ein Theaterstück von Weißenburg unter dem Titel „Gesina, die Teufelsbraut oder der 6. März"; weiterhin ergoß sich eine Flut von sentimentalen Büchern, Moritaten und Gedichten über das Publikum. Da heißt es dann etwa:

Wer bist du, Weib? Wie kamst du auf die Erde?
Gebar auch dich einst eines Weibes Schoß?
Sprach auch bei dir die ew'ge Lieb' ihr „Werde"?
Und ordnete auch sie dein grauses Los?
Hat eine Wölfin dir die Brust gereicht?
Spie dich des Tigers blut'ge Höhle aus?
Die gift'ge Schlange, die durch Blumen schleicht,
Kam sie belehrend in dein Schauerhaus? —
Doch nein! Die Wölfin liebt und schützt die eig'nen Jungen!
Der Tiger würgt die schwachen Eltern nicht!
Die Schlangen strecken nur gereizt die Zungen!
Von wannen stammst du, höllisches Gesicht?

Es blieb mancherlei Unbehagen: Man hatte das Gefühl, die Mörderin nicht ganz durchschaut zu haben; man war bestürzt über die große Zahl ärztlicher Fehlurteile, die der Mörderin sehr förderlich gewesen waren.

Ein Nervenarzt, der 1913 die Akten sorgfältig prüfte, sah wohl mit Recht in sexuell motivierter Eitelkeit und in einem Hang zu egozentrischer Sentimentalität die wichtigsten Schlüssel zu den Verbrechen. Sie tötete, um ihre sexuellen Wünsche durchsetzen zu können (dazu brauchte sie Geld und Flitter, dazu räumte sie alle Widerstände rücksichtslos aus dem Wege); sie mordete aber auch, um sich selber bemitleiden zu können und zu lassen, ja, um ihren Opfern gegenüber die Wohltäterin spielen zu können. Dabei besaß sie eine absolute sittliche Empfindungslosigkeit! Gewiß, damit wird manches erklärt, aber bis ins letzte dürfte das Rätsel Gesche Gottfried nicht gelöst sein.

1848 – die verunglückte Revolution

Die Jahrzehnte nach 1830 brachten für Bremen einen unaufhörlichen Aufstieg, vor allem des Handels. Bremen wurde der größte europäische Auswandererhafen; als Rückfracht brachten die Schiffe zu günstigen Frachtsätzen Tabak, Baumwolle und vieles andere. Die Einwohnerzahl stieg ständig: Während sie 1812 nur 35 000 betragen hatte, war sie 1850 auf 54 000 gestiegen. Die rasche Änderung der Wirtschaftsverhältnisse brachte auch für Bremen innere Spannungen.

Paris, 23. Februar 1848: Es war ein kalter, regnerischer Abend, dennoch drängte sich im Lichterglanz der Boulevards eine fröhliche Menge: König Louis Philippe hatte Reformen zugesagt. Eine dieser vergnügten Gruppen stieß auf eine Truppenabteilung. In ihrem Übermut hänselte und beschimpfte sie schließlich die Soldaten; ein Demonstrant versuchte sogar, einem Obersten mit der Fackel den Schnauzbart anzusengen. Da knallte ein Schuß; und nun ging alles sehr schnell: Die Soldaten schossen in die Menge, Barrikaden entstanden — Revolution! Man forderte die Abdankung des Königs. Am 24. Februar war es soweit: Gegen Mittag watschelte der alte, fette Monarch in unauffälliger Alltagskleidung durch eine Hinterpforte der Tuilerien, bestieg dann ein schlichtes Gefährt und verließ schnell Paris.

Die Kunde von diesen Ereignissen ging in Windeseile durch die Welt, und man sah bereits die Morgenröte der langersehnten Freiheit. Am 13. März brach die Revolution in Wien aus; am 18. März baute man in Berlin Barrikaden. In Bremen sickerten die ersten Nachrichten über die Pariser Revolution am 27. Februar durch.

Gab es in Bremen Gründe zur Unzufriedenheit? Den Liberalen erschien manches reformbedürftig. Da war ein Senat, der fast nur aus Juristen und Kaufleuten bestand und sein Amt recht selbstherrlich handhabte. Er ernannte auch die Mitglieder des Bürgerkonvents, in dem Kaufleute und Akademiker das Übergewicht hatten. Die Bürger waren nicht alle „gleich", sondern in Ansehen und Rechten vielfältig abgestuft. Da gab es die Schicht der Ratsfähigen, die angesehensten Kaufleute und Akademiker, die zünftigen Handwerker, „geringere Kaufleute" und „andere solche frommen Leute", weiterhin den vierten Stand vom Fuhrmann bis zur Amme. Man unterschied auch das große und kleine Bürgerrecht, das Neustadt- und Vorstadtbürgerrecht.

Viele Einwohner waren überhaupt keine Bürger. Die öffentliche Meinung wurde durch strenge Zensur gegängelt. Die Drucker mußten beim Senat um eine Betriebskonzession

Gegner der Revolution: Der alte Bürgermeister Smidt. In seinen jüngeren Jahren — als Student — hatte er sich für Schillers „Don Carlos" und die Französische Revolution begeistert, im Alter aber war er Vertreter eines patriarchalischen Obrigkeitsstaates.

Eine der vielen politischen Karikaturen aus der Zeit um 1848: Baron Beisele und sein Erzieher Dr. Eisele besuchen Bremen 1847. Auf die erstaunte Frage von Beisele, warum die „Krieger trotz der vorgerückten Jahreszeit noch weiße Hosen tragen?", erwidert Dr. Eisele: „Weiß ist die Farbe der Unschuld, und diese Bürgergarde versichert, vermittelst der weißen Hosen, daß sie unschuldig daran ist, daß die Deutschen nicht a l l e s bekommen haben, was ihnen bei der Völkerschlacht versprochen ward!"

nachsuchen, und alle für die Öffentlichkeit bestimmten Druckwerke unter 20 Bogen wurden „zensiert". Dennoch schlüpfte mancher politische Erguß durch die Maschen der Kontrolle. Als Wächter der Ordnung gab es zwölf gravitätische Polizeidiener, einige Kompanien biederer, weinseliger Bürgerwehr und eine Brigade stumpfsinniger geworbener Soldaten.

Über Verfassungsentwürfe wurde seit 1814 gestritten, aber schließlich verliefen die Verhandlungen im Sande, weil dem Senat jede Einengung seiner Rechte unangenehm war. Nur ganz wenige Reformen im Bereich der Justiz- und Finanzverwaltung kamen zustande.

All das gab manche Ursache zur Kritik, und es war eben nicht so, wie die servile Bremer Zeitung 1822 behauptete, „daß Bremens Bürgersinn sich durch Eintracht zwischen Obrigkeit und Untertanen charakterisiere".

Eine besondere Rolle im Bremen jener Zeit spielten einige Klubs und Vereine, vor allem der Handwerker-Bildungsverein „Vorwärts", der 1846 gegründet wurde und 1847 bereits 700 Mitglieder zählte, der „Bürgerverein", der ein Mitspracherecht des Mittelstandes bei kommunalen Entscheidungen verlangte, und die Gesellschaft „Euphrosyne", die 1837 vom Seminarlehrer Steckel in philanthropischem Idealismus ins Leben gerufen worden war. Fast alle Führer der Bremer Revolution von 1848 waren durch diese Vereine gegangen.

In das allgemeine Unbehagen platzte nun am 27. Februar die Nachricht von der Pariser Revolution, über die man mit großer Leidenschaft debattierte. Die erste Gewalttat richtete sich gegen die unbeliebten Torsperren. Am Rosenmontag, dem 6. März, erzwang ein Trupp Betrunkener Einlaß ins Herdentor, verprügelte die Wache und warf das Schilderhaus in den Stadtgraben.

Am Tage darauf, am 7. März, bekannte sich der Bürgerverein auf einer großen Versammlung im Krameramtshaus zur Reformbewegung. Es zeigte sich, daß man bereits ein festes Programm hatte und daß es dem Mittelstand nicht an politischen Führern von Format fehlte. Da war als Vertreter des aufstrebenden Handwerkertums Cord Wischmann, ein biederer Tischlermeister mit einer etwas schwülstigen Beredtsamkeit, die ihm vor allem bei schlichten Gemütern hohes Ansehen verschaffte. Und da waren die beiden

Pastor Rudolph Dulon (links), zweiter Prediger an der Liebfrauenkirche, wirkte mit im „Demokratischen Verein". Er war ebenso wie der Tischlermeister Cord Wischmann (rechts) einer der maßgeblichen Männer der 48er-Bewegung in Bremen.

Lehrer Feldmann und Kotzenberg — Feldmann, ein intelligenter, welterfahrener Mann, der längere Zeit in Paris gelebt hatte und der den Staat einzig und allein auf „Vernunft" gründen wollte; Kotzenberg, ein erfolgreicher Fremdsprachenlehrer.

Diese beiden Lehrer hatten eine Petition an den Senat entworfen, in der eine Verfassung auf der Grundlage gleicher Rechte für alle Bürger gewünscht wurde. Die Sitzungen des Bürgerkonvents sollten öffentlich sein, die Verhandlungsprotokolle gedruckt werden. Weiterhin wurden Pressefreiheit, Mündlichkeit und Öffentlichkeit der Gerichtsverhandlungen, Trennung von Justiz und Verwaltung, Geschworenengerichte und manches mehr gefordert.

Die Petition wurde am 8. März in der Börsenhalle auf dem Liebfrauenkirchhof ausgelegt, und in wenigen Stunden hatten 2064 Menschen unterschrieben. Zwölf Deputierte, darunter Wischmann, Feldmann und Kotzenberg, sollten das Schriftstück zum Senat ins Rathaus bringen. Sie gingen ihren Weg, begleitet von einer großen Menschenmenge, die nach Tausenden zählte. Ein Bürgermeister übernahm das Schriftstück, und dann zog sich der Senat zur Beratung zurück.

Inzwischen bestimmten die ungeduldigen Massen immer mehr die Szene. Tausende standen auf dem Marktplatz, und Hunderte waren in die Rathaushalle eingedrungen.

Die Beratung des Senats dauerte eineinhalb Stunden. Smidt saß versunken da — er verstand die Zeit nicht mehr. Die zusagende Antwort wurde nach manchem Hin und Her ohne ihn formuliert. Seine Enkelin hat berichtet, wie der greise Bürgermeister, begleitet von einigen Senatoren, auf den Rathausbalkon trat und eine Ansprache halten wollte. „Die Empörer schüttelten schmutzige Fäuste gegen ihn hinauf und bedrohten sein Leben" (so die Enkelin); seine Stimme verhallte im Sturm. Dann stieg er die Treppe hinab und erschien vor dem Rathaus. Der „aufgehetzte Pöbel" machte eine Gasse frei, und Smidt ging zum Roland, wo er sich auf eine Stufe stellte und in den Tumult gerufen haben soll: „Niemand wird getreten, er werfe sich denn zuvor nieder; ihr erniedrigt euch! Steht wieder auf! Geht nach Hause! Haltet Ruhe!" Johlen und Hochrufe antworteten — ein fatales Zeichen allgemeiner Zwiespältigkeit. Auch Wischmann sprach vom Roland aus zu den Massen und teilte das Zugeständnis des Senats mit. Ihm antwortete stürmischer Jubel.

Dann ging man ruhig auseinander. Abends war die Stadt festlich erleuchtet, und vor Wischmanns Haus in der Bredenstraße ertönte Serenadenmusik.

Schon am 14. März bildeten Senat und Bürgerkonvent eine Kommission, die eine allgemeine und gleiche Wahl der Bürgerschaft vorbereitete. Man wählte 300 Abgeordnete, unter denen die oberen Stände (90 Kaufleute, 30 „Gelehrte" usw.) ein deutliches Übergewicht hatten. Eigentliche Parteien gab es noch nicht, aber es war deutlich, daß etwa 100 Abgeordnete zur konservativen und nur 50 zur demokratischen Seite neigten, während die restliche Hälfte sich nicht festgelegt hatte. Senat und neue Bürgerschaft zogen am 19. April feierlich in den Dom, um ihrem künftigen Werk die kirchliche Weihe zu geben.

Und nun machte man sich mit Eifer an die Ausarbeitung einer neuen Verfassung. Bei den Debatten über die einzelnen Paragraphen wurden die radikalen Demokraten mühelos überstimmt Immerhin kam man trotz allem zu einigen fortschrittlichen Beschlüssen, so etwa zu der Entscheidung, daß die Bürgerschaft aus allgemeinen und gleichen Wahlen hervorgehen solle, daß die Justiz dem Senat genommen werden müsse und bei der Senatorenwahl vor allem die Bürgerschaft zu entscheiden habe. Aber man setzte andererseits auch durch, daß die Senatoren auf Lebenszeit im Amt bleiben sollten. Es wurde aber nun deutlich, daß die bedächtige Bürgerschaft nicht mehr die Mehrheit der Bürger hinter sich hatte.

Am Jahrestag der Sturmpetition, am 8. März 1849, war die Verfassung fertig. Sie war ein Kompromiß und befriedigte niemanden so recht: Sie war der Linken zu konservativ und der Rechten ein grundsätzliches Ärgernis.

So feierte jeder den Verfassungstag mit eigenen Gedanken. Zwischen 8 und 9 Uhr läuteten sämtliche Glocken der Stadt, und um 10 Uhr traten Senat und Bürgerschaft in der oberen Rathaushalle zusammen. Die Festrede des Präsidenten des Senats, Diederich Meier, begrüßte mit milden Worten das Zustandekommen der Verfassung, und dann wurde der Austausch der Urkunden zwischen Senat und Bürgerschaft vollzogen. Draußen hißte man die Bremer Flagge, vom Teerhof dröhnten 101 Kanonenschüsse, und von der Rathausgalerie ertönte ein Choral. Dann begaben sich Senat und Bürgerschaft in den Dom, wo ein Verfassungsgottesdienst stattfand.

Nachmittags gab es ein Volksfest: Am Bahnhof formierte sich ein Festzug; Tamboure und zwei Bataillone Bürgerwehr marschierten an der Spitze; es folgten der Sängerbund, die Schützengilde, die demokratischen Vereine, die Turner und viele andere Gruppen — alle mit Fahnen, Standarten und Musikkapellen. Die Petition vom 8. März 1848 wurde wie ein Heiligtum im Zuge mitgeführt. 10 000 Teilnehmer zählte man. Es ging durch das Ansgariitor, dann auf dem Wall zum Doventor und weiter durch die Altstadt zum Markt und Domshof. Am Rathaus flatterten die schwarzrotgoldene und die Bremer Flagge. Gesang und Musik ertönten, und eine Rede würdigte die Bedeutung des Tages. Dann trennte man sich; aber in den Lokalen kamen viele Bürger wieder zusammen und feierten in feucht-fröhlicher Weise.

Ein führender Demokrat hatte vor seinem Hause ein Transparent aufgestellt, auf dem zu lesen war:

Vivat die Revolution!
Aber nicht die Konstitution!

Das war die Meinung vieler.

Kaum war der Festrausch verklungen, da rüstete man sich zum Wahlkampf. Er wurde mit großer Schärfe geführt.

Inzwischen hatten zwei Männer wieder Schwung in die demokratische Bewegung gebracht: der Kaufmann Johannes Rösing und der Pastor Rudolph Dulon. Rösing hatte sich von einem aktiven Kommunalpolitiker zu einem der heftigsten Kritiker des Senats entwickelt. Mehrmals saß er im Ostertorsgefängnis; aber je schiefer ihn seine Standesgenossen ansahen, desto mehr wurde er vom gemeinen Mann verehrt. Am 21. Juli 1848 gründete er den „Demokratischen Verein". Pastor Dulon, der im Juni 1848 als liberaler Kirchenmann zum zweiten Prediger an der Liebfrauenkirche gewählt worden war, wurde sehr bald ein radikaler demokratischer Politiker von bedeutendem Format. Er war ein sozial empfindender Mensch mit tiefem Mitgefühl für alle „Mühseligen und Beladenen". Er forderte mit volkstümlicher Beredsamkeit soziale Haltung von allen und versprach dafür ein demokratisches Paradies. Er scheute nicht den Tabakqualm und Schnapsdunst der Kneipen, wo er dem kleinen Mann seine Reden hielt, ohne die Würde des Geistlichen abzulegen. In seiner „Tageschronik" vertrat er mit Geschick seine radikale Auffassung, die sich immer mehr einem religiös-populären Sozialismus näherte: Das Reich der Freiheit, Gleichheit und Brüderlichkeit war für ihn zugleich das Reich Gottes. Mit glühendem Haß überschüttete er die absoluten Monarchen und alle „Großen" dieser Welt, von denen die Menschheit unterdrückt und verdummt werde.

Es zeigte sich sehr bald, daß der „Demokratische Verein" immer mehr an Boden gewann. Überall fanden gutbesuchte Wahlveranstaltungen statt, auf denen leidenschaftliche, zum Teil auch kommunistisch angehauchte Reden gehalten wurden. Man fand wirkungsvolle Schlagworte wie: „Offen und ehrlich ist der Demokrat — voll Tücke sind Kroat und Aristokrat!"

Die Wahlen zur Bürgerschaft Ende März 1849 brachten dann der Linken einen großen Erfolg: Sie stellte 176 der 300 Abgeordneten. Und nun kam eine unruhige Zeit, in der ein konservativer Senat und eine vorwiegend demokratische Bürgerschaft nach den Grundsätzen einer Kompromiß-Verfassung die Geschicke Bremens lenken sollten. Zeitungen und Flugschriften taten das Ihrige, um die Unruhe zu schüren, und es fehlte nicht an blutrünstiger Hetze. Ein großer Erfolg der Demokraten war es, daß einer der Ihren, der Lehrer Feldmann, am 6. Mai 1849 in den Senat gewählt wurde! Er war und blieb bis 1918 der einzige „links" orientierte Senator und hat sich in seinem Amt durchaus bewährt.

Bremen war schließlich das letzte deutsche Land, in dem die Revolution noch nicht über-

Saal der „Union" am Wall, in dem ab 7. November 1849 die Bürgerschaft zusammentrat.

Pastor Dulon im Staatsgefängnis zu Hoya.

wunden war. Und es war vor allem auch der beredte Radikalismus Dulons, der den Eindruck vermittelte, die Stadt sei das Zentrum radikaler Bewegungen in Deutschland. Schließlich drohte sogar ein Eingreifen österreichischer Truppen. Da schöpfte der Senat neuen Mut und begann seinen Generalangriff gegen die Demokraten. Am 18. Januar 1851 forderte er eine Änderung des Bürgerschaftswahlgesetzes im Sinne des Ständeprinzips; am 9. Mai erhob ein Staatsanwalt — es war ein Sohn Bürgermeister Smidts — Anklage gegen Dulon wegen „Verbrechens gegen den Staat"; schließlich verbot der Senat die Tätigkeit aller politischen Vereine für das Jahr 1851 und ordnete eine schärfere Überwachung der Presse an. Schließlich wurde Pastor Dulon beim Senat wegen Verstoßes gegen die evangelischen Glaubenslehren verklagt.

Ein Gutachten der theologischen Fakultät in Heidelberg sprach sich gegen den Pastor aus, und so wurde er vom Senat am 19. April 1852 kurzerhand abgesetzt, obwohl die Mehrheit der Gemeinde hinter ihm stand. 5608 Bürger unterzeichneten einen scharfen Protest; aber alles war vergebens, denn zur gleichen Zeit gelang es dem Senat mit Unterstützung der reaktionären Bundesversammlung in Frankfurt und des hannoverschen Bundeskommissars, Generalmajor Jacobi, die Verfassung aufzuheben, die radikale Bürgerschaft aufzulösen, die politischen Vereine zu verbieten und der Presse wieder einen Maulkorb umzuhängen. Die Demokraten muckten zwar noch hin und wieder auf, ja, es entstanden auch einige illegale Gruppen; aber es war nun doch vorbei mit der Revolution. Dulon ging nach Helgoland, dann in die USA, wo er 1870 starb.

Bremen erhielt zwar 1854 eine neue Verfassung; diese bevorzugte jedoch mit ihrem Achtklassenwahlrecht für die Bürgerschaft die oberen Stände und gab dem Senat seine starke Stellung zurück. Die neue Ordnung hatte Bestand, bis sie unter den Schlägen der Revolution von 1918 zerbrach.

Im gleichen Jahre . . .

1848, als in Bremen die liberale Revolution ausbrach,

verfaßten Marx und Engels das „Kommunistische Manifest",

schrieb Dumas die „Kameliendame",

entwickelte Böttger die Sicherheitszündhölzer,

führte Kneipp sein Wasserheilverfahren ein.

1854, als Bremen eine Verfassung erhielt,

schrieb Keller seinen „Grünen Heinrich" und Scheffel seinen „Trompeter von Säckingen";

Richard Wagner begann seine „Nibelungen" zu komponieren.

„Daß der Schlüssel uns die Wege öffne ...“

Bremen ist seine Stellung als Überseehafen nicht als selbstverständliche Folge der geographischen Verhältnisse zugefallen. Mancherlei Widrigkeiten waren zu überwinden: vor allem die Ungunst des Fahrwassers der Weser und die Feindseligkeit der Anlieger am Unterlauf des Flusses. Im Anfang des 19. Jahrhunderts wirkten zudem die Napoleonische Kontinentalsperre und dann die scharfe englische Konkurrenz so hemmend, daß bremische Reeder 1827 nur noch 95 überalterte Schiffe ihr eigen nannten. Die Stadt hätte zu einem unbedeutenden Binnenhafen absinken können, wenn es nicht gelungen wäre, alle diese Schwierigkeiten weitgehend zu überwinden. Es mußte manches Risiko eingegangen und mancher Rückschlag überwunden werden, bevor es eindeutig wurde: Bremen hat seinen Weg zum modernen Welthafen erzwungen.

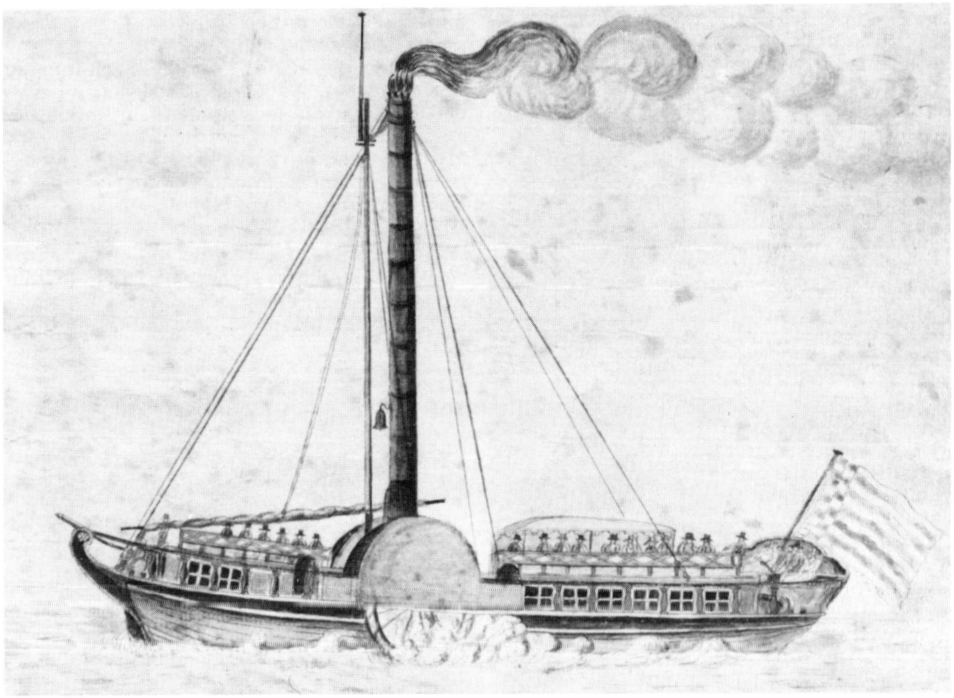

Erstes deutsches Dampfschiff, die „Weser“, 1817.

Nach der Befreiung von der Franzosenherrschaft kam Bremen sehr bald mit den USA zu günstigen Handelsvertragsabschlüssen. Zahlreiche Bremer Firmen und einige ehrenamtliche Konsuln vertraten in der Neuen Welt die bremischen Handelsinteressen, und ein amerikanischer Konsul residierte in Bremen.

Von der günstigen Entwicklung des Bremer Überseehandels — vor allem mit Amerika — profitierte auch die Reederei. Es war zunächst nicht leicht, mit den schlanken und schnellen amerikanischen Seglern zu konkurrieren. Erst seit 1827 gab es einen langsamen Aufstieg. 1846 besaßen Bremer Reeder bereits 225 Schiffe mit 50 000 Reg.-Tonnen. Viele Kaufleute hatten eigene Schiffe.

Die Linienschiffahrt entwickelte sich aus dem Post- und Paketdienst; Übernahme von Frachtgut und Passagieren kam sehr bald hinzu. Ein derartiger „Paketdienst“ zwischen Bremen (oder besser: zwischen der Weser!) und New York wurde zuerst 1828 von der Firma H. H. Meier & Co. eingerichtet. Sie setzte dabei zwei Segelschiffe ein: die Brigg „Franklin" mit 140 Lasten (= 280 Tonnen Frachtgewicht) und die „Constitution". Später kamen weitere Schiffe verschiedener Firmen hinzu.

Senator Duckwitz sah Bremens Chance

Aber mit den vom Wind abhängigen Seglern war es schwer, feste Termine einzuhalten. Daß Dampfschiffe zuverlässiger waren, zeigte seit 1840 der Engländer Samuel Cunard, der erfolgreich einen Liniendienst zwischen Liverpool und New York betrieb. Nun wurde der Ehrgeiz der Amerikaner wach; sie wollten mit staatlicher Subvention eine eigene Postdampferlinie nach Europa einrichten. Aber welcher europäische Hafen kam in Frage? Antwerpen oder Le Havre, Rotterdam oder Bordeaux? An Bremen oder Hamburg dachte zunächst niemand.

Als die Angelegenheit nun 1844 in den amerikanischen Zeitungen lebhaft diskutiert wurde, sagte Senator Arnold Duckwitz einmal halb im Scherz zu dem damaligen USA-Konsul in Bremen, Ambrose Dudley Mann, daß Bremerhaven eigentlich ganz gut als Ausgangspunkt der Dampferlinie dienen könne. Mr. Mann, ein aufrichtiger Freund Bremens, war sogleich begeistert und setzte sich in Washington mit großer Zähigkeit für den Plan ein. Er wurde dafür 1847 mit dem Bremer Ehrenbürgerbrief beschenkt. Es kam nun zu schriftlichen Verhandlungen zwischen dem Senat und der amerikanischen Regierung; schließlich wurde der Kaufmann Carl Theodor Gevekoht abgesandt, um in den USA auf die entscheidenden Stellen und Persönlichkeiten einzuwirken. Dem amerikanischen Generalpostmeister wurde angeboten, der Postverkehr möge ganz und gar in amerikanischer Regie bleiben, Bremen solle die Generalagentur für das Festland überlassen werden, dafür solle es einen Anteil an den Gebühren erhalten. Liberale und schnelle Abfertigung der Schiffe, Frachten und Postsendungen wurde zugesagt.

Größte Schwierigkeiten bereitete aber die Finanzierung des ganzen Unternehmens. Die amerikanische Regierung bot einen jährlichen Zuschuß von 400 000 Dollar. Das war zwar eine ansehnliche Summe; damit konnte aber der Bau der zunächst vorgesehenen vier Raddampfer nicht finanziert werden. Man forderte nun zur Zeichnung von Aktien auf, aber es gab nur wenige Kaufleute, die bereit waren, auch nur kleinere Summen in ein so fragwürdiges Unternehmen zu stekken. Zudem entwickelte sich eine eifrige englische, belgische, holländische und französische Gegenpropaganda.

Es wurde deutlich: das Unternehmen war nur möglich, wenn in Deutschland selbst erhebliche Anleihen gewonnen wurden.

Historischer Tag auf dem Weg zum späteren NDL-Dienst: die „Washington" der Ocean Steam Navigation Company trifft von New York nach 17 Tagen in Bremerhaven ein.

Die Mehrheit des Senats sah unter dem Einfluß von Smidt und Duckwitz eine Möglichkeit, das Prestige Bremens und Bremerhavens zu heben. Dafür mußte man auch einen völligen Fehlschlag riskieren. Eine Deputation des Senats und des Bürgerkonvents empfahl nun zwar, ein Darlehen von 100 000 Dollar bereitzustellen, wenn sich auch die anderen deutschen Staaten an dem Unternehmen beteiligten. Aber nur zögernd wurden dann zum Teil sehr geringe Beträge zugesagt, so daß schließlich von deutscher Seite 288 100 Dollar garantiert waren. Statt der ursprünglich vorgesehenen vier Schiffe konnten nur zwei gebaut werden (Baupreis 644 000 Dollar).

Es bildete sich nun die Ocean Steam Navigation Company, die sogleich die Raddampfer „Washington" und „Hermann" in Auftrag gab. Die „Washington" war ein 1750-Tonnen-Schiff aus Holz, 75 m lang und zwischen den Radkästen 12 m breit. Es war für die Bremerhavener Schleuse zu groß und mußte auf dem Strom ankern. Am 2. Juni 1847 verließ sie New York und traf 17 Tage später auf der Weser ein.

Das Unternehmen war und blieb in empfindlichem Maße von Zuschüssen der amerikanischen Regierung abhängig. Die Schiffe bewährten sich nicht: sie verbrauchten sehr viel Kohle, das ging auf Kosten des Laderaums; die Maschinen waren schlecht gebaut und mußten oft repariert werden, so daß der Fahrplan nicht eingehalten werden konnte. In den ersten fünf Jahren wurde keine Dividende verteilt, 1853 gab es 7 Prozent und 1854/56 10 Prozent. Tatsächlich florierte die Schiffahrtslinie, aber da sperrte die amerikanische Regierung 1857 die Zuschüsse, die Firma mußte liquidieren. Nun zeigte sich, wie unsolide sie gewesen war: die Geldgeber (darunter auch die deutschen Staaten) verloren zwei Drittel ihrer Einlagen.

H. H. Meier — er schuf den NDL und war der erste Vorsitzende des Verwaltungsrats.

Einsichtige Kaufleute aber hatten erkannt, daß die Ocean Steam Navigation Company nicht scheiterte, weil für sie kein Bedarf gewesen wäre, sondern weil sie schlecht geleitet wurde. Noch vor ihrem Ende versuchten verschiedene Bremer Firmen, sich in den amerikanischen Liniendienst einzuschalten, aber ohne dauerhaftes Ergebnis. Vielleicht ahnte nur der Reeder-Kaufmann H. H. Meier, daß drei kleinere Schiffahrtsgesellschaften die Basis zu neuem und erfolgreichem Anlauf bieten würden:

- Die 1844 gegründete „Weser- und Hunte-Dampfschiffahrtsgesellschaft", die mit drei Schiffen den Verkehr zwischen Bremen, Oldenburg und Bremerhaven unterhielt.
- Die 1853 gegründete „Schleppschiffahrtsgesellschaft auf der Unterweser", die u. a. den Warentransport in Schleppkähnen von Bremerhaven nach Bremen besorgte.
- Die 1854 gegründete „Gesellschaft für eine Dampfschleppschiffahrt auf der Oberweser".

In allen drei Gesellschaften gehörte H. H. Meier der Direktion an. 1809 als Sohn eines Bremer Kaufmanns geboren, hatte er früh seinen Vater verloren. 1826 trat er in die von seinem Vater gegründete Firma als Lehrling ein und sah sich seit 1831 im Ausland um. Er liebte eine lockere Geselligkeit, hatte wenig Freude an der mühseligen Kleinarbeit eines Kaufmannskontors und ließ sich gelegentlich durch leichtsinnige Spekulationen verlocken.

Nach Bremen zurückgekehrt, nahm er als Teilhaber der Firma seit 1834 seinen kaufmännischen Beruf sehr ernst. 1843 berief ihn der Senat als Kirchendiakon in den Bürgerkonvent, in dessen Sitzungen er sich eifrig für eine Subventionierung der Ocean Steam Navigation Company einsetzte; 1847 wurde er norwegischer Konsul — ein Titel, auf den er zeit seines Lebens besonders stolz war; 1849 entsandte ihn der Landkreis Bremervörde auf eine Empfehlung hin, ohne daß er dort überhaupt persönlich bekannt war, in die Frankfurter Nationalversammlung, wo er nur einmal zur Verteidigung seines Freundes Duckwitz, der damals Handelsminister war, das Wort ergriff.

Als Überseekaufmann war er gezwungen, sich aus lokaler Beschränkung zu lösen und international zu denken und zu planen. Er wurde immer mehr der Typ des „ehrbaren Kaufmanns" seiner Zeit. Er zeigte ausgeprägtes Selbstbewußtsein und manchmal sogar verletzenden Hochmut. Nie verzichtete er auf die Ausnutzung der Macht, die ihm durch seine Stellung in der Wirtschaft gegeben war.

Im Frühjahr 1856 entwarf Meier das Statut einer Schiffahrtsgesellschaft, die als Linie Bremen—New York aus den drei Binnenschiffahrtsgesellschaften hervorgehen sollte und die er „Norddeutscher Lloyd" nannte.

Der Name ist seltsamen Ursprungs: Im 17. Jahrhundert besaß ein Mann namens Edward Lloyd in London ein Kaffeehaus, in dem Schiffahrtsangelegenheiten besprochen wurden. Aus diesem lockeren Geschäft entwickelte sich die weltberühmte Lloyd-Versicherungsgesellschaft. Der Name wurde dann auf eine Schiffahrtslinie in Triest, den „Österreichischen Lloyd", übertragen. H. H. Meier lernte diese Firma auf einer Italienreise kennen.

Im Frühjahr 1856 unternahm er Versuche zur Kapitalbeschaffung für die neue Gesellschaft. Von manchen Seiten erhielt er Absagen, der Plan schien keine soliden Grundlagen zu haben. In diesem Augenblick traf H. H. Meier auf den erst 30 Jahre alten Kaufmann Eduard Crüsemann. Der gebürtige Berliner war als Volontär nach Bremen gekommen und drängte mit viel Elan und Ungeduld nach vorn. 1853 hatte er bei einer Reise in die Neue Welt großartige Möglichkeiten für Bremer Kaufleute und Reeder gesehen. Er dachte an die Gründung einer Companie mit einem Aktienkapital von 3 Millionen Talern, die sich mit Reederei, Seeversicherung, Kommissionsgeschäften, Posttransport, Industrie, Schiffbau und Bankgeschäften beschäftigen sollte.

Da Crüsemann selbst wenig Geld hatte, suchte er Interessenten, und dabei stieß er im August 1856 auf H. H. Meier. Die beiden, so unterschiedlich ihre Pläne auch waren, kamen sogleich in guten Kontakt.

Nach mancherlei Verhandlungen gewann der Plan feste Formen: Die Gesellschaft, für die ein Kapital von 4 Millionen Talern vorgesehen war, sollte sich vorwiegend auf Reederei und Seeversicherung beschränken. Die Leitung gedachte man einem Verwaltungsrat von 12 Mitgliedern zu übergeben; der Direktor sollte dessen ausführendes Organ sein. H. H. Meier wurde im Dezember 1856 Vorsitzender des Verwaltungsrates, der im Januar 1857 Crüsemann zum Ersten Direktor bestimmte.

Die Beschaffung des Kapitals machte weiterhin Schwierigkeiten; mehrere Banken und Industrielle lehnten ab. Die „Kreditanstalt für Industrie und Handel" in Dessau sagte schließlich im Januar 1857 1,5 Millionen Taler zu; eine gleiche Summe kam in Bremen aus Kaufmannskreisen zusammen. Die drei Binnenschiffahrtsgesellschaften und eine Assekuranzgesellschaft brachten 0,3 Millionen Taler mit. So konnte sich die Gesellschaft dann am 20. Februar 1857 offiziell konstituieren. Der „Norddeutsche Lloyd" war geboren.

Aber bereits kurz darauf drohten die ersten Gefahren: Ein Frankfurter Geschäftsmann verkaufte für 200 000 Taler neue Lloydaktien, ein erhebliches Absinken des Kurses war die Folge. Ebenfalls 1857 brach eine heftige Weltwirtschaftskrise aus, in der viele Banken zusammenbrachen. Das Aktienkapital des Norddeutschen Lloyd wurde nur sehr zögernd eingezahlt, und es wurde schwer, die Löcher mit Anleihen zu stopfen. Die Katastrophe schien unabwendbar, bevor die ersten Schiffe schwammen. Aber man hielt durch.

Im April 1857 reiste H. H. Meier mit zwei Begleitern nach England, um Schiffe zu bestellen. Zwar hatte Johann Lange in Vegesack bereits 1817 ein Flußdampfschiff mit englischen Maschinen gebaut, und auf der gleichen Werft war 1854 das erste seegehende Dampfschiff vom Stapel gelaufen; aber für den Bau großer Überseedampfer fehlten in Bremen doch die Erfahrungen.

Die erste „Bremen" des NDL. Der Dampfer wurde in Newcastle gebaut. Erste Reise: 1858

Der Norddeutsche Lloyd begann nicht mit der Linie Bremen—New York, sondern mit Viehtransporten nach England, für die die Dampfer „Adler", „Möwe" und „Falke" eingesetzt wurden. Schließlich bestellte man aber vier große Dampfer für den Amerikadienst in Newcastle, und dort entstanden nun die „Bremen", „New York", „Hudson" und „Weser". Die Reparaturwerkstatt des Norddeutschen Lloyd wurde an der Stephani-Kirchenweide, das Verwaltungsgebäude in der Papenstraße/Ecke Große Hundestraße eingerichtet.

Am 12. Juni 1858 lag die „Bremen", ein Schiff von 2674 BRT und 11,5 Knoten Geschwindigkeit, auf der Reede von Bremerhaven zur Abfahrt bereit. An Bord fand eine „patriotische Feier" statt, bei der H. H. Meier in seiner Rede jene berühmt gewordenen Worte sprach, durch die dem Bremer Schlüssel, der im Lloydwappen mit einem Anker gekreuzt war, zum erstenmal seine wirtschaftliche Deutung gegeben wurde: „In unserem Wappen sehen Sie unseren Wahlspruch: In dem Anker halten wir die Hoffnung fest, daß der Schlüssel uns die Verkehrswege eröffnen werde, die wir mit deut-

Schon wenige Jahre nach seiner Gründung war der Norddeutsche Lloyd zu einem weitbekannten Begriff geworden. So gehörten Bilder vom „Comptoir" (links) und vom „Directionsgebäude" in der Papenstraße (rechts) bald zum eisernen Bestand der Sehenswürdigkeiten auf den besonders für Fremde gedachten Bildorbogen mit Bremer Ansichten. Das Medaillon in der Mitte: der Mitbegründer und Erste Direktor des Norddeutschen Lloyd, der aus Berlin stammende Kaufmann Eduard Crüsemann.

scher Manneskraft, Ausdauer und Treue festhalten wollen." Die Probefahrt der „Bremen" bis zum Hoheweg-Leuchtturm verlief zufriedenstellend, und so ging das Schiff am 19. Juni nach New York ab, wo es 14 Tage und 13 Stunden später anlegte.

In den künftigen Jahren fehlte es nicht an Rückschlägen, aber im großen und ganzen verzeichnete der Norddeutsche Lloyd einen Aufstieg zu schwindelnder Höhe, der erst mit dem Ausbruch des 1. Weltkrieges ein Ende fand.

Seinen ersten Reparaturbetrieb errichtete der NDL auf der Stephani-Kirchenweide. Heute liegen dort die „Atlas-Werke".

Im gleichen Jahre . . .

1847, als die „Washington" ihre erste Fahrt von New York nach Bremerhaven machte,
wurde Hindenburg geboren,
erschien der „Struwwelpeter",
entdeckte Semmelweis die Ursache des Kindbettfiebers
und wurde die erste Chloroformnarkose praktiziert.
1856, als der „Norddeutsche Lloyd" gegründet wurde,
war der Krimkrieg zu Ende,
starb der Dichter Heinrich Heine in Paris,
wurden Bernard Shaw und Siegmund Freud geboren,
komponierte Liszt seine „Ungarischen Rhapsodien",
wurden die ultravioletten Strahlen nachgewiesen.

Als an Bremens Grenzen nachts der Schmuggel blühte

Die Entwicklung Bremens hat nur wenige „Sternstunden", in denen Umwälzendes geschah; eine von ihnen ist die zweite Hälfte des 19. Jahrhunderts, denn in dieser Zeit entschied sich, daß Bremen durch Überseehandel und Industrie zur Großstadt werden würde. In den ersten neun Jahrzehnten des Jahrhunderts hatte der Handel den absoluten Vorrang: Bremerhaven wurde gegründet; Handelsverträge mit vielen Staaten sicherten den bremischen Kaufleuten faire Behandlung im Ausland; Firmenniederlassungen und Konsulate entstanden an den Knotenpunkten des weiten bremischen Handelsnetzes. Vor allem das Auswanderergeschäft und der Rohstoffimport blühten immer mehr auf, besonders deutlich wird das seit etwa 1855. Mit zwei schwierigen Fragen mußte Bremen sich immer wieder auseinandersetzen: die Stadt hatte ihre Wirtschaftsinteressen in irgendeiner Weise auf das übrige Deutschland abzustimmen, und sie mußte ihre Hafen- und Wasserstraßenverhältnisse den technischen Anforderungen der Schiffahrt anpassen — eine teure Sache.

Für junge unternehmungslustige Kaufleute boten sich während des Zollausschlusses große Möglichkeiten. Makler Cumme 1855.

Zeit: 31. März 1847.
Ort: Haus des Senators und Tierhäute-Kaufmanns Arnold Duckwitz am Neustadtsdeich.

Zwei Kutschen halten nacheinander vor der Tür. Würdige, dunkel gekleidete Herren mit hohem Zylinder steigen aus und gehen zur Tür, wo der Herr des Hauses sie mit freundlicher Hochachtung empfängt: den preußischen Geheimen Legationsrat Patow und den hannoverschen Oberfinanzrat Witte. Einige Bremer Senatoren sind im Salon, auch der greise Bürgermeister Smidt und sein Sohn Heinrich, damals Senatssyndikus.

Man setzt sich nieder und kommt nach einigen höflich-unverbindlichen Worten zur Sache. Es geht um große Dinge, eigentlich um den Auftakt zu einer wirtschaftlichen Einigung Deutschlands, das in feindliche Zollvereine zerlegt ist: in den Deutschen Zollverein, dessen Kern Preußen ist, und den „Steuerverein", dem Hannover, Oldenburg und Braunschweig angehören. Bremen ist ebenso wie Hamburg in keinem der „Vereine“, denn die Kaufleute wollen ihre Waren unverzollt in ihre Packhäuser führen.

Zu denen aber, die annehmen, daß sich Bremen und Hamburg eine solche Absonderung vom wirtschaftlichen Gefüge Deutschlands nicht mehr lange leisten können, gehört als Außenseiter seines Berufsstandes Arnold Duckwitz. Er sieht vor allem, wie das wirtschaftlich zersplitterte Deutschland immer wieder im Nachteil gegenüber den großen gefestigten Handelsnationen ist. Und so hat er denn 1844 mit Billigung des Senats zur Diskussion über die Gründung eines „Deutschen Handels- und Schiffahrtsbundes“ aufgefordert, daher kommt es dann am 31. März 1847 zu jener Zusammenkunft im Hause des Senators, die bei einem positiven Ergebnis schon jetzt zur wirtschaftlichen Einigung Deutschlands geführt hätte.

Die Vertreter Preußens und Hannovers kommen mit eigenen Vorschlägen, aber auch diese lassen manches hoffen: in allen Schiffahrts- und Handelsangelegenheiten soll Deutschland gegenüber dem Ausland als nationale Einheit auftreten; ja, die Schiffe

Die Schlote rauchen — aber um die bremische Industrie ist es trotzdem schlecht bestellt. Erst nach dem Eintritt in den Zollverein wird es aufwärtsgehen. Diese Fabriken lagen vor dem Stephanitor: eine chemische Fabrik, eine Dampfmühle, das Reparaturwerk des Norddeutschen Lloyd, eine Schiffswerft, eine Zuckerfabrik und Reismühle. Nach einer Lithographie von Dr. Carl Hertzog um 1860.

sollen sogar eine gemeinsame deutsche Flagge oder zumindest ein gemeinsames nationales Zeichen in der Landesflagge führen. Über mancherlei Einzelfragen wird man sich zwar noch nicht einig; aber der Weg zu Kompromissen liegt offen, und so gehen denn die Herren mit einigem Optimismus auseinander.

Sehr bald aber zeigte sich, daß er nicht berechtigt war: In Hamburg hatten die konsequenten Freihändler Oberwasser, und England deutete an, daß es Schwierigkeiten machen werde. Schließlich sorgten dann die entscheidenden Stellen in Berlin dafür, daß der Duckwitz-Plan zu den Akten gelegt wurde. Das Ansehen des Senators bei den nationalen Liberalen in ganz Deutschland war aber durch seine Ideen so sehr gewachsen, daß er 1848 zum Handels- und Marineminister der Frankfurter Reichsregierung ernannt wurde. Die politische Einigung scheiterte jedoch ebenso wie die wirtschaftliche. Es blieb dabei: Wenn Waren von Bremen aus über die Landesgrenze kamen, mußten sie verzollt werden, wobei sich oft die Fertigwaren so sehr verteuerten, daß sie nicht mehr konkurrenzfähig waren.

Fabriken konnten dabei in Bremen kaum gedeihen. Was man in der Stadt als „Industrie" bezeichnete, verdiente diesen Namen eigentlich nicht. 1850 gab es über 200 Tabakfabriken, 85 Branntweinbrennereien, 17 Bierbrauereien, sieben Seifensiedereien usw. Aber das waren fast alles kleine Betriebe handwerklichen Charakters, deren Produktion zu einem großen Teil in Bremen selbst verbraucht wurde oder zur Verproviantierung von Schiffen diente. Industrie und Handwerk forderten immer wieder den Anschluß an den Zollverein, weil sie nur so ihr Absatzgebiet vergrößern konnten.

Solange Bremen an seiner oldenburgischen und hannoverschen Grenze mit dem milden „Steuerverein" zu tun hatte, bestanden wenigstens für einige Industrieerzeugnisse noch Absatzchancen; aber 1854 traten Hannover und Oldenburg dem Zollverein mit seinen hohen Zolltarifen bei. Die ohnehin schon schlechte Lage der Bremer Fabriken wurde jetzt katastrophal. Sollte die Stadt kapitulieren und auch um Aufnahme in den Zollverein bitten? Der Streit um diese Frage wurde immer schärfer geführt. Die Druckereien hatten gute Zeiten, denn beide Parteien gaben zahlreiche Broschüren und Pamphlete aller Art in Auftrag.

Die eine Seite betonte, daß die Weigerung des Anschlusses ein Faustschlag gegen den nationalen Gedanken sei; die andere behauptete, daß nur der Freihandel billige Importe ermögliche und daß damit auch der deutschen Industrie wirklich gedient werden könne. Hier wurde behauptet, kaufmännischer Egoismus verhindere den Anschluß; dort wurde mit voller Überzeugung darauf hingewiesen, von der Blüte des Handels profitiere die ganze Stadt und auch Deutschland. Es gab Bremer, die sich vor der Abhängigkeit von binnenländischen Staaten fürchteten und solche, die sich von einem Zusammenschluß eine Stärkung des wirtschaftspolitischen Prestiges der Hansestädte

So wurde früher in Bremen repräsentiert — fast wie in Versailles. Unser Bild zeigt den prunkvollen Festsaal im Hause von G. Wätjen am Osterdeich.

im Ausland erhofften. So gingen die Argumente hin und her. Einige Erleichterungen des Zollverkehrs, die 1856 ausgehandelt wurden, konnten die Lage nicht entschärfen.

Die freihändlerischen Kaufleute saßen weiterhin am längeren Hebel: die Zollschranken blieben, und mit der Industrie ging es immer mehr bergab. Sie beschäftigte 1880 nur noch 5800 Arbeiter, das waren 3,72 Prozent der Einwohner (heute sind es 30 bis 40 Prozent). Wer in dieser Zeit nach Bremen kam, erhielt den Eindruck, daß es eine reine Handelsstadt sei. Nur der Handel hatte einen goldenen Boden, der Kaufmann bestimmte weitgehend das öffentliche und gesellschaftliche Leben. Industrie und Handwerk aber gehörten zur Schattenseite der Stadt, von der man nicht gerne sprach und die man auch nicht gerne zeigte.

Derweilen nutzte mancher die Verhältnisse auf seine Art: Am Buntentorsteinweg und in Osterholz, an der Ochtum und an der Wümme schleppten in den Nächten finstere Gestalten Säcke und Packtaschen aus dem bremischen Bereich ins Zollvereinsgebiet in munterem Katze-und-Maus-Spiel mit Grenzwächtern und Landjägern. Davon wird in den Papieren meines Urgroßvaters, der in jener Zeit „Landjäger" in Osterholz war, recht anschaulich berichtet. In der Darstellung eines hannoverschen Grenzaufsehers über seine Erlebnisse in der Nacht zum 15. September 1867 heißt es:

„Bei der Verfolgung einer von der Grenze kommenden Person, welche die Flucht in das Brauersche Gehölz nahm, fanden wir, Grenzaufseher Hattendorf zu Oiterdamm, und Wittig daselbst, uns genötigt, das bremische Gebiet zu betreten, indem wir den Entflohenen für einen Schmuggler hielten. Bald nachher trafen wir in Brauers Gehölz den Anbauer Benehr mit drei Broten Melis (Hutzucker) und einem Beutel Saffran, etwa drei bis vier Pfund... Als wir den Benehr... etwa 100 Schritte transportiert hatten, stießen wir auf demselben Wege... noch auf vier Männer, welche, als sie uns ansichtig wurden, ihre Packen abwarfen und eiligst entflohen. Hiernach suchten wir die abgeworfenen Packen nach, welche in zehn Broten Melis bestanden, welche wir sofort morgens 2.30 Uhr dem Herrn Landjäger Beckröge zu Osterholz ablieferten."

So wie hier in Osterholz viele Schmuggler ihre Nachtschichten absolvierten, um ein paar Taler zu verdienen, war es auch an anderen unübersichtlichen Stellen der Zollvereinsgrenze. Aber nicht nur die illegalen Geschäfte florierten, sondern auch der ehrbare Handel, der das Tageslicht nicht zu scheuen hatte.

Vor allem das Transit- und Auswanderergeschäft blühte immer mehr auf, und zwar so sehr, daß damit der Zollausschluß gerechtfertigt erschien. Einige Kaufleute schwammen in einem Reichtum, den man früher nicht für möglich gehalten hatte. Einige residierten in Schlössern mit riesigen Sälen, mit Stuckdecken, Seidentapeten und Plüschmöbeln. Sie schliefen in Himmelbetten, wie sie in den Fürstenschlössern der Zeit Ludwigs XIV. üblich gewesen waren. Daneben gab es aber auch reiche Kaufleute, die sich weiterhin in schlichter, altväterischer Bürgerlichkeit wohl fühlten.

Die riesigen Vermögen drängten zur Investierung in der Industrie, von der die Rohstoffe verarbeitet werden konnten, die von bremischen Handelsfirmen importiert wurden. Solange Bremen nicht im Zollverein war, konnte in der Stadt selbst keine rentable Großindustrie entstehen; sie mußte in unmittelbarer Nähe im Zollvereinsgebiet angelegt werden, und so entstanden Textil- und Linoleumfabriken in Delmenhorst, Lesum und Blumenthal mit bremischem Kaufmannskapital. Darunter waren Unternehmen, die Tausende von Arbeitnehmern beschäftigten.

Bismarck — Verführung und Druck

Nach der Niederlage Österreichs (1866) wurde auch Bremen Mitglied des Norddeutschen Bundes unter der Führung Preußens, und 1871 trat es ins Deutsche Reich ein. Die politische Einigung war zwar erreicht, nicht jedoch die wirtschaftliche. Bremen und Hamburg blieben weiterhin Zollausland — sehr zum Ärger Bismarcks. Freilich, der Freihandelsbereich Bremens verkleinerte sich; denn Randgebiete wurden nach und nach der Zollvereinskontrolle unterstellt: 1857 Außendeichsländereien an der Wümme, 1875 Habenhausen, Arsten, Neuenland, ein Teil von Woltmershausen und Vegesack, 1879 der Stadtwerder usw. Es blieb aber doch ein ärgerlicher Rest.

In Bremen war der Einfluß der freihändlerischen Oberschicht weiterhin bestimmend. Das zeigte sich in Broschüren und Zeitungen, aber auch in den Reichstagswahlen. 1874 gab es einen scharfen Kampf zwischen den beiden Freihändler-Kaufleuten H. H. Meier (vom Norddeutschen Lloyd) und A. G. Mosle, wobei der letztere Sieger blieb. Immer noch sah die Mehrzahl der Bremer Bürger die Belange der Stadt bei einem Kaufmann am besten aufgehoben. Auch 1877 und 1878 wurde Mosle mit großer Mehrheit wiedergewählt, dann aber kam der große Krach.

Bismarck, der zunächst in seiner Zollpolitik die Zügel recht locker gelassen hatte, war seit 1878 unter dem Einfluß der Industrie für hohe Schutzzölle. Mosle geriet in einen Zwiespalt zwischen den Wünschen seiner Wähler, die von ihm ein Eintreten für Freihandelspolitik erwarteten, und seiner neuen Überzeugung, die ihn zum Schutzzöllner gemacht hatte (gehässige Zungen behaupteten, er sei nach einem Händedruck Bismarcks „umgefallen"). Die Überzeugung siegte bei ihm, und so schloß ihn seine eigene Partei — die nationalliberale — aus der Fraktion aus. Die Bremer Presse ritt scharfe Attacken gegen den Verräter, im Kaufmannskonvent waren 105 Mitglieder (vorwiegend Reeder und Schiffbauer) für und 500 gegen ihn, und eine Wählerversammlung forderte, daß er sein Mandat niederlege. Er tat es nicht, wurde jedoch bei der Reichstagswahl von 1881 nicht wieder als Kandidat aufgestellt. Der Freihändler H. H. Meier erlebte nun einen gewaltigen Wahlerfolg: 13 000 von 20 000 Stimmen entschieden sich für ihn und sein Programm.

Auch die Mehrheit des Senats war unter dem Einfluß Bürgermeister Otto Gildemeisters konsequent freihändlerisch, und in der Bürgerschaft stimmten 89 von 119 Abgeordneten gegen einen Zollanschluß. Bismarck aber tat künftig in seinem Grimm manches, was man in den Hansestädten als böse Schikane auffassen mußte. Scharfe Zeitungsartikel und Reden wiederum ärgerten den Kanzler. Da erklärte Hamburg am 25. Mai 1881 seinen Eintritt in das deutsche Zollgebiet, und Bismarck glaubte, daß ihm auch Bremen nun als „reife Frucht" in den Schoß fallen werde. Im nächsten Jahre mußte der alte Verfechter des Freihandels, Bürgermeister Otto Gildemeister, gegen seine eigene Überzeugung die Verhandlungen mit dem feindseligen Reichskanzler aufnehmen, der sich hartnäckig weigerte, Bremen die gleichen günstigen Bedingungen — etwa einen großen Freihafenbezirk, der auch Industrie aufnehmen konnte — zu gewähren wie Hamburg. Vor allem stießen die Bremer auf die schwer zu widerlegende Auffassung, daß sie ja überhaupt keinen Hafen bei ihrer Stadt besäßen und daher auch keinen Freihafenbezirk nötig hätten. Zur Widerlegung breitete man zwar Entwürfe für neue Hafenbauten

Otto Gildemeister

Mit Speck fängt man — Mosle. Ein damals schon altes Sprichwort leicht abgewandelt. Unser Bild zeigt eine Karikatur der Gegner des Zollvereins, die sich gegen den Kaufmann, Konsul und Reichstagsabgeordneten Mosle richtet. Mosle war zu einem Verfechter des Anschlusses Bremens an den Zollverein geworden. Seine Gegner, die ihn hier mit Kanzler Bismarck zeigen, hielten Bremen für die Maus, die im Käfig des Schutzzolls gefangen werden soll.

aus; aber die standen erst auf dem Papier.

Die Verhandlungen zogen sich noch durch Jahre, aber schließlich war es dann soweit: in der Nacht vom 14. zum 15. Oktober 1888 wurde der Zollanschluß vollzogen. In diesem Zeitpunkt war auch jene Arbeit bereits abgeschlossen, die Bremen selbst erst wieder zum Überseehafen machte und damit den Freihafenbezirk rechtfertigte: der Bau der neuen Hafenbecken. Seeschiffe konnten freilich noch nicht einlaufen, da die Weserkorrektion noch nicht abgeschlossen war.

Heute kann man sagen, daß die Befürchtungen der Freihändler sich nicht bewahrheiteten. Der Handel wurde durch den Zollanschluß eher gefördert als gehemmt, und die Industrie im Bremer Gebiet blühte nun verspätet auf. So ist Bremen denn seit dem Ende des 19. Jahrhunderts Handels- und Industrie-Großstadt.

Im gleichen Jahre . . .

1888, als Bremens Zollanschluß erfolgte,

brannte die Börse auf dem Liebfrauenkirchhof ab,

war das „Dreikaiserjahr" (Wilhelm I., Friedrich III. und Wilhelm II.),

gab es einen Araberaufstand in Deutsch-Ostafrika,

durchquerte Nansen Südgrönland auf Skiern,

wies Heinrich Hertz elektromagnetische Wellen nach,

schrieb Nietzsche den „Willen zur Macht" und den „Antichrist".

Ein spöttischer Poet spitzte die Feder und schrieb ein Gedicht, in dem es u. a. hieß:

So leb' denn wohl, du schöne Zeit,
Da Bremen war vom Zoll befreit,
Da Candiszucker und Caffee,
Nebst Reis, Taback und echtem Tee
Man haben konnt' für wenig Geld!
Die Zeit ist hin, oh, böse Welt!
So schafft uns Kummer und Verdruß
Der Zollanschluß!

Havanna rauchte sonst der Junge,
Und Mocca schlürfte selbst die Magd.
Nur „Feines" kannte uns're Zunge —
Jetzt ist das beste ihr versagt.
Glimmstengel schmeckt wie Pfälzer Kraut,
Aus Roggen Caffee wird gebraut!
Wer bringt uns diesen Hochgenuß?
Der Zollanschluß!

Von Wagen wimmeln Bremens Straßen,
Daß manchem der Humor vergeht.
Und Menschenkinder sieht man rasen
In jedem Arme ein Paket.
Von allen Waren dreißig Pfund
Kauft selbst der Junggeselle und
Wär's auch für ihn zum Überfluß
Vor'm Zollanschluß!

Zur Gattin kommt mit heit'ren Mienen
Spät abends erst der Mann nach Haus;
Doch seine Untat rasch zu sühnen,
Packt er vor Muttern eiligst aus.
Ihr Antlitz strahlt vor Fröhlichkeit:
„Das längst ersehnte Seidenkleid!"
Du lieber Mann, noch einen Kuß
Vor'm Zollanschluß!

Der „Vierte Stand“ wird mündig

Während des Zollausschlusses, also bis fast zum Ende des 19. Jahrhunderts, war Bremen vorwiegend Handelsstadt. Die etwa 170 „Fabriken“ waren durchweg Betriebe handwerklichen und manufakturähnlichen Charakters, so daß sich Lebensformen und Interessen der bremischen Industriearbeiter nicht erheblich von denen der Handwerksgesellen oder der Transport- und Hafenarbeiter unterschieden. Die Lage dieser zahlenmäßig recht ansehnlichen Schicht ist bis heute sehr unterschiedlich beurteilt worden: Oft beklagte man ihr menschenunwürdiges Dasein; häufig zeichnete man aber auch das Leben des „kleinen Mannes“ als eine Art Idylle der Genügsamkeit, die durch die hilfreichen Arme des Staates, der Kirche und der Reichen ihre größten Härten verlor.

Was verdiente der „kleine Mann“ um die Mitte des 19. Jahrhunderts? Ein Hilfslehrer erhielt bei freier Kost und Wohnung monatlich 3 bis 6 Mark, Dienstboten dasselbe. Ein Wickelmacher der Zigarrenindustrie verdiente 9 bis 18 Mark monatlich. Was konnte man nun aber dafür kaufen? Für eine Mark erhielt man normalerweise 21 Pfund Roggenbrot. Hätte der Wickelmacher seinen ganzen Lohn in Brot angelegt, so hätte er für seinen Monatsverdienst etwa 2 bis 4 Zentner Brot kaufen können; selbst eine große Familie wäre davon satt geworden. Aber der Mensch lebt ja nicht von Brot allein! Zudem gab es Zeiten der Teuerung wie 1853: Da erhielt der Wickelmacher für den Monatslohn nur 75 bis 150 Pfund Brot! Zum Vergleich sei darauf hingewiesen, daß heute ein Hilfsarbeiter für seinen Monatslohn von etwa 450 Mark netto 6 Zentner Brot kaufen könnte. Man wird in der Tat davon ausgehen müssen, daß die Löhne des „kleinen Mannes“ vor 100 Jahren nur etwa halb so hoch waren wie heute. Es kommt aber noch hinzu, daß die soziale Fürsorge damals sehr unzulänglich war, so daß eine Einbuße der Arbeitsfähigkeit zugleich den Verlust einer noch halbwegs erträglichen Lebensgrundlage bedeutete.

Sicher ist, daß in einer Zeit, in der sich in Bremen riesige Vermögen bildeten und sich einige reiche Familien in immer pomphaftere Lebensformen einhüllten, zahlreiche Menschen in unverschuldeter Not lebten und sich nur unzulänglich kleiden, nähren und hausen konnten, ganz zu schweigen von dem geradezu katastrophalen „Bildungsnotstand“. Es ist nicht zutreffend, wenn bisweilen behauptet wurde, nur der Alkohol sei schuld daran gewesen, wenn es in Bremen damals jemandem schlecht ging.

Wie es im Hause eines gesunden und fleißigen Arbeiters aussah, hat der Geschichtsprofessor Dietrich Schäfer in der Rückerinnerung an seine Jugendzeit erzählt. Sein

Bauarbeiter beim Abbruch des Stadthauses 1909.

Vater war Schlachtearbeiter und hauste mit seiner Familie 1842 bis 1853 in einem Wohnkeller des Hauses Schlachte 29, in dem auch Braunbier und Branntwein ausgeschenkt wurden. Vier Kinder wurden der Mutter hier geboren, von denen drei wegen der schlechten Lebensverhältnisse starben. In allen Wohnräumen war es fast dunkel, denn sie hatten keine Außenfenster; hinter der Diele lagen eine größere und eine kleinere Schlafstube, hinter der Wirtsstube war die Küche. Diese drei Räume erhielten spärliches Licht durch Fenster, die nach der Diele und Wirtsstube führten. Hinter der Küche war noch ein Raum für Torf, den damals allein üblichen Feuerungsstoff in Bremen. Dort war auch eine Einrichtung, menschlichen Bedürfnissen zu genügen. Es bestand damals und noch viele Jahre später in Bremen das Abfuhrsystem in der Form, daß man offene Eimer abends vor die Tür stellte; ihr Inhalt wurde nachts abgeholt. Die Diele war mit Sandsteinfliesen belegt; alle anderen Räume hatten Holzböden, die zum Teil morsch genug waren. Bei Hochwasser liefen die Keller voll, dann konnten die Kinder ihre Holzschuhe schwimmen lassen. — Vater und Mutter waren fleißig und sparsam, dennoch reichte es nicht zu anderen Lebensverhältnissen. Die Miete für den Keller, der dem Kornhändler Weihausen gehörte, betrug monatlich 26 Mark, also etwa das Doppelte von dem, was ein Wickelmacher verdiente. Nur der Ausschank brachte so viel ein, daß sich die Familie diesen „Luxus" leisten konnte — es war eben ein gewerblicher Keller.

Die Schlachte. Im Keller eines der Häuser rechts im Bild wohnten die Eltern Dietrich Schäfers.

1853 zog Vater Schäfer wegen angegriffener Gesundheit in das Haus Großenstraße Nr. 83 gegenüber dem damaligen Armenhaus, wo die Miete für zwei winzige Zimmer und eine Küche monatlich 9 Mark betrug, soviel wie ein schlecht verdienender Wickelmacher erhielt. Vater Schäfer hatte bei schwerer Packhausarbeit einen Monatslohn von 30 Mark.

Das war nun also das Schicksal eines tüchtigen und fleißigen Menschen; wie mag es da erst jenen ergangen sein, die auf irgendeine Art in noch größere Not geraten waren? In jener Zeit fristeten immerhin mehr als 500 Bremer ihr Leben von dauernder, aber sehr geringer Unterstützung der kirchlichen Diakonien; einige fanden im Armenhaus an der Großenstraße Aufnahme.

Es war auch eine Folge der niedrigen Löhne, daß viele Kinder in den Fabriken beschäftigt waren: 1848 waren fast 800 schulpflichtige Kinder in den Bremer Zigarrenfabriken, darunter etwa 70 unter 10 Jahre alt. Es wurde gelegentlich behauptet, das sei gut, ja, ein „Segen Gottes", daß die Zigarrenindustrie den Kindern Verdienstmöglichkeiten verschaffe und durch Beschäftigung vor Bummelei und Sünden bewahre. Immerhin begann der Arbeitstag um 6 oder 7 Uhr morgens und endete bei eineinhalb Stunden Mittagspause abends um 19 Uhr! Das waren elf Stunden Arbeit! Die in den Fabriken beschäftigten Kinder absolvierten ihre Schulstunden am Mittwoch- und Sonnabendnachmittag von 13 bis 16 Uhr; es gab aber auch

Abendschulen (Unterricht von 19 bis 21 Uhr!).

Für das Stadtbild und auch für die gesellschaftlichen Verhältnisse war es von Bedeutung, daß die Masse der „kleinen Leute" in bestimmten Vierteln der Alt- und Neustadt wohnte. Von den etwa 700 Zigarrenarbeitern lebten einige im Stephani- und Schnoorviertel, die meisten aber im östlichen Teil der Neustadt, vor allem am Buntentor, aber auch vor dem Oster-, Stephani- und Doventor in der „Vorstadt", wo immer mehr kleine und bescheidene Häuschen entstanden. Es gab in Bremen von jeher und besonders im 19. Jahrhundert ausgesprochene Armeleute- und Arbeiterviertel.

Küche im Haus Großenstraße 82. Im Haus Nr. 83 wohnten Dietrich Schäfers Eltern.

Die Arbeiter organisieren sich

Natürlich gab es mancherlei Unzufriedenheit; sie war jedoch zunächst nicht grundsätzlicher Natur — etwa klassenkämpferisch —, sondern richtete sich gegen einzelne Mängel. Das Gros der Arbeiter nahm das Los der Entbehrung widerspruchslos auf sich. Vor 1848 gab es zwar einige unbedeutende Krawalle von Handwerksgesellen und Zigarrenarbeitern, aber jede politische Gruppenbildung wurde vom Senat mit patriarchalischer Strenge unterdrückt. Die Bildungsvereine vermieden jeden politischen Anstrich, um nicht verboten zu werden; aber hier wurde doch ungewollt Vorarbeit für die Mündigkeit des Handwerker- und Arbeiterstandes geleistet; so in der Gesellschaft „Euphrosyne", die 1837 vom philosophisch-sozialen Seminarlehrer Steckel gegründet wurde, und vor allem auch seit 1846 im Verein „Vorwärts", der dem Arbeiter „bessere Erholung als das Wirtshauslaufen und geeignetere Unterhaltung als der Verkehr in den Tanzlokalen und dergleichen" verschaffen wollte.

Erst die revolutionäre Bewegung des Jahres 1848 führte zur Bildung von Gruppen mit ausgesprochen politischer Zielsetzung. Sie forderten vornehmlich Verfassungsreformen im liberalen oder auch im „demokratischen" Sinne — wie etwa der „Bürgerverein" und der „Demokratische Verein" unter der Führung von Pastor Dulon; aber die in diesen Kreisen verfochtene Idee der „Volkssouveränität" beinhaltete doch die Gleichberechtigung aller Bürger — auch des vierten Standes — im Staatsleben. Damit wurde das politische Selbstbewußtsein der Arbeiter gefördert. Sie gründeten nun in Bremen die ersten eigenen politischen Vereine und Gewerkschaften. So entstanden 1849 zwei Zigarrenarbeiter-Vereine, die einer allgemeinen deutschen Dachorganisation angeschlossen waren und den Charakter von Gewerkschaften trugen, denn sie setzten sich für die Besserung der Lohn- und Arbeitsverhältnisse ein und drohten — wenn auch zunächst nur recht zaghaft — mit dem Streik als letztem Kampfmittel. Eine große Rolle spielten die angeschlossenen Unterstützungskassen für Krankheit, Todesfall, Invalidität und Wanderschaft. Damit organisierten diese Vereine bereits manches, was Bismarcks Sozialgesetzgebung dann in Staatsregie nahm. Ähnliche Vereine wurden etwa von den Schlachtearbeitern, Tagelöhnern usw. gegründet, aber sie wurden alle 1852 vom Senat verboten.

Das Verbot aller politischen und gewerkschaftlichen Vereine erstickte auch die ersten Keime einer Arbeiterpartei. Die radikalen Zirkel der folgenden Jahre blieben bei den Massen ohne Resonnanz. Erst seit 1863 gab es in Bremen wieder eine Arbeiterbewegung mit öffentlicher Wirksamkeit. Am 3. August dieses Jahres kam der wandernde Tischlergeselle Gustav Deckwitz, gebürtig aus Zeitz, nach Bremen. Kurz zuvor war er in Hamburg mit dem „Allgemeinen Deutschen Arbeiterverein" Lassalles in Verbindung gekommen und warb für ihn nun auch an der Weser. Am 6. April 1864 ernannte Lassalle ihn zu seinem Bevollmächtigten in Bremen, und damit beginnt eigentlich die Geschichte der Sozialdemokratie in der Hansestadt. Der Senat versagte zwar dem neuen Verein seine Genehmigung, unternahm aber auch nichts gegen ihn. Hauptprogrammpunkt war zunächst das allgemeine, gleiche und direkte Wahlrecht, das eine angemessene parlamentarische Vertretung des vierten Standes ermöglichen sollte. Ein besonderer Lieblingsgedanke Lassalles war die Bildung von Unternehmen, die von den Arbeitern in eigener Regie betrieben werden sollten. Von Marxismus war in Bremen wenig zu spüren.

Die Mitgliederzahl des Vereins war zunächst sehr klein (1865: 239; 1866: 152); zudem schadete ihm die Uneinigkeit nach dem Tode Lassalles (1864). Erst der Kongreß in Gotha 1875 brachte eine Einigung in der Sozialdemokratischen Partei Deutschlands (SPD), aber die inneren Gegensätze waren damit nicht völlig ausgelöscht. Die Partei hatte in Bremen weiterhin nur wenige eingetragene Mitglieder, ihre Zahl schwankte um 200; aber die Reichstagswahlen brachten seit 1871 Erfolge. Die sozialdemokratischen Kandidaten konnten immer mehr Stimmen für sich gewinnen: 1871: 15,8 Prozent und 1874: 18,4 Prozent. 1877 stieg der Anteil auf 35,2 Prozent! Selbst die Wahl von 1878, die bereits unter dem Zeichen der Verfolgung durch Bismarck stattfand, brachte den Sozialdemokraten noch einen Stimmenanteil von 30,3 Prozent.

Dann wurde die Partei verboten, die Zeit des „Sozialistengesetzes" brach an, die Sozialdemokraten wurden als Revolutionäre und Königsmörder gebranntmarkt. Das verfehlte nicht seine Wirkung, und so erhielten sozialdemokratische Reichstagskandidaten 1881 und 1884 nur noch 24 Prozent der Stimmen. Dann aber kam wieder ein Aufstieg, der das Bremer Bürgertum in Schrecken versetzte: 1887 konnte der SPD-Kandidat 34 Prozent der Stimmen für sich gewinnen. Was würde die Reichstagswahl von 1890 bringen?

Fabrikhof der Jutespinnerei, die 1897 errichtet wurde und etwa 2000 Arbeiter beschäftigte.

Wilhelm Liebknecht spricht

Der fast 3000 Personen fassende größte Saal der Centralhallen in der Düsternstraße, des bedeutendsten Bremer „Concert-, Theater- und Ball-Etablissements" ist am Abend des 27. Februar 1890 überfüllt. Im Parkett und auf den Emporen drängen sich die Menschen, die meisten deutlich als Angehörige des vierten Standes abgestempelt: gutmütige zerfurchte Gesichter, abgeschabte saubere Kleidung; nur wenige verkommene, verwegene, vom Alkohol zermürbte Gestalten sind darunter; auch einige Neugierige der „Bourgeoisie" sind erschienen. Der Vorstandstisch ist von einigen schlichten Männern besetzt. Einer von ihnen spricht unbedeutende Eröffnungsworte, und dann besteigt ein älterer, den Bremern aus mancher erregenden Versammlung bekannter Mann das Rednerpult — ein Sechziger, würde man schätzen, mit welligem Haar und einem schütteren, ergrauten Vollbart. Fast könnte man ihn im Dämmerschein der Gasbeleuchtung für Kaiser Friedrich III. halten, aber der ist fast zwei Jahre tot und hätte auch bei Lebzeiten nicht auf einer Arbeiterversammlung gesprochen. Hochrufe brausen auf: Die bremischen Arbeiter begrüßen Wilhelm Liebknecht, den Patriarchen der deutschen Sozialdemokratie, den Freund von Marx, Engels und Bebel.

Er hatte ein unstetes Leben hinter sich: Als Beamtensohn sollte er auch Beamter werden, war Philologie- und Theologiestudent. Dann aber zog es ihn in den revolutionären Strudel seiner Zeit, und mit der Waffe in der Hand kämpfte er 1848 gegen die „Reaktion" in Baden. Es folgten harte Emigrantenjahre, die ihn dem Marxismus nahebrachten. 1862 konnte er wegen einer Amnestie nach Preußen gehen, wo er in mehreren sozialistischen Richtungen und Zeitungen taktierte und lavierte. Etwas rechthaberisch vertrat er überall hartnäckig seine Meinung und war dadurch ein etwas schwieriger Genosse. Er war aber auch ein mutiger und leidenschaftlicher Kämpfer, der sich durch keinen Rückschlag unterkriegen ließ. Im Privatleben war er integer — ein guter Familienvater, großer Naturfreund und persönlich sehr anspruchslos. „Er war ein Mann von Eisen und einem Kindergemüt", hat Bebel einmal geschrieben.

Dieser Mann steht nun am 27. Februar 1890 in den Centralhallen auf dem Rednerpult. Viele gläubige Augen richten sich auf ihn, Freunde und Gegner sind sich einig, daß er Hochachtung verdient. Liebknecht beginnt mit einer etwas leisen und heiseren Stimme zu sprechen, denn er hat in den letzten beiden Wochen keine Ruhe bekommen. Er setzt sich mit aktuellen Problemen der Zeit auseinander, und zwar in einer Art, die jeden Zuhörer beeindruckt; aber er sagt vieles, was selbst in den eigenen Reihen mit einigem Kopfschütteln aufgenommen wird. Den Triumph über die Wahlerfolge der letzten Zeit teilt er mit allen Genossen; die Ablehnung der Bismarckschen Sozialgesetze als „Armengesetzgebung" nehmen sie hin (ohne daß sie jedoch auf die Unterstützungsgelder verzichten wollen). Als Liebknecht die Religions- und Kirchenfeindlichkeit der Sozialdemokratie dementiert, da sieht man manches ironische Blinzeln; daß der Redner dann aber behauptet, es gebe keine „rote Gefahr", die Sozialdemokraten wollten nicht die Revolution, sondern die Sozialreform, stößt bei manchem alten Genossen auf inneren Widerspruch. Viele von ihnen wurden Sozialdemokraten, weil sie den Eindruck hatten, geprügelte Untertanen zu sein, und

Führer der Sozialdemokratie: Lassalle (1825–1864) und Wilhelm Liebknecht (1826–1900).

sie wollten mit Gewalt die Ketten sprengen. Jetzt aber sieht es so aus, als ob sie aufgefordert würden, brav zu sein, um etwas Zuckerbrot von den Herrschenden zu erhalten. Nur wenige Reformisten meinen, daß es vielleicht klüger sei, sich unter dem Druck des Sozialistengesetzes friedfertig zu geben, um wieder freie Hand zu bekommen.

So tönt es denn aus Liebknechts Munde über die Anarchisten: „Ihr Kindsköpfe, die ihr seid; wenn ihr glaubt, daß ihr ein Wunder tun könnt, wenn ihr einen Menschen tötet und Dynamit schleudert! Welche elende Stümperei, verglichen mit den Millionen Bomben, welche in Spandau im Arsenal liegen!" Die Sozialdemokratie wolle nur zwei Ketten brechen: die Armut und die Unwissenheit, die beide die Hauptursache des Lasters seien. Auch das Eigentum solle nicht zerstört werden; aus den Eigentumslosen sollten Eigentümer gemacht werden.

Nachdem Liebknecht geendet hat, schlägt ihm starker Beifall entgegen. Dann sprechen ein paar milde Liberale in der Diskussion. Sie betonen, daß auch ihr Kandidat die Abschaffung der Sozialistengesetze und die Besserung des Loses der Arbeiter wolle — eine Bemerkung, die viele Zuhörer mit ungläubigem Lachen quittieren. Aber es gibt bei den Liberalen auch einige scharfe Töne: Die Sozialdemokraten wollten den Sturz des verehrten Kaisers, der für die Arbeiter mehr tun könne als 50 bis 60 sozialdemokratische Abgeordnete. Da erhebt sich im Saal lauter Protest, aus dem man heraushören könnte, daß viele den Kaiser lossein möchten. Nun sieht Liebknecht sich genötigt, zur Kaiserfrage kurz Stellung zu nehmen. Es ist ein verzwicktes Problem; soll er seine wahre Meinung sagen („Zum Teufel mit dem Kaiser!")? Das hätte zwar viele (aber längst nicht alle) Zuhörer befriedigt, würde aber der Polizei Grund zum Eingreifen geben. So windet sich Liebknecht etwas und bekennt: „Ich bin persönlich Republikaner und Demokrat; das Wort Demokratie bedeutet aber nicht: gewaltsame Beseitigung der Monarchie!" Auch in England herrsche trotz des Königtums eigentlich eine Demokratie. Um nun aber bei seinen Freunden nicht den Eindruck zu erwecken, er sei sogar vaterländischer konstitutioneller Monarchist geworden, kritisiert er wenigstens das Säbelrasseln des deutschen Kaisers mit den Worten: „Auf nationale Größe pfeife ich, vom Ruhm der Völker kann man kein Brot schmieren; an diesem gefährlichen Gewächs sind alle Völker zugrunde gegangen."

Die Versammlung endet mit der Annahme einer Resolution, in der man sich mit Liebknecht solidarisch erklärt und die Arbeiter zur Wahl des sozialdemokratischen Reichstagskandidaten auffordert.

Bruhns oder Papendieck?

Die Liebknechtversammlung fiel zwischen zwei große Triumphe der Bremer Sozialdemokratie. Sieben Tage vorher, am 20. Februar 1890, war Reichstagswahl gewesen. Bremen hatte als Wahlkreis einen Abgeordneten zu stellen, für den die absolute Mehrheit gefordert wurde. Wenn sie sich im ersten Wahlgang noch nicht ergab, mußte ein zweiter stattfinden.

1890 waren viele Menschen unzufrieden; denn der Wehretat brachte hohe Steuerlasten, und in Bremen waren zudem nach dem Zollanschluß manche Waren erheblich teurer geworden. Viele Unzufriedene waren geneigt, sozialdemokratische Kandidaten zu wählen, ohne daß sie der sozialdemokratischen Ideologie anhingen.

Die Liberalen Bremens, die bisher immer ihren Kandidaten mit großer Mehrheit durchgebracht hatten, waren sich nicht einig. Ein Teil empfahl den Nationalliberalen Christoph Hellwig Papendieck, einen renommierten „tagenbarenen" Tabak- und Reederkaufmann, und die „Freisinnigen" schworen auf den Handelskammer-Syndikus Dr. Theodor Barth. Beide waren ehrenwerte und tüchtige Männer, die vom Wirtschaftsleben sehr viel verstanden und auch eigene Ideen hatten. In den Augen der oppositionellen Arbeiter aber waren sie Vertreter der herrschenden „Klasse" und wurden daher von vielen abgelehnt.

Für die Sozialdemokraten kandidierte Julius Bruhns, ein Mann, der aus einer ärmlichen Zigarrenarbeiterfamilie stammte und 1881 aus Hamburg wegen revolutionärer Umtriebe ausgewiesen worden war. Er war ein rühriger Agitator und organisierte in Bremen mehrere „harmlose" Ersatzvereine für die verbotene Sozialdemokratische Partei; einen „dramatischen Lesezirkel", einen „Verein für Geschichte und Naturwissenschaft" usw. Nachdem die Sozialdemokraten seit einiger Zeit im allgemeinen nur Reformen forderten und auf Revolution zu verzichten versprachen, waren auch immer mehr Angehörige des Mittelstandes geneigt, sozialdemokratisch zu wählen. War es nicht etwa ganz vernünftig, die allgemeine Schulgeldfreiheit, staatliche Garantie eines vernünftigen Arbeitslohnes, Errichtung von Badeanstalten und Turnhallen, Erhöhung der niedrigen Beamtengehälter usw. zu fordern?

Die Liberalen warfen den Sozialdemokraten 1890 immer wieder vor, daß sie trotz aller Dementis doch die alten Revolutionäre geblieben seien. Die Sozialdemokraten aber wetterten gegen die kostspielige Heerespolitik der Reichsregierung und gegen die Ausbeutung der Arbeiter. Julius Bruhns hielt 35 Wahlreden in 32 Tagen in und um Bremen!

Das Wahlergebnis vom 20. Februar war für das bremische Bürgertum schockierend und alarmierend: Bruhns erhielt fast 15 000 Stimmen und damit nahezu — aber nicht ganz — die absolute Mehrheit. „Hochburgen" der Sozialdemokratie waren die Wahlbezirke vor dem Ostertor, in der Neustadt und im Westen. Papendieck erhielt 11 500 und Barth 4100 Stimmen. Es mußte eine Stichwahl zwischen Bruhns und Papendieck stattfinden. Wem würden die Wähler Barths nun ihre Stimme geben? Das war die Frage! „Noch ist nichts entschieden", meinte eine bürgerliche Zeitung, und so entbrannte noch einmal ein heftiger Wahlkampf. Auf liberaler Seite tönte es: „Jeder, der es gut meint mit unserem heiligen Bremen, wird es für die nächsten Tage als seine heilige Pflicht ansehen müssen, für unseren Kandidaten C. H. Papendieck Stimmen zu werben! — Auf der anderen Seite seht ihr einen Vertreter der Sozialdemokratie, welcher (durch die Drosselung des Wehretats) die Sicherheit des Vaterlandes gegen äußere Feinde aufs Spiel setzt, auf den Untergang aller bürgerlichen und wirtschaftlichen Freiheit lossteuert und damit dem Rückschritt, den wir alle verabscheuen, in die Hände arbeitet!" Ähnlich schwarz-weiß wurde auch auf der anderen Seite gemalt. Papendieck sei ein eigennütziger Vertreter von Standesvorrechten; wer Bruhns wähle, der trage dazu bei, daß der dreijährige Militärdienst aufhöre und daß die Armut aus der Welt geschafft werde. — In dieser Zeit sprach dann auch Wilhelm Liebknecht.

Am 1. März 1890 fand die Stichwahl statt. Bruhns erhielt nur 508 Stimmen mehr als Papendieck, aber er war damit gewählt. Die Bremer Liberalen konnten sich nur damit trösten, daß auch in anderen Städten wie Hamburg, Lübeck, Frankfurt, Königsberg usw. Sozialdemokraten durchgekommen waren. Große Teile des Bremer Bürgertums aber fanden es empörend, daß die alte traditionsreiche Handelsstadt nun durch einen hergelaufenen Hamburger „Sozi" vertreten werden sollte.

Die Sozialdemokraten aber triumphierten. Viele sahen nun bereits die Zeit nahe, in der „es keine Domestiken mehr gibt, in der der Herr Graf, Pastor oder sonst wer sich seine Stiefel selbst putzen muß, ein Herr, der heute den Schweiß einiger tausend Arbeiter verpraßt, einmal gleich einem Arbeiter sein Brot auch verdienen muß".

Nun, soweit war es noch nicht. Zwar war die Sozialdemokratie nun endgültig eine politische Macht, aber unter den Wählern war manche Spreu, die leicht wieder auf die Gegenseite geweht werden konnte. Das „Sozialistengesetz" wurde am 1. Oktober 1890 aufgehoben; die Partei konnte sich nun reorganisieren und auch manche Verbesserung für die Arbeiter erreichen. Aber zum „letzten Gefecht" und zum Siege reichte es noch nicht. Schon 1893 wurde Bruhns wieder „abgewählt", weil der „Freisinnige" Her-

Nach „bürgerlicher" Auffassung galt es um 1900 noch als höchst unfein, Sozialdemokrat zu sein. In der Simplizissimus-Karikatur von Olaf Gulbransson sagte die Tochter zu ihren Eltern: „Liebe Eltern, ich kann nicht länger bei euch bleiben. Ich habe gehört, ihr seid Sozialdemokraten."

mann Frese (wieder ein Kaufmann!) mit mehr als 4000 Stimmen Vorsprung das Rennen machte, und erst 1903 konnte der sozialdemokratische Gastwirt Schmalfeldt seinen liberalen Gegner wieder mit 1000 Stimmen überrunden. Innere Uneinigkeit brachte in dieser Zeit den Bremer Sozialistenführern hervorragende dialektische Schulung, von der Männer wie Ebert, Pieck und Radek profitierten; aber diese Diskussionen schwächten doch das politische Gewicht der Partei, deren große und gefährliche Stunde erst 1918 schlug.

Im gleichen Jahre . . .

1864, als sich in Bremen eine Ortsgruppe von Lassalles „Allgemeinem Deutschen Arbeiterverein" bildete, besiegten preußische und österreichische Truppen Dänemark, beendete Reuter „Ut mine Stromtid", wurde Richard Strauss geboren.

1890, als Wilhelm Liebknecht in den Centralhallen sprach und der Sozialdemokrat Bruhns in den Reichstag gewählt wurde, entließ Wilhelm II. Bismarck, starben van Gogh, Schliemann und Gottfried Keller, wurde Franz Werfel geboren.

Bremens goldene Jahrzehnte

Nach dem Zollanschluß, nach Hafenbau und Weservertiefung kam für Bremen am Ende des 19. Jahrhunderts zur Blüte von Handel und Schiffahrt auch eine rasche Aufwärtsentwicklung der Industrie, die für ihre Investitionen vornehmlich auf das Kapital des Handels zurückgreifen konnte. Und so erlebte die Stadt trotz der Notlage des vierten Standes einige goldene Jahrzehnte — nicht nur im wirtschaftlichen, sondern auch im kulturellen Bereich. Vieles von dem, was damals etwa an Bauten entstand, mögen wir heute als schwülstig und protzig empfinden; aber es war doch auch mancher großartige Wurf dabei.

Die Einwohnerzahl der Stadt stieg zwischen 1880 und 1910 von 112 000 auf 245 000. Die Vorstädte wuchsen, der Verkehr in der Altstadt nahm zu, so daß zur Verbreiterung der Straßen viele prächtige Giebelhäuser vergangener Jahrhunderte abgerissen werden mußten.

Die Technik veränderte in wenigen Jahrzehnten die Lebensform der Menschen wie seit Jahrhunderten nicht. Seit 1834 gab es eine städtische Gasanstalt, die zunächst nur 1100 Straßenlaternen in Alt- und Neustadt speiste, dann aber immer mehr Straßen und auch Haushaltungen versorgte (seit 1901 arbeitet das Gaswerk in Woltmershausen). Das Elektrizitätswerk wurde 1892/93 in der Schlachthofstraße erbaut, 1906/07 folgte das Kraftwerk in Hastedt. Für die Wasserversorgung dienten zunächst vor allem Brunnen, aber ein Teil der Altstadt wurde schon seit dem Mittelalter durch ein Wasserrad an der Weserbrücke und seit 1847 durch eine Wasserleitung mit Dampfpumpe versorgt. Die städtische Wasserversorgung wurde 1873 eingerichtet und immer mehr ausgeweitet. Die Entwässerung der Stadt erfolgte bis 1834 nur oberirdisch in Rinnen auf der Straße, dann ging man dazu über, die Kanäle in die Erde zu verlegen; aber man kam damit zunächst nur langsam voran. Noch Jahrzehnte hindurch stellte man in vielen Stadtteilen nachts die Fäkalien-Tonnen auf die Straße.

Der technische Fortschritt der 2. Hälfte des 19. Jahrhunderts bescherte Bremen auch die Straßenbahn.

Vom Pferd zum System Thomson-Houston

Der Gedanke, eine Pferdebahn auf Schienen zu bauen, wurde 1852 zuerst in New York verwirklicht. Der Vorteil gegenüber einem schienenlosen Pferdeomnibus bestand darin, daß der Wagen nicht durch die damals noch sehr schlechte Straßenpflasterung gehemmt wurde; er konnte daher größer sein und trotzdem schneller fortbewegt werden. Die erste deutsche Pferdebahn fuhr 1865 in Berlin.

In Bremen gab es seit 1866 einen schienenlosen Linienwagen der Firma Neukirch, der vom Steintor zum Stephanitor, also quer durch die Altstadt holperte; weitere „Omnibusse" führten Ausflügler nach Oberneuland. In den 70er Jahren kamen mehrere Unternehmer auf den Gedanken, eine Pferdebahn in Bremen zu bauen; die zuständige Senatskommission lehnte jedoch ab, da es in den engen Straßen durch die schienengebundenen und daher unbeweglichen Fahrzeuge leicht zu Verstopfungen kommen konnte.

Die Pläne des Ingenieurs Westenfeld 1875 sahen dann vorsichtshalber zwei Strecken vor, auf die dieser Einwand nicht zutraf: eine Linie vom Herdentor über den Bahnhof nach Oberneuland und eine vom Buntentor über die Kaiserbrücke (heute Bürgermeister-Smidt-Brücke) zum Bahnhof. Die wirtschaftliche Grundlage sollte durch eine Aktiengesellschaft gegeben werden. Es war nicht ganz leicht, die erforderlichen 700 000 Goldmark zusammenzubekommen, denn dem Unternehmen wurde keine große Zukunft vorausgesagt. Immerhin, am 28. März 1876 konnte die Gesellschaft „Bremer Pferdebahn" mit einem Grundkapital von 180 000 Mark ins Leben gerufen werden, sie beschränkte sich allerdings auf die Strecke vom Herdentor nach Horn. Die Genehmigung durch Senat und Bürgerschaft ging dann reibungslos über die Bühne. Am 31. Mai 1876 zog ein Pferd den ersten mit Flaggen und Girlanden geschmückten und vom Ingenieur Westenfeld persönlich geführten Wagen über die Strecke. Das Gefährt startete vor dem Hotel du Nord, Ecke Breitenweg, und fuhr an der Vahrer Brücke durch eine Ehrenpforte. Dort war auch die Endstation, und

dort schlug der Vorsitzende des Vorstandes Diedrich Seekamp einen goldenen Nagel mit schwarzweißrotem Schleifchen in die zuletzt verlegte Schiene. Nach der Rückfahrt wurde im Hotel du Nord gefeiert und auf alle angestoßen, die irgend etwas mit der Pferdebahn zu tun gehabt hatten.

Vier Tage später, es war der Pfingstsonntag, wurde die Bahn der Öffentlichkeit übergeben. 2000 Personen ließen sich an den beiden Feiertagen befördern. Die Fahrzeit für die 5 km lange Strecke betrug 40 Minuten, so daß man eine Durchschnittsgeschwindigkeit von 7,5 km/st erreichte. Haltestellen gab es nicht, das Aussteigen wurde individuell geregelt. Der Fahrpreis betrug alltags 15 und sonntags 30 Pfennig.

Zum Unternehmen gehörten 20 Pferde, vier offene Wagen von einer Hamburger Firma, acht geschlossene, in New York gebaute Wagen, ein Streuwagen und 16 Mann Personal (Monatsgehalt der Fuhrleute 70 Mark).

In den folgenden Jahren wurde die Linie an beiden Enden verlängert: 1877 von der Vahrer Brücke bis zur Horner Kirche, 1883 vom Herdentor bis zum Stadthaus (später Neues Rathaus), 1889 durch die Langenstraße zum Freihafen und von der Kaiserstraße (Bürgermeister-Smidt-Straße) über die Kaiserbrücke zum Hohentor.

Schon 1878 trat ein Konkurrenzunternehmen auf: die Londoner „Tramways Union". Sie griff alte Pläne für eine Ost-West-Verbindung wieder auf, obwohl der Senat von ihnen früher nichts hatte wissen wollen. Die Gesellschaft bot aber 200 000 Mark für die Verbreiterung der Ostertors- und Faulenstraße — und nun erhielt sie Ende 1878 die Konzession für die Strecke von Hemelingen über den Markt und die Obernstraße nach Walle. So entstand die „Große Pferdebahn", die 1879 eröffnet wurde. Dieselbe Gesellschaft nahm 1881 auch die viel benutzte „Ringbahn" auf der Strecke Kaiserstraße (Bürgermeister-Smidt-Straße) über Bahnhof —Dobben—Markt durch die Obernstraße zur Nordstraße in Betrieb.

Ein einschneidendes Ereignis für die Straßenbahn brachte 1890 die „Nordwestdeutsche Gewerbe- und Industrie-Ausstellung"

Sommerwagen der Pferdebahn Bremen — Horn.

im Bürgerpark: die erste „Elektrische". Schon 1879 hatte Werner von Siemens in Berlin die erste elektrische Bahn konstruiert, die er dann weiterentwickelte und 1887 auf der Pariser Weltausstellung vorführte. Auch in den USA wurden in dieser Zeit viele Straßenbahnlinien elektrifiziert, zum Teil mit dem Rollen-Stromabnehmer, einem amerikanischen Patent, das nun 1890 in Bremen seine deutsche Premiere erlebte. Die elektrischen Anlagen wurden von der Gesellschaft „Bremer Pferdebahn" bei der „Thomson-Houston International Electric Company" in Boston/USA in Auftrag gegeben, während die Wagen von der Konkurrenz, der „Großen Bremer Pferdebahn" gebaut wurden. So entstanden sechs Triebwagen mit Elektromotoren.

Mancherlei Bedenken wurden in der Bevölkerung geäußert: Man sah die Sperlinge elektrisiert von der Oberleitung fallen; man hatte Angst, daß die Taschenuhren magnetisch würden, daß die Leitungsdrähte reißen und dabei Passanten beschädigen könnten, daß die Pferde vor den elektrischen Wagen scheu würden und daß bei Gewitter der Blitz bevorzugt in die „Elektrische" einschlagen könnte.

Erste „Elektrische" in Bremen 1890, nach dem System Thomson-Houston.

Aber nachdem die Polizeibehörde die Probefahrt am 21. Juni 1890 kritisch gemustert und alles für gut befunden hatte, konnte sich vom nächsten Tage ab das Publikum überzeugen, daß die Spatzen auf den Drähten munter schilpten, daß die Taschenuhren so falsch und so richtig gingen wie zuvor und daß auch sonst alles in Ordnung und gefahrlos war.

Die elektrische Strecke führte zunächst nur vom Schüsselkorb zur Ausstellung beim Parkhaus, wurde aber kurz darauf von der Börse aus betrieben. Die Neuerung war ein voller Erfolg, und so faßte der Aufsichtsrat der „Bremer Pferdebahn" schon am 27. September 1890 den Beschluß, alle ihre Strekken zu elektrifizieren; ein Jahr später änderte sie ihren Namen, da er sachlich nicht mehr stimmte, in „Bremer Straßenbahn". Es gab nun aber immer noch manche Bremer, die von der Neuerung nichts wissen wollten: Die Anwohner der Langenstraße fürchteten weiterhin, daß vor den schnellen Bahnen Pferde durchgehen könnten und daß Fußgänger gefährdet würden; die Schwachhauser wollten nicht, daß ihre Heerstraße mit Oberleitungsdrähten verschandelt wurde. Man ging über die Einwände hinweg, und am 1. Mai 1892 fuhr dann die erste „Elektrische" von der Börse nach Horn. Nach und nach wurden auch die anderen Linien elektrifiziert. (Den letzten Pferdebetrieb stellte man 1909 im Freihafen ein.)

Die wichtigste organisatorische Änderung wurde 1899 vollzogen, denn in diesem Jahre übernahm die „Bremer Straßenbahn" auch die „Große Bremer Pferdebahn", die nun ebenfalls elektrifiziert wurde. Damals hatte das Bahnnetz bereits eine Länge von 42 km! Weitere Neuerungen: 1910/11 liefen gleislose elektrische Bahnen zwischen dem Bischofstor und der Munte sowie 1910/14 auf dem Arsterdamm; seit 1924 setzte die BVG Linienbusse ein.

Im gleichen Jahre . . .

1876, als in Bremen die erste Pferdebahn fuhr, baute Bell das erste brauchbare Telefon, entdeckte Robert Koch die Milzbrand-Bakterien, entwickelte Otto einen Viertaktmotor, wurde das Bayreuther Festspielhaus eröffnet.

Den goldenen Jahrzehnten bremischer Wirtschaft um die Jahrhundertwende setzte der erste Weltkrieg ein jähes Ende. Es wirkten nun Verhältnisse auf Bremen ein, die es selbst nicht mehr beeinflussen konnte. Ein großer Teil der Männer mußte den grauen Rock anziehen; Handel und Schiffahrt kamen zum Erliegen, ein Teil der Industrie trat in den Dienst der Rüstung. Politische Schwierigkeiten gab es zunächst nicht, denn auch die Arbeiter wurden von nationaler Begeisterung mitgerissen. Die Zeitungen kündeten Siege; über Heldentaten des bremischen Infanterieregiments 75 im Westen wurde stolz berichtet. Dann aber begann der Stellungskrieg, und es gab manche Rückschläge. Aber auch die kleinen Erfolge schienen nicht mehr die gewaltigen Opfer an Gut und Blut zu rechtfertigen. Man hielt durch, weil man sich vor den Folgen einer Kapitulation fürchtete und weil der Zwang eiserner Disziplin hinter den Menschen stand. Die Verluste der 75er: 2500 Gefallene, 8200 Verwundete, vermißt oder gefangen 2600. Als das Regiment aus dem Kriege zurückkam, bestand es noch aus 600 Mann.

Auch auf die Heimat legte sich immer drückender die Not des Krieges. Hohen Arbeitsanforderungen stand eine schlechte Versorgung mit den notwendigsten Lebensbedürfnissen gegenüber. Die militärischen Mißerfolge und die Entbehrungen gaben den Linksradikalen, die den Frieden und eine Neuordnung der gesellschaftlichen Verhältnisse forderten, immer mehr Auftrieb. Der Februar 1918 brachte einen Streik in der Rüstungsindustrie und auf den Werften, im Herbst gab es als erstes Zugeständnis einige bescheidene Verfassungsreformen, während über andere Streitpunkte — vor allem auch über das allgemeine und gleiche Wahlrecht — weiter diskutiert wurde.

Der „Eiserne Roland" wurde am 16. Juli 1915 an der Ostseite des Alten Rathauses eingeweiht, im Oktober wurde er von Beutegeschützen flankiert. In seine Oberfläche konnten goldene, silberne und eiserne Nägel eingeschlagen werden. Letzte Nagelung am 17. März 1918.

Bremen in der Revolution 1918/1919

Nach mehr als vier Jahren Blut und Tränen ging der erste Weltkrieg im Herbst 1918 zu Ende, weil die Mittelmächte militärisch und wirtschaftlich vor dem Zusammenbruch standen. Depeschen über einen Waffenstillstand gingen zwischen Berlin und Washington hin und her. Es wurde immer deutlicher: Deutschland sollte wehrlos gemacht werden, bevor man verhandelte. Es gab Generäle und Staatsmänner, die nun „heldenhaften Untergang" einer „schmachvollen Kapitulation" vorzogen. Da aber lösten die Unabhängigen Sozialdemokraten und die kommunistischen Spartakisten die deutsche Revolution aus: Schluß mit dem Krieg und fort mit dem Kaiser und den bisherigen Machthabern! war die Losung. Die Führer der Mehrheitssozialisten wurden von ihren Genossen gezwungen, mitzumachen, aber die Ziele der sozialistischen Gruppen gingen weiterhin auseinander.

Am 3. November kam es in Kiel zu Meutereien: Offiziere wurden entwaffnet, und die rote Fahne flatterte auf einigen Schiffen. Auch Bremen kam in Bewegung. Am Abend des 4. November kündigte der redegewaltige Reichstagsabgeordnete Alfred Henke auf einer großen Versammlung der Unabhängigen Sozialdemokraten (USPD) im Casino (Auf den Häfen) an, seine Partei werde am Jahrestage der russischen Revolution, also am 6. November, losschlagen.

Am Abend des 5. November hielten auch die Mehrheitssozialisten (MSPD) eine Versammlung ab, um den Radikalen den Wind aus den Segeln zu nehmen. Es kam zu schweren Krawallen, und der Redner wurde fast mit dem Pult von der Bühne gestoßen. Die Veranstaltung wurde „gesprengt".

Und dann kam der entscheidende 6. November. Am Morgen suchte eine Abordnung der Kieler Matrosen die AG „Weser" auf, um mit Hilfe der Werftarbeiter einige Kameraden aus dem Zuchthaus Oslebshausen zu befreien. Gleichzeitig verweigerte auf dem Hauptbahnhof ein Transport gefangener Mariner aus Wilhelmshaven die Weiterreise. Und noch an einer dritten Stelle flackerte

Zeichnung Ida C. Strövers, 1919, mit dem Titel „Hungerblockade", in „Bremer Sturmtage".

Widerstand auf: Als etwa 100 Soldaten in der Neustadtkaserne eingekleidet wurden, um ins Feld geschickt zu werden, gab es unzufriedene Gesichter und Getuschel. Schließlich trat der Wehrmann Bernhard Ecks, ein Maurer aus Walle, vor und erklärte, man wolle nicht ausrücken. Der Garnisonskommandant Oberst Lehmann ließ ihn verhaften. Ecks aber tat sehr selbstbewußt und forderte die Wahl eines Soldatenrates.

Der Oberst spürte, daß ungewöhnliche Dinge in der Luft lagen, und so setzte er sich mit dem vorgesetzten Generalkommando in Hamburg-Altona in Verbindung. Dort aber herrschte schon der Soldatenrat, und so erhielt Lehmann den Befehl, der Fronttransport sei zurückzuhalten. Ecks wurde sogar wieder freigelassen, und damit war für diesen einfachen, rührigen und redseligen Mann der Weg zu einer kurzen Volkstribunen-Laufbahn geöffnet. Kaum hatte er gehört, was sich im Hauptbahnhof begeben hatte, da eilte er hin und überredete die Soldaten, ihm zu folgen. So setzte sich die Abteilung unter seiner Führung in Bewegung, andere Soldaten schlossen sich an; es ging über den Markt und die Weserbrücke zur Kaserne am Neustadtswall.

Am Tor empfing sie ein Oberleutnant: Er verkündete, der Herr Oberst sei bereit, eine Abordnung zu empfangen. Wer den Ehrenkodex der alten Armee kannte, der wußte: das war bereits völliger Autoritätsverlust, das war die Kapitulation vor den Untergebenen. Ein Vertrag wurde nun aufgesetzt, den ein vierköpfiger Soldatenrat und Oberst Lehmann mit zwei Offizieren unterzeichneten. Man wollte gemeinsam die „militärische Gewalt" in Bremen ausüben und für Ruhe, Ordnung und Sicherheit sorgen. Es war vorauszusehen, daß sich dieses ungleiche Gespann nicht bewähren werde.

Am Abend verließen Soldatenzüge die Kaserne und marschierten zum Markt, zum Teil mit Maschinengewehren und roter Fahne (die Gegner behaupteten hämisch, es sei ein rotes Schnupftuch gewesen, das man an einem Gewehr befestigt habe). Arbeitergruppen hatten das gleiche Ziel. Eine Abordnung von Arbeitern und Soldaten trat auf den Rathausbalkon, und der USP-Mann Frasunkiewicz hielt eine Ansprache, in der die Konstituierung eines Arbeiter- und Soldatenrates sowie die Freilassung der politischen Gefangenen angekündigt wurde. Man möge in den Betrieben weiterarbeiten, alles andere werde der Arbeiter- und Soldatenrat beschließen. Man solle nun ruhig nach Hause gehen und damit beweisen, daß die Sozialdemokratie reif sei, ohne Blutvergie-

Amateurfoto des Sozialdemokraten Sonnemann: Die Bremer SPD-Führer scheinen eine einträchtige Familie zu sein. Das Bild entstand vor dem ersten Weltkrieg. Stehend, zweiter von links: Johann Knief; erster von rechts: Wilhelm Pieck, zweiter von rechts, rund und behäbig: Alfred Henke.

Revolutionsfeindliche Karikatur von Ida C. Ströver: „Der Hetzer", in „Bremer Sturmtage".

ßen den sozialistischen Staat ins Leben zu rufen. Ein Hoch galt der „sozialistischen deutschen Republik". Einige Worte eines Soldaten und eines Mariners setzten den Schlußpunkt dieser abendlichen Veranstaltung. Um 20 Uhr läuteten die Domglocken; man bekam fast den Eindruck einer erhabenen Feierstunde.

Anschließend wurde im Gewerkschaftshaus an der Faulenstraße von den Abgeordneten der Betriebe ein Arbeiterrat von 180 Personen nominiert, der sogleich einen Aktionsausschuß einsetzte, in dem die führenden Männer der USPD wie Henke und Frasunkiewicz, aber auch einige gemäßigte Mehrheitssozialisten wie die späteren Senatoren Rhein, Deichmann und Winkelmann vertreten waren.

Während der Demonstration auf dem Markt tagte die Bürgerschaft in der Börse und votierte für das allgemeine und gleiche Wahlrecht — auch der Frauen (bisher wählten in Bremen nur die Männer in acht Klassen). Selten war eine Bürgerschaftssitzung so sachlich verlaufen wie diese, obwohl der Volkslärm durch die geschlossenen Fenster drang. Es sollte sich aber bald zeigen, daß nicht mehr von großer Bedeutung war, was hier geredet und beschlossen wurde, denn die eigentlichen Entscheidungen fielen an anderer Stelle.

Am nächsten Tage, am 7. November, fand eine riesige Demonstration statt. Auf dem Spielplatz an der Nordstraße strömten 30 000 Menschen zusammen; der Arbeitergesangverein ließ einige Lieder ertönen, bunte Vereinsfahnen und rote Flaggen wehten überall. Die Massen waren froh gestimmt: Man bekam das gleiche Wahlrecht, man sah sich auf dem Wege zur echten Volkssouveränität — vielleicht auch zur Weltrevolution. Die Tausende zogen zum Markt — bewaffnete Soldaten, ein Musikkorps und eine rote Fahne an der Spitze, englische und russische Kriegsgefangene zum Zeichen der Völkerversöhnung am Schluß. Auf der Rathausbalustrade, links und rechts von einem strammstehenden Soldaten und Matrosen flankiert, sprach Alfred Henke, der große Volkstribun der USPD, der wie kein anderer die Massen mitzureißen verstand. Er betonte mit aller Schärfe, daß man sich mit dem Erreichten nicht zufriedengeben dürfe; die Revolution müsse weitergehen, bis das Volk von seinen Bedrückern völlig frei sei. Das Mitglied des Soldatenrats Willems betonte dann, daß eine Volksregierung einen Friedensschluß auf der Grundlage der 14 Punkte Wilsons möglich mache — ein weitverbreiteter fundamentaler Irrtum.

Die rote Fahne am Rathaus

Der Senat beabsichtigte, die Massen mit einigen Zugeständnissen zu beruhigen und damit die Revolution zu bremsen; aber dazu kam es nicht mehr, denn der Arbeiter- und Soldatenrat beschloß am 14. November einstimmig, von Henke dazu aufgefordert, die Auflösung von Senat und Bürgerschaft, die von den Revolutionären als Brutstätten reaktionärer Pläne angesehen wurden.

Noch am Abend ergriff man Besitz vom Rathaus, und Henke verkündete vom Fenster des Bürgermeisterzimmers im ersten Stock das Ende von Senat und Bürgerschaft. Angesichts der Dunkelheit verzichtete man auf das Hissen der roten Fahne. Dieser Akt sollte am nächsten Tage stattfinden. Von unten ertönte Bravo-Rufen, und am Schluß ließ man die deutsche Volksrepublik hochleben. Nun, das geschah abends um 21 Uhr, als die Dienstzimmer im Rathaus leer waren; wie würde es am nächsten Tage sein, wenn der Senat und die Beamten anwesend waren? Oder würden sie überhaupt nicht kommen?

Am 15. November, vormittags, hatten sich auf dem Markt viele Menschen eingefunden, um dem „historischen Augenblick" beizuwohnen. Im Rathaus saßen die Beamten und Angestellten etwas nervös an ihren Schreibtischen, und der Senat trat um 9.30 Uhr zu einer Besprechung zusammen. Kurze Zeit später kapitulierte er vor einer Abordnung des Arbeiter- und Soldatenrates mit Henke an der Spitze, indem er widerstrebend auf seine Regierungsgewalt verzichtete.

Nun konnte der Festakt auf dem Markt stattfinden. Die Garnison rückte mit klingendem Spiel aus der Neustadt an, und kurz vor 11 Uhr erschien der Arbeiter- und Soldatenrat auf dem Rathausbalkon. Henke hielt eine flammende Ansprache, der die Massen gläubig lauschten. Er sprach von der unblutigen Revolution, die nun durch die Ausschaltung von Senat und Bürgerschaft vollendet sei. Man wolle aber die Erfahrung von Senat und Verwaltung „zur Überleitung in die neuen Verhältnisse" nutzen: „Die Maschine läuft, aber der Lokomotivführer ist der Arbeiter- und Soldatenrat, der Vertreter des gesamten Volkes". Dann wurde die rote Fahne gehißt, deren Farbe — nach Henke — „das Symbol der Menschenliebe" und nicht des Blutvergießens sei. Frieden und Verbrüderung mit anderen Völkern wurden als Ideale hingestellt, zu deren Verwirklichung man in Bremen einen großen Schritt getan habe. Am Schluß ließ man die Internationale und den Sozialismus hochleben, und dann ging man diskutierend, aber mit froher Stimmung nach Hause.

15. November 1918: Am Rathaus weht die rote Fahne.

In bürgerlichen Kreisen dagegen wurde der Widerwille gegen die neuen Verhältnisse immer größer. Schon am 12. November wurde ein „Bürgerausschuß" gebildet, der eine Gleichberechtigung aller im staatlichen Bereich forderte. Auch proklamierten nun bürgerliche Berufskreise ihre eigenen „Räte": den Industrierat, den Rat der gei-

Turbulente Versammlung: Zeichnung Ida C. Ströver, 1919.

stigen Arbeiter Bremens und den Beamtenrat. In Presse und Versammlungen wurde manche Kritik an der Revolution laut.

Seit Mitte November verschärfte sich die Lage immer mehr. Das war eine zwangsläufige Folge der Revolution, die weitergehen mußte, wenn sie sich nicht totlaufen wollte. Heftige Kritik an der Reichsregierung, Forderungen nach einem Maulkorb für die bürgerliche Presse, nach einer „Roten Garde" der Arbeiter und nach manchem anderen wurden bei den Radikalen laut. Die Führer der Mehrheitssozialisten stemmten sich allen extremen Zielen entgegen. Die Gegensätze konzentrierten sich dann auf die Frage, ob Arbeiter- und Soldatenräte oder eine Nationalversammlung die Volkssouveränität repräsentieren sollten. Mancher Zwist im sozialistischen Lager hatte seine Ursache im persönlichen Bereich.

Knief kontra Henke

Der Kommunistenführer Knief war nicht nur ein fanatischer Idealist, sondern auch von brennendem Ehrgeiz erfüllt — ein Mann, der durch seine Schärfe in Wort und Schrift großen Einfluß auf die radikalen Massen gewann.

Der USP-Führer Henke, ebenfalls ein Mann mit großer Redegabe, war besonnener und hoffte auf glattem, unblutigem Wege zum Ziel zu kommen. So geriet er oft zwischen Kommunisten und Mehrheitssozialisten in eine schiefe Stellung, in der ihm bisweilen auch das geschickteste Taktieren nichts half.

Das wurde am 29. November in greller Weise sichtbar. Vormittags kam der Arbeiter- und Soldatenrat in der Börse zusammen. Den Vorsitz führte Henke. Auf dem Domshof aber sprach Knief von der Balustrade der Deutschen Bank zu etwa 16 000 Menschen und forderte unter Ablehnung der Nationalversammlung Bewaffnung und Diktatur des Proletariats; die Bürger-Zeitung solle der MSPD genommen werden. Gegen 12 Uhr erschien Knief mit einer Abordnung vor dem Arbeiter- und Soldatenrat und präsentierte seine Forderungen, die Henke nun als Vorsitzer verlas. Anschließend wurde mit großer Schärfe debattiert. Wollte Henke nicht sein Gesicht verlieren, so konnte er sich dem Druck Kniefs und seiner Anhänger nicht unterwerfen. Sollte man überhaupt unter der Drohung der Straße weiterdebattieren und abstimmen oder einfach nach Hause gehen? Unter Tumult wurde zunächst darüber abgestimmt, ob eine Nationalversammlung einberufen werden solle oder nicht. Das Ergebnis war eine eindeutige Niederlage Kniefs, denn der Arbeiter- und Soldatenrat stimmte mit 97 gegen 56 für die Nationalversammlung.

Inzwischen wurden die Massen auf dem Domshof unruhig, besonders nachdem sich das Abstimmungsergebnis herumgesprochen hatte. Als Henke an einem Fenster der Börse erschien, um zu sprechen, wurde er mit Pfui-Rufen empfangen. Er betonte, man müsse sich in das Abstimmungsergebnis fügen, denn es sei die Meinung der Vertreter, die von den Arbeitern selbst gewählt worden seien. Bremen könne sich in dieser wirtschaftlich so schwierigen Zeit eine politische Absonderung vom Reich nicht leisten.

Bei den weiteren Abstimmungen im Arbeiter- und Soldatenrat stellte sich heraus, daß ein Teil der Mehrheitssozialisten fortgegangen war. So ergab sich eine glatte Mehrheit für eine Bewaffnung des Proletariats und für eine Beschlagnahme der „Bürger-Zeitung". Schließlich sah man noch eine Neuwahl des Arbeiterrates vor. Nie waren die Sozialisten so zerfallen gewesen wie jetzt, und das mußte die Ergebnisse der Revolution überhaupt in Frage stellen. Das Bürgertum durfte wieder hoffen.

Diktatur des Proletariats

In diese Zeit allgemeiner Nervosität fiel nun ein Ereignis, das sehr leicht der Funke im Pulverfaß hätte sein können. Das Bremer Regiment 75 kam aus dem Felde zurück und traf am 30. Dezember 1918 mit 600 Mann in Sebaldsbrück ein. Es war noch eine einigermaßen disziplinierte Truppe, in der das Wort der Offiziere etwas galt. Der bremische „Bürgerausschuß" schickte Abgeordnete, die das Regiment revolutionsfeindlich zu stimmen suchten, aber auch die Linksradikalen verteilten Flugblätter an die Soldaten. Der bremische Arbeiter- und Soldatenrat fürchtete, daß die 75er sich auf die Seite der „Reaktion" stellen würden, mobilisierte seine Anhänger und gab ihnen in der Kaserne am Neustadtswall Gewehre.

Verhandlungen in Sebaldsbrück führten jedoch zu einer Einigung, nach der sechs Mitglieder des Regiments in den Bremer Soldatenrat aufgenommen werden sollten, das Regiment seine Waffen behalten und in der Kaserne Quartier nehmen solle. Über den Wunsch der 75er, Senat und Bürgerschaft möchten wieder eingesetzt werden, wurde natürlich keine Einigung erzielt.

Das Bremer Infanterie-Regiment 75 auf dem Marktplatz.

Am 1. Januar 1919 zog das Regiment unter dem Jubel von Zehntausenden in Bremen ein und stellte sich auf dem Marktplatz auf. Ein Abgeordneter des Soldatenrats brachte ein Hoch auf die Heimkehrer aus, dann aber wurde — es blieb umstritten, von wem — das Deutschlandlied angestimmt und von Tausenden begeistert gesungen. Anschließend wurden mehrere Ansprachen gehalten: von Bürgermeister Hildebrand auf das Vaterland, von einem Oberstleutnant des Regiments auf Bremen, vom Vorsitzenden des „Bürgerausschusses" auf die 75er. Es war eine vaterländische Feier mitten im revolutionären Bremen! War sie der Anfang einer Gegenrevolution?

Das Regiment zog zur Schule an der Kornstraße, um dort provisorisch untergebracht zu werden. Es nahm auf dem Schulhof Aufstellung. Da aber erschien eine Abordnung des Soldatenrates unter Führung von Ecks und forderte Abgabe der Waffen, während bewaffnete Arbeiter die Zugänge des Hofes sperrten und in den Fenstern des Schulgebäudes standen. Ecks stieg auf einen Maschinengewehrwagen, sprach von Mißbrauch des Regiments durch die Reaktionäre, drohte, daß die Offiziere bei Widerstand niedergeschossen würden, und warnte vor dem Brudermord. Das Regiment zögerte mit der Abgabe der Waffen, ein Vertreter des Regiments-Soldatenrates sprach von Vertrauensbruch und Verrat. Major Caspari, einer der schneidigsten Offiziere der 75er, schlug Verhandlungen vor, und diese fanden dann in einem Schulzimmer statt. Sie führten dazu, daß die Waffen in einem Raum der Kaserne am Neustadtwall gelagert und von einer Kommission bewacht wurden, in der auch das Regiment vertreten war. Die Truppe war damit wehrlos, und das war ein entscheidender Erfolg der Revolutionäre; es war aber auch ein Ereignis, das Bremen an den Rand eines blutigen Bürgerkrieges brachte und das allgemeine Mißtrauen vertiefte.

Am 6. Januar 1919 wurde ein neuer Arbeiterrat gewählt; es entfielen zwar auf die MSPD 113 Mandate, während die USPD nur 58 und die Kommunisten 57 erringen konnten; aber zusammen waren die beiden radikalen Fraktionen stark genug, um die Mehrheitssozialisten bei der nächsten Gelegenheit aus dem Arbeiterrat auszuschließen.

Das geschah zur gleichen Zeit, als Noske in Berlin die Aufstände der Linksradikalen mit Hilfe der Reichswehr und von Freikorps blutig niederschlug. In Bremen aber meinten viele Revolutionäre, jetzt müsse die Hansestadt Metropole einer Nordwestdeutschen Räterepublik werden. Der rührigste Aktivist, Johann Knief, war jedoch zu dieser Zeit aus dem politischen Leben ausgeschaltet — durch eine Blinddarmentzündung.

Der 10. Januar 1919 brachte die Entwicklung in Bremen einen Schritt weiter. Um 16 Uhr war Großdemonstration vor dem Rathaus. Tausende füllten den Marktplatz. Vor Börse, Schütting und Rathaus wurden Maschinengewehre aufgestellt. Rote Fahnen flatterten überall, Schilder forderten: „Nieder mit dem Senat!", „Nieder mit Ebert-Scheidemann!" Knief und Henke traten nicht in Erscheinung, dafür sprachen Jörn von der KPD und Frasunkiewicz von der USPD. Sie forderten u. a.: Abdankung des Senats, Einsetzung von Volkskommissariaten, Ausschluß der Mehrheitssozialisten aus dem Arbeiterrat. Im Rathaus bestätigte der Aktionsausschuß des Arbeiter- und Soldatenrats diese Punkte, und in scharfen Reden wurde den Massen verdeutlicht, daß die Diktatur des Proletariats angebrochen sei.

Ein Rat der Volksbeauftragten, mit je drei Vertretern der USPD, KPD und des Soldatenrats, sowie Volkskommissariate für die einzelnen Fachressorts sollten geschaffen werden. Standrechtliche Maßnahmen bedrohten jeden Widerstand, den Bourgeois, der seine Waffe nicht abgab, wie auch den Plünderer; die Presse wurde unter Zensur gestellt. Eine Übernahme der größeren Betriebe durch die Arbeiter war geplant.

Eine Resolution der Versammlungsteilnehmer bestätigte die Beschlüsse, Wehrmann Ecks, der sich bald „Stadtkommandant" nennen sollte, ließ das Proletariat hochleben und kündigte an, die „Rote Garde" werde das Gewerkschaftshaus besetzen — was auch sogleich geschah. Alles vollzog sich ohne Blutvergießen, wenn man davon absieht, daß ein Schüler beim Entladen eines Maschinengewehrs auf der Rathaustreppe verletzt wurde und einen Tag später starb.

Unter den neuen Volkskommissaren gab es gewiß manche, die von bestem Willen erfüllt waren, und auch einige, die Fähigkeiten für ihr Amt mitbrachten, waren darunter doch Männer wie Hermann Böse, Emil Sommer, August Hagedorn, Alfred Faust usw. Aber es fehlte im allgemeinen die Erfahrung. Zudem bestand ein großer Teil der neuen Führungsschicht aus primitiven Raufbrüdern — sehr zum Schaden der Revolution und ihrer geschichtlichen Würdigung.

Die Mehrheitssozialisten und die bürgerliche Mitte waren in dieser Zeit nicht müßig. Soweit die Umstände es zuließen, legten sie ein Bekenntnis zur kommenden deutschen Nationalversammlung ab und wehrten sich mit Worten gegen die Unterdrückung von links. Führende Bremer Politiker der MSP nahmen auch Kontakt mit den Genossen im Berliner Rat der Volksbeauftragten auf.

Drastisches, revolutionsfeindliches Plakat in Bremen 1919.

Anfang Januar war nun eine wichtige Frage zu beantworten: Sollten in Bremen Wahlen zur deutschen Nationalversammlung zugelassen werden oder nicht. Der Rat der Volksbeauftragten lehnte das mit Mehrheit ab; der Arbeiter- und Soldatenrat, der jetzt nur noch aus USP-Leuten und Kommunisten bestand, sollte sich am 13. Januar in der Börse entscheiden.

Die Kommunisten waren bis auf wenige Ausnahmen (darunter Knief!) gegen die Wahlen, weil sie aus den Mehrheitsentscheidungen eines Parlaments mit Recht nur Nachteile für die Revolution erwarteten. Der Soldatenrat und die Abgeordneten der USP waren sich nicht einig. An sich waren sie fast alle gegen die Nationalversammlung; aber Henke machte ihnen klar, daß Bremen bei einer völligen Absonderung vom übrigen Deutschland der wirtschaftliche und finanzielle Zusammenbruch drohe. Wahrscheinlich begann Henke bereits an der Revolution zu verzweifeln, und vielleicht fürchtete er die Kommunisten jetzt mehr als die Mehrheitssozialisten. Seine Tonart wurde überraschend milde. Bei vielen radikalen USP-Leuten wurde Mißtrauen gegen ihren Führer wach; aber die Abstimmung brachte dann einen letzten Sieg Henkes: 101 Stimmen für und 88 gegen die Nationalversammlung.

Vier Tage später brach ein Gegensatz auf, der das erste Blutvergießen forderte. Sowohl die bewaffneten Arbeiterbataillone als auch die Soldaten, repräsentiert durch den Soldatenrat, sahen sich als bevorzugte Waffenträger des neuen Staates; daher suchte jeder dem anderen die Waffen abzunehmen und ihn dadurch auszuschalten. Der „Stadtkommandant" Ecks schlug sich als radikaler Mann auf die Seite der Arbeiter gegen die bereits als unzuverlässig geltenden Soldaten, drohte mit Verhaftungen und Entwaffnung der Garnison. Nun schlug das Militär zurück. Am 14. Januar schlossen sich die Kasernentore, Maschinengewehre wurden auf den Brücken und auf der Börsentreppe postiert. Ecks und einige radikale Soldatenratsmitglieder wurden verhaftet. Schließlich marschierte eine Soldatenabteilung von 80 Mann nach Gröpelingen, um Arbeiter zu entwaffnen. Bei der AG „Weser" entwickelte sich ein Straßenkampf, bei dem vier Tote zu beklagen waren. Die Soldaten wurden von den Arbeitern entwaffnet. Die Tore der Werft wurden mit starken Posten besetzt, und in den Fenstern drohten Maschinengewehre, als in den Abendstunden ein weiterer Zug Soldaten anrückte. Arbeiter hielten ihnen Ansprachen und versuchten, sie zu sich herüberzuziehen. Das gelang zwar nicht; aber das Militär rückte wieder ab, als Unterhändler des Arbeiter- und Soldatenrats mit weißen Taschentüchern in der erhobenen Hand erschienen. Auch in der Stadt — besonders auf der Kaiserbrücke — gab es Zusammenstöße: Schüsse peitschten durch die Luft, Passanten stoben auseinander und flüchteten in die Häuser.

Verhandlungen im Rathaus führten zu einem Waffenstillstand: Ecks wurde abgesetzt, aber aus der Haft entlassen. Die Waffen sollten in Depots von Arbeitern und Soldaten gemeinsam bewacht werden. Das Mißtrauen aber blieb: die Revolution hatte ihren ersten Blutzoll gefordert.

Es war angesichts dieser Verhältnisse überraschend, daß die Wahl zur deutschen Nationalversammlung am 19. Januar in Bremen ungestört stattfinden konnte. Sie brachte den bürgerlichen Parteien fast 60 000, den Mehrheitssozialisten sogar 64 000 Stimmen. Für die USPD entschieden sich nur 28 000 Wähler; die Kommunisten hatten sich nicht beteiligt. Es wurde deutlich, auf welch schmaler Basis die Revolution sich gründete.

Schon am Tage nach der Wahl machte der 20jährige Nienburger Lehrer Jörn, einer jener unruhigen Geister, die in jener Zeit große Chancen für ihren Ehrgeiz witterten, mit einer Handvoll Kommunisten einen überraschenden Putsch. Er besetzte das Rathaus, die Reichsbank und andere Gebäude. Auch in die Kaserne drang er ein und requirierte Waffen, Ausrüstung und Verpflegung. Dem Arbeiter- und Soldatenrat empfahl er, daß man die Geldvorräte, die er in der Reichsbank vorgefunden hatte, für die Revolution verwenden solle. Aber die USP-Abgeordneten nahmen eindeutig Stellung ge-

Major Caspari.

MG-Posten der Gerstenberger.

Kampf um Bremen

In diesem Augenblick, als die Revolution in Bremen bereits ihr Pulver verschossen zu haben schien, beschloß der Rat der Volksbeauftragten in Berlin, einzugreifen. Es ist noch nicht ganz geklärt, warum er es tat; wahrscheinlich wollte er durch ein Vorgehen gegen Bremen die anderen lokalen Räterepubliken in Norddeutschland zum Zusammenbruch bringen. Nach außen wurde betont, daß in Bremen „geordnete Zustände" wiederhergestellt werden müßten, um die Anlandung amerikanischer Lebensmittelsendungen zu sichern.

Es ist berichtet worden, daß Ludwig Roselius, der wendige Leiter der Kaffee HAG, am 23. Januar 1919 nach Berlin reiste und Ebert und den energischen Volksbeauftragten Noske zum Eingreifen überredete. Sicher ist aber, daß Noske bereits drei Tage vorher entschlossen war: „Auch Bremen werden wir im Laufe der Woche noch in Ordnung bringen", hatte er am 21. Januar im Berliner Arbeiter- und Soldatenrat gesagt. Im übrigen war ihm bekannt, daß es in Bremen „ruhig" war. Als Henke am 25. Januar auf einer Konferenz in Berlin war, wurde ihm von

Spartakisten am Weserufer. Zeichnung von Ida C. Ströver, 1919.

gen Jörn, der nun Bremen verließ, um in Wilhelmshaven aktiv zu werden.

Seit dem 20. Januar wurde es ruhiger in Bremen. Zwar proklamierten die Kommunisten für den 21. Januar den Generalstreik, aber er fand nicht statt. Es gab auch mancherlei Eingriffe der Machthaber, die man als Verletzung des Rechts interpretieren konnte; aber es herrschte kein allgemeines Chaos. Es drohte jedoch ein Zusammenbruch im finanziellen Bereich, denn die Banken waren kaum noch geneigt, Kredite zu gewähren.

Noske deutlich gemacht, daß er „so oder so" aufräumen werde.

Schon kurz darauf wurde eine „Division" unter dem Obersten Gerstenberg in Marsch gesetzt, und zugleich bestimmte Noske fünf bremische Mehrheitssozialisten als provisorische Regierung für die Hansestadt. Sie reisten mit der Truppe nach Verden, wo sich auch eine Gruppe bremischer Freiwilliger unter Major Caspari eingefunden hatte.

Wie würden die Bremer Radikalen auf diesen Angriff reagieren? Würden sie bewaffneten Widerstand leisten? Gewiß, die USPD und die Kommunisten waren sich jetzt einig wie seit langem nicht mehr; aber es herrschte doch weithin Resignation, und es gab nur kleine mutige Arbeitergruppen, die bereit waren, auf den Barrikaden ihr Leben einzusetzen. Immerhin: Die AG „Weser" wurde in Verteidigungszustand gesetzt, und auch ins Rathaus wurden bewaffnete Arbeiter gelegt. In Sebaldsbrück und Hemelingen postierten sich am Bahndamm und an der Heerstraße Maschinengewehrposten, um die Regierungstruppen aufzuhalten. Soldatenräte einiger norddeutscher Orte schickten Telegramme und versprachen Hilfe.

Zunächst aber verhandelte man in Verden: Abgeordnete des Rates der Volksbeauftragten erklärten, daß in Bremen keine Unruhen herrschten. Von der Division aber wurde erklärt, daß man die völlige Entwaffnung der Arbeiter verlange. Nun mischte sich der Hamburger Soldatenrat ein und schlug vor, die Bremer sollten die Waffen dem Hamburger Soldatenrat in Verwahrung geben, worauf die Regierungstruppen sich zurückziehen müßten. Geschehe das nicht, kämen den Bremern 70 000 Mann zur Hilfe.

Angesichts dieser Lage waren viele Mehrheitssozialisten geneigt, dem Vorschlag zuzustimmen, ja, sogar mit der USPD in eine Koalition einzutreten. Ihre Abgeordneten nahmen dann auch am 1. Februar an einer Beratung des Arbeiter- und Soldatenrates teil. Henke berichtete über den von den Hamburgern vorgeschlagenen Kompromiß und schlug vor, man möge die Mehrheitssozialisten veranlassen, auf ihre Genossen in Berlin einzuwirken, daß auch sie dieser Lösung zustimmten. Henke warnte vor einem Blutvergießen, das unvermeidlich sei, wenn die Arbeiter eine Abgabe der Waffen verweigern würden.

Viele Radikale aber glaubten, vor allem angesichts der großen Hilfsversprechen aus Hamburg und anderen Orten, daß man den Einmarsch der Gerstenberger verhindern könne. Noch am 1. Februar lehnten die Arbeiter der AG „Weser" die Entwaffnung ab. Henke konnte es nicht wagen, sie umzustimmen, denn die Stimmung war überall explosiv.

Sogleich nach der Sitzung des Arbeiter- und Soldatenrats verhandelten in der Nacht zum 2. Februar in Verden Bremer Volksbeauftragte und Soldatenratsmitglieder aus Bremen, Oldenburg und Hamburg, Mehrheitssozialisten und Vertreter der Division Gerstenberg. Zu einer Einigung konnte man nicht kommen, da weder Henke die Bremer Arbeiter in der Hand hatte, noch Gersten-

Die von den Kämpfen vom 4. Februar 1919 beschädigte „Union", Ecke Wachtstraße/Tiefer (unten).

berg ohne Ebert und Noske entscheiden konnte.

Am gleichen Tage verließ Henke Bremen und reiste nach Weimar — ein Verhalten, das von allen Seiten mit Recht scharf kritisiert wurde. In dieser Zeit war der Kommunistenführer Knief durch Krankheit ausgeschaltet (er starb am 6. April). So waren die Radikalen „kopflos".

Schließlich kam am 3. Februar, morgens 6 Uhr, Klarheit aus Berlin. Es wurde verlangt: Rücktritt des Bremer Rates der Volksbeauftragten, Neubildung einer Bremer Regierung nach dem Stimmverhältnis der Nationalversammlungswahl vom 19. Januar, Abgabe der Waffen an diese Regierung, die sie dann an die Division Gerstenberg abzuliefern hatte. Nur wenn das geschehe, solle der Einmarsch der Truppen unterbleiben. Darüber wurde in Bremen nicht mehr verhandelt, denn bereits am gleichen Abend um 20.55 Uhr gab Noske dem Obersten Gerstenberg den Angriff frei. Er wurde so schnell vorgetragen, daß die Hilfe aus Hamburg und anderen Orten nicht mehr zum Zuge kam. Die Bremer Garnison, die seit Wochen mit den radikalen Arbeitern verfeindet war, blieb neutral.

Und nun begann eines der traurigsten Kapitel bremischer Geschichte: der Kampf um die Stadt. Schon am 3. Februar kam es nachmittags in den südlichen Außenbezirken zu Scharmützeln. In den frühen Morgenstunden des 4. Februar begann der Angriff vom Buntentorsteinweg und von Sebaldsbrück aus, wobei auch Artillerie und Panzerautos eingesetzt wurden. Stellenweise gab es heftige Kämpfe, aber die Regierungstruppen drangen unaufhaltsam vor. Mittags begann der Kampf um die Brücken (an der Weserbrücke fiel der Berichterstatter der Weser-Zeitung). Mit Artilleriefeuer und Panzerautos mußte der Übergang über die Weserbrücke erzwungen werden, gegen 18.30 Uhr war der Marktplatz erreicht, und das Rathaus, an dem man die schwarzweißrote Fahne hißte, wurde nun Mittelpunkt eines Truppenlagers; der Divisionsstab beschlagnahmte den ersten Stock. Eine halbe Stunde später läuteten die Domglocken, aber noch um 21 Uhr wurde bei Dunkelheit am Brill und an der Kaiserbrücke geschossen.

Bergung der Verwundeten. Zeichnung von Jda C. Ströver, 1919.

Erheblicher Gebäudeschaden, 75 Tote (darunter 19 Soldaten der Regierungstruppe) und 175 Verwundete forderten die Kämpfe. Die Regierungstruppen waren trotz ihrer geringeren Anzahl den Arbeitern überall durch bessere Bewaffnung, planvolleres Vorgehen und straffere Disziplin überlegen. Sie hatten zudem die Mehrheit der Bremer Bürger auf ihrer Seite.

Noch am Abend des 4. Februar trat die Provisorische Regierung aus fünf Mehrheitssozialisten ihr Amt an; sie kündigte die Wahl einer Verfassunggebenden Bremischen Nationalversammlung sowie die Wiederherstellung der Grundrechte an.

Der „rote" Bremer Westen wurde von den Radikalen nicht mehr verteidigt, sogar die AG „Weser" fiel am 5. Februar ohne Schuß in die Hand der Regierungstruppen. Viele Arbeiterführer flohen aus Bremen, so der Volksbeauftragte Frasunkiewicz und der ehemalige „Stadtkommandant" Ecks. 75 Personen wurden verhaftet. Die Eroberung Bremens war zweifellos ein bedeutender Prestige-Erfolg der Reichsregierung; in Bremen aber war die radikale Stimmung weiter Kreise der Arbeiterschaft mit Waffengewalt nicht zu beseitigen, und die Drohung mit Generalstreik lag immer wieder in der Luft. Die aus Casparis Freikorps hervorgegangene Regierungsschutztruppe und die vorwiegend aus bürgerlichen Kreisen rekrutierte Stadtwehr unterdrückten alle größeren Unruhen. Streiks — wie etwa der vom 5. März für die politischen Gefangenen — waren jedoch nicht mit Gewalt zu verhindern, zumal die mehrheitssozialistische Provisorische Regierung ihre eigenen Parteigenossen nicht immer fest in der Hand hatte. So wurde sie auch durch Streikdrohung gezwungen, alle Verfahren wegen Aufruhrs niederzuschlagen. Deshalb folgte der Bremer Revolution kein Schauprozeß gegen radikale Volksredner und Barrikadenkämpfer.

Auch in Bremerhaven wurde das Räteregiment durch militärisches Eingreifen beseitigt. Das Unternehmen der 2. Landesschützenbrigade lief am 9. Februar unter dem Decknamen „Roland" und richtete sich vor allem gegen die Mannschaft der Minensuchflottille und einige radikale Vertreter des Soldatenrats, denn der Arbeiterrat stand bereits unter mehrheitssozialistischem Einfluß. Die Besetzung Bremerhavens vollzog sich planmäßig und ohne Blutvergießen. Damit war die Autorität der Reichsregierung und des Senats auch in der Tochterstadt Bremens voll wiederhergestellt.

Der Haß aber blieb; die Erinnerung an die Revolutionskämpfe wurde vor allem von den Kommunisten durch jährlich wiederkehrende Feiern am 4. Februar wachgehalten. Auf dem Waller Friedhof aber erhob sich bis 1933 das umstrittene Revolutionsdenkmal von Prof. Hoetger.

„Gerstenberger" mit Kanone vor dem Rathaus, nach den Kämpfen vom 4. Februar

Oberst Gerstenberg (Mitte) vor dem Dom.

Zur gleichen Zeit . . .

Als am 15. November 1918 die rote Fahne auf dem Bremer Rathaus gehißt wurde, war vor vier Tagen der Waffenstillstand im Walde von Compiègne unterzeichnet worden.

Als am 4. Februar 1919 Regierungstruppen Bremen eroberten, stand der Zusammentritt der Nationalversammlung in Weimar unmittelbar bevor (6. Februar), war die Friedenskonferenz von Versailles 17 Tage zuvor eröffnet worden.

Aufstieg aus dem Chaos – neue Blüte?

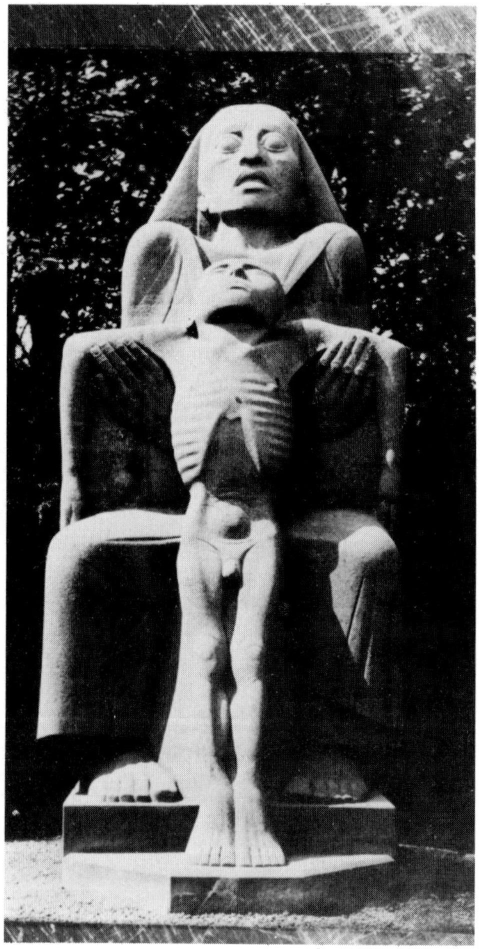

Revolutionsdenkmal von Hoetger auf dem Waller Friedhof, beseitigt 1933.

Die Provisorische Regierung setzte den alten Senat sogleich wieder ein. Am 9. März 1919 wählte Bremen dann eine Verfassunggebende Nationalversammlung, die ihrerseits einen Monat später einen vorläufigen bürgerlich-mehrheitssozialistischen Senat wählte, der bis zum Inkrafttreten der neuen Verfassung im Amt bleiben sollte.
Der endgültige Senat von 1920, der bereits nach der neuen demokratisch-parlamentarischen Verfassung zustande kam, war wegen schwieriger Mehrheitsverhältnisse ein bürgerlicher Geschäftssenat, dem außer den Bürgermeistern Donandt und Spitta u. a. auch die bisherigen Senatoren Apelt und Bömers angehörten. Ein Volksentscheid sprach 1921 zugunsten dieses Senates, der im gleichen Jahre, nach einer Neuwahl der Bürgerschaft, eine tragfähige parlamentarische Mehrheit erhielt. Erst 1928 traten wieder Sozialdemokraten in den Senat ein, darunter Kaisen, Deichmann und Rhein.
Auch nach Beseitigung der Räterepublik blieb zunächst die allgemeine Not und mit ihr manche Unruhe. Links- und Rechtsradikale, aber auch viele andere waren mit der politischen Entwicklung unzufrieden; viele Mängel waren jedoch als Folgen eines verlorenen Krieges von deutscher Seite überhaupt nicht zu beseitigen. Von der politischen Linken wurde in Bremen wie

anderwärts kritisiert, daß an der Spitze des Staates, auch in den entscheidenden Stellen der Verwaltung, des Gerichts- und Schulwesens, Männer standen, die schon vor 1918 im öffentlichen Leben den Ton angegeben hatten und die „Reaktionäre" seien. Es steht fest, daß ein großer — wenn nicht der größte — Teil der höheren Beamten die neue Republik ablehnte. Die bürgerlichen Senatoren versuchten jedoch im Rahmen der Verfassung mit dem Gewicht ihrer Persönlichkeit ausgleichend zu wirken, wie auch die sozialdemokratischen Senatoren seit 1928 auf extreme Forderungen verzichteten. So ging denn der Wiederaufbau nach 1918 unter großer politischer Unruhe vonstatten; aber man gewann doch um 1925 den Eindruck, daß das Schlimmste überwunden sei. Handel und Schiffahrt kamen zu neuer Blüte, und die Schornsteine der Industrie rauchten wieder. Auch das kulturelle Leben regte sich: Das Schulwesen und die Kirche, Theater und Museen entwickelten neue Ideen und gaben hervorragenden Männern und Frauen ein reiches Arbeitsfeld.
In diese Zeit fallen nun zwei Ereignisse, die Bremen in die Schlagzeilen der Zeitungen der ganzen Welt brachten und auch ein äußeres Zeichen dafür waren, daß die Hansestadt im Begriff war, ihren alten Rang zurückzuerobern: die Ozeanüberquerung des Junkersflugzeuges „Bremen" 1928 und die Erringung des „Blauen Bandes" durch den Lloyddampfer „Bremen" 1929.

Stapellauf der „Bremen".

Der Flug der „Bremen“ – „glatter Wahnsinn“?

Am Abend des 13. April 1928 ging von der kleinen Ansiedlung Greenly Island an der Küste von Labrador eine Nachricht aus, die alsbald in allen Zeitungen Schlagzeilen erzeugte: Soeben war das einmotorige Junkersflugzeug „Bremen“ mit drei Mann Besatzung — den Deutschen Köhl und v. Hünefeld sowie dem Iren Fitzmaurice — gelandet. Damit war der erste Ost-West-Flug über den Ozean geglückt — eine wagemutige Tat und ein Triumph deutscher Technik.
Wie war es dazu gekommen? Und wer waren die kühnen Flieger?

Hermann Köhl, 40 Jahre alt, ein kleiner untersetzter Bayer, war nach Kadetten- und Gymnasialjahren bei den Pionieren eingetreten und im ersten Weltkrieg Aufklärungsflieger gewesen. 1928 mußte er hinter feindlichen Linien notlanden und geriet in Gefangenschaft. Ein Jahr später gelang ihm die Flucht; Köhl war dann Kompaniechef bei der Reichswehr, ging aber 1925 zur Junkers-Luftverkehrs A. G. und 1926 zur Lufthansa, wo er sich vor allem für den Nachtflug einsetzte. Da überquerte Lindbergh mit seinem Flugzeug 1927 den Ozean von Westen nach Osten, und Köhl faßte den Plan, es mit einer Junkersmaschine in der Gegenrichtung zu versuchen. Bei seinen Besuchen in den Dessauer Flugzeugwerken kam er in Kontakt mit dem Freiherrn Ehrenfried Günther von Hünefeld aus Bremen.

Von Hünefeld war fast 36 Jahre alt und stammte aus einer kultivierten Gutsbesitzerfamilie. Zum Berufsoffizier taugte er zu seinem Leidwesen nicht, weil er von schwacher Gesundheit war und nur auf dem kurzsichtigen rechten Auge sehen konnte. So studierte er denn Philosophie und Literatur. Der erste Weltkrieg führte ihn zu einer Kraftfahrtruppe; aber gleich zu Beginn wurde er schwer verwundet und mußte viele Operationen über sich ergehen lassen (bei der letzten, 1926, wurde ihm noch ein Drittel des Magens entfernt). 1916 versuchte er sich im diplomatischen Dienst; 1918/20 war er Adjutant des Kronprinzen und mit diesem im Exil zu Wieringen; als Leiter der „Verwertungsstelle der Reichs-Finanzverwaltung“ kam er 1921 nach Bremen, wurde aber schon 1923 Syndikus des Norddeutschen Lloyd.

Der Freiherr war sehr sensibel (er schrieb zahlreiche Gedichte) und neigte bisweilen zu unklaren Phantastereien. Er kompensierte seine Schwächen bisweilen gern mit Forschheit, und so erklärt sich wohl auch sein oft sehr scharfer Nationalismus und die Liebe zur Fliegerei, für die er selbst an sich völlig untauglich war. Dieses Hobby verdichtete sich bei ihm immer mehr zu einem Plan, den Ozean mit einem deutschen Flugzeug zu überqueren. Dafür brauchte er einen Piloten, und den fand er dann im Hauptmann a. D. Köhl. Während dieser mehr vom technischen

Das Flugzeug „Bremen", dem der erste Ost-West-Atlantikflug gelang.

Risiko gereizt wurde, sah sich Hünefeld als eine Art Lufthusar. In einem seiner Gedichte, in dem er zunächst den bequemen Philister mit Verachtung abtut, heißt es in der letzten Strophe:

Daß wir freudig zum Leben wie Sterben bereit,
Ob uns Licht oder Schatten umgleiten,
Wir wollen nur eins: Wie im feldgrauen Kleid
Uns die Sonne der Zukunft erstreiten.

In den zwanziger Jahren war die Fliegerei so weit entwickelt, daß der Flug über den Ozean gewissermaßen in der Luft lag. Im Juli 1919 flog Captain Hawker von Neufundland ab und fiel in den Ozean; im gleichen Jahr gelang dem Engländer Alcock der Flug von Neufundland nach England. Immer wieder wurden Überquerungsflüge auf verschiedenen Routen mit und ohne Erfolg versucht. Einige Berühmtheit erlangten die West-Ost-Flüge der Amerikaner Lindbergh, Chamberlain und Byrd 1927. Die Strecke von Europa nach Amerika blieb noch unbezwungen.

Im Jahre des Lindbergherfolges 1927 starteten am 14. August in Dessau die Junkersmaschinen „Europa" mit dem Bremer Piloten Edzard und dem Junkersflieger Risticz und „Bremen" mit den Piloten Köhl und Lohse sowie dem Begleiter von Hünefeld. In der Abenddämmerung überflogen sie die Hansestadt Bremen; aber schon nach wenigen Stunden kam die „Europa" zurück, weil sie über Holland in ein Unwetter geraten war, und machte auf dem Neuenlander Feld Bruchlandung. Die „Bremen" kam bis Island, wich dann aber auch vor dem Sturm zurück und landete wohlbehalten in Dessau. Damit war der erste Versuch mißlungen.

Im Frühjahr 1928 rüsteten sich zwölf Flieger verschiedener Nationen zum Ost-Westflug. Daß auch die Deutschen sich beteiligen würden, glaubte zunächst niemand.

Die Flieger nahmen das Abendmahl

Im März 1928 machten Köhl und von Hünefeld eine Seereise nach Irland, um dort Startmöglichkeiten zu erkunden. Sie entschieden sich für den Flugplatz Baldonel, wo sie Freundschaft mit irischen Militärfliegern schlossen.

Die weiteren Vorbereitungen wurden in aller Heimlichkeit getroffen; von Hünefeld erwarb die „Bremen", die dann am 26. März mit Köhl und von Hünefeld sowie dem Mechaniker Spindler das Tempelhofer Feld bei Berlin mit unbekanntem Ziel verließ. Die Landung in Baldonel erfolgte nach neun Stunden. Nun trat Major James C. Fitzmaurice für Spindler in die Mannschaft ein.

Dieser 30jährige irische Offizier stammte aus bäuerlichem Mittelstand, wuchs in ländlicher Umgebung auf und war dann ein mittelmäßiger Handelsschüler. Schon 1915 meldete er sich zur britischen Kavallerie, kämpfte in Frankreich als Infanterist und kam 1917 zur Fliegertruppe. Am irischen Freiheitskampf 1922 nahm er als Offizier im Luftkorps seines Landes teil und wurde 1927 dessen Kommandeur. Auch ihn beschäftigte seit Jahren die Idee eines Ozeanfluges; er machte 1927 einen vergeblichen Versuch und nahm die Einladung der Deutschen, mitzufliegen, gern an.

Das Unternehmen war stark vom Wetter abhängig. Die „Bremen" faßte 1932 kg Benzol und 135 kg Öl; das genügte für 60 Flugstunden, in denen bei günstiger Wetterlage der Ozean ohne weiteres überflogen werden konnte; aber das Wetter war eben ein launischer und daher gefährlicher Gegner.

Während die Besatzung in Irland auf erträgliche Witterung wartete, erfuhr die Welt von den Plänen. Der Flug wurde dadurch zur „Ehrensache"; „Siegen oder Sterben" war die Parole. Die deutsche Presse war teilweise sehr skeptisch, sprach von „Hasardspiel" und „glattem Wahnsinn". Bürgermeister Jimmy Walker von New York kabelte jedoch: „Viel Glück den Fliegern! Millionen von Menschen erwarten Sie ungeduldig, um Ihnen zuzujubeln, wie Sie es verdienen!" In Amerika standen die Wetten sechs zu eins für glückliches Gelingen; man war also optimistisch. Zunächst einmal rieten die „Wetterfrösche" freilich vom Start ab. Sowie die Voraussagen etwas günstiger wurden, entschloß man sich für einen Start am 12. April 1928 morgens um 5 Uhr. Am Tag vorher nahmen die Flieger das Abendmahl, und dann kam am nächsten Morgen der große Augenblick, zu dem sogar der irische Staatspräsident, die Minister und der deutsche Generalkonsul erschienen waren. Die letzten Abschiedsgrüße, dann wurde der Propeller angeworfen, und das Flugzeug rollte um 8.35 Uhr über das Feld, hob sich, flog ganz knapp über eine Schafherde hinweg und stieg dann höher.

Der Leuchtturm von Greenly Island.

Mit nur 170 bis 220 Stundenkilometern Geschwindigkeit schwebt die Maschine dahin, teils ganz niedrig in nur 10 bis 20 Meter Höhe, teils 500 bis 600 Meter hoch. Köhl und Fitzmaurice wechseln am Steuer, von Hünefeld liegt zwischen Benzinkanistern und betätigt sich als Proviantmeister. Es beginnt strichweise zu regnen; Nebel und Sturm, aber auch eine defekte Benzinleitung bringen zeitweilig große Gefahren. Dunkelheit bricht herein. Nach vielen langen Flugstunden erkennt man undeutlich verschneite Wälder, aber wo soll man landen? Seen und Flüsse werden überflogen, der Brennstoff geht zur Neige, der Kompaß versagt in der Nähe des magnetischen Nordpols. Da sieht man einen Leuchtturm und in seiner Nähe ein Schneefeld. Die „Bremen" versucht zu landen, bricht ein und wird an Fahrgestell und Propeller beschädigt. Das geschieht am frühen Nachmittag des 13. April 1928 nach 36 Stunden und 35 Minuten Flugzeit.

Mühsam steigen die verfrorenen Flieger aus. Köhl und von Hünefeld werden in eine Wasserlake geweht. Dann kommen ein paar Einheimische, und nun wird gefragt und erzählt. Der Leuchtturm von Greenly Island in Labrador wird das erste Quartier.

Sensationsrummel in Amerika

Durch Extrablätter war die Kunde vom Start den Amerikanern schon verkündet worden; für den Empfang in New York war ein großer Staatsakt vorgesehen. Alles hoffte auf eine Landung in dieser größten Stadt der USA. Reporterflugzeuge standen bereit, um der „Bremen" entgegenzufliegen, Scheinwerfer, Fahnen, Girlanden und Musikkapellen wurden bereitgehalten. Falschmeldungen verkündeten, das Flugzeug sei schon über dem amerikanischen Kontinent. Voreilig wurden Fahnen entrollt, Glocken geläutet, Sektflaschen entkorkt und Reden gehalten. Hier und da sang man sogar das Deutschlandlied.

Aber das Flugzeug kam nicht, und die Welt erfuhr auch zunächst nichts über die Landung in Greenly Island, bis ein 16jähriger Junge mit einem selbstgebastelten Sender die Meldung weitergab und ein Hundeschlitten einige Telegramme zur nächsten Telegraphenstation Long Point brachte. Die Nachricht ging durch Amerika und über den Ozean, während die Flieger ausschliefen.

Hin und wieder verlangt die Menschheit nach einer Sensation, an der sie sich eine Zeitlang berauschen kann; und der Ozeanflug war solch ein Ereignis, das eine Weile Schlagzeilen und einen allgemeinen Jubelsturm brachte. Es begann mit Glückwünschen, die im kleinen Telegraphenamt in Long Point eintrafen — täglich 100 bis 200 Stück, auch aus Bremen waren welche dabei.

Am 15. April landete ein Flugzeug mit Schneekufen und nahm Fitzmaurice mit nach Murray Bay, wo er Ersatzteile für die beschädigte „Bremen" besorgte. Nun trafen auch Presse- und Filmleute ein, um Genaueres über den Flug zu erfahren.

Nachdem die „Bremen" repariert war, zog man sie mit Hilfe von Schlitten auf das Eis einer Meeresbucht, um sie dort zu starten; aber der Motor sprang nicht an. Die Maschine mußte zurückbleiben, als die drei Flieger am 28. April von einem Ford-Flugzeug über Murray Bay nach New York gebracht wurden. Und nun begann ein ungeheurer Wirbel: Wo auch immer die drei auftauchten, gab es Hunderte und Tausende von Neugierigen, wurde fotografiert, interviewt und gejubelt. Der volkstümliche New Yorker Bürgermeister Jimmy Walker gab sich als guter Kamerad; er wußte, was er seiner eigenen Popularität schuldig war. 1500 Tonnen Konfetti wurden bei der Fahrt durch New York ausgeschüttet, die Garnison paradierte, ein Festessen und Empfang

Die Ozeanflieger beim amerikanischen Präsidenten Coolidge (links).

Triumphfahrt der Ozeanflieger durch die 5th Avenue in New York.

folgte dem anderen. An einem Bankett nahmen 3900 Personen teil, für deren Betreuung 140 Köche, 400 Kellner, 120 Abwäscher, 300 Polizisten und anderes Personal aufgeboten wurden.

Dann ging es nach Washington, wo die drei vom steifen und schweigsamen Präsidenten Calvin Coolidge empfangen wurden. Er übergab ihnen das Fliegerkreuz, das an sich nur für amerikanische Staatsbürger bestimmt war. Inzwischen waren auch Frau Köhl sowie Frau Fitzmaurice mit Tochter eingetroffen (von Hünefeld war Junggeselle). Dann ging es durch die größten Städte des nordamerikanischen Kontinents: Philadelphia, Chikago, St. Louis, Detroit, Boston, Montreal, Quebec usw. Überall der gleiche Jubel und überall Reden, die oft auf Völkerverständigung gestimmt waren.

Triumphzug durch Bremen

Die Rückreise nach Europa erfolgte nicht — wie gelegentlich gehofft wurde — mit dem Flugzeug, sondern auf dem Lloyddampfer „Columbus".

Bremen hatte einige Wochen Zeit gehabt, sich auf den Empfang vorzubereiten. Was hier nun geschah, erreichte zwar kein amerikanisches Format, überstieg aber doch das, was man früher bei Kaiserbesuchen erlebt hatte. Schon vor dem Einlaufen in Bremerhaven am 18. Juni brausten Fliegerstaffeln der Verkehrsfliegerschulen Staaken und Schleißheim in beängstigenden Schleifen um die Masten und warfen Blumengebinde auf das Schiff. Sirenengeheul, Glockengeläut und Jubel der Menschen erfüllten die Luft, überall sah man bunten Schmuck — viel schwarzweißrote Fahnen darunter. An Bord gab es eine offizielle Begrüßung durch Vertreter der Reichsregierung, des Senats und der Stadt Bremerhaven, durch Generalkonsuln, Lloyddirektoren und Pressevertreter. Immer wieder Reden mit viel deutschem Eigenlob. Nur gut, daß einer der Gefeierten — Fitzmaurice — kein Wort davon verstand. An Bord spielte die Columbus-Kapelle, an Land schmetterte ein Musikzug der Schutzpolizei flotte Weisen.

Am 19. Juni war triumphaler Einzug in Bremen. In Burg stand Polizeipräsident Dr. Petri mit dem Zylinder in der Hand an der bremischen Landesgrenze unter den Girlanden einer Ehrenpforte und empfing die Fliegerhelden im Namen des Senats. Der Kriegervereinsvorsitzende von Burg bemühte sich um besonders markige Worte und sprach: „Wir begrüßen Sie als Männer, die auf Granit beißen!" Dann bot ein Vorstandsmitglied des Weser-Yacht-Clubs einen Humpen zum Willkommensgruß, und zwei Mädchen überreichten die unvermeidlichen Blumensträuße.

Nun endlich konnte es losgehen durch ein kilometerlanges Menschenspalier, durch Girlanden, Fahnen und Fähnchen, voran die Flieger in einem Horch-Achtzylinder, hinterher die Teilnehmer einer ADAC-Sternfahrt — im ganzen 1000 Automobile. Am Doventor passierte man eine weitere Ehrenpforte, und nun begannen sämtliche Glocken der Stadt zu läuten. Das Rathaus trug an der Schauseite ein Reparaturgerüst, das über und über mit Girlanden und Fahnen (der bremischen, bayerischen, deutschen, irischen und amerikanischen) geschmückt war. Auf dem Marktplatz und auf der Domtreppe standen die Menschen dicht an dicht.

Dann kamen die gefeierten Helden lachend und winkend hinter ihrem Polizeigeleit angefahren, stiegen aus und begaben sich in die Obere Rathaushalle, wo Senat, Bürgerschaft und Ehrengäste versammelt waren. Beim Eintritt gab es kräftiges Händeklatschen, über der Güldenkammer spielte das städtische Orchester die Ouvertüre zu Mozarts „Zauberflöte", und der Lehrergesangverein intonierte einen Chor unter dem Thema „Nach neuen Meeren..."

Als erster sprach der greise Bürgermeister Dr. Martin Donandt. An ihm war nichts von der etwas hemdsärmeligen Kameradschaftlichkeit eines Jimmy Walker von New York. Er war ganz hanseatisch-bremische Würde. Donandt feierte den Flug als Meilenstein in der Entwicklung der Luftfahrt, als einen

Die Ozeanflieger an Bord der „Columbus".

Grüße aus der Luft bei der Ankunft in Bremerhaven.

Erfolg im friedlichen Wettstreit der Völker und als eine Tat, die die Freundschaft zwischen Deutschland und Amerika gefördert habe. Den Fliegern übergab er eine Gedenkmünze aus Gold. Die drei dankten so gut sie konnten, und dann gab es wieder Musik. Eine Zeitung sprach von einer Ehrung, „wie sie in der Oberen Rathaushalle noch keinem Sterblichen zuteil wurde".

Nachmittags lief das Programm weiter: Man stattete dem Norddeutschen Lloyd in der Papenstraße einen Besuch ab, und dann kam das Volksfest im Weserstadion. Alle Steh- und Sitzplätze waren belegt, und sogar der Osterdeich war schwarz von Menschen. Gegen 18 Uhr fuhren die Flieger eine Ehrenrunde auf der Kampfbahn, dann stimmten 2000 Sänger ein Lied an, worauf aus den Lautsprechern die Stimmen verschiedener Vereinsvorsitzender dröhnten, die bisher noch nicht zu Wort gekommen waren. Dabei wurde Köhl vom Verein der Bayern in Bremen zum Ehrenbayern ernannt.

Aber damit war der Tag für die geplagten Helden noch nicht zu Ende. Abends waren sie im Schütting Gäste der Handelskammer.

In der Obernstraße: Vorweg Polizei.

Das Baugerüst des Rathauses mit Fahnen und Girlanden.

Viele Prominente hatten sich hier versammelt, darunter der Oberpräsident Noske (früher Volksbeauftrager in Berlin), General von Fritsch, Admiral Bauer, der bekannte U-Boot-Kapitän König und der kompakte Prinzgemahl Heinrich der Niederlande. Während im Saal des Schütting unaufhörlich getoastet wurde, gab es draußen auf dem Markt einen Fackelzug und ein Platzkonzert des Reichswehrmusikkorps.

Und nach dem Triumphzug durch Bremen . . .

Von Bremen aus ging es am 20. Juni mit der Junkersmaschine „Europa“, dem Schwesterflugzeug der „Bremen“, im Geleit mehrerer anderer Flugzeuge nach Hamburg und dann weiter nach Berlin. Auch hier die üblichen Menschenmassen, Begrüßung durch Vertreter der Reichsregierung, durch Botschafter und Repräsentanten der Stadt, Fahrt durch das Brandenburger Tor, Empfänge durch Reichskanzler Marx und den Reichspräsidenten von Hindenburg. Dann ging es weiter durch viele Städte Deutschlands, Österreichs, Ungarns, Englands und Irlands. Kritik wurde laut, als die deutschen Flieger auch dem ehemaligen Kaiser Wilhelm II. im Exil zu Doorn einen Besuch abstatteten.

Der Name „Bremen“ wurde durch den Ozeanflug schlagartig in aller Welt bekannt. Nie ist wirkungsvoller für die Hansestadt geworben worden als durch die Ozeanflieger, obwohl die Beziehungen des Unternehmens zu Bremen — abgesehen vom Namen des Flugzeuges — eigentlich nur durch den Proviantmeister und Pressereferenten des Fliegertrios, den Freiherrn von Hünefeld vom Norddeutschen Lloyd, hergestellt wurde. Er war der ungeduldig Anfeuernde und der Finanzier, und er veranlaßte auch bremische Wirtschaftskreise (darunter den Norddeutschen Lloyd, Senator Bömers, G. Carl Lahusen, die Haake-Beck-Brauerei und das Kali-Syndikat), einige Gelder beizusteuern. Diese Werbung war vom Standpunkt Bremens aus zu begrüßen.

Sicher war es auch gut, daß nun nach der Zeit des Kriegshasses Deutschland wieder anerkennend erwähnt und daß auch der Wert deutscher Technik gewürdigt wurde.

Unerfreulich war aber, daß der deutsche Nationalstolz wieder einmal Mißtöne erzeugte, die über das berechtigte Maß hinausgingen, so daß gelegentlich von „nationalistischem Fliegerrummel“ gesprochen wurde. Vor allem von Hünefeld war nicht ganz unschuldig daran, daß dieses Bild entstehen konnte; aber vor allem Vorsitzende von Kriegervereinen und Stahlhelmgruppen sowie Amateurpoeten bliesen kräftig ins vaterländische Horn, so etwa in einigen Gedichten:

„Dank dir, Schöpfer und Erbauer (Hein-
Dank euch, Köhl und Hünefeld; kel),
Eure Tat besingt All-Deutschland
Von der Etsch bis an den Belt!“

Oder auch:

„Deutschland, Deutschland über alles,
Hauptmann Köhl und Hünefeld!
Diese Namen gelten alles,
dem, der treu zum Deutschtum hält!“

Empfang durch Senat und Bürgerschaft in der Rathaushalle.

Mancher, der das las, fragte: Und Fitzmaurice? Nun, der war eben kein Deutscher und paßte nicht ins Konzept. Was aber hätte man geschrieben, wenn das Flugzeug in den Ozean gefallen wäre?

Der Freiherr von Hünefeld hat das große Ereignis seines Lebens nicht lange überlebt. Bis zuletzt Gedichte schreibend, starb er schon am 5. Februar 1929 in Berlin an einer Magenoperation. Köhls Leben endete am 7. Oktober 1938 in München, das von Fitzmaurice im September 1965.

Und was geschah mit der „Bremen"? Sie wurde notdürftig repariert nach Murray Bay gebracht und dort bei einer Notlandung erneut beschädigt. Man richtete sie wieder her und stellte sie in Quebec aus. Anschließend kam das Flugzeug zu Schiff nach Bremen und konnte einige Zeit beim Weser-Stadion besichtigt werden, dann war es auf der Internationalen Luftfahrt-Ausstellung in Berlin zu sehen, wo es die größte Attraktion darstellte. Die „Bremen" wurde aber wieder nach Amerika gebracht und dem New Yorker Stadtmuseum übergeben, wo bereits der beschädigte Propeller und der Degen von Fitzmaurice ausgestellt waren. 1938 wurde die „Bremen" von Henry Ford für das Edison-Institute-Museum in Dearborn bei Detroit erworben.

Aber noch anderes erinnert an den Ozeanflug: Auf Greenly Island wurde schon am 16. August 1928 eine Gedenktafel enthüllt, am gleichen Tage, als an der Weser der Dampfer „Bremen" vom Stapel lief. In der Böttcherstraße dreht sich beim Glockenspiel eine Bildtafel mit dem Konterfei der Ozeanflieger; im Modellraum der Lagerhausgesellschaft schwebt ein kleines „Bremen"-Modell zum Geschwindigkeitsvergleich zwischen Europa und Amerika hin und her. Eine Gedenktafel am Neuen Rathaus wurde vom Norddeutschen Lloyd gestiftet, ihren Text verfaßte Rudolf Alexander Schröder, und ihre Einweihung erfolgte am 19. Juni 1933 mit Ansprachen Bürgermeister Markerts, Gauleiter Rövers, Hauptmann Köhls und Lloyddirektor Stadtländers.

Einweihung der Gedenktafel am Neuen Rathaus durch NS-Gauleiter Röver, 19. 6. 1933.

Kommunistische Karikatur gegen Hünefeld.

Im gleichen Jahre . . .

1928, als das Junkersflugzeug „Bremen" den Atlantik überquerte, wurde durch den Kellog-Pakt der Krieg „geächtet", wurde die deutsche Reichsregierung Hermann Müller gebildet, schrieb Weill die Musik zu Brechts „Dreigroschenoper", starb der Polarforscher Amundsen, trat der erste Fünfjahresplan der UdSSR in Kraft, schrieb Manfred Hausmann den „Lampioon", zeichnete Walt Disney die ersten Micky-Mouse-Filme.

Als die Hansestadt an der Weser 1928/29 durch den Ozeanflug und durch den Stapellauf des Lloyddampfers „Bremen" in triumphale Stimmung versetzt wurde, als viele Menschen meinten, daß es nach langen Dürrejahren endlich wieder Wachstum und Blüte geben werde, da stiegen bereits die kühlen Schatten der Krise auf und verdunkelten erneut das Leben. Im Oktober 1929 brach die New Yorker Effektenbörse zusammen. Zur gleichen Zeit hatte sich in Deutschland die Konjunktur erheblich abgeschwächt, die Zahl der Arbeitslosen war gestiegen, und die Steuereinnahmen hatten abgenommen. Mit dieser Entwicklung ging eine zunehmende politische Unruhe einher.

Auf solche Ereignisse konnte Bremen keinen Einfluß nehmen; im Gegenteil: es war ihnen ausgeliefert. Der Handel ging stark zurück, die Reedereien litten unter Auftragsmangel, und auch die Industrie mußte die Produktion einschränken. Viele Unternehmen kamen in Schwierigkeiten, weil der Absatz stockte und ihnen immer mehr Bankkredite entzogen wurden. Im Frühjahr 1930 gab es in Bremen bereits 18 000 Erwerbslose, von denen viele in große Not gerieten. Der Bremer Staat konnte nicht helfen, wie es nötig gewesen wäre; er mußte sparen, um die Finanzen, so gut es ging, in Ordnung zu halten. Bis 1931 gelang das einigermaßen, dann aber kamen Katastrophen, die eine Verschuldung in vorher nie dagewesenem Ausmaß brachten.

Millionenverluste bei der Nordwolle

Wer heute das Finanzamt aufsucht, wird es im allgemeinen nicht mit Gedanken an bremische oder deutsche Geschichte tun. Einige Bremer aber, die das „Haus des Reichs" betreten, jenen riesigen Steinklotz mit seinen Marmortreppen, Mahagonitüren und prächtigen Repräsentationszimmern im Innern, mögen aber doch an Bremens größte Wirtschafts- und Finanzkatastrophe vor nunmehr 34 Jahren denken: an den Zusammenbruch der „Nordwolle", deren Verwaltungszentrum sich in diesem Gebäude befand.

Norddeutsche Wollkämmerei und Kammgarnspinnerei in Delmenhorst.

Der märchenhafte Aufstieg der Lahusens

Am Ende des 18. Jahrhunderts wanderte aus dem Oldenburger Land ein junger Mann namens Christoph Friedrich Lahusen in Bremen ein und gründete ein Im- und Exportgeschäft für Felle und Häute. Seit etwa 1820 hatte es seinen Speicher in der „Aschenburg" im Stephaniviertel. In der nächsten Generation erwarb Martin Christian Leberecht Lahusen Ländereien in Argentinien, wo er nun Kontakt mit Wollerzeugern gewann. Er widmete sich künftig dem Wollimport für die aufblühende europäische Industrie.

1873 erwarb er eine Wollkämmerei und -spinnerei in Neudeck (Böhmen) und wurde dadurch Fabrikant. 1884 gründete er die „Norddeutsche Wollkämmerei und Kammgarnspinnerei", kurz „Nordwolle" genannt, als Aktiengesellschaft — nicht in Bremen, das damals noch Zollausland war, sondern in Delmenhorst. Das Aktienkapital von 5 Millionen RM befand sich zum größten Teil in der Hand von M. C. L. Lahusen, der Vorsitzender des Aufsichtsrates war, während zwei Söhne den Vorstand bildeten. Von diesen Söhnen ging einer nach Argentinien, während der andere 1888 die Leitung der „Nordwolle" übernahm.

Seit 1897 weitete sich das Unternehmen zum Konzern; denn es wurden Wäschereien, Spinnereien, Webereien, Strickereien, Färbereien und Handelsgesellschaften in Thüringen, Berlin, Hamburg, Sachsen, Kaiserslautern, in Österreich und in den Niederlanden mehr oder weniger eng angeschlossen. Bei allen Schwankungen und Veränderungen blieb die Herrschaft der Lahusens über das Unternehmen erhalten. Seit 1924 war G. Carl Lahusen Vorsitzender des Vorstandes, dem noch zwei seiner Brüder, Heinz und Friedel, angehörten. Sie lebten, wie es reiche Leute in jener Zeit taten: In Schleswig-Holstein und Mecklenburg besaßen sie Güter, die zum Teil als Kapitalanlage gedacht waren, aber auch als Sommersitze dienten. Am meisten wurde in späterer Zeit das mit viel Geschmack, aber doch mit beträchtlichen Mitteln erbaute „Schloß" Hohehorst mit seinen 107 Zimmern und 12 Badezimmern kritisiert. Solange die Geschäfte gut liefen, nahm man das alles als übliche Repräsentation schwerreicher Geschäftsleute; als die Schwierigkeiten begannen, sprach man von sinnloser Verschwendung.

Bis Anfang 1931 bestimmten die Lahusens über mehr als 20 Fabriken und ebenso viele Verkaufskontore. Der Umsatz des Konzerns betrug im Höhepunkt der Entwicklung fast 400 Millionen Mark; etwa 40 000 Menschen arbeiteten für das Unternehmen. Es gab gute und kritische Jahre, aber nie war das Unternehmen ernsthaft gefährdet; es galt im großen und ganzen bis Anfang 1930 als sehr solide. Die Aktien standen 1928 auf 226 Prozent — das war die Zeit, in der für 13 Millionen RM das neue Verwaltungsgebäude in Bremen an der Contrescarpe gebaut wurde. Ob das Unternehmen zu dieser Zeit noch ganz gesund war, ist umstritten. Offenbar gab es schon 1925/26 eine Krise durch einen Preisverfall der Wolle, aber das Jahr 1927 brachte eine vorübergehende Konjunktur.

Verwaltungsgebäude der „Nordwolle" an der Contrescarpe, Entwurf von 1927.

Ist die „Nordwolle" faul?

Seit 1928 begann der Abstieg durch sinkende Preise und abnehmenden Umsatz; und dann wirkte sich die allgemeine Krise immer mehr auf das Unternehmen aus. Die Finanzmanipulationen, die in dieser Zeit vorgenommen wurden, sind später Hauptgegenstand des Prozesses gewesen; sie konnten damals und können auch heute noch nicht in allen Einzelheiten gerecht beurteilt werden. Sicher ist nur, daß sie dem Unternehmen über die Schwierigkeiten hinweghelfen sollten, es aber nicht taten.

Um das Schicksal der „Nordwolle" zu verstehen, muß man wissen, daß der Konzern in starkem Maße mit Bankkrediten arbeitete, worin in Zeiten der Konjunktur keine Gefahr lag. Anfang 1929 waren etwa für 250 Millionen RM Kredite in Anspruch genommen. Als nun die Wirtschaftskrise ausbrach, wurden große Beträge gekündigt — bis Anfang 1931 etwa 110 Millionen RM. Einige Banken waren mit so großen Summen in der „Nordwolle" engagiert, daß ihr Wohl und Wehe, ja, ihre Existenz von dem Konzern abhing. Vor allem spielte die Darmstädter und Nationalbank, „Danatbank" genannt, die Rolle einer Art „Hausbank" der „Nordwolle" und war auch in deren Aufsichtsrat vertreten. Sie hatte fast 45 Millionen RM in Krediten investiert. Schon im Sommer 1930 bekam der Generaldirektor der Danatbank, Dr. Jakob Goldschmidt, der von der „Nordwolle" um immer weitere Kredite angegangen wurde, erhebliche Bedenken. Später haben ihm die Lahusens vorgeworfen, er habe diesen Pessimismus nicht für sich behalten und dadurch die Kreditwürdigkeit der „Nordwolle“ schwer geschädigt, ja, überhaupt ihren Untergang verschuldet.

G. Carl Lahusen, der sein Unternehmen nur noch mit Mühe über Wasser hielt, strahlte als guter Geschäftsmann weiterhin so viel Optimismus aus, daß selbst der Finanzexperte im Bremer Senat, Heinrich Bömers, mit voller Überzeugung alles tat, um die Bedenken der Danatbank zu zerstreuen. Er betonte immer wieder, die „Nordwolle“ werde sich wieder erholen.

Aber Dr. Goldschmidt ließ sich nicht überzeugen und forderte im Dezember 1930 Einblick in die Geschäftsunterlagen. Er schickte einen Prüfer, dem natürlich großes Mißtrauen der Lahusens entgegenschlug. Er erhielt kein völlig klares Bild; jedoch bekam die Danatbank immer mehr den Eindruck, daß die „Nordwolle“ in erheblichen Schwierigkeiten war. Es war der Bank jedoch unmöglich, die Kredite zurückzuziehen. Für sie gab es nur noch die Frage, ob der Konzern mit verhältnismäßig geringen Mitteln noch zu retten war oder nicht.

1929 waren von der Bank 50 Millionen RM zugesagt worden, von denen die „Nordwolle“ aber nur 43 Millionen in Anspruch genommen hatte. Jetzt pochten die Lahusens auf die Kreditreserve von 7 Millionen RM, deren Auszahlung von Jakob Goldschmidt nun aber verweigert wurde.

Schließlich wurden die Schwierigkeiten immer größer, und der Aufsichtsrat sah sich gezwungen, die Lahusens im Juni 1931 von ihren Vorstandsämtern zu entbinden. Ein provisorischer Vorstand machte sich daran, die Bilanz für das Jahr 1930 aufzustellen. Und nun ging alles sehr schnell.

G. Carl Lahusen, Vorsitzender des Vorstandes der „Nordwolle“.

Von Hohehorst in die Gefängniszelle

Das Ergebnis der Bilanzprüfung war zunächst ein Verlust von fast 24 Millionen RM bei dem Kernunternehmen (ohne Tochtergesellschaften). Das klang noch recht harmlos. Sowohl der Senat als auch private Wirtschaftskreise hatten ein großes Interesse daran, daß die „Nordwolle“ erhalten blieb. Es war nun von Vorzugsaktien für 30 Millionen RM die Rede; es blieb aber dunkel, wer diese unsicheren Papiere übernehmen würde. Zudem dachte man an eine erhebliche Verminderung des Nennwertes der Aktien. Aber das Vertrauen zu diesen Sanierungsplänen war von Anfang an nicht sehr groß. Die Aktien der „Nordwolle“ sanken daher immer tiefer. 1928 hatten sie auf 226 Prozent gestanden, am 31. Dezember 1930 waren sie auf 45 Prozent angelangt, erholten sich dann etwas, um aber im Juni 1931 auf 14 Prozent abzusinken.

Die Schwierigkeiten der „Nordwolle“ erregten die Gemüter ungeheuer und wurden vor allem von der Linkspresse in großer Aufmachung gebracht. Diese betonte, der Fall sei „typisch für diese Art Kapitalismus“. Die „Hohlheit“ des Unternehmens sei von den Lahusens „durch ihr protzenhaftes Auftreten, durch ihre feudalen Manieren, durch ihre Verschwendungssucht, die an die der größenwahnsinnigen Bourbonen oder Wittelsbacher erinnert“, vertuscht worden. Mit Spekulationen und Luxusbauten habe man die Kredite verpulvert, wogegen die Arbeiter nur schäbig entlohnt worden seien. Die Lahusens hätten die Nazis und die Reaktionäre der Rechten mit erheblichen Mitteln unterstützt.

Während auf der Linken mächtig ins Horn geblasen wurde, blieb die bürgerliche Schünemannpresse sehr zurückhaltend. Sie berichtete zwar über die Schwierigkeiten der „Nordwolle", bedauerte auch, daß die Lage so lange verschleiert worden sei; aber es fehlte jede Schärfe in der Kritik.

Die Nationalsozialisten, die von der „Nordwolle" ansehnliche Spenden erhalten hatten, schonten zum Dank die Lahusens. Sie griffen vor allem Jakob Goldschmidt von der Danatbank an und werteten den Fall als jüdische Machenschaft und als „äußeres Zeichen für den Gesamtverfall des Systems". Besonders scharf kritisierten sie die gewiß nicht sehr sachliche Berichterstattung der sozialdemokratischen „Bremer Volkszeitung": „Wie Straßenkläffer, wie Waschweiber übelster Sorte haben sie (die Sozialdemokraten) sich um die schmutzige Wäsche der Nordwolle geschlagen, haben mit lautgrunzenden Wonnegefühlen Nachtgeschirre umgeworfen und mit Schmutz um sich gespritzt. Es war ein gefundenes Fressen für Herrn Alfred Faust (den Chefredakteur der „Bremer Volkszeitung") und seinesgleichen."

Inzwischen liefen hinter den Kulissen die Aktionen für eine Rettung der „Nordwolle" weiter. Da volkswirtschaftliches Interesse die Erhaltung dringend zu fordern schien, wurde die Reichsregierung vom Senat um Hilfe gebeten. Sie wurde jedoch abgelehnt. Nun beschloß der Senat, selbst zu helfen, und gewährte über die Hansa-Bank, die dem Bremer Staat gehörte, in Gemeinschaft mit der Bremer Reederei-Vereinigung erste Kredite — im ganzen etwa 17 Millionen RM —; aber die „Nordwolle" war dadurch nicht zu retten. Sie hatte mehr als 200 Millionen RM Schulden.

Die Erregung der öffentlichen Meinung steigerte sich in diesen Tagen; immer mehr vermutete man in der unvorsichtigen oder vielleicht sogar betrügerischen Geschäftsführung der Lahusens den Ausgangspunkt allen Übels. Auch das Gericht witterte Unrat, und so bewirkte der Staatsanwalt eine Voruntersuchung, worauf der Untersuchungsrichter dann am 17. Juli gegen G. Carl und Heinz Lahusen Haftbefehle erließ. In der Presseverlautbarung hieß es, sie seien verdächtig des Vergehens gegen Bestimmungen des Handelsgesetzbuches, des Konkursverbrechens, des Betruges durch Führung von Geheimkonten, der falschen Buchung und der Einstellung fingierter Forderungen. G. Carl Lahusen wurde an seinem 44. Geburtstag von der Abendtafel weg in Hohehorst verhaftet. Heinz wurde in seinem Haus in der Marcusallee abgeholt. Beide kamen ins Untersuchungsgefängnis am Ostertor. Die „Bremer Volkszeitung" triumphierte schadenfroh: „In einer Stunde vom Prunkschloß Hohehorst in die Zelle des Untersuchungsgefängnisses! So hart im Raum stoßen sich Paläste und Zellen, große Trustkönige und kleine Schieber als Zellennachbarn im Untersuchungsgefängnis!"

Die „Deutsche Treuhandgesellschaft AG für Warenverkehr", Berlin-Bremen, wurde nun vom Gericht mit der Revision der Geschäftsunterlagen beauftragt. Ihre Sachverständigen hatten große Schwierigkeiten, das Zahlenlabyrinth zu entwirren, und vermutlich ist ihnen das nicht ganz gelungen. Es wurde immer deutlicher, daß nichts mehr

„Der Herr der 12 Marmorbadezimmer" (G. Carl Lahusen): „Äh, sagen Sie mal, wieviel Badezimmer stehen einem hier eigentlich zur Verfügung?" (Karikatur in der „Bremer Volkszeitung").

Bankier J. F. Schröder.

zu retten war, und so erschienen denn am Vormittag des 21. Juli 1931 um 11 Uhr die vier provisorischen Direktoren der „Nordwolle" beim Bremer Konkursrichter und erklärten, daß das Unternehmen zahlungsunfähig sei. Die „Bremer Volkszeitung" kommentierte: „Damit ist der größte Wollkonzern der Welt verkracht. Tausende von Gläubigern und Aktionären verlieren ihr Geld oder wesentliche Teile ihres Vermögens. Tausende von Arbeitern und Angestellten werden brotlos."

Zum Konkursverwalter wurde der Bremer Rechtsanwalt Dr. Heinemann bestellt. Er übernahm eine schwierige und undankbare Aufgabe und mußte sich von den Lahusens immer wieder vorwerfen lassen, er habe das Unternehmen nicht sachgerecht verwaltet.

Die Lawine rollt

Inzwischen war nun auch die Danatbank, „die als das solideste und zahlungsfähigste Bankinstitut der Welt galt", zusammengebrochen, weil sie sich zu sehr von der „Nordwolle" abhängig gemacht hatte. Am 13. Juli 1931 schloß sie ihre Schalter. Wieder setzten Bemühungen ein, wenigstens den Kern des Unternehmens zu retten, um das ohnehin schwer erschütterte Vertrauen in deutsche Banken wieder aufzubessern. Die Reichsregierung garantierte mit einer ihrer vielen „Notverordnungen" die Einlagen, aber zu einer weitergehenden Stützungsaktion war sie nicht bereit. Auch bei der Danatbank trat der Vorstand zurück, und ein Treuhänder überwachte nun die Abwicklung der Geschäfte.

Trotz der Reichsgarantie ließ sich das allgemeine Mißtrauen nicht zerstreuen, und es setzte nun überall ein Sturm auf Banken und Sparkassen ein. Lange, unruhige Menschenschlangen standen vor den Schaltern, Telegramme brachten Kündigung auf Kündigung. Sehr bald gerieten nun zwei weitere Banken in den Strudel der Krise. Am 20. Juli schloß die Schröderbank, deren imposantes Geschäftshaus gegenüber von Karstadt an der Obernstraße lag. Sie war 1920 entstanden. Seele des Unternehmens war der Bremer Schuhmachersohn Johann Friedrich Schröder, ein Selfmademan, der sich mit

Schlange vor dem Sparkassenschalter. Zeichnung in der „Bremer Volkszeitung".

Geschick und Glück emporgearbeitet hatte. Zeit seines Lebens war er ein umgänglicher, sozial denkender Mensch, der allgemein geschätzt wurde. Die Schröderbank war Kreditgeber für Bremer Werften, Reedereien, Firmen der Hochseefischerei usw. und verwaltete Guthaben von großen englischen Anleihegebern, vom Bremer Staat und von 12 000 mittleren und kleinen Gläubigern. Sie galt als die „bedeutendste Bank des ganzen nordwestdeutschen Wirtschaftsbezirkes". Kenner beurteilten ihren Zusammenbruch als „die größte Katastrophe . . ., die das bremische Wirtschaftsleben treffen konnte, weit größer sogar als der Zusammenbruch der Nordwolle".

Eine Sanierung der Bank wurde sowohl vom Senat wie auch von bremischen Wirtschaftskreisen für unbedingt erforderlich gehalten. So hatte denn der Bremer Staat seine 25 Millionen RM nicht abgerufen, um dieses Unternehmen nicht zu gefährden. Hier hatten die Rettungsversuche Erfolg, wenn es auch nicht ohne Verluste abging (Bremen büßte allein etwa 20 Millionen RM an Einlagen ein, das Gesamt-Engagement des Staates wurde mit 60 Millionen RM angenommen!). Am 10. August wurde die Bank unter dem Firmennamen „Norddeutsche Kreditbank" als Aktiengesellschaft wieder geöffnet.

Im Reigen der Zusammenbrüche großer Firmen folgte die Beamtenbank, ein Unternehmen auf genossenschaftlicher Basis. Schon Ende Juli stellten einige Gläubiger den Antrag, das Konkursverfahren über sie zu eröffnen. Die Sparkonten von etwa 10 000 Beamten kamen in Gefahr und gingen dann zum Teil verloren.

Diese schweren Schläge für die bremische Wirtschaft, vor allem die Millionenverluste des Staates, hatten manches Nachspiel. Bereits am 12. August 1931 trat Senator Bömers, der Finanz- und Wirtschaftsexperte, von seinem Amt zurück. Er hat später immer wieder versucht, alle Finanzmaßnahmen des Senats in der Krisenzeit Juni/Juli 1931 als seine Empfehlung und als lebenswichtig für die Wirtschaft hinzustellen. Er wollte damit den Senat im ganzen entlasten und hat das auch zum Teil erreicht. Es hat nicht an gehässigen Angriffen auf Bömers gefehlt; vor allem hat man ihm vorgeworfen, durch seine Anregung seien private Interessen mit staatlichen Mitteln gestützt worden. Angesichts der vielseitigen Verflechtung von wirtschaftlichen und staatlichen Interessen ist auch heute noch nicht abzuschätzen, ob Senator Bömers zu weit gegangen ist oder nicht. Er war ein impulsiver Mann und persönlich eng mit bremischen Wirtschaftskreisen verbunden; er hatte es daher schwer, das Wohl des Staates nach objektiven Gesichtspunkten einzuschätzen.

Der Senat setzte im August 1931 einen Ausschuß zur Prüfung der Verhältnisse der Staatshauptkasse unter Vorsitz von Bürgermeister Dr. Spitta ein. Der Bericht vom 2. Oktober 1931 stellte dann fest, daß die Verluste zwar erheblich waren, sich aber nicht vermeiden ließen. Vor allem wurde betont, daß die Finanzlage Bremens im Kern gesund sei. Am 9. Oktober wurde Bömers in der zwölfstündigen Bürgerschaftsdiskussion über diesen Bericht vor allem von dem Sozialdemokraten Faust scharf angegriffen. Wer sachlich dachte, mußte erkennen, daß der redegewandte „Mephisto" in diesem Punkt zu weit gegangen war. Bömers wehrte sich gegen die Vorwürfe recht geschickt, aber er litt sehr unter den Angriffen, die von vielen Seiten gegen ihn unternommen wurden. Am 1. April 1932 ist er an einer Blutvergiftung gestorben.

Immerhin: Der Senat selbst, dessen Beschlüsse doch die Verluste verursacht hatten, überstand die Mißtrauenskundgebung der Opposition, zu der die Sozialdemokraten wegen ihrer Beteiligung an der Senatskoalition nicht gehörten.

Senator Bömers.

Länger und aufreibender war das Nachspiel für die beiden Lahusens. Die gerichtlichen Ermittlungen zogen sich lange hin; schließlich war die Voruntersuchung am 21. April 1932 abgeschlossen, und nun wurde der Prozeß vorbereitet. Die Brüder blieben lange Zeit in der Untersuchungshaft, G. Carl sogar 15 Monate (bis zum 12. Oktober 1932). Die Entlassung erfolgte gegen eine hohe Kaution. Mehrmals wurde der Prozeßbeginn vertagt. Währenddessen wurde die Norddeutsche Wollkämmerei und

Hohehorst, das Landschloß G. Carl Lahusens.

Kammgarnspinnerei unter Ausschaltung der Lahusens und unter Auflösung des Konzerns neu gegründet. Diese Firma beschäftigte Anfang 1933 nur noch 3700 Arbeiter. Das Verwaltungsgebäude an der Contrescarpe, das 1928/29 für 13 Millionen RM erbaut worden war, wurde von der Reichsfinanzverwaltung am 28. September 1933 für 4 Millionen RM ersteigert.

Das Gutshaus Hohehorst war an die Gläubiger verpfändet (heute ist es ein städtisches Krankenhaus), das bewegliche Inventar wurde am 1./2. Dezember 1931 versteigert. Am Tage vorher war bereits Besichtigung gewesen. Hunderte von Autos kamen aus naher und weiter Entfernung, einige sogar aus dem Rheinland, Thüringen und Berlin. Große Menschenknäuel entquollen den Bussen und Eisenbahnwagen und zogen in langen Schlangen nach Hohehorst. Im Innern des Hauses kam man nur schrittweise voran „wie in einem Warenhaus am Goldenen Sonntag". Kichernd und schnatternd ergossen sich die Massen in alle Räume vom Boden bis zum Keller.

Am ersten Versteigerungstag war der Park mit prächtigem Rauhreif überzogen; vor dem Eingang des Hauses standen „zwei ganz prosaische Würstchenbuden" und ein Schild, auf dem sich die Speditionsfirma Friedrich Bohne den Käufern für Transporte anbot. Beim Einlaß, der schubweise erfolgte, mußte eine Kaution von 100 RM hinterlegt werden. Die Versteigerung erfolgte in der großen Halle. Auktionator Schlüter aus Hamburg stand auf einem Tisch, rief die Gebote aus und machte seine Witze. Prächtige Gegenstände kamen unter den Hammer: Kunstwerke, Perserteppiche, Möbel usw. Sie erbrachten nur etwa 10 bis 20 Prozent des Anschaffungswertes. Sie gingen auf die Bauernhöfe der Umgebung, in die Magazine von Händlern und wohl auch in die Villen reicher Leute, die die Krise bisher heil überstanden hatten. Am meisten Aufsehen erregte die Versteigerung einer Kanzel aus einer Potsdamer Kapelle, für die Lahusen 100 000 RM bezahlt hatte. 2300 RM waren das höchste Gebot; dafür wurde der Zuschlag freilich nicht erteilt. Das Schnitzwerk stellte die Vertreibung Adams und Evas aus dem Paradies dar, und gehässige Zungen meinten, daß hier das Schicksal Lahusens verewigt worden sei ... Auch für andere Kostbarkeiten wurde verhältnismäßig wenig geboten. So gingen riesige alte Perserteppiche, die 30 000 bis 35 000 RM wert waren, für 5000 bis 6000 RM weg. All das fand statt, während die Lahusens in ihrer Gefängniszelle saßen. Ob verdient oder nicht — das Ereignis trägt doch tragische Züge.

Nachdem die Nationalsozialisten die Macht ergriffen hatten, wurden die Lahusens ein Problem, das sogar Hitler und die Reichsregierung beschäftigte. Es gab immer wieder Leute, die (wie die Brüder Lahusen) behaupteten, die „Nordwolle" sei einer jüdischen Verschwörung unter dem Danat-Goldschmidt zum Opfer gefallen; auch hätten sich die Lahusens durch größere Geldspenden um die NSDAP um das Kommen des Dritten Reiches verdient gemacht. Andererseits waren aber weite Wirtschaftskreise, die ihr Geld bei der „Nordwolle" verloren hatten, immer noch recht zornig auf die Brüder. Auch wurde es von vielen Nationalsozialisten übel vermerkt, daß diese mit Juden Geschäftsbeziehungen unterhalten hatten und sich zunächst sogar von nichtarischen Rechtsanwälten verteidigen ließen.

Hitler erklärte schließlich, daß die Reichsregierung nicht in das Gerichtsverfahren eingreifen werde. Vor allem scheint es dann der Bremer Polizeisenator Laue gewesen zu sein, der sich für eine schonungslose Durchführung des Verfahrens einsetzte. Am 3. Juli 1933 wurden die Brüder in „Schutzhaft" genommen — G. Carl Lahusen im Gerichtsgebäude, als er zu einer Besprechung beim Staatsanwalt geladen war. Grund der Maßnahme: Es bestehe die Gefahr einer Flucht ins Ausland.

Erst am 29. August 1933 begann der Prozeß, zu dem der inzwischen in die Schweiz emigrierte Dr. Jakob Goldschmidt freies Geleit erhielt. Heinz Lahusen lag im Krankenhaus und wurde jeden Morgen zu den Verhandlungen gefahren. Am 29. Dezember wurde das Urteil gesprochen. Einige Anklagepunkte wurden nicht aufrechterhalten, aber die Strafen waren doch überraschend hoch.

G. Carl Lahusen erhielt fünf Jahre Gefängnis und 50 000 RM Geldstrafe, Heinz Lahusen zwei Jahre und neun Monate Gefängnis und 20 000 RM Geldstrafe. Die Revision beim Reichsgericht wurde am 28. Juni verworfen.

Im gleichen Jahre . . .

1931, als die „Nordwolle", die Danat- und die Schröder-Bank zusammenbrachen, trat in London die Labour-Regierung Macdonald zurück, schrieb Pearl S. Buck „Die gute Erde" und Zuckmayer den „Hauptmann von Köpenick", brannte der „Glaspalast" in München ab, wurde das „Empire State Building" in New York erbaut (381 m hoch), starben die russische Tänzerin Anna Pawlowa und der amerikanische Erfinder Edison.

Wer die wirtschaftlichen und politischen Verhältnisse in Bremen 1932 malen will, muß es in dunklen Farben tun: Handel und Industrie lagen darnieder; in der Hansestadt gab es 42 000 Arbeitslose. Die beschäftigungslose Jugend verwahrloste, das Elend der Fürsorge- und Wohlfahrtsempfänger hatte die Grenzen des mit viel Geduld Erträglichen erreicht. Der Radikalismus im politischen Leben nahm die Form permanenten Bürgerkrieges an. Die Extremisten auf dem linken und rechten Flügel — die Kommunisten und Nationalsozialisten — konnten immer mehr Unzufriedene gewinnen. Nieder mit den Warenhäusern und Juden! Nieder mit den marxistischen Parteibonzen! Deutschland erwache! riefen die Nationalsozialisten. Nieder mit dem Kabinett der Barone, mit den Großagrariern und Kapitalisten! Nieder mit dem Bremer Hungersenat! Es lebe die Diktatur des Proletariats! schrien die Kommunisten. Versammlungen, Plakate, Lautsprecher, Umzüge mit Sprechchören und Transparenten bearbeiteten die Massen. Der Erfolg war in Bremen geringer als in anderen Teilen Deutschlands: die NSDAP war hier nie die stärkste Partei, und die KPD brachte nie die Mehrheit der Arbeiter hinter sich. Ein großer Teil jener Bürger, die national eingestellt waren und die Senatskoalition ablehnten, wählte die konservative „Kampffront Schwarz-Weiß-Rot", die in der Reichstagswahl

Bürgermeister Dr. Martin Donandt 1852—1937.

vom 6. November 1932 immerhin 38 000 Bremer Stimmen erhielt (bei 45 000 nationalsozialistischen).
Die bürgerliche Mitte war freilich völlig ausgehöhlt, obwohl sie dem öffentlichen Leben eine Reihe integrer und tüchtiger Männer zur Verfügung stellte. Das stärkste Gegengewicht gegen den wachsenden Einfluß republikfeindlicher Kräfte bildete in Bremen zweifellos die SPD mit ihren 70 000 Wählern und 10 000 Mitgliedern, mit ihrem großen Einfluß auf die Gewerkschaften und das Reichsbanner, die Republik-Schutztruppe jener Zeit. Die republikanischen Organisationen rund um die SPD hatten sich in der „Eisernen Front" zusammengeschlossen. Trotz des militanten Namens war sie fast ganz auf demokratische, „legale" Kampfmittel eingestellt, also auf Propaganda und Stimmzettel.
Der Senat setzte sich aus vier Mitgliedern der bürgerlichen Mitte (Staats- und Volkspartei) und drei Sozialdemokraten zusammen. Der Präsident des Senats, der 80jährige Dr. Martin Donandt, gehörte keiner Partei an, war aber durch und durch konservativen Sinnes, allem politischen Rummel abhold. Einige der Senatsmitglieder waren allgemein anerkannte Fachleute in ihren Ressorts, so etwa: Dr. Spitta, Dr. Apelt und Kaisen. Es war im ganzen ein tüchtiger Senat, der mit viel Geschick die ungeheuren Schwierigkeiten jener Zeit zu meistern versuchte, aber schließlich doch an der politischen Gegenströmung von rechts scheitern mußte.
Die Bremische Bürgerschaft war nicht besser und nicht schlechter als andere Landtage jener Zeit. Es gab einige glänzende Redner und viele fleißige Fachleute; es fehlte aber auch nicht an Dummköpfen, die nie etwas sagten oder aber nur Radau machten. Die Fraktion der Nationalsozialisten bestand aus 29 Mann. Sie hatte keine echte Führungsspitze. Der Fraktionsführer Konsul Otto Bernhard, ein Tabakkaufmann, gab das auch selbst zu, als er auf einer Goebbels-Versammlung 1932 klagte, seiner Partei habe es in der Bürgerschaft an Leuten gefehlt, „um es mit den advokatorisch-gewandten alten Parlamentariern aufnehmen zu können". Dadurch sei sie an die Wand gedrückt worden, und man habe draußen schreien und trommeln müssen. Allerdings gab es eine Reihe ehrgeiziger Parteigenossen, die erst kürzlich in die NSDAP eingetreten waren und daher noch nicht der Bürgerschaft angehörten, die für einige Gebiete guten Sachverstand mitbrachten und mit Ungeduld nach vorne drängten.

Die nationalsozialistische Machtergreifung

Das Jahr 1932 ließ sich für die NSDAP gut an, so daß sie auf eine legale „Machtergreifung" mit dem Stimmzettel hoffen konnte. In der zweiten Reichspräsidentenwahl am 10. April stimmten 62 500 Bremer für Hitler und in der Reichstagswahl vom 31. Juli fast 65 000 für die NSDAP. Dann aber gab es einen schweren Rückschlag im ganzen Reich, der sich in Bremen, gefördert durch parteiinterne Streitigkeiten, besonders stark auswirkte: Die Reichstagswahl vom 6. November 1932 ergab für Bremen einen Rückgang um 30 % der Stimmen. Die „Machtergreifung" schien zumindest aufgeschoben, ließ sich jedenfalls nicht mehr durch eine Mehrheitsentscheidung der Wähler herstellen. Da wurde am 30. Januar 1933 Hitler zum Reichskanzler bestimmt. Ein Eingreifen des Reiches in den Ländern lag nun zwar in der Luft, niemand aber wußte, wann und wie es erfolgen werde — nach den Reichstagswahlen vom 5. März oder nachher?

Kraftproben NSDAP — Senat

Trotz mancher Angriffe von links und rechts war es dem Senat vor allem mit Hilfe einer schlagkräftigen Polizei gelungen, seine Autorität zu wahren. Nach dem 30. Januar wurde es sehr zweifelhaft, ob er sich gegenüber den Forderungen der Nationalsozialisten durchsetzen würde. Die erste Kraftprobe gab es schon am 1. Februar, als die NS-Kreisleitung auf dem Domshof, also innerhalb der „Bannmeile" in der Altstadt, die für politische Demonstrationen gesperrt war, die „Machtergreifung" in Berlin feiern wollte. Der Senat verbot die Veranstaltung an diesem Ort. Der gemäßigte Kreisleiter Bernhard gab noch einmal nach und versammelte seine Mannen am Kriegerdenkmal in den Wallanlagen beim Ansgaritor. Seine Rede brachte heftige Drohungen gegen den Senat.

Die vom Reich geforderte Verfolgung der Kommunisten wurde von Senat und Polizei ohne Widerstreben durchgeführt, wenn auch

Für eine „Machtergreifung" mit Hilfe des Reiches: Kreisleiter Bernhard.

nicht so scharf wie in anderen Ländern. Anders war es mit dem Vorgehen gegen die Sozialdemokraten, die ja im Senat vertreten waren. Ihre Wahlpropaganda wurde in Bremen zunächst kaum behindert. Da hetzte der Pressereferent der NS-Kreisleitung, Studienrat Dr. Seidler, den Reichsminister des Innern, Dr. Frick, gegen den Senat auf und empfahl dringend, die „Bremer Volkszeitung" zu verbieten. Nachdem der Senat am 18. Februar eine entsprechende „Bitte" Dr. Fricks abgelehnt hatte, kam am 1. März aus Berlin eine Forderung, die sich auf die nach dem Reichstagsbrand erlassene Verordnung zum „Schutze von Volk und Staat" berief: Die „Bremer Volkszeitung" sei zu verbieten. Wollte der Senat nicht das Eingreifen des Reichsministers des Innern riskieren, so mußte er das Verbot gegen seinen eigenen Willen aussprechen, und das geschah dann auch.

Mit dieser Hilfeleistung Dr. Fricks waren die Bremer Nationalsozialisten auf ein Mittel gewiesen, das ihnen einen Sieg verschaffen konnte, wo sie selbst sich gegenüber dem Senat nicht durchzusetzen vermochten.

Die Kreisleitung wollte nun am Abend des 4. März, also am Tag vor der Reichstagswahl, eine große Demonstration auf dem Domshof mit Fackelzug und Radioübertragung einer Hitlerrede stattfinden lassen. Der Senat verbot diese Veranstaltung wiederum unter Berufung auf das Bannmeilegesetz. Kreisleiter Bernhard wollte sich nun mit dem Grünen Kamp in der Neustadt abfinden; damit aber waren einige radikale Führer nicht einverstanden. Sie wandten sich an den Gauleiter Carl Röver in Oldenburg, der nun seinerseits den Reichsminister des Innern zum Eingreifen drängte. Am 1. März ersuchte Dr. Frick den Senat, die Bannmeile freizugeben. Sollte man wieder nachgeben? Der Senat beauftragte seinen Gesandten in Berlin, Senator a. D. Dr. Nebelthau, im Reichsinnenministerium vorzusprechen. Nebelthau nahm einen Bremer Stadtplan mit und versuchte, den Staatssekretär Pfundtner davon zu überzeugen, daß es auf dem Domshof mit seinen engen Zugängen bei einer Panik eine Katastrophe geben könne. Die Sache blieb zunächst in der Schwebe.

Da ließ die NS-Kreisleitung am Abend des 3. März Plakate kleben, aus denen zu ersehen war, daß die Veranstaltung auf dem Domshof stattfinden solle. Die Polizei überklebte sogleich die Plakate, aber ein anhaltender Regen wusch die Klebezettel größtenteils wieder ab. Am Morgen des 4. März gab auch die „Bremer Nationalsozialistische Zeitung" den Domshof als Ort der Kundgebung an. Was sollte der Senat der Polizei nun für Anordnungen geben? Sollte der Domshof gegebenenfalls mit Gewalt freigehalten werden oder nicht?

Unter diesen Umständen gewann nun das Urteil des Kommandeurs der Schutzpolizei

Zwischen Senat und NSDAP: Polizeioberst Caspari.

eine entscheidende Bedeutung. Oberst Caspari, der Kämpfer gegen die Revolution von 1919, war ein „preußischer Offizier" von altem Schrot und Korn. Er geriet in einen inneren Zwiespalt: Einerseits war er dem Senat gegenüber zu Gehorsam und Treue verpflichtet, andererseits hatten die Nationalsozialisten ihn 1930 zu ihrem Senatskandidaten gemacht. Caspari mußte auf jeden Fall eine Entscheidung gegen eine der Parteien vermeiden. So erklärte er denn, daß die Polizei den Domshof zwar mit der Schußwaffe freihalten könne (was die Mehrheit des Senats wahrscheinlich gar nicht wollte), daß aber für bloßes Abdrängen an jenem Abend nicht genügend Kräfte zur Verfügung stünden. Er betonte zudem, daß der Domshof eigentlich günstiger für die Veranstaltung sei als der Grüne Kamp. Der Polizeipräsident Dr. Petri schloß sich diesem Urteil an, und der zuständige Senator von Spreckelsen meinte auch, man dürfe kein Blutvergießen riskieren.

Im Senat wurde darüber lange debattiert, schließlich gab man nach: Der Domshof sollte der NSDAP am Abend des 4. März „ausnahmsweise" zur Verfügung stehen. Wie auch immer man es ausdrückte: Der Senat hatte wieder einmal kapituliert, sein Prestige war schwer angeschlagen. Die Demonstration fand dann im Herzen Bremens statt, und in seiner Triumphrede betonte Kreisleiter Bernhard: „Wenn sich das nationale Bremen diesen Platz ertrotzt hat, so ist das ein Beweis dafür, daß es nicht mehr weitergehen will im gleichen Schritt mit dem Marxismus ... Wir fordern den Rücktritt dieser Regierung (des Senats)! Wir fordern eine neue Bürgerschaft!"

Das waren zwar Forderungen, die auch vorher schon oftmals vergebens gestellt worden waren, die aber jetzt nach den Vorgängen in Berlin ganz anderes Gewicht hatten.

Wird Dr. Frick den Senat mattsetzen?

Am Tage darauf, am 5. März 1933, war Reichstagswahl. Das Ergebnis war für die Bremer Nationalsozialisten enttäuschend, denn ihre Partei lag mit ihrem Stimmenanteil von 32,5 Prozent erheblich unter dem Reichsdurchschnitt (43,9 Prozent). Wenn auch die Kampffront Schwarz-Weiß-Rot in der Hansestadt recht stark war (14,7 Prozent, bei einem Reichsdurchschnitt von 8 Prozent), mußte sich die Nationale Front, die auf Reichsebene mit 51,9 Prozent der Stimmen die absolute Mehrheit hatte, in Bremen mit 47 Prozent abfinden. Die SPD hatte sich in der Stadt gut gehalten (30,5 Prozent, im Reich 18,2 Prozent), und auch die Kommunisten schnitten ganz gut ab (13,5 Prozent, im Reich 12,2 Prozent). Die bürgerliche Mitte war stark zusammengeschmolzen.

Was würde nun in Bremen geschehen? Würde in der Stadt alles beim alten bleiben? Oder würden die Nationalsozialisten in einem Staatsstreich den Senat völlig ausschalten? War mit einem Eingreifen der Reichsregierung zu rechnen?

Nachdem in Hamburg bereits am Abend des 5. März SA und SS das Rathaus besetzt hatten, legte der Bremer Senat vorsichtshalber eine Polizeigruppe ins Rathaus.

Kreisleiter Bernhard wollte, um den Anschein der Legalität zu wahren, auf jeden Fall Gewaltakte und damit Blutvergießen vermeiden. Er hatte schon am 3. März seinen „Adjutanten" Otto Pfeifer nach Berlin geschickt, um den Reichsminister des Innern zu veranlassen, die Bremer Polizei einem NS-Reichskommissar zu übergeben. Die Angelegenheit wurde auf die Zeit nach der Wahl vertagt. Wahrscheinlich noch in der Nacht vom 5. zum 6. März bemühte sich Konsul Bernhard erneut um die Hilfe Dr. Fricks und schlug nun auch bereits einen Polizeikommissar vor: den stellvertretenden Direktor des Bremer Arbeitsamtes, Dr. Richard Markert, einen Mann, der zwar erst Parteigenosse geworden war, als die NSDAP gute Chancen zu haben schien und sich auch dann noch vorsichtig zurückgehalten hatte, der nun aber nach einem einflußreichen Posten strebte.

Zum Eingreifen bereit: Dr. Frick.

Soll die Polizei schießen?

Am 6. März bildeten sich seit etwa 11 Uhr auf dem Marktplatz und Domshof größere Menschenansammlungen. Es waren viele Neugierige dabei; aber auch eine große Zahl Nationalsozialisten, die in Sprechchören die Abdankung des Senats, vor allem die Entfernung der sozialdemokratischen Senatoren verlangten. Schließlich wurden hier und da Hakenkreuzfahnen und -wimpel am Roland und an der Rathausbalustrade befestigt. Der Polizei fiel es immer schwerer, den Verkehr aufrechtzuerhalten, schließlich gab sie es ganz auf. Zu Gewaltakten, etwa zu Versuchen, das Rathaus zu stürmen, kam es nicht, aber die Vorbereitungen dazu waren auch getroffen; denn SA-, SS- und Stahlhelmgruppen sammelten sich in ihren Standquartieren, um im geeigneten Augenblick das Rathaus zu erobern.

Am 6. März 1933: Tausende füllen den Marktplatz, Roland mit Hakenkreuzfahne.

Gegen 11 Uhr trafen sich einige Senatoren im Dienstzimmer Bürgermeister Donandts im ersten Stock des Neuen Rathauses. Von hier aus konnte man einen Teil des Marktplatzes und des Domshofes überschauen. Die Herren sahen hinunter, und ein SPD-Senator wies den greisen Bürgermeister darauf hin, daß hier wieder einmal die Bannmeile verletzt wurde. Was aber sollte geschehen? Der „Polizeisenator" von Spreckelsen wurde hinausgeschickt, um den Kommissar der Schutzpolizei, Caspari, zu veranlassen, den Platz räumen zu lassen. Wie das geschehen sollte, wurde ihm nicht gesagt, und darüber hatten auch die Senatoren ganz verschiedene Vorstellungen. Später haben einige von ihnen erklärt, sie hätten von der Polizei gegebenenfalls den Einsatz der Schußwaffe erwartet. Gewiß, das wäre eine mutige, aber auch eine harte Demonstration für Gesetz und Verfassung gewesen; doch die „Machtergreifung" wäre dadurch in Bremen nur um wenige Stunden hinausgeschoben worden — verhindern ließ sie sich nicht mehr. Caspari, dem die Nationalsozialisten ohnehin keine Feinde waren, beschloß, nicht zu schießen. So blieben die Menschenmassen auf dem Markt und Domshof. Nur in den Mittagsstunden verminderten sie sich etwas.

Der Senat beschloß nun, Verbindung mit dem Reichsminister des Innern, Dr. Frick, aufzunehmen. Senator Dr. Apelt gab an Bremens Vertreter in Berlin, Dr. Nebelthau, den Auftrag weiter, er solle bei Dr. Frick vorstellig werden. Von diesem erfuhr Dr. Nebelthau gegen 13 Uhr, daß der NS-Kreisleiter Bernhard ihn zum Eingreifen dränge, weil er die SA sonst nicht mehr von einem Gewaltstreich zurückhalten könne. Frick forderte dasselbe wie Bernhard: nämlich, daß der Senat Dr. Markert die Polizei übergeben solle. Kurz danach wußte man nun im Senat, was die Stunde geschlagen hatte.

Die Nationalsozialisten fordern

Im Rathaus waren inzwischen Verhandlungen mit Bernhard aufgenommen worden. Seine Forderungen:

- Die Polizeidirektion ist sofort an einen Nationalsozialisten zu übergeben.
- Die drei sozialdemokratischen Senatoren müssen zurücktreten.

Bürgermeister Donandt erklärte, das könne er nicht entscheiden; alles müsse seinen verfassungsmäßigen Weg gehen.

Kaum hatte Bernhard das Rathaus verlassen, da schickte er auch schon ein Telegramm an Dr. Frick und berichtete diesem, daß der Senat nicht nachgeben wolle, und er bat daher erneut, einzugreifen. Gegen 16 Uhr bestellte Bürgermeister Donandt Bernhard noch einmal ins Rathaus. Dieser kam nun zusammen mit Dr. Markert, der wahrscheinlich das große Wort führte. Auf beiden Seiten herrschte große Nervosität, denn es war ja immer noch nicht klar, ob nicht in Kürze Schüsse fallen würden. Die Forderungen der Nationalsozialisten wurden um zwei weitere vermehrt:

- Auflösung der Bürgerschaft,
- Hissen der schwarzweißroten und der Hakenkreuzfahne am Rathaus.

Die Erfüllung wurde ultimativ auf 20 Uhr befristet.

Im Senat herrschten Unruhe und Unsicherheit. Man wollte die Entwicklung möglichst im legalen Rahmen halten, sah aber, daß man den Boden der Verfassung verließ, wenn man den Forderungen der Nationalsozialisten nachgab, ganz zu schweigen von einem katastrophalen Autoritätsverlust des Senats. Die bürgerlichen Senatoren hofften nun, die Nationalsozialisten und vor allem auch die Massen auf dem Markt zu beruhigen, wenn sie das Hissen der schwarzweißroten Fahne zuließen. Die Hakenkreuzfahne wollten sie jedoch nicht aufziehen lassen.

Damit hatten nun die drei SPD-Senatoren Kaisen, Klemann und Sommer einen Grund zurückzutreten. Schon seit dem Morgen trugen sie sich mit diesem Gedanken, weil sie den Nationalsozialisten das Argument nehmen wollten, der Senat sei „marxistisch verseucht" und müsse daher abtreten. Nun erklärten sie gegen 17 Uhr, daß sie ihr Amt niederlegten, weil sie im Setzen der schwarzweißroten Fahne „das Symbol einer Änderung in der Richtung der vom Senat bisher verfolgten Politik" sähen. Auch der Rumpfsenat wäre gern zurückgetreten, aber solch ein Gesamtverzicht war nur gestattet, wenn die Meinung der Bürgerschaftsmehrheit nicht mit der des Senats übereinstimmte. Und diese Bedingung lag ja noch nicht vor. Der Rumpfsenat erklärte aber, er wolle abtreten, sobald die Bürgerschaft die verfassungsmäßigen Voraussetzungen geschaffen habe.

Überraschend ernannt: Reichskommissar (später Bürgermeister) Dr. Markert.

6. März 1933, 17 Uhr: Vom Rathaus weht die schwarz-weiß-rote Fahne, Hakenkreuze an der Balustrade. Die Massen warten auf die „Machtergreifung", die Polizei ist passiv. Im Rathaus wird immer noch verhandelt.

Die Kapitulation

Das Ende der Frist des NS-Ultimatums rückte immer näher, ohne daß eine Klärung abzusehen gewesen wäre. Da verfaßte ein Redakteur der „Bremer Nationalsozialistischen Zeitung" ein Extrablatt mit dem Text: „Der Senat tritt zurück. Machtübernahme

Bremen, 6. März 1933 **Extrablatt** Ausgabezeit 7 Uhr abends

BNZ

Bremer Nationalsozialistische Zeitung

Der Senat tritt zurück

Machtübernahme der NSDAP.

Die Kreisleitung Bremen der NSDAP. hat den sofortigen Rücktritt des Senats gefordert. Die Machtübergabe wird um 8 Uhr erfolgen.

Bremer erscheint in Massen vor dem Rathaus

der NSDAP. Die Kreisleitung Bremen der NSDAP hat den sofortigen Rücktritt des Senats gefordert. Die Machtübernahme wird um 8 Uhr erfolgen. Bremer, erscheint in Massen vor dem Rathaus!" Tatsächlich strömten immer mehr Menschen herbei, und auch die SA-, SS- und Stahlhelmeinheiten schickten sich zum Marsch auf das Rathaus an.

Nun erschien eine Abordnung von Nationalsozialisten unter Führung von Gauleiter Röver, um einen letzten Versuch zu machen, die „Machtergreifung" ohne Gewalt durchzusetzen. Es fand eine Besprechung im Dienstzimmer Bürgermeister Donandts statt, die einen dramatischen Verlauf nahm. Donandt brachte zum Ausdruck, daß die Reichstagswahl keine Änderung der Verhältnisse in Bremen fordere. Die gegenwärtige Erregung werde sich sehr bald angesichts der nüchternen Politik beruhigen. Einen Rücktritt des Senats stellte er in Aussicht, wenn die Bürgerschaft ihn wolle. Die Einsetzung eines NS-Polizeisenators wurde aus Verfassungsgründen verweigert.

Und nun kam etwas, was viele Zeugen — auch nationalsozialistische — peinlich berührte: Gauleiter Röver „legte los", als ob er auf einer Volksversammlung zu reden hätte. Mit rotem Kopf brüllte er heraus, was die Nationalsozialisten wollten. Das war alles längst bekannt, aber die Art und Weise, wie es hier vorgebracht wurde, war für die Herren des Senats neu. Bürgermeister Donandt beherrschte sich mit Mühe und lehnte noch einmal alles ab. Offenbar war es nun der NS-Reichstagsabgeordnete Kurt Thiele, der einen letzten Versuch zu gewaltlosem Abschluß machte, indem er vorschlug, man möge sich mit dem Reichsminister des Innern in Verbindung setzen. Sogleich kam ein Telefongespräch zustande, in dem Röver sich noch einmal bei Dr. Frick erkundigte, ob die Ernennung Dr. Markerts zum Polizeikommissar in die Wege geleitet sei, und dann sprach auch Donandt kurz mit Dr. Frick, von dem er nun ebenfalls die Ernennung Dr. Markerts erfuhr. Daß die Gründe — Unruhe wegen „Nichtrücktritts" der sozialdemokratischen Senatoren — überhaupt nicht mehr zutrafen, spielte keine Rolle mehr.

Die Senatoren waren zutiefst deprimiert, denn sie spürten, daß nun die Macht über Verfassung und Recht gesetzt würde und daß sie nicht mehr in der Lage sein würden, irgend etwas dagegen zu unternehmen. Es ist berichtet worden, daß es zum Abschluß ein kurzes Gespräch zwischen Dr. Donandt und Röver gab, in dem der alte Bürgermeister betonte, das habe er alles schon einmal erlebt — im Winter 1918/19; er spielte dabei auf die damaligen Revolutionsunruhen an. Röver verstand das und soll leidenschaftlich entgegnet haben: „Herr Präsident, es ist nicht dasselbe: Damals waren es die ro-

Die Herren über Bremens Zukunft: Hitler und Gauleiter Carl Röver.

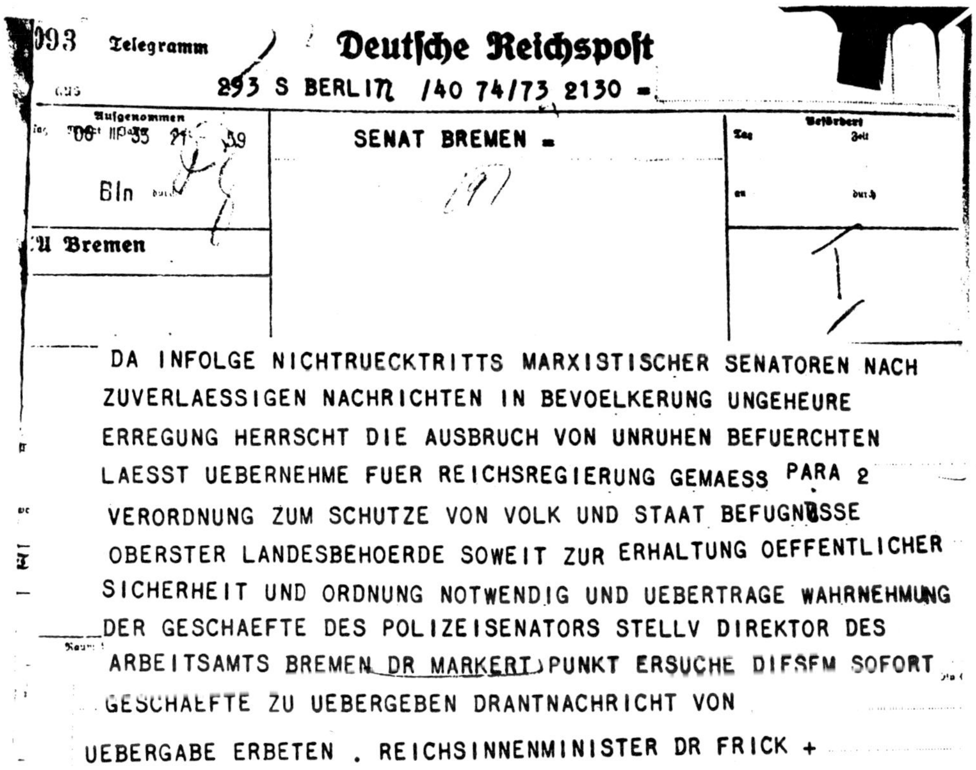
Telegramm Deutsche Reichspost

293 S BERLIN 140 74/73 2130 =

Aufgenommen

Bln

Bremen

SENAT BREMEN =

DA INFOLGE NICHTRUECKTRITTS MARXISTISCHER SENATOREN NACH ZUVERLAESSIGEN NACHRICHTEN IN BEVOELKERUNG UNGEHEURE ERREGUNG HERRSCHT DIE AUSBRUCH VON UNRUHEN BEFUERCHTEN LAESST UEBERNEHME FUER REICHSREGIERUNG GEMAESS PARA 2 VERORDNUNG ZUM SCHUTZE VON VOLK UND STAAT BEFUGNISSE OBERSTER LANDESBEHOERDE SOWEIT ZUR ERHALTUNG OEFFENTLICHER SICHERHEIT UND ORDNUNG NOTWENDIG UND UEBERTRAGE WAHRNEHMUNG DER GESCHAEFTE DES POLIZEISENATORS STELLV DIREKTOR DES ARBEITSAMTS BREMEN DR MARKERT PUNKT ERSUCHE DIESEM SOFORT GESCHAEFTE ZU UEBERGEBEN DRAHTNACHRICHT VON UEBERGABE ERBETEN . REICHSINNENMINISTER DR FRICK +

Das entscheidende Telegramm vom 6. März 1933, aufgegeben in Berlin um 21.30 Uhr: Der Reichsinnenminister ernennt Dr. Markert zum Reichskommissar für die Bremer Polizei.

ten Lumpenhunde, diesmal ist es die nationale Erneuerung!" Donandt aber beharrte: „Herr Ministerpräsident, es ist ganz dasselbe!" Und damit hatte er gesagt, daß er die nationalsozialistische Bewegung für vorübergehend halte und daß er die braunen Revolutionäre ebenso verabscheue wie die roten.

Während nun am Rathaus die Hakenkreuzfahne gehißt wurde und die SA-, SS- und Stahlhelmkolonnen aufmarschierten, und während in Reden vom Rathausbalkon, mit Heilrufen sowie Absingen des Deutschland- und Horst-Wessel-Liedes der Sieg gefeiert wurde, sprachen sich die Senatoren noch einmal über die Lage aus und verließen dann das Rathaus durch eine Hintertür zum Liebfrauenkirchhof.

Dr. Markert aber übernahm nun die Polizeigewalt in Bremen; das aber war der Anfang einer langen Kette von Ereignissen, die den Nationalsozialisten in Bremen eine immer größere Machtfülle in die Hand gaben. Einige der wichtigsten:

- 8. März: Aus Angehörigen der „nationalen Verbände" wird eine „Hilfspolizei" aufgestellt. Ein nationalsozialistischer kommissarischer Polizeipräsident wird eingesetzt.
- 10. März: „Spezialkommissare" werden ernannt, die eine Kontrolle über alle Senatoren und über die wichtigsten Zweige der Verwaltung ausüben.
- 18. März: Ein kommissarischer Senat aus Nationalsozialisten und Deutschnationalen konstituiert sich. Dr. Markert wird Bürgermeister.
- 1. April: Das Konzentrationslager „Mißler" an der Walsroder Straße wird eingerichtet. In ihm werden politische Gegner grausam mißhandelt. Erster Juden-Boykott.

Der Koalitionssenat aus Nationalsozialisten und Deutschnationalen 1933 in Zivil auf dem oberen Flur des Neuen Rathauses. Sitzend von links nach rechts: Bernhard, Flohr, Dr. Markert, Laue. Stehend von links nach rechts: Ritter, Dr. von Hoff, Vagts, Haltermann, Heider.

Im gleichen Jahre . . .

1933, als in Bremen der bürgerlich-sozialdemokratische Senat durch die Nationalsozialisten ausgeschaltet wurde, wurde der Reichstag in Berlin angesteckt, starben der englische Dichter Galsworthy und der deutsche Lyriker Stefan George, schrieb Gulbranssen „Und ewig singen die Wälder" und Spoerl die „Feuerzangenbowle", entstanden die Filme „Reifende Jugend" und „Hitlerjunge Quex".

Das KZ „Mißler"

Die Zeitung meldet die Einrichtung

Am 25. März 1933 konnte man in der „Bremer Nationalsozialistischen Zeitung" lesen:

„Im bremischen Staatsgebiet befinden sich zur Zeit über hundert kommunistische Funktionäre und eine Anzahl weiterer Kommunisten, die bei Flugblattverbreitungen festgenommen wurden, in Schutzhaft."

Da mit weiteren Festnahmen zu rechnen sei, habe der Polizeisenator dem Reichsinnenminister empfohlen, „diese Schutzhäftlinge in einem Konzentrationslager außerhalb Bremens unterzubringen und zu nutzbringender Tätigkeit für die Allgemeinheit zu erziehen". Man hielt es zunächst in der Tat für unzweckmäßig, die Häftlinge in „ihrem Wohnort" unterzubringen; doch die Sache eilte, und so blieb schließlich nichts anders übrig, als in Bremen selbst einen geeigneten Ort zu finden. Das aber waren dann die alten Auswandererhallen der Firma Friedrich Mißler an der Walsroder Straße, wo zwei große Säle und ein von einer hohen Mauer mit Stacheldraht begrenzter Hof zur Verfügung standen.

Am 2. April stand dann in der Zeitung:

„Von den in Bremen aus Gründen der Aufrechterhaltung der öffentlichen Sicherheit und Ordnung in polizeilicher Schutzhaft befindlichen Marxisten und Kommunisten wurden am Freitag (31. März) und Sonnabend (1. April) zunächst etwa 100 Gefangene in ein Konzentrationslager übergeführt."

Die Mißlerhallen im Findorffviertel als Unterkunft für Auswanderer, 1933 Konzentrationslager

Das war also die keineswegs geheimgehaltene Geburtsstunde des bremischen Konzentrationslagers „Mißler". Die bisher – aufgrund der nach dem Reichstagsbrand am 28. Februar 1933 erlassenen „Notverordnungen" – in „Schutzhaft" genommenen Kommunisten wurden nun aus dem Polizeigefängnis am Ostertor und aus dem Untersuchungsgefängnis im Gerichtsgebäude in das Lager an der Walsroder Straße gebracht. Später kamen auch einige prominente Sozialdemokraten hinzu.

Umerziehung oder Rache?

Die Dienstaufsicht hatte die Polizei; der Wachdienst wurde aber von einer durch die SS gestellten Hilfspolizeitruppe von etwa 40 Mann unter dem Kommando des gewalttätigen und primitiven Sturmhauptführers Otto Löblich gestellt.

So sehr die „Notverordnung" vom 28. Februar in ihrer Anwendung und die „Schutzhaft"-Praxis Unrechtsakte waren, die vom Reichsinnenminister und vom bremischen Polizeisenator Laue zu verantworten waren, so schwierig bleibt eine gerechte Schuldzumessung an den Mißhandlungen, die im KZ „Mißler" praktiziert wurden. Ihre unmittelbaren Urheber waren die SS- und später die SA-Wachleute; doch es bleibt die Tatsache, daß die Verhältnisse, unter denen sie möglich waren, von Senator Laue geschaffen wurden. Dieser selbst dachte freilich vor allem an eine „Umerziehung", die er bei vielen Häftlingen für möglich hielt. So ließ er sogar einige von ihnen am 1. Mai 1933 durch Bremen fahren, in der Hoffnung der Flaggenschmuck zum „Tag der nationalen Arbeit" werde sie beeindrucken. Andere Häftlinge mußten sich den Mai-Umzug an einem Fenster des Polizeihauses ansehen. Über die Mißhandlungen war Laue zunächst nicht unterrichtet.

Sicher ist, daß die Wachtruppe von Rachedurst gegenüber den Häftlingen erfüllt war. Die SS- und SA-Leute haben später zu ihrer Entlastung behauptet, sie hätten den Kommunisten nur die Prügel zurückgeben wollen, die sie vorher von ihnen im Straßenkampf bezogen hatten. Mit Recht und Gesetz hatte das nichts zu tun.

An sich war der Tageslauf im Lager wie der in einer Kaserne; doch es gab darüber hinaus je nach Laune Schläge mit dem Gummiknüppel und mit der Faust sowie Fußtritte.

Polizeisenator und Staatsanwalt greifen ein

Gegen Ostern übergab ein kommunistischer Häftling bei einem Besuch seine blutige Unterwäsche seiner Frau; diese ging damit zu einem Rechtsanwalt, der wiederum den Oberstaatsanwalt Dr. Loose informierte. Loose war seit 1932 Mitglied der NSDAP und seit dem 19. April 1933 Leiter der Staatsanwaltschaft beim Landgericht, hatte also allen Grund, sich den neuen Machthabern in einem guten Licht zu zeigen. Dennoch unterrichtete er Senator Laue über die Mißhandlungen im KZ „Mißler" und ging ins Lager, um in der Sache zu ermitteln. Er forderte die Häftlinge auf, Aussagen zu machen, gegebenenfalls in einem verschlossenen Brief. Die meisten Häftlinge waren eingeschüchtert und schwiegen. Der Kommunist Albert Krohn war es dann, der „auspackte" und darauf hinwies, daß man die verletzten Häftlinge versteckt habe. Sie wurden geholt und die Spuren der Mißhandlungen untersucht.

Um der Wahrheit willen muß weiterhin berichtet werden, daß Polizeisenator Laue empört war und am 9. Mai die SS-Wache in spektakulärer Form durch eine SA-Wache ersetzte, von der er ein korrektes Verhalten erwartete. Er suchte

Otto Löblich, erster Kommandant des KZ „Mißler"

das KZ-Lager auf, und nun meldeten sich etwa 20–30 Mißhandelte. Die staatsanwaltlichen Ermittlungen führten jedoch zu keiner Strafverfolgung, da sie durch eine Amnestie beendet wurden.

Ebenso wichtig ist der Hinweis, daß auch die SA-Hilfspolizisten die Gefangenen, zu denen nun bereits Sozialdemokraten gehörten, schwer mißhandelten. Eine von vielen (zutreffenden!) Zeugenaussagen in späteren Prozessen, nämlich über einen prominenten Reichsbannerführer, möge hier folgen:

„Am Tage nach seiner Einlieferung mußte er auf Anordnung von SA-Leuten einen Eimer mit Wasser in den Heizungskeller bringen. Als er im Keller stand, kamen mehrere SA-Leute die Treppe herunter und begannen mit Gummiknüppel auf ihn einzuschlagen ..., daß er besinnungslos zusammenbrach. Als er zu sich kam, bemerkte er, daß die SA-Leute Wasser über seinen Körper gegossen hatten. Von den SA-Leuten wurde er anschließend in den Toilettenraum der Häftlinge des Lagers geschleift. Dort ließen sie ihn auf einer Bank liegen".
Der Mißhandelte verlor mehrere Zähne; seine Sehkraft wurde gemindert.

Alfred Faust ermordet – eine Fehlmeldung

Einen heiklen Zwischenfall gab es im Juli 1933, als die „Amsterdamer Freie Presse", ein Emigrantenblatt, am 29. Juli 1933 meldete: „Abgeordneter Faust von SA ermordet. Nach wochenlangem Martyrium in dem Konzentrationslager zu Tode geprügelt". Diese Desinformation war ungeschickt, da sie sich leicht widerlegen ließ. Faust, Herausgeber der „Bremer Volkszeitung", war Ende April von Berlin, wo er sich als Reichstagsabgeordneter aufgehalten hatte, nach Bremen gekommen. Er wurde am 28. April auf Weisung des Polizeisenators verhaftet. Dieser erklärte Faust: „Sie wurden verhaftet, weil Sie durch die SA beim Betreten der Bürgerschaftssitzung erschossen werden sollten; dieses sollte vermieden werden." Ob das zutraf, muß offen bleiben. Sicher ist nur, daß Faust durch seine Einweisung ins KZ „Mißler" in die Gewalt eben jener SA-Leute fiel, die ihm Rache geschworen hatten. So wurde er denn schwer mißhandelt, aber nicht umgebracht. Nachdem die Meldung über seinen Tod erschienen war, wurde er sogleich von seinen Quälgeistern veranlaßt, „freiwillig" in einem „offenen Brief" u.a. zu schreiben: „Die Tatsache, daß ich diesen Brief persönlich schreibe, bezeugt ..., daß ich lebe und daß die Meldung über mein Martyrium eine phantastische Erfindung und eine greifbare Lüge ist..." Eine Darstellung der Mißhandlungen, denen Faust unterworfen war, wurde nicht zugelassen; dagegen mußte er schreiben: „Niemand wird bestreiten, daß ein Konzentrationslager kein ange-

Alfred Faust

nehmer Aufenthalt und kein Sanatorium ist! ..Ich will .. nur erwähnen, daß ich persönlich kein einziges Mal nachts aus dem Bett geholt wurde und kein einziges Mal ‚die Reitstiefel der SA-Leute putzen' mußte". Hier wurde nun eine Desinformation gegen die andere gesetzt, nur daß die von Faust erzwungene nicht so schnell widerlegt werden konnte. Nachweisbar war damals freilich bereits, daß der verfassungsmäßig durch Immunität geschützte SPD-Reichstagsabgeordnete Alfred Faust im Bremer KZ festgehalten und ihm auch verwehrt wurde, an der Eröffnung des Reichstages in Berlin teilzunehmen. Heute wissen wir, daß das auf Veranlassung des Polizeisenators Laue und mit Zustimmung des Reichsinnenministers geschah.

Mißler – Ochtumer Sand – Langlütjen II

Das KZ „Mißler", das ständig mit etwa 200 Häftlingen belegt war, bot äußerlich den Anblick einer mustergültig geführten Kaserne, so daß sogar die Großfürstin Maria, die älteste Tochter des Thronprätendenten Kyrill von Rußland, die den Gerüchten über das KZ nachgehen wollte, am 17. August 1933 vom Gauleiter Röver durch das Lager geführt werden konnte und sich sehr befriedigt äußerte, wie weiland die Zarin Katharina über die Potemkinschen Dörfer.

Im September 1933 wurde das Lager aufgelöst, weil es zu sehr der Beobachtung durch die Öffentlichkeit ausgesetzt war, vor allem aus den Wohnhäusern an der Walsroder Straße. Zudem war für die Häftlinge keine sinnvolle Arbeit zu beschaffen. Auch sollen sich 21 Anwohner über nächtliches Geschrei im Lager beschwert haben. Die meisten Häftlinge wurden entlassen; der Rest kam am 11. September in ein Lager auf einem ausgedienten Lloydkahn in der Ochtummündung. Sie wurden bei Anpflanzungsarbeiten auf dem Ochtumer Sand eingesetzt. Am 3. Oktober wurden einige Insassen ins Marinefort Langlütjen II in der Wesermündung bei Bremerhaven umquartiert. Hier war ein Todesfall durch Selbstmord zu beklagen. Dieses Lager bestand bis zum Juli 1934.

Die meisten Zeugnisse über die Bremer Konzentrationslager von 1933 stammen aus sehr viel späterer Zeit; da sie jedoch beide Seiten zu Wort kommen lassen, läßt sich ein einigermaßen zutreffendes Bild herstellen. Es gibt aber auch einige Aufzeichnungen von Häftlingen, die im Lager selbst entstanden. Dabei handelt es sich im allgemeinen um Briefe an Angehörige, deren Hauptinhalt privater Natur ist und nur sehr begrenzt Schlüsse auf die tatsächlichen Verhältnisse in den Lagern zuläßt. Doch wer genau hinhört, findet doch einiges: Als Grundauffassung wird immer wieder mit Recht geäußert, daß die Inhaftierung völlig unverschuldet war („Es ist nicht leicht, in Gefangenschaft zu sitzen – jetzt sind es bereits 5 Monate – ohne irgendwelche Anklage bzw. Gerichtsurteil, somit ohne Gewißheit, eine Strafe für ein Vergehen verbüßen zu müssen"). Im Untersuchungsgefängnis war alles „korekt"; es gab mancherlei Beschäftigung, um „die Zeit totzuschlagen"; dennoch war die Langeweile quälend („Man befindet sich ... für den ganzen Tag in einer einsamen Zelle. Lesen und Auf- und Abwandeln, so geht es weiter bis zum Abend"). Täglich gab es ½ Stunde „Spaziergang" im Gefängnishof („Ich könnte diese Betätigung mit der einer Anzahl Pferde vergleichen, die im Zirkus eine Zeitlang im Kreis herumlaufen"). Das KZ „Mißler" brachte zwar durch das Gemeinschaftsleben weniger Langeweile, doch bedrückte die gewalttätige Primitivität der SS- und SA-Hilfspolizisten. Ochtumer Sand war abgelegen und hatte nur sehr primitive Unterkünfte; doch gab es einigermaßen sinnvolle Arbeit. Gewalttaten des Wachpersonals waren selten. Langlütjen lag auf einer Insel; die Unterkünfte befanden sich in finsteren und feuchten Kasematten. Doch die Behandlung war – abgesehen von einzelnen Übergriffen – zufriedenstellend

KZ „Ochtumer Sand", 1934

(„Hier ist es besser als bei Mißler, sowohl in der Behandlung wie auch in der Verpflegung")

Kurz vor Weihnachten 1933 wurden einige Häftlinge entlassen. Senator Laue ermahnte sie in den Räumen der Gestapo Am Wall, sich zum neuen Staat zu bekehren; dann konnten sie zu ihren Angehörigen zurückkehren. Als das Lager Ochtumer Sand Ende April aufgelöst wurde, kamen mehrere Schutzhäftlinge ins Polizei- und ins Untersuchungsgefängnis, um wegen „Vorbereitung zum Hochverrat" angeklagt zu werden. Die Zahl der in Bremen in Schutzhaft Gehaltenen, die noch im Frühjahr 1934 etwa 110 betrug, schwankte seit dem Sommer dieses Jahres zwischen 10 und 40, stieg aber 1935 noch einmal auf etwa 80 an.

Das System der lokalen Konzentrationslager wurde jedoch aufgegeben. An ihre Stelle trat ein großer und komplizierter Apparat von Konzentrations-, Zuchthausaußen- und Arbeitserziehungslagern, in die Schutzhäftlinge und Zuchthäusler verschiedener Kategorien eingewiesen wurden. Das aber ist ein Thema, das in vielen einschlägigen Werken behandelt wurde.

Die Gewalttaten im Konzentrationslager „Mißler" wurden erst 1951/1953 durch Gefängnisstrafen bis zu zwei Jahren gesühnt. 1983 wurde zudem an einer Wand der inzwischen völlig veränderten Gebäude an der Walsroder Straße eine Gedenktafel angebracht, die an jenes düstere Kapitel bremischer Geschichte erinnert.

Die „Reichskristallnacht" in Bremen, 1938

Eins der finstersten Kapitel bremischer Geschichte, das zugleich eine typische Situation des NS-Regimes widerspiegelt, ist die „Reichskristallnacht". Die Vorgänge sind zwar inzwischen voll ausgeleuchtet, doch kaum in ihrer rechtlichen und menschlichen Tragweite voll gewürdigt worden.

Die Ereignisse dieser Nacht vom 9. zum 10. November 1938 gehören in eine lange Reihe von Maßnahmen gegen die Juden: Schon vor 1933 kam es zu Gewalttätigkeiten jugendlicher NS-Rabauken, die aber damals bestraft wurden, während dann die Aktionen nach 1933 die Dekkung durch Staat und Partei fanden, obwohl auch sie eindeutig verbrecherischen Charakter trugen. Das gilt für den Boykott vom 1. April 1933 ebenso wie für den Einbruchsdiebstahl im jüdischen Gemeindehaus am 1. Oktober 1933, die Anwendung der „Nürnberger Gesetze" von 1935 und die „Arisierung" jüdischer Betriebe.

SA-Gruppenführer Böhmcker telefoniert aus München

Im November 1938 kam der – einstweilige – Höhepunkt antisemitischer Verbrechen. Wie in jedem Jahr hatten sich am 9. November zum Gedenken an den „Hitlerputsch" von 1923 die NS-Führer in München versammelt. Da wurde gemeldet, daß in Paris der deutsche Gesandtschaftsrat Ernst vom Rath durch einen jungen Juden, dessen Familie nach Polen abgeschoben worden war, ermordet wurde. Der Attentäter wollte auf die Lage der Juden in Deutschland aufmerksam machen; dennoch war es ein Verbrechen, dem ein Unschuldiger zum Opfer fiel. Nicht vorauszusehen war auch, daß die Nazis den Mord zum Anlaß für ein Pogrom gegen die deutschen Juden nehmen würden.

SA-Gruppenführer Böhmcker

Goebbels hielt zunächst vor den versammelten NS-Führern eine üble antisemitische Hetzrede, die in der Bemerkung gipfelte, daß die Partei zwar keine Pogrome organisieren, daß sie aber „spontanen Aktionen nicht entgegentreten solle". Das wurde vor allem von den SA-Führern als Aufforderung zur Organisierung „spontaner Aktionen" gegen die Juden aufgefaßt. Der in München anwesende Führer der SA-Gruppe Nordsee und Bürgermeister von Bremen, Böhmcker, setzte sich mit seinem Stabsführer in Bremen, SA-Brigadeführer Römpagel, telefonisch in Verbindung. In dem durchgegebenen Befehl hieß es u.a.: „Sämtliche jüdische Geschäfte sind sofort von SA-Männern in Uniform zu zerstören. Nach der Zerstörung hat eine SA-Wache aufzuziehen, die dafür zu sorgen hat, daß keinerlei Wertgegenstände entwendet werden können...Jüdische Synagogen sind sofort in Brand zu stecken..Die Feuerwehr darf nicht eingreifen... Der Führer wünscht, daß die Polizei nicht eingreift...Bei Widerstand sofort über den Haufen schießen!"

Die Masse der bremischen Bevölkerung erfuhr von dem, was nun in dieser Nacht geschah, überhaupt nichts. Sie lag im Bett und schlief, als die SA-Horden ans Werk gingen.

Wie sich die Befehlswiedergabe bei den SA-Einheiten vollzog, haben mehrere Beteiligte zutreffend dargestellt. Sie wurden geweckt und erhielten dann etwa folgende Anweisung: „Auf Befehl des Führers Alarm! Sofort zum Gosselhaus (dem SA-Heim am Buntentorsteinweg) kommen! Pistole mitbringen! Weitere zuverlässige Kameraden wecken!" Man traf sich dann in den SA-Heimen, bzw. auf den Alarmplätzen. Hier präsentierten SA-Führer Listen von Juden, die „aufzusuchen" waren. Hier hieß es dann etwa: „Befehl ist: Jüdisches Eigentum ist zu demolieren, die Juden sind sicherzustellen..Es ist anzunehmen, daß Widerstand geleistet wird. Der Widerstand ist mit der Waffe zu brechen!" Es gab aber auch die Formulierung: „Natürlich werden die Juden Widerstand leisten. Ihr wißt ja, was ihr zu tun habt!" Auf eine Frage, was denn nun genau zu geschehen habe, kam die Antwort: „Bringt sie nur nicht ins Gosselhaus. Seht zu, wo ihr damit bleibt; macht sonst was damit". Das war nun aber auch nicht die letzte Klarheit; doch es gab SA-Leute, die diese Hinweise als Aufforderung ansahen, die Juden seien „umzulegen". Dem entsprachen auch die Worte, die im Gosselhaus gefallen sein sollen: „Die Synagoge brennt. Die Juden müssen über die Klinge springen!" Viele hatten den Eindruck, daß es „auf ein Judenleben nicht ankomme".

Das Innere der Synagoge in der Gartenstraße vor 1938

Die Feuerwehr löscht den Synagogenbrand am 10. November 1938

Die Synagoge brennt

Die Aufforderung, die Synagogen zu verbrennen, wurde in Bremen befolgt. Die Einzelheiten des Unternehmens sind nicht ganz geklärt, doch im großen und ganzen wissen wir, was in der Nacht in der Gartenstraße geschah. Offenbar ging die Aktion von der Geschäftsstelle eines SA-Sturmbanns in der Dechanatstraße aus. Der Stabschef der SA-Gruppe Nordsee, SA-Brigadeführer Römpagel, der die Befehle Böhmckers aus München erhalten hatte, nahm die Sache in die Hand und kommandierte einen SA-Hauptsturmführer, einen Kraftfahrer und einen SA-Telefonisten zu seiner Unterstützung ab. Sie drangen in die Synagoge ein, zertrümmerten Möbel und Kultgegenstände; einige davon wurden mit einem Kraftwagen abtransportiert. Dann leerte man Benzinkanister aus und legte einen Brand. Da nun aber die Gefahr bestand, daß auch angrenzende Häuser und die gegenüberliegende Schule zerstört wurden, alarmierte man die Polizei, die nun sogleich mit den Löscharbeiten begann. Sie verhinderte auch, daß das Nachbargebäude, die jüdische Religionsschule, angesteckt wurde. Ausgebrannt waren dann am Morgen des 10. November in der Synagoge das Erdgeschoß und das Treppenhaus sowie ein Teil des Obergeschosses, während das Dachgeschoß und der Dachstuhl gerettet werden konnten.

Der vermutliche Haupttäter, SA-Brigadeführer Römpagel, konnte später nicht mehr vernommen und bestraft werden, denn er starb 1946 in russischer Kriegsgefangenschaft. Die anderen Beteiligten konnten z.T. nicht ermittelt werden, andere leugneten ihre Teilnahme an der Brandstiftung. So blieb es denn bei staatsanwaltlichen Ermittlungen; einen Strafprozeß gab es nicht. Die Synagoge in Aumund wurde sehr viel später – am Nachmittag des 10. November um 14.00 Uhr – unter großem Zustrom von Neugierigen, angesteckt. Hier wurde die Szene mit den Akteuren sogar fotografiert.

Judenmorde

Die Aktionen nördlich der Lesum wurden von einem SA-Sturmführer und Bürgermeister von Lesum organisiert. Dieser erhielt nachts um 2.00 Uhr von seinem Vorgesetzten telefonisch den Befehl, „sofort eine Aktion gegen die Juden steigen zu lassen, d.h. sämtliche Juden sollten erschossen werden". Alarmplatz war die Gastwirtschaft Von der Felsen in Lesum. Nach einigem Hin und Her teilte der Sturmführer dort die Trupps für die Aktionen ein. Er selbst fuhr mit dem Kraftwagen nach Ritterhude, wo er einige Juden aus der Wohnung holte, sie aber unterwegs wieder laufen ließ.

Eins der drei Todesopfer nördlich der Lesum war der Obermonteur (Elektromeister) Leopold Sinasohn in Platjenwerde. Bei der Einteilung für die Aktionen erhielt ein SA-Mann den Befehl, „Sinasohn umzulegen". Einige Kameraden begleiteten ihn. Man klopfte an die Schlafzimmertür, und als Sinasohn herauskam, wurde er nach seinem Namen gefragt, dann sogleich mit einer Selbstladepistole erschossen. Man legte die Leiche in ein Bettuch, fuhr sie nach Werschenrege und vergrub sie dort.

Der Todesschütze erhielt 1948 eine Zuchthausstrafe von 8 Jahren und 4 Monaten.

Erschütternd ist das Ende des betagten Ehepaars Goldberg in Burgdamm, das sich in dieser Zeit wegen der deprimierenden Verhältnisse mit Selbstmordgedanken getragen haben soll. Dr. Adolf Goldberg war Arzt und Sanitätsrat; er hatte hohes Ansehen genossen und besaß keine Feinde. Aber auch zu ihm kamen um 6.00 Uhr morgens einige SA-Leute. Es gab im dunklen Hausflur eine makabre Szene: Ein SA-Mann drückte dem anderen die Pistole in die Hand, bis sie dann bei einem blieb, der sich nicht widersetzte. Er erhielt den Befehl: „Legen Sie die beiden um!" und ging dann ins Zimmer zum Ehepaar Goldberg, das die Situation klar erkannte. Die Frau sagte noch: „Bitte, mein Herr, schießen Sie gut!". Der Täter bekannte dann später: „Ich war entschlossen, sie schnellstens und sofort aus dem Leben zu bringen...Und ich habe genau aufs Herz gezielt und zwei Schüsse abgegeben, und die Schüsse saßen gut". Die begleitenden SA-Leute waren währenddessen weggelaufen, veranlaßten dann aber sogar noch den Schützen, den beiden Opfern einen „Gnadenschuß" in die Schläfe zu geben. Der Täter berichtete weiter: „Nach der Tat bin ich in die Gastwirtschaft...gegangen, und erst gegen 8.00 Uhr kam ich nach Hause".

Der eigentliche Initiator der Aktionen im Kreise Lesum erhielt später eine hohe Zuchthausstrafe, der Todesschütze in Burgdamm 15 Jahre Zuchthaus.

Zwei weitere Morde gab es in der Neustadt. Der Mechaniker Josef Zwienicki hatte seit 1920 in der Hohentorstraße eine Fahrradhandlung mit Reparaturbetrieb. In der Nacht zum 10. November um 3.45 Uhr zertrümmerten einige SA-Leute zunächst die Fenster seiner Wohnung und drangen dann ins Haus ein, nachdem ein Sohn des

Von SA-Leuten erschossen: Selma Zwienicki

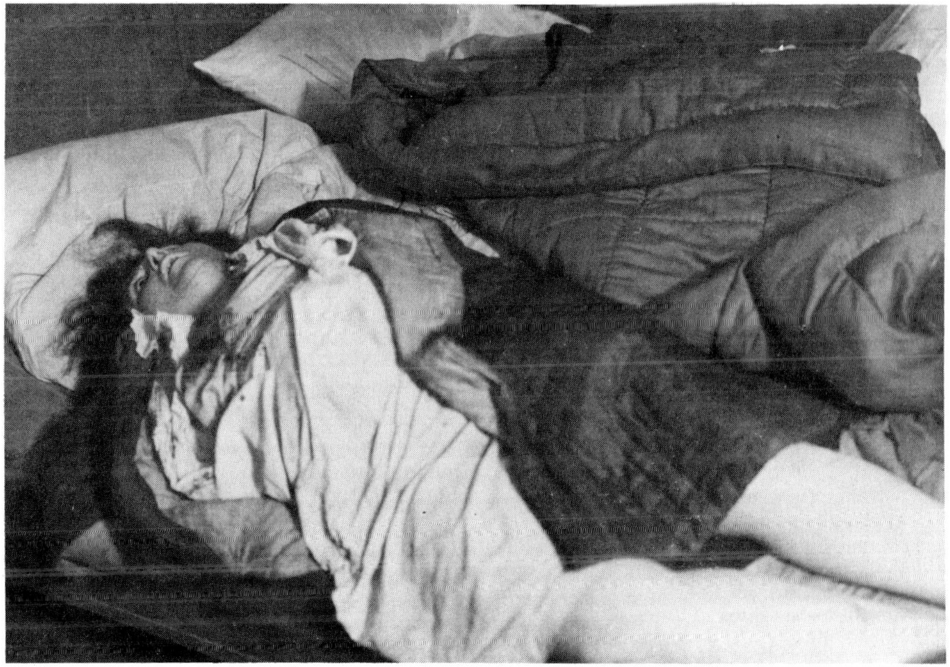

Ehepaares die Tür geöffnet hatte. Dieser wurde nun nach dem Aufenthalt des Vaters befragt und mißhandelt. Die Mutter war sehr erregt und suchte ihrem Sohn zu helfen. Sie wurde nun von einem der SA-Leute erschossen. Ihr Mann, Josef Zwienicki, war gleich zu Beginn der Aktion über ein flaches Dach in den Hof der benachbarten Germania-Brauerei geflüchtet und hielt sich dann 14 Tage bei Freunden in Landbuden auf.

Die Tat konnte nicht voll gesühnt werden, da der vermutliche Todesschütze, ein SA-Sturmführer, 1945 in der „Festung"-Marienburg eingesetzt war und seither vermißt wird.

Das zweite Opfer war der Produktenhändler Heinrich Rosenblum in der Thedinghauser Straße. Hier waren zwei Brüder, die in der Nähe wohnten, die Hauptakteure. Der eine von ihnen hatte eine kleine Pistole vom Kaliber 6,35 mm. Im Gosselhaus wollten sie vom Sturmführer den Befehl erhalten haben, Rosenblum zu erschießen. Gegen 3.15 Uhr kamen sie vor dessen verschlossenem Haus an. Sie klopften, und Rosenblum öffnete ahnungslos. Einer der beiden Brüder ging mit ihm in ein kleines Zimmer, ließ sich den Personalausweis zeigen und kündigte ihm angeblich die Verhaftung an. Rosenblum soll – so behauptete der Todesschütze später – eine drohende Haltung angenommen haben, worauf er sogleich durch einen Kopfschuß getötet wurde. Der Hinweis auf den Widerstand Rosenblums sollte die Tat als eine Art Notwehr erscheinen lassen und bezog sich gewiß auf den immer wieder erwähnten Befehl, die Juden seien bei Widerstand zu erschießen. Zeugenaussagen haben jedoch ergeben, daß Rosenblum zwar Einwände gegen seine Verhaftung vorbrachte, doch keinen Widerstand leistete. Der Täter verwickelte sich ohnehin in einen Widerspruch, als er behauptete, er habe nur den Befehl seines Sturmführers ausgeführt, und der habe gelautet: „Ich befehle im Namen des Führers: Geht zur Thedinghauser Straße; da wohnt der Jude Rosenblum, den sollt ihr erschießen". Bei ihrer Rückkehr im Gosselhaus meldeten dann die beiden Brüder: „Befehl ausgeführt!".

Die beiden Brüder erhielten 1948 Zuchthausstrafen von 12 und 8 Jahren, wurden aber bereits 1951 begnadigt bzw. die Strafe wurde zur Bewährung ausgesetzt.

Es stellt sich natürlich die Frage, ob die NS-Machthaber diese Morde ungestraft ließen. Nur soviel sei gesagt, daß Gestapo, Kriminalpolizei und Staatsanwaltschaft zwar Ermittlungen aufnahmen, daß sich im Januar 1939 auch das Oberste Parteigericht in Hamburg mit den Fällen befaßte, daß aber alle Verfolgung der Verbrechen auf eine Weisung Hitlers niedergeschlagen wurde. Es ist bemerkenswert, daß das Oberste Parteigericht noch am 29. August 1939 zu der „Erkenntnis" kam, daß die Tötung der Juden durch SA-Leute „auf Grund von Irrtümern und Mißverständnissen in der Befehlsdurchgabe und nicht auf Befehl des Gruppenführers Böhmcker" erfolgt sei. Erst nach dem Kriege kam es zu Strafprozessen gegen die Schuldigen soweit sie noch zu ermitteln waren, und es wurden hohe Zuchthausstrafen verhängt.

Es sei noch vermerkt, daß keiner der Beteiligten der Vorstellung entsprach, die man von einem „Killer" hat. Die Verhältnisse hatten recht einfache Leute zu etwas gemacht, was sie nach ihrem Wesen eigentlich gar nicht waren. Wenn das Oberste Parteigericht feststellte, daß die Beteiligten „das Bild klarer und aufrechter Parteigenossen (boten), die in vorbildlichem Maße Einsatzbereitschaft und Wahrheitsliebe" zeigten, so unterstreicht das nur diese Auffassung: Es handelte sich um verhetzte Mitläufer, die sich nur wenige Gedanken über den Unrechtsgehalt der ihnen erteilten Befehle machten. Und das eben war eine der wesentlichen Eigenschaften, die man von „klaren und aufrechten Parteigenossen" verlangte.

Deportation ins KZ

Weitere Verbrechen der „Kristallnacht" können hier nicht im einzelnen dargestellt werden, doch muß noch einiges in kürze nachgetragen werden: Die Juden wurden aus ihren Häusern auf Sammelplätze (Schulhof Dechanatstraße, Auswandererhallen Mißler) getrieben. Frauen, Kinder und ältere Männer wurden dort entlassen. Die anderen brachte man zunächst zum Gestapogebäude Am Wall 199, dann in die Strafanstalt Oslebshausen. Auf der Straße wurden die Juden vielfach beschimpft, mit Unrat beworfen und bespuckt. Am Morgen des 11. November brachte man sie mit Straßenbahnwagen zum Bahnhof; dann wurden sie mit der Eisenbahn ins Konzentrationslager Oranienburg transportiert. Man drängte sie, sich um eine Auswanderung zu bemühen, die freilich wiederum durch eine Fülle von Schikanen erschwert wurde. Dennoch gelang es vielen bremischen Juden, Bremen zu verlassen; die übrigen kehrten nach und nach in die Hansestadt zurück. Sie wurden 1942 nach Minsk deportiert und dort ermordet; andere kamen nach Thersienstadt, wo ebenfalls viele starben. Im Rahmen der Gesamtentwicklung ist die „Kristallnacht" also nur eine Szene in einer großen Tragödie, die etwa 1300 Mitbürger betraf.

Reaktion der Bevölkerung

Die Bevölkerung nahm die Verbrechen der „Kristallnacht" im großen und ganzen ohne deutlich erkennbare Kritik hin; niemand glaubte jedoch an eine „spontane Aktion", sondern man nahm an, daß es sich um eine offiziell angeordnete und gesteuerte Maßnahme handelte. Heute wissen wir freilich auch, daß der Beirat der Handelskammer die Vorgänge mißbilligte, weil er Nachteile für die Außenwirtschaft befürchtete. Dadurch kam es zu einer heftigen Kollision mit dem fanatisch-primitiven Kreisleiter Blanke, der der Auffassung war, daß das Pogrom von der Regierung gebilligt sei und daher keiner Kritik unterliegen könne. SA-Gruppenführer und Bürgermeister Böhmcker traf unmittelbar nach der „Kristallnacht“ wieder in Bremen ein. Er erklärte in einer Versammlung, für solche Aktionen sei der Staatsapparat ungeeignet und deshalb sei nach 1933 immer „die Kampftruppe der Bewegung“ – damit war die SA gemeint – für solche Maßnahmen aufgerufen worden. „Ich bin überzeugt, daß in manchen Salons und an vielen Biertischen und bei Fünf-Uhr-Tees ein großes Geraune einsetzt. Das hätte noch ganz anders kommen können! .... Und wenn wir Synagogen niederbrennen, so geschieht das deshalb, weil hier nicht gebetet, sondern vor allen Dingen, wie in vielen anderen Gotteshäusern auch, Politik gemacht wurde“.

Gewiß, Böhmcker (im Volksmund „Latten-Heini“ genannt) war in der Kristallnacht in München, und er lief nicht, wie vielfach behauptet wurde, mit einen Streichholz durch die Synagoge, um sie anzustecken. Aber er war für die im Bereich seiner SA-Gruppe verübten Verbrechen verantwortlich, zumal er den zur Gewalt neigenden Geist der SA förderte und auch kein Wort der Kritik oder des Bedauerns über die Vorgänge in Bremen während der „Kristallnacht“ fand. Und so war er der eigentliche Hauptttäter. Freilich entging er der Strafe, weil er 1944 – vor Kriegsende – sehr plötzlich unter seltsamen Umständen verstarb.

Bremische Wirtschaft im „Dritten Reich“ – ein heikles Problem

Es ist – auch in Bremen – immer wieder gefragt worden, welche Massenhysterie die Mehrheit der Deutschen dazu verführt haben mag, Jahre hindurch dem „Führer“ zu folgen. Hätte es in dieser Zeit nur Konzentrationslager, „Röhmputsche“, „Kristallnächte“, Bücherverbrennungen und Luftangriffe gegeben, so könnte man in der Tat von einer Massenhysterie reden. Es gab aber auch anderes, was bei vielen Menschen den kritischen Blick verstellte und sie zu Anhängern oder auch nur zu Mitläufern des Regimes werden ließ. da verzeichnete man eine ganze Reihe außenpolitischer Erfolge und gut inszenierter Gemeinschaftserlebnisse (etwa die Olympiade 1936); da entstanden die Autobahnen und der Volkswagen; da wurden KDF-Reisen organisiert, der Reichsarbeitsdienst tat nützliche Arbeit; die Arbeitslosigkeit wurde beseitigt, die Winterhilfe half Bedürftigen. Und das Militär und die Rüstung? Nun, Soldaten, Kanonen, Kriegsschiffe, Bombenflugzeuge usw. hatten „die anderen“ auch. Es war eben tückisch, daß für viele die Rechtsverletzungen und politischen Verbrechen nur Entgleisung zu sein schienen, die man auf dem Wege in eine „bessere Zukunft“ hinnehmen mußte. An die Vorbereitung eines gigantischen Angriffskrieges, der alle Hoffnungen zerstören mußte, wollten viele so recht nicht glauben.

Der „Altar der Arbeit“ vor dem Dom, 1933

Hier kann diese schwierige Problematik nicht im einzelnen dargestellt werden, wohl aber ein Sonderaspekt, der manches, aber nicht alles erklärt: die Entwicklung der bremischen Wirtschaft vor Kriegsausbruch.

Unbestreitbar verwandten die neuen Machthaber seit 1933 große Anstrengungen auf die Arbeitsbeschaffung. Diese Maßnahmen sind immer wieder kritisiert worden, und zwar vor allem mit einem Hinweis auf den steigenden Anteil der Rüstung. Das ist durchaus berechtigt; doch muß man auch bedenken, daß vieles, was im Rahmen der NS-Politik als „Rüstungswirtschaft" bewertet werden mag, in anderen Zusammenhängen als lobenswertes Friedenswerk eingeschätzt wird. Das gilt etwa für den Bau von Autobahnen und Brücken, für die Flugzeug- und Autoindustrie, für den Schiffbau, Verbesserungen im Eisenbahnwesen und in den Häfen. Beim Siedlungswesen, bei Flußregulierungen und beim Urbarmachen von Ödland kann man einen Zusammenhang mit Kriegsvorbereitungen kaum noch entdecken. Keine Frage: die Binnenwirtschaft belebte sich nach 1933, die Arbeitslosigkeit nahm ab, wobei freilich auch die Arbeitsdienst- und Wehrpflicht eine bedeutende Rolle spielte. Es mag fatal sein, daß es wohl kaum einen Arbeiter gab, der lieber arbeitslos geblieben wäre, als in einem Rüstungsbetrieb zu arbeiten; verständlich ist es allemal. Gewiß, der Realwert der Löhne nahm seit 1933 ab, und Lohnkämpfe waren als Korrektiv nicht mehr möglich; doch ist ein abnehmender Lohn bei abnehmender Arbeitslosigkeit leichter zu ertragen als ein noch so hoher Lohn bei großer Arbeitslosigkeit. Das sind Probleme, die nicht NS-spezifisch sind, sondern immer wieder bei der Bekämpfung von Wirtschaftskrisen zur Diskussion stehen. Nur hatte das NS-Regime es erheblich leichter als eine Wirtschaft mit unabhängigen Tarifparteien, die entsprechenden Maßnahmen durchzusetzen.

Die Wirtschaft belebt sich – die „Braune Hansamesse", 1934

Für Bremen war es zunächst hinderlich, daß die Autarkiebestrebungen den Import behinderten und der Export auch durch eine Devisenkontingentierung vieler Staaten erschwert war. Die Rohstoffbeschaffung blieb schwierig; doch auf einigen Gebieten gelang es, Engpässe durch „Ersatzstoffe" zu überwinden. Die Handelskammer Bremen betonte immer wieder, daß die Belebung der Binnenwirtschaft auf Dauer nicht ohne eine Steigerung der Außenwirtschaft fortgesetzt werden könne. 1934 war die deutsche Handelsbilanz jedenfalls noch passiv, was zur Drosselung des Imports von Rohstoffen führte. Ein Vorteil für Bremen war es aber, daß die Werftindustrie durch Abwrackprämien und Neubauhilfen gefördert wurde. 1934 waren Schiffe mit etwa 100 000 BRT im Bau. Auch die für die Selbstversorgung so wichtige Fischindustrie nahm einen beachtlichen Aufschwung, ebenso die Autoindustrie. Der Seeverkehr in Bremen stieg 1933/34 noch an; doch war es eine offene Frage, ob der Trend angesichts der außenwirtschaftlichen Probleme anhalten werde. Man tat manches, um die Leistungsfähigkeit der deutschen Wirtschaft ins rechte Licht zu rücken. Dabei spielte auch das Messewesen eine erhebliche Rolle. Die Landwirtschaft organisierte ihre „Deutschen Wochen"; für Handel, Handwerk und Industrie wurde auf „Braunen Messen" geworben. Vom 9. bis 24. Juni 1934 fand in Bremen die „Braune Hansamesse" statt, die vom „Institut für deutsche Wirtschaftspropaganda" organisiert, aber auch von den regionalen und lokalen Parteistellen gefördert wurde. Ihr Zweck wurde eindeutig definiert: Sie solle

1. den Weltruf der Hansestadt stärken,
2. dem gesamten Volke durch neue Aufträge und weitere Beseitigung der Erwerbslosigkeit zur Neubelebung der Gesamtwirtschaft dienen.

Der Besuch in den Messehallen war lebhaft, doch wirkte die Ausstellung mehr auf die Region als auf das Ausland. Um auf ausländische Besucher nicht abstoßend zu wirken, fehlten die aufdringlichen politischen Akzente. Wenn etwa die NS-Frauenschaft in der Halle 2 ausstellte, so ging es hier um das Ehestandsdarlehen, um die Sicherstellung „erbgesunden" Nachwuchses, um Hauswirtschaft und die Ausgestaltung von Wohnungen. Partei, SA, SS usw. hatten keine Propagandastände. Der Messekatalog zeigt nur an zwei Stellen kleine Hakenkreuze.

Zur Lage der Arbeiter

Bremen hatte 1933 fast 46 000 Arbeitslose; im Sommer 1937 war die Zahl unter 2 000 gesunken. Die Stadt stand damit besonders gut da; denn im Reich ging die Zahl „nur" von mehr als 6 Mill. auf etwa ½ Mill. zurück. Die tariflichen Stundenlöhne blieben nominal gleich: ein Facharbeiter verdiente im Reichsdurchschnitt 79 Pf. in der Stunde. Da aber der Lebenshaltungsindex (bei 1913/14 = 100) von 118 (1933) auf mehr als 125 (1937) stieg, sanken die Löhne real, wenn auch nicht erheblich. In einigen besonders gefragten Berufen, etwa im Bergbau, stiegen die Einkünfte der Arbeiter sogar ganz erheblich. Bei der Entwicklung der Preise gab es große Unterschiede: Während Kartoffel-, Eier-, Milch- und Brotpreise einigermaßen konstant blieben, wurden Fleisch und Butter viel teurer.

Die wirtschaftliche Entwicklung mag noch so komplex sein, sie wurde jedenfalls auch von einem großen Teil der Arbeiter bei einer Berücksichtigung der eigenen materiellen Interessen positiv bewertet und der Verlust des Streikrechts schweigend hingenommen. Jene Arbeiter, die den gesamten politischen Rahmen und nicht nur die vordergründige wirtschaftliche Entwicklung sahen, verharrten in ihrer Oppositionsstellung gegenüber dem „Dritten Reich"; doch nur wenige waren noch bereit, sich in organisierten und entschlossenen Widerstandsgruppen zu betätigen. Hinzu kamen die außenpolitischen Erfolge bis 1938 und die Wirkungen eines sehr effektiven Propagandaapparats, der die Unterdrückung der Freiheit, die Konzentrationslager, Judenverfolgung, die Zensur auf allen Gebieten der Kultur, den Kirchenkampf, die zunehmende Militarisierung und die Machtkämpfe im Staatsapparat fast vergessen ließen.

„Bremen – Schlüssel zur Welt", 1938

Bekannter als die „Braune Hansamesse" ist die zweite bremische Wirtschaftsaustellung, die vom 25. Mai bis zum 19. Juni 1938 ebenfalls auf der Bürgerweise stattfand. Wiederum war das „Institut für deutsche Kultur- und Wirtschaftspropaganda" der Veranstalter; dieses war jetzt

Hitler war nach 1933 nur einmal zu einem offiziellen Besuch in Bremen: zum Stapellauf der „Scharnhorst", eines Ostasiendampfers des Norddeutschen Lloyd; das war am 14. Dezember 1934. Die Taufrede hielt der Reichsverkehrsminister Eltz von Rübenach. Hitlers Sonderzug stieß auf der Rückreise bei Langwedel auf einen Omnibus aus Stade, der Mitglieder eines plattdeutschen Theaters nach Verden bringen sollte. Der Unfall forderte 17 Todesopfer. Die „Scharnhorst" hatte 18 185 BRT und fuhr 21 Knoten. Sie konnte 186 Fahrgäste in der 1. Klasse und 150 in der Touristenklasse aufnehmen. Das Schiff wurde 1942 an Japan verkauft und hieß nun „Jinyo"; ein U-Boot versenkte es 1944.

eine Abteilung des Reichspropagandaministeriums. Die Schirmherrschaft übernahm Gauleiter und Reichsstatthalter Carl Röver, der nicht gerade ein Freund Bremens war. Jetzt zeigte der Titel eindeutig, worauf die Messe abzielte, nämlich auf außerwirtschaftliche Werbung; sie wurde „Bremen – Schlüssel zur Welt" genannt.

Der Aufwand war enorm. Werbematerial ging in großen Mengen in alle Welt. Es gab 18 Hallen; auf einem Beet der Mittelachse wurden 70 000 Levkoyen gepflanzt. Es gab im Freigelände täglich Vorführungen der NS-Gemeinschaft „Kraft durch Freude" sowie Standkonzerte mehrerer Kapellen. Fast an jedem Tag während der Messezeit fanden Tagungen und Versammlungen verschiedener Vereine statt. Darunter waren ein Reichskolonialtag und das 400-jährige Jubiläum des Schütting.

Auf dem Deckel des Katalogs finden sich zwar die bremischen Markenzeichen Schlüssel und Roland, aber keine Hakenkreuze. Dennoch verzichtete man nun aber nicht auf intensive Sympathiewerbung für das NS-Regime: Es gab eine „Ehrenhalle" der NSDAP, in der 16 große Gemälde im Stil der Zeit den „deutschen Menschen" in Familie, Betrieb, Partei, Arbeitsdienst und Wehrmacht zeigten; Photomontagen demonstrierten die Arbeit der Partei für den Menschen. Hinzu kam ein Modell von Stedingsehre, der Gedenkstätte für die Schlacht bei Altenesch 1234, die vom Gauleiter Röver zu so etwas wie einem Tempel für mittelalterliche Uralt-Nazis gemacht wurde. Überall präsentierte sich die Partei als eine die Friedenswirtschaft und eine „saubere" Kultur fördernde Organisation. In einer Halle setzte sich Bremen mit seiner historischen Bedeutung ins rechte Licht, angefangen mit einer angeblichen Nordpolfahrt bremischer Schiffe 1041 bis hin zu den KDF-Schiffen der

1936 entwarf der Focke-Wulf-Konstrukteur Kurt Tank mit einigen Mitarbeitern ein großes Verkehrs- und Transportflugzeug, das in seinen Qualitäten die JU 52 übertreffen sollte. Es war für 25 bis 30 Passagiere vorgesehen und sollte eine Reichweite von 1500 bis 2000 km haben. Die Baureihennummer war FW 200; bekannt wurde das Flugzeug unter dem Namen „Condor". Vor allem war ein Absatz an die Lufthansa, nicht so sehr eine Übernahme durch die Luftwaffe vorgesehen. Im Juli erfolgte der Probeflug mit englischen Motoren. Es wurden dann ein 24-Stundenflug von Berlin nach Kairo und zurück, im August ein Rekordflug von Berlin nach New York, im November einer nach Japan unternommen. Da das Flugzeug nicht robust genug war, bewährte es sich als Militärmaschine im Kriege nicht. Der letzte Flug einer „Condor" erfolgte am 21. April 1945: Sie startete in der Nacht bei schlechtem Wetter in Berlin und sollte nach Barcelona fliegen, stürzte jedoch wahrscheinlich in der Nähe von München ab.

Deutschen Arbeitsfront. Als Heroen besonderer Art stellten sich mit Marmorbüsten vor: die Bürgermeister Smidt und Duckwitz, der Kolonialgründer Lüderitz und der Strombaumeister Franzius.

Hinweise auf Konzentrationslager, die ja inzwischen zu bedeutenden Wirtschaftsunternehmen geworden waren, oder auf die bereits auf Hochtouren laufende Rüstungsindustrie fehlten. Insofern zeigten die Messen nur einen, hier und da sogar für den skeptischen Betrachter beeindruckenden Ausschnitt deutscher und bremischer Wirtschaftsleistung, und sie waren insofern ein groß angelegter und sogar recht erfolgreicher Propagandaschwindel. Doch welche politisch bestimmte Ausstellung ist das nicht?

Als die Ausstellung „Bremen – Schlüssel zur Welt" stattfand, lief die deutsche Binnenwirtschaft auf Hochtouren, ohne daß jedoch auf allen Gebieten die angestrebte Autarkie Deutschlands erreicht werden konnte. Die Rohstoffbeschaffung und daher auch die Notwendigkeit zum Export, stellten weiterhin schwierige Probleme dar. Die Ausfuhr, die seit 1934 erheblich gesteigert werden konnte, erlebte Anfang 1938 einen bedenklichen Rückgang. Das entsprach freilich einem weltwirtschaftlichen Trend dieser Zeit und war noch kein Sonderproblem NS-Deutschlands, wenn auch im Ausland bereits eine politisch motivierte Boykottpropaganda gegen deutsche Waren zu wirken begann. Jedenfalls wurde die Handelsbilanz nun in starkem Maße negativ.

Der Arbeitsmarkt war zu dieser Zeit bereits stark entlastet, z.T. durch den Reichsarbeitsdienst und die Wehrmacht, aber ebenso durch binnenwirtschaftliche Maßnahmen, bei denen die Förderung der Rüstung eine gefährliche Komponente darstellte. 1938 sprach man schon von einer „Knappheit an Arbeitskräften" und von einer Notwendigkeit zur Rationalisierung. In Bremen war die Zahl der Beschäftigten seit 1933 von 70 000 auf 154 000 gestiegen, wozu vor allem die Werft-, Metall-, Flugzeug- und Fahrzeugindustrie beitrug. Um diesen erhöhten Bedarf zu befriedigen, wurden mit Frauen, Pendelarbeitern sowie umgeschulten Arbeitern die Lücken in der Industrie gestopft.

Das Beispiel Borgward

Der Übergang von Industriewerken zur Rüstungsproduktion vollzog sich keineswegs für alle deutlich sichtbar. Nehmen wir die Borgwardwerke. Sie hatten auch vor 1933 bereits eine erhebliche Bedeutung. Carl F.W. Borgward war zunächst 1918 Oberingenieur bei den Francke-Werken und machte sich im April 1919 mit 1000 Mark Kapital selbständig. Er fabrizierte und reparierte in seinem Betrieb mit 30 Beschäftigten der „Bremer Kühlerfabrik Borgward und Co.", Autobestandteile. Dann fing er 1924 an, sogenannte „Blitzkarren" herzustellen. Das waren Kleintransporter, die gute Abnahme fanden. Die Belegschaft konnte auf 60–80 erhöht werden. 1925 nahm er mit 20 000 RM einen Teilhaber, Tecklenborg, ins Geschäft. Die neuen „Goliath-Werke" hatten nun 700 Beschäftigte. Borgward war jetzt Mitinhaber eines Großbetriebes der Auto-Industrie. Als dann 1931 die „Hansa-Lloyd-Werke" in Konkurs gingen, kauften Borgward und sein Teilhaber die Anlagen. Das Gesamtunternehmen hatte 1 500 Beschäftigte. Borgward war trotz Wirtschaftskrise ein sehr erfolgreicher Mann, der sich keineswegs das Dritte Reich herbeisehnen mußte. Das tat er auch nicht; doch als es dann kam, wurde er Mitglied der Partei, schließlich „Wehrwirtschaftsführer", Mitglied von Rüstungsausschüssen und zuletzt auch noch Vizepräses der Gauwirtschaftskammer Weser-Ems.

Der Aufschwung der deutschen Binnenwirtschaft und der Aufbau der Wehrmacht förderten vor allem den Absatz von Lastwagen, aber auch von Personenwagen, so daß nun seit 1936 ein neues Werk in Sebaldsbrück aufgebaut werden mußte. 1937 wurde der Teilhaber mit 4,4 Mill. RM abgefunden, so daß Borgward Alleininhaber des Betriebes war.

Untersucht man die Produktionszahlen und Gewinne, so sind sie durchaus beeindruckend. Der Gesamterlös betrug zwischen 1938 und 1941

Carl F.W. Borgward

Montagehalle der Borgward-Werke

jährlich etwa 80–90 Mill. RM; dann stieg er durch zunehmende Rüstungsproduktion bis 1943 auf 130 Mill. RM an, um dann aber – als Folge der Luftangriffe – abzusinken. Die Firmengewinne, die seit 1937 auch Borgwards Privateinkünfte waren, betrugen 1935 3,6 Mill. RM, stiegen seit 1937 sehr schnell auf 7–10 Mill. RM. Diese Höhe konnte bis 1941 gehalten werden; dann machten die Luftangriffe dem Betrieb zu schaffen, so daß die Produktion schwankend wurde.

Was wurde nun in den Borgward-Werken hergestellt? Zunächst waren es vor allem leichte Lastkraftwagen, Dreirad-Lieferwagen und Personenkraftwagen. Dann aber traten schwere Last- und Zugkraftwagen immer mehr in den Vordergrund, und seit 1940 kamen Munitionsschlepper, Torpedos und Bombenhüllen hinzu. Es ist nicht zu bestreiten: Seit Kriegsausbruch wurde der Betrieb ganz auf Rüstungsbedarf umgestellt, wie das bei einer Kraftfahrzeugfabrik auch gar nicht anders zu erwarten und auch wohl nicht zu vermeiden war, wenn Borgward seinen Betrieb überhaupt behalten wollte. Er war eine ungemein vitale Persönlichkeit und ein tüchtiger Ingenieur, der es auch ohne die Nazis zu etwas gebracht hatte. Er profitierte dann aber von der Kriegswirtschaft – so oder so.

Im Rahmen seines Betriebes und auch gegenüber den Funktionären des Rüstungsministeriums, das Arbeitskräfte und Material zuteilte und dafür die Erfüllung des hochgesteckten Planziels erwartete, konnte sich Borgward manche Freiheiten erlauben. Als bei einer Besprechung in der AG „Weser" der Führer des Rüstungsstabes, Karl Otto Saur, den Werftdirektor Stapelfeldt wegen zu geringer Produktionszahlen der Sabotage beschuldigte und mit „Konsequenzen" drohte, da sprang der anwesende Borgward auf, hielt Saur die geballte Faust vors Gesicht und rief: „Wissen Sie, was Sie hier gemacht haben? Kennen Sie überhaupt Herrn Stapelfeldt?" Und als Saur nicht reagierte, schrie Borgward: „Wenn Sie mir so etwas geboten hätten, hätte ich Ihnen ein paar in die Fresse gehauen!" Saur soll nur gelacht und mit seinem Gefolge die Werft verlasssen haben. Folgen hatte der Zwischenfall nicht.

Es ist immer wieder die Frage gestellt worden, ob sich dieser Zustand der Vollbeschäftigung und einer gut ausgelasteten Binnenwirtschaft längere Zeit durchhalten ließ, und ob nicht auch ohne den Krieg ein Zusammenbruch unmittelbar bevorstand. Das mag man vermuten, sichere Anzeichen gibt es dafür nicht. Die Gefahren lagen eben darin, daß die deutsche Militärmaschine die Konsumgüterindustrie in einem unerträglichen Maße beeinträchtigen mußte. Dazu waren 1938 freilich erst die Anfänge zu erkenne, so daß in dieser Zeit der Eindruck entstehen konnte, die deutsche Wirtschaft könne zugleich Vollbeschäftigung als auch einen bescheidenen, aber soliden Lebensstandard garantieren. Daß diese Hoffnungen durch die Kriegsplanungen 1938 bereits eine Illusion waren, ahnten nur wenige Deutsche. Bisher waren die außenpolitischen Erfolge ohne Krieg errungen worden – warum sollte das nicht so weiter gehen? Gerade das aber war der von den Nazis manipulierte verhängnisvolle Irrtum.

Der 1000-Bomber-Angriff vom 26. Juni 1942

Flakgeschosse und Brände bei einem Luftangriff auf Bremen, 1942

Bremen war nicht nur als Hafen, sondern vor allem auch als Industrieort mit Werften und Flugzeugwerken ein beliebtes Angriffsziel alliierter Bomberverbände. Am 26. Juni 1942 wurde die Stadt als dritte nach Köln und Essen Ziel eines 1000-Bomber-Angriffs der Royal Air Force. Genauer gesagt: 904 Bomber mehrerer Typen sollten an ihm teilnehmen und innerhalb von 65 Minuten in drei Wellen ihre verderbenbringende Last abwerfen. Das Geschwader 1 sollte die südlichen Bereiche der Häfen, das Geschwader 3 die Stadtmitte, das Geschwader 5 die Focke-Wulf-Werke, das Geschwader 91 die südöstlichen Teile der Stadt und die Bomber des Küstenkommandos die AG „Weser“-Werft angreifen. Den unterschiedlichen Aufgaben entsprach die Mischung von Spreng- und Brandbomben. Die Angriffshöhe sollte 8 000 Fuß betragen. Der Aufstieg auf den Flugplätzen war in der Nacht um 1.30 Uhr vorgesehen; schon um 2.30 Uhr mußten alle Flugzeuge den Rückflug angetreten haben.

Vor dem Angriff wurden am Abend des 25. Juni Aufklärungsflüge unternommen. Über Bremen gab es durch starken Wind schnell dahinziehende Haufenwolken. Auf keinen Fall gab es klare Sicht, was für einen Angriff ungünstig war. Bremen war durch seine Lage entlang der Weser ein leicht auszumachendes Ziel, das aber unter Wolken schlecht zu finden war. Als die Flugzeuge über der Stadt waren, hatte sich die Wolkendecke verdichtet, und es mußte nun blind bzw. nach Radio-Anweisungen bombardiert werden. Die zweite Welle warf nun die Bomben ab, wo ein Feuerschein durch die Wolken zu schimmern schien. Nur ein Bomber ging befehlswidrig auf 3 000 Fuß herunter, durchbrach die Wolkendecke und konnte dann nach Sicht bombardieren. Die Piloten sahen zahlreiche Brände im Zielgebiet; sie sind auch auf einer fotografischen Aufnahme sichtbar.

Fotos, die am nächsten Tag von Aufklärungsflugzeugen aufgenommen wurden, zeigen an, daß die Schäden begrenzt waren, daß der Angriff aber wohl kein „völliger Fehlschlag" gewesen war. Schwere Verwüstungen glaubte man in den Focke-Wulf-Werken zu entdecken. In der Stadt sah man Brandschäden, während die Häfen offenbar nicht getroffen worden waren. Der britische Luftmarschall Harris meldete Churchill am 28. Juni 1942, die Focke-Wulf-Werke und die Waggonwerke in Bremen seien „schwer beschädigt". Es handelte sich entsprechend den britischen Bomber-Direktiven dieser Zeit um die Kombination einer Bombardierung wichtiger Rüstungsbetriebe mit einem Flächenbombardement von Wohngebieten, um die Moral der Bevölkerung zu brechen.

Die britische Luftwaffe verlor bei diesem Angriff immerhin 114 Flugzeuge durch Flak, Nachtjäger und durch Treffer eigener Brandbomben. Nach und nach wurde klar, daß der Riesenaufwand sich doch nicht gelohnt hatte, so daß man bis 1944 keine 1000-Bomber-Angriffe mehr flog.

Tote englische Flieger am 26. Juni 1942

Die Schäden in der Stadt

Wie stellt sich dieser Angriff nun aus bremischer Sicht dar? In der Stadt heulten die Sirenen bereits um 0.41 Uhr. Durch die Erfahrungen der letzten Angriffe verängstigt, ging ein großer Teil der Bürger in die Bunker. Als der Angriff begann, wurden die südlichen und östlichen Stadtviertel mit tausenden von Brandbomben überschüttet. Man zählte 236 Sprengbomben, drei Luftminen, 20 000 Stabbrandbomben und 1240 Flüssigkeitsbomben. Diese Zahlen sind viel zu niedrig angesetzt, da viele Bomben unbeobachtet in der Weser und im freien Feld in der weiteren Umgebung der Stadt niedergingen. Überhaupt wurde dieser Angriff von deutscher Seite völlig falsch eingeschätzt: Nur 80 Flugzeuge sollen angegriffen haben, die Abschußzahlen wurden mit 52 angegeben. Sicher wollte man mit den zu kleinen Zahlen die Beunruhigung der Bevölkerung dämpfen; zudem dürfte tatsächlich wegen des ungünstigen Wetters nur ein Teil der Flugzeuge Bremen überhaupt gefunden haben.

Bombenschaden vom 26. Juni 1942 in der Meyerstraße; hinten die Schule am Geschworenenweg

Trotz des riesigen Einsatzes an Bombern schätzten bremische Stellen den durch Bomben verursachten Schaden auf „nur" 18 Millionen Mark – eine Summe, die im Vergleich mit den 210 Millionen Mark vom 6. Oktober 1944 in der Tat sehr „gering" war. Im ganzen wurden freilich 572 Häuser zerstört und mehr als 6 000 beschädigt, die meisten in den südlichen und östlichen Vororten. Der Westen blieb diesmal fast ganz verschont, obwohl die Häfen und Werften eines der Hauptziele des Angriffs gewesen waren. Industriewerke wurden freilich auch getroffen: die Focke-Wulf-Werke (eine Halle total zerstört, mehrere Gebäude beschädigt), die AG „Weser"-Werft, die Atlas-Werke, die Norddeutsche Hütte und die Korff-Raffinerie. Doch in allen Betrieben ging die Arbeit ohne wesentliche Einschränkung weiter. Im Hafen wurden nur die Schuppen 3 und 4 getroffen. Im ganzen waren 85 Tote zu beklagen, fast 500 Menschen erlitten Verletzungen, mehr als 2 000 wurden obdachlos.

Bombenopfer aus der Humboldtstraße am 26. Juni 1942

Drohung gegen Plünderer an der Findorffstraße, 1942

Ein Brief nach dem Angriff

Tagebücher und Briefe jener Zeit künden von der Erschütterung, die die Menschen angesichts dieser Verwüstungen und Blutopfer ergriff. Dafür als Beispiel einige Stellen aus Briefen einer Mutter an ihren in Rußland eingesetzten Sohn.

Am 25. Juni, dem Tage vor dem Angriff, war der Hauptpunkt des Briefes die Sorge um das tägliche Brot: „Heute habe ich mehr als 1½ Stunden Schlange gestanden, und was habe ich bekommen? 1½ Pfund Spargel. Heute nachmittag wieder Schlange gestanden nach Räucherfisch. Makrele gab es, hat gut geschmeckt!"

Dann aber kam der 26. Juni mit seinem schweren Luftangriff, dem bereits am nächsten Tag ein weiterer folgte: In einem Brief vom 28. Juni heißt es: „Ich möchte Dir zur Beruhigung schreiben, daß wir bis jetzt noch leben... Freitagnacht (26. Juni) war es schrecklich. Was alles passiert ist, kann ich Dir gar nicht schildern. 47 Tote sind bis jetzt zugegeben. Die vielen Brände! Und in der letzten Nacht waren sie ganz in unserer Nähe, ein schaurig-schönes Bild!" Dann werden die Zerstörungen im einzelnen genannt, und die Schreiberin fährt fort: „Wir hörten die Bomben pfeifen. Am Ostertor haben sie auch gewütetet; die Johanniskirche ist abgebrannt und noch mehrere Häuser. Heute habe ich meine Wäsche nach unten gebracht; ich denke, im Keller ist es gegen Brandbomben doch sicherer. Hätten wir doch bald andere Zeiten!"

Und am 1. Juli hieß es: „Wenn Du jetzt durch die Stadt gehst, dann wirst Du staunen. Verheerend sieht es hier aus, Du magst hingucken, wohin Du willst, allenthalben sieht man Trümmer. 4 000 Familien sollen obdachlos sein. ... Heute brannte noch der Phosphor ... Bei uns ist es sehr knapp; wir werden nicht mehr satt. Aber es nützt alles nichts, wir müssen ja durch!"

Und das alles war nur der Anfang eines Luftkrieges, der mehr als 4 000 Bremern den Tod brachte und weite Teile der Stadt zu einem Trümmerfeld werden ließ.

Bombenopfer-Friedhof in Osterholz

Verteidigung „bis zum letzten Blutstropfen und zur letzten Patrone", 1945

Nach jahrelanger Agonie durch die Luftangriffe kam die Zeit, in der Bremen bzw. der Rest Bremens zur Kampfszene für Landoperationen werden mußte. Truppen der 21. alliierten Heeresgruppe unter Feldmarschall Montgomery bildeten am 23. März einen Brückenkopf über den Niederrhein, und die amerikanische und britische Luftwaffe bombardierte dann in pausenlosem Einsatz Verkehrsverbindungen und Städte des Hinterlandes. Die deutsche Gegenwehr war an einigen Stellen äußerst hartnäckig, konnte aber den in jeder Beziehung überlegenen Feind nicht aufhalten.

Von beiden Seiten wurden die militärischen Operationen durch die Propaganda unterstützt. Flugblätter der Alliierten wiesen auf die Sinnlosigkeit weiteren Widerstandes hin; von deutscher Seite wurde der Eindruck erweckt, als gebe es noch eine Chance für eine Wende. Vor allem wurde die Zukunft im Falle einer deutschen Niederlage in den schwärzesten Farben geschildert. Die Stimmung auf deutscher Seite wurde zusehends schlechter; doch vermochten es überall fanatische NS-Führer und Truppenteile die Bevölkerung und mutlose Soldaten einzuschüchtern, auch den Ausbau von Verteidigungsstellungen zu veranlassen. Eine der wichtigsten „Bastionen" sollte Bremen werden.

Generalleutnant Fritz Becker als Kampfkommandant

Am 4. April 1945 legte das Oberkommando der Wehrmacht fest, daß die Weserlinie bei Bremen zu verteidigen sei. Hier wurden nun unzureichend ausgestattete Truppen konzentriert. Als Kampfkommandant wurde am 5. April Generalleutnant Fritz Becker eingesetzt, ein Mann absoluten Gehorsams, den er für Treue und Pflichterfüllung hielt. Er hatte in Rußland eine Division kommandiert, war am 29. März aus dem Raum Danzig ausgeflogen worden, stürzte aber mit dem Flugzeug ins Meer. Er wurde in verletztem Zustand nach 11 Stunden aus dem eiskalten Wasser gezogen, blieb einige Tage im Lazarett und erschien nun am 6. April als Kampfkommandant in Bremen. Er nahm Quartier im Hause des Werftdirektors Franz Stapelfeldt, Parkallee Nr. 95. Beim Beginn des „Endkampfes" war ein Umzug in den Bunker der 8. Flakdivision im Bürgerpark vorgesehen.

Zur Einweisung erschienen am nächsten Tage der Oberbefehlshaber Nordwest, Generalfeldmarschall Busch, und der Kommandierende General des „Korps Ems", Rasp, in Bremen. Sie konnten Becker nur zur Verteidigung ver-

Der Kampfkommandant von Bremen, Generalleutnant Fritz Becker

Feldmarschall Montgomery in Leeste bei Bremen, April 1945

pflichten, nicht aber die notwendigen militärischen Mittel zur Verfügung stellen. Am 11. April traf der Gefechtsauftrag des Generalfeldmarschalls Busch ein. In ihm hieß es:

„Ich verpflichte Sie hiermit bei Ihrer Soldatenehre, den Ihnen anvertrauten Verteidigungsbereich unter Ausschöpfung aller zur Verfügung stehenden Mittel und unter bedingungslosem Einsatz Ihrer eigenen Person mit der Ihnen unterstellten Besatzung bis zum letzten Blutstropfen und zur letzten Patrone, auch bei völliger Einschließung durch den Feind zu verteidigen und zu halten. Ich weise Sie ausdrücklich darauf hin, daß eine Entbindung von dem gestellten Auftrag nur durch mich mit Genehmigung des Führers möglich ist".

Generalleutnant Becker hat diesen Befehl sehr ernst genommen und bis zuletzt zu erfüllen versucht – zum Schaden Bremens.

Der General kannte die Schwäche seiner Truppen, er tat aber alles, was den Angriff der alliierten Truppen behindern konnte. Die Flakbatterien wurden auf den Erdkampf umgestellt, Straßensperren errichtet, Schützengräben und Deckungslöcher angelegt, die Niederungen um Bremen überflutet, Hafen- und Verkehrsanlagen, Versorgungsbetriebe und Brücken zur Sprengung vorbereitet.

Dies war nun der Zustand, als britische Truppen nach heftigen und verlustreichen Kämpfen bei Kirchweyhe und Brinkum seit dem 16. April auf breiter Linie den Überschwemmungsgürtel südlich von Bremen erreichten. Von britischer Seite wurde die Widerstandskraft der Verteidiger Bremens überschätzt, und der Panzereinsatz war durch die Wasserfläche behindert; gepanzerte Amphibienfahrzeuge standen nocht nicht zur Verfügung. Zudem versuchte die britische Truppenführung in dieser letzten Kriegsphase größere Verluste zu vermeiden. Schließlich waren es dann drei Divisionen des XXX. britischen Korps unter Generalleutnant Horrocks, die um Bremen zusammengezogen wurden.

Ein Flugblatt macht die Verteidiger nervös

Da wurden am 20. April 400 Granaten nach Bremen hineingeschossen, die Flugblätter mit der Aufforderung zu bedingungsloser Übergabe der Stadt enthielten. Gewiß, diese Flugblätter waren nicht „unterschrieben", und waren ein Teil der auf beiden Seiten üblichen Propaganda. Doch jetzt trafen sie auf eine Situation, die voll Spannung war. Die Gemüter erhitzten sich ungemein. Jedem war klar, was nun kam: Pausenlose Luft- und Artillerieangriffe, Panzervorstöße, Flammenwerfereinsatz usw. In dem damit verbundenen Opfer an Menschen und Material vermochten viele Soldaten und Zivilisten keinen Sinn mehr zu sehen.

Auch auf höchster Ebene fanden Kontakte statt: Zwischen dem Stellvertretenden Reichsverteidigungskommissar Dr. Fischer in Bremen und Gauleiter Kaufmann in Hamburg, die beide für eine Kapitulation waren; zwischen Dr. Fischer und Gauleiter Wegener in Oldenburg, dessen Einstellung noch unklar war; zwischen Kreisleiter Schümann und Gauleiter Wegener. Schnell reagierte auch Generalfeldmarschall Busch, der auf einer Verteidigung Bremens bestand, zumal ihm sieben Divisionen für die Verteidigung der Weserlinie versprochen worden waren.

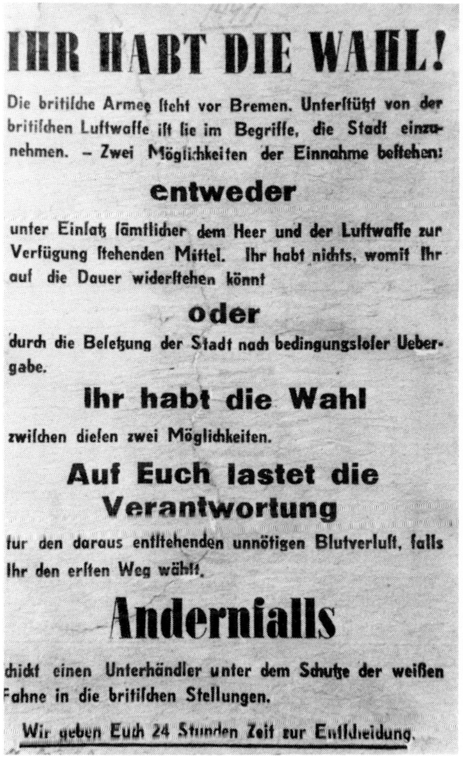

IHR HABT DIE WAHL!

Die britische Armee steht vor Bremen. Unterstützt von der britischen Luftwaffe ist sie im Begriffe, die Stadt einzunehmen. – Zwei Möglichkeiten der Einnahme bestehen:

entweder

unter Einsatz sämtlicher dem Heer und der Luftwaffe zur Verfügung stehenden Mittel. Ihr habt nichts, womit Ihr auf die Dauer widerstehen könnt

oder

durch die Besetzung der Stadt nach bedingungsloser Uebergabe.

Ihr habt die Wahl

zwischen diesen zwei Möglichkeiten.

Auf Euch lastet die Verantwortung

für den daraus entstehenden unnötigen Blutverlust, falls Ihr den ersten Weg wählt.

Andernfalls

schickt einen Unterhändler unter dem Schutze der weißen Fahne in die britischen Stellungen.

Wir geben Euch 24 Stunden Zeit zur Entscheidung.

Die Kapitulationsaufforderung vom 20. April 1945

In Bremen waren der Polizeipräsident Generalmajor Schroers und der Kommissarische Bürgermeister Dr. Richard Duckwitz, sehr unsicher geworden. Dieser berief eine Senatsbesprechung ein und bat auch Gauleiter Wegener, an ihr teilzunehmen. Am 21. April gegen 9 Uhr begann die denkwürdige Sitzung im Bunker B 32, dem Regierungsbunker am Rande des Bürgerparks. Teilnehmer waren neben den Senatoren Dr. Duckwitz, Dr. von Hoff und Bernhard Gauleiter Wegener, Dr. Fischer, die NS-Kreisleiter Schümann von Bremen und Karl Busch von Lesum, der Polizeipräsident Schroers und der Gauamtsleiter Denker aus Oldenburg. Dr. Duckwitz wies auf die Folgen der bevorstehenden Kämpfe hin, äußerte Zweifel an ihrem Sinn und bat dann den Gauleiter, auf eine kampflose Übergabe hinzuwirken. Kreisleiter Schümann widersprach mit aller Schärfe. Gauleiter Wegener erklärte, die politische und militärische Lage erfordere die Verteidigung Bremens; im übrigen hätten darüber die Militärs zu entscheiden. Der Gauleiter wurde aufgefordert, im Drahtfunk zur Bevölkerung zu sprechen und seine Auffassung zu begründen. Die Gesellschaft ging dann zum Generalleutnant Becker im benachbarten Bunker; der aber konnte auch nur auf seinen Kampfauftrag verweisen und erklären, man müsse „die Ohren steif halten".

Es gab in dieser Zeit bei Industriellen, Kaufleuten sowie Kommunisten und Sozialdemokraten manche Diskussionen über die kampflose Übergabe der Stadt. Einwirkungsmöglichkeiten aber hatten sie nicht.

Gauleiter Wegener und Dr. Fischer

Gauleiter Wegener gegen eine Kapitulation

Am 21. April um 15 Uhr begann die Ansprache des Gauleiters im Drahtfunk, in der er erklärte, daß der Widerstand in Bremen feindliche Truppen binde und einen eigenen Gegenstoß ermögliche. Jeder Gedanke an Kapitulation sei „Verrat an der deutschen Sache". Er schloß die Rede so:

Der Luftangriff auf Hastedt am 22. April 1945

„Bremens Schicksal wird vom Reich aus entschieden, und des Reiches Schicksal vielleicht – wer weiß es im Augenblick zu beantworten – von der Standhaftigkeit Bremens aus". Der „Endkampf" – wie auch immer er aussehen mochte – war nicht mehr zu vermeiden; denn noch waren die Fanatiker in der militärischen und politischen Führung Bremens stark genug, um jeden „Defätismus" zu unterdrücken. Nur eine Chance bestand und wurde auch wahrgenommen: Einzeln oder gruppenweise konnten Soldaten, Volkssturmleute und Zivilisten versuchen, an ihrem Platz das Schlimmste zu verhüten. Die Presse feierte die Ablehnung des Ultimatums als „heroische Tat"; in Wahrheit war sie – moralisch, nicht formaljuristisch – ein aus Mangel an Einsicht der Führungspersonen verursachtes Verbrechen; denn sie forderte bewußt Opfer, ohne daß sie – auch im größeren politischen und militärischen Rahmen – einen Sinn hatten.

Einige Persönlichkeiten waren auch damals nicht von der Richtigkeit der Entscheidung überzeugt: der Stellvertretende Reichsverteidigungskommissar Dr. Fischer, der immer wieder den Gauleiter Wegener ermahnte, auf ein kampfloses Ende hinzuwirken; der kommissarische Bürgermeister Dr. Duckwitz, der weiterhin erklärte, er könne keinen Sinn im weiteren Widerstand sehen und dadurch in Lebensgefahr geriet; der Polizeipräsident Schroers, der einen Parlamentär zu den Engländern schickte und sogar eine Gefangennahme bzw. Erschießung Generalleutnant Beckers plante; und der Handelskammerpräses Bollmeyer, der ebenfalls den Kampfkommandanten erschießen wollte. Das Ziel, Bremen kampflos zu übergeben, wurde von keinem erreicht.

Am 22. April begann der tragische Schlußakt: Etwa 400–500 britische Bomber griffen die östliche Vororte an und hinterließen schwere Verwüstungen und 180 Tote. Seit dieser Zeit hielten sich die meisten Einwohner in Bunkern und Kellern auf. Da die Versorgung mit Strom und Wasser aufhörte, herrschten vor allem in den nunmehr schlecht belüfteten großen Bunkern katastrophale Zustände. Das Trinkwasser mußte aus Pumpen beschafft werden. Das Luftwarnsystem versagte, so daß überraschende Bombenwürfe zahlreiche Todesopfer forderten. Hinzu kam ein andauernder Artilleriebeschuß.

In einem Tagebuch finden sich über einen Besuch in der Innenstadt am 23. April folgende Aufzeichnungen: „Beschuß, vereinzelter Bombenabwurf. Von der Hauptpost (an der Domsheide) aus zu Hause (in Schwachhausen) angerufen. Während der Gespräche Alarm. Nach Hause nicht möglich, da schnell die ersten Bomben fallen... Luftschutzkeller im Alten Gymnasium .. Während der Fahrt zum Osterdeich Vorentwarnung. Am Alten Wall werden Geschütze kleinen Kalibers in Stellung gebracht, vermutlich zum Schutz der Brücke ... Ab Stader Straße ist der Osterdeich gesperrt. Brände in Richtung Botanischer Garten (Hastedt). Nach Hause".

Schlußangriff

Seit dem 25. April drangen Truppen der 3. britischen Infanterie-Division über die Wasserwüste des Obervielandes zum südlichen Stadtrand bei der Huckelriede vor. Pioniere räumten die Sperren von der Kattenturmer Heerstraße, und nun setzte ein ununterbrochener Strom britischer Fahrzeuge in Richtung Neustadt ein. Hier und da gab es Schießereien; doch war der Widerstand im ganzen gering.

Der Angriff in der Nacht zum 25. April wurde auch in entlegenen Stadtteilen deutlich. In einem Tagebuch liest man: „Schlecht geschlafen, da der Artilleriekampf recht heftig wurde und lange währte. ... Die Familie hielt sich seit kurzem ständig im Keller auf ... Gegen 5.30 Uhr aufgewacht: Noch oder wieder starkes Schießen ... Von der Pumpe 6 Eimer Wasser geholt .. Um 11.30 beginnt der Reigen der 6 Flugzeuge. Etwa siebenmal kommen sie in den üblichen Abstän-

Nach dem Kampf: Die Bestattung im Massengrab

den .. Abwurfstelle ähnlich wie an den beiden Tagen zuvor ... Morgens beim Wasserholen kommen die ersten deutschen Frontsoldaten, ... später zwei Wagen, die Munition abladen ... Die Gräben unter den Eichen (Riensberg) sollen von Soldaten besetzt worden sein. 11.30 Uhr ein Polizist hat berichtet: Engländer bis Hastedter Heerstraße/Ecke Kirchbachstraße vorgedrungen, in der Neustadt bis zum Buntentorsteinweg ... Widerstand nicht nennenswert ... Die Bevölkerung soll die Häuser nicht mehr verlassen. Rauchwolken Richtung Schwachhauser Heerstraße. ... Ich fahre mit dem Rad los ... Die Einschläge liegen zum Teil nahe, und man weiß nie, wo ... Als ich zurückkomme, sind Soldaten damit beschäftigt, gegenüber unserem Hause Deckungslöcher zu graben ... Herr B. hat eine Auseinandersetzung mit dem Offizier, dem er bedeutet, endlich mit dem „Klimbim" aufzuhören und nach Hause zu gehen"'.

Zu dieser Zeit, am 25. April mittags, wurden die Weserbrücken auf Befehl des Kampfkommandanten von einem deutschen Pionierkommando gesprengt. Das war eine sinnlose Maßnahme, da die 43. Wessex- und die 52. Lowland-Division inzwischen ihren Vormarsch auf der rechten Weserseite durch die östlichen Vororte fortsetzten. Als die Weserbrücken gesprengt wurden, standen die Briten in Sebaldsbrück. Am 26. April stießen sie ohne wesentlichen Widerstand bis zu den Häfen vor.

Und der Kampfkommandant, der die sinnlose „Verteidigung" leitete? Er saß mit seinem Stabe im Bunker der 8. Flakdivision am Rande des Bürgerparks. In der unmittelbaren Nachbarschaft waren Schutzgräben und Munitionsstapel angelegt. Etwa 1000 Mann wurden hier eingesetzt, um den Angriff der 43. Wessex-Division, die von Oberneuland durch Schwachhausen heranrückte, aufzuhalten. Am Abend des 26. April erreichten die ersten Fahrzeuge den Bürgerpark, und im Dunkel gab es heftige Schießereien. Generalleutnant Becker war nur noch unzulänglich über die Lage unterrichtet; Aktionsmöglichkeiten hatte er nicht mehr. Dennoch fühlte er sich an seinen Kampfauftrag gebunden und verweigerte die Kapitulation. Sein letzter Funkspruch an das Korps Ems lautete:

„Infanterieangriffe abgeschlagen, habe keine Munition mehr. Halte mit letzten Teilen. Es lebe der Führer!"

Erinnerungen an Generalfeldmarschall Paulus in Stalingrad wurden wach; doch hatte das Ende in Bremen nicht das Außmaß jener Katastrophe an der Wolga. Als General Becker – erschöpft wie er war – in der Nacht zum 27. April noch immer die Kapitulation verweigerte, trugen sich einige seiner Offiziere mit dem Gedanken, ihn zu erschießen; doch im Morgengrauen gingen dann Parlamentäre ohne seine Zustimmung hinaus zu den Engländern, und damit war der Kampf zuende.

Charakter und Handlungsweise des Generals sind sehr unterschiedlich bewertet worden. Er war sicher kein fanatischer „SS-General", wie bisweilen behauptet wurde, sondern ein Mann, der den Gehorsam als wichtigste soldatische Pflicht ansah. Er forderte ihn bedingungslos und war auch bereit, ihn ohne Widerrede zu geben. Hinzu kam, daß es mit der körperlichen Widerstandskraft des Generals nicht zum besten stand, so daß es zur letzten Erfüllung des Kampfauftrages nicht mehr kam. In dem Augenblick, in dem seine Kommandogewalt erlosch, hätte er selbst im infanteristischen Einsatz – mit oder ohne Begleitung seines Stabes – kämpfen müssen. Daß dies nicht geschah, war aus der Sicht einer Soldatenehre, wie General Becker sie verstand, wohl verwerflich, aus menschlichen Gründen muß man es begrüßen.

Danach

Die „Eroberung Bremens" war militärgeschichtlich gewiß kein großes Ereignis; doch für die eigentlich Betroffenen, die Einwohner, forderte sie neue sinnlose Opfer. Die Probleme schienen auch nach der Besetzung unlösbar: Weite Stadtgebiete waren nur noch Trümmerwüsten; die Versorgung der Bevölkerung mit dem Notwendigsten schien nicht mehr möglich. Hunderte von Toten mußten beerdigt werden. Die aus den Lagern befreiten „Fremdarbeiter" zogen plündernd umher.

In einem Tagebuch jener Tage ist auch von räuberischen englischen Soldaten die Rede:

„Nachts ½1 Uhr klirrten Fensterscheiben, zwei englische Soldaten drangen ein, hielten Vater und Sohn Revolver an die Schläfen und schlugen mit der anderen Hand so lange ins Gesicht, bis Frau H. ... aus einem Milchtopf die goldene Uhr ihres Mannes mit goldener Kette holte. Von ihr verlangten sie „rings". Als sie erklärte, keine Ringe zu besitzen, zogen sie ihr den Trauring vom Finger".

Eine bekannte Bremer Schauspielerin berichtete:

„Nachts sind englische Soldaten bei mir eingedrungen. Unter Drohen mit dem Revolver haben sie Schmucksachen mitgenommen".

Es gibt auch Aufzeichnungen über Vergewaltigungen. Die Beispiele über derartige Verbrechen ließe sich fortsetzen; kein Gericht hat über sie verhandelt, und keiner der Täter wurde bestraft. Es gab keine staatliche Autorität mehr, die ordnend oder strafend tätig werden konnte; die britischen und dann die amerikanischen Militärs besaßen zwar bedeutende Machtbefugnisse; aber mit den schwierigen Verhältnissen dieser Zeit waren sie nicht vertraut; sie mußten sich

Nach dem Kampf: Die Menschen kommen aus den Bunkern (Kornstraße/Neustadt), am 26. April 1945

deutscher Hilfe bedienen und taten dabei manchen Fehlgriff.

Oberste Autorität in Bremen war Oberst Bion C. Welker, der durch den Geschichtsprofessor Walter L. Dorn beraten wurde. Die Engländer hatten am 26. April den Polizeipräsidenten Schroers zum Bürgermeister gemacht, doch schon am 30. April verhafteten sie ihn wegen seiner politischen Vergangenheit. Auf Empfehlung des britischen Generalmajors Hakewell-Smith und durch Entscheidung Oberstleutnant Welkers wurde nun der ehemalige Deutschnationale und bremische Vertreter beim Reich, Erich Vagts, sein Nachfolger, weil er als einziger der bisherigen Führungspersönlichkeiten nicht Mitglied der NSDAP gewesen war. Vagts schlug einige tüchtige Fachleute bürgerlichen Zuschnitts, die keine führende Rolle in der Partei gespielt hatten, als Senatoren vor.

Doch Prof. Dorn hatte andere Absichten, zumal er Vagts wegen seiner deutschnationalen Vergangenheit sehr bald kritisch gegenüberstand, ihn sogar – zu Unrecht – als „vollständig unfähigen Mann" ansah. Dorn nahm Gespräche mit Senatoren vor 1933, einigen Sozialdemokraten und auch mit Kommunisten auf. Es lag nahe, den Versuch zu machen, das politische Leben – unter Ausschluß der NSDAP und der Deutschnationalen – dort wieder zu beginnen, wo es 1933 aufgehört hatte. Der letzte Fraktionsführer der SPD in der Bürgerschaft, Emil Theil, kletterte am 30. April über eine der zerstörten Weserbrükken, um aus der Neustadt in die Altstadt zu gelangen und den Anspruch seiner Partei auf die Regierungsbeteiligung anzumelden. Kaisen, der in Borgfeld lebte und für ein Senatorenamt in Frage kam, soll skeptisch gewesen sein und gesagt haben: „Laß die Nazis man erst den Dreck wegräumen. Wir kommen früh genug!" Die Besprechung Walter C. Dorns mit den Führern der SPD fand einige Tage später im Hause des Genossen Max Jahn in der Carlshafener Straße statt. Kaisen, Theil und der Lehrer Christian Paulmann wurden als Senatskandidaten benannt. In anderen Gesprächen bemühte sich Dorn um die ehemaligen Senatoren Dr. Spitta und Dr. Apelt, den Kommunisten Hermann Wolters sowie um einige Liberale. Die Konstituierung dieses von der Militärregierung eingesetzten Senats fand am 5. Juni statt. Die sehr gemischte Zusammensetzung war ungünstig und führte zu manchen Reibereien. Erst als Vagts am

Der Bremer Westen am Ende des Krieges, 1945

1. August 1945 abgesetzt worden war und Wilhelm Kaisen das Bürgermeisteramt übernommen hatte, wurde es etwas besser.

Die Politik dieser Zeit ist in der Literatur sehr unterschiedlich beurteilt worden. Ein großer Teil der Kraft mußte auf die Versorgung der Bevölkerung mit dem Notwendigsten gerichtet werden. Ein riesiger Apparat wurde aufgebaut, um den Mangel zu verwalten. Unsicherheit ergab sich zudem aus der schwankenden Behandlung der Entnazifizierungsproblems, für dessen Bewältigung ebenfalls viel Personal eingesetzt werden mußte. Je nach politischem Standort mag man sagen, der Ausschluß der „Nazis" – wer auch immer das gewesen sein mag – ging zu weit oder längst nicht weit genug. In Bremen gab es schon vor der Kapitulation eine „Kampfgemeinschaft gegen den Faschismus", der vorwiegend Kommunisten, Sozialdemokraten und Gewerkschaftler angehörten, die dann sogleich nach dem Einmarsch der Engländer die Ausschaltung der Nazis mit großem Eifer betrieb. Das war durchaus keine nebensächliche Frage, denn sie betraf das gesamte staatliche, wirtschaftliche und kulturelle Leben.

Sehr gefährlich für die bremische Wirtschaft erwiesen sich dann die weitgehenden Reparationsforderungen der Alliierten. Umstritten waren weiterhin die anzustrebenden Veränderungen in der Gesellschaftsstruktur, wobei der Abbau oder die Erhaltung hierarchischer Strukturen in der Wirtschaft ein entscheidendes Diskussionsthema war. Sonderprobleme ergaben sich zudem aus dem Durcheinander von Kompetenzen bei der amerikanischen Besatzung und durch den besonderen Status des Unterwesergebietes als amerikanische „Enklave" innerhalb des britischen Besatzungsgebietes.

Nur unter großen Anstrengungen und nach manchen Rückschlägen konsolidierte sich das politische Leben zu einer funktionierenden parlamentarischen Demokratie, die keiner amerikanischen Bevormundung mehr bedurfte, und gewann die Wirtschaft ein Volumen, das zunächst bescheidene, dann immer größere Konsumansprüche befriedigte. Aus dem Bremer Stadtbild verschwanden nach und nach die Ruinen, und es gewann sein neues Gesicht mit einem reizvollen Gemisch alter und neuer Züge.

Wichtigste Literatur

Abkürzungen: Br. Jb. = Bremisches Jahrbuch der Historischen Gesellschaft; Hans. Gesch.bll. = Hansische Geschichtsblätter des Hansischen Geschichtsvereins; Hs. = Handschrift; V.a.d.StA = Veröffentlichungen aus dem Staatsarchiv der Freien Hansestadt Bremen

1. Umfassende Werke zur bremischen Geschichte:

v. Bippen, Wilhelm: Geschichte der Stadt Bremen, 3 Bände, Bremen 1892–1904

Duntze, Johann Hermann: Geschichte der freien Stadt Bremen, 4 Bände, Bremen 1845–1851

Krüger, Johann/ Hardeg, W.: Bilder aus der Geschichte Bremens, 2. Aufl., Bremen 1926

Roller, Christian Nikolaus: Versuch einer Geschichte der Kaiserlichen und Reichsfreyen Stadt Bremen, 4 Teile, Bremen 1799–1803

Schwarzwälder, Herbert: Geschichte der Freien Hansestadt Bremen, 4 Bände, Bremen und Hamburg 1975–1985

2. Werke zu einzelnen Perioden der bremischen Geschichte:

Mittelalter (bis etwa 1500):

Dehio, Georg: Geschichte des Erzbistums Hamburg-Bremen bis zum Ausgang der Mission, 2 Bände, Berlin 1877

Glaeske, Günter: Die Erzbischöfe von Hamburg-Bremen als Reichsfürsten (937–1258), Hildesheim 1962

Müller, Johanna: Handel und Verkehr Bremens im Mittelalter, in: Br. Jb. 30, 1926, 204, 31, 1928, 1

Rinesberch und Schene: Die Bremer Chronik von Rinesberch, Schene und Hemeling, hrsg. von Hermann Meinert = Die Chroniken der dt. Städte 37; die Chroniken der Nieders. Städte, Bremen 1968

Wolter, Heinrich: Chronicon Bremense, in: Meibom, Sciptores rer. Germ., Helmstedt 1688, II, 44

Neuzeit (etwa 1500–1815):

Dilich, Wilhelm: Urbis Bremae Typus et Chronicon, Kassel 1602/03/04

Heineken, Christian Abraham: Geschichte der Freien Hansestadt Bremen von der Mitte des 18. Jahrhunderts bis zur Franzosenzeit, bearb. von Wilhelm Lührs, Der Club zu Bremen, 1983

Schnepel, Herbert: Die Reichsstadt Bremen und Frankreich von 1789 bis 1813 = V.a.d.StA 11, 1935

Schwebel, Karl H.: Bremens Beziehungen zu Kaiser und Reich, vornehmlich im 18. Jahrh. = V.a.d.StA 14, 1937

Wiedemann, Hans: Die Außenpolitik Bremens im Zeitalter der französischen Revolution 1794–1803 = V.a.d.StA 28, 1960

Ungedruckte Chroniken im Staatsarchiv und in der Universitätsbibliothek von Peter Koster (1600–1700), Hermann v. Post (1585–1756), Liborius Diedrich v. Post (1754–1811), Johann Renner (bis 1583)

Neueste Zeit (etwa 1815 bis heute):

Beutin, Ludwig: Bremen und Amerika, Bremen 1953

Beyer, Johann: Bilder aus der Geschichte Bremens im 19. Jahrh., Bremen 1903

Bremische Biographie des 19. Jahrh., Bremen 1912

Bremische Biographie 1912–1962, Bremen 1969

Duckwitz, Richard: Aufstieg und Blüte einer Hansestadt, Bremen 1951

Festerling, Helmut: Bremens deutsche und hanseatische Politik in der ersten Hälfte des 19. Jahrh. = V.a.d.StA 33, 1964

Müller, H.A.: Gedenkbuch der Freien Hansestadt Bremen ... 1851–1875, Bremen 1876

Patemann, Reinhard: Bremische Chronik 1957–1970 = V.a.d.StA 41, 1973

Ders. Bremische Chronik 1971–1975 = V.a.d.StA 54, 1979

Peters, Fritz: Zwölf Jahre Bremen 1921–1932, Bremen 1938

Ders.: Zwölf Jahre Bremen 1933–1945, Bremen 1951

Ders.: Bremische Chronik 1945–1956, Bremen 1976

Spitta, Theodor: Dr. Martin Donandt, Bürgermeister in Bremen 1852–1937, Bremen 1948

Wania, Hubert: Dreißig Jahre Bremen 1876–1905, Bremen 1906

Ders.: Fünfzehn Jahre Bremen 1906–1920, Bremen 1930

3. Zu den einzelnen „Szenen" dieses Buches:

Seite 9: Brandt, Karl Heinz: Focke-Museum Bremen. Vor- und Frühgeschichte, Bremen 1964, 1982 = Hefte des Focke-Museums 5 und 60

Ders.: Vorgeschichte des Weserraums im Gang durch die Schausammlung des Focke-Museums = Heft des Focke-Museums 28

Eggers, Hans Jürgen: Der römische Import im Freien Germanien, Hamburg 1951

Grohne, Ernst: Bremische Boden- und Baggerfunde, in: Jahresschr. d. Focke-Museums 1929, 44

Ders.: Drei vorgeschichtliche Einzelfunde aus dem Niederwesergebiet, in: Jahresschr. d. Focke-Museums 1939, 17

Ders.: Mahndorf, Frühgeschichte des bremischen Raumes, Bremen 1953

Seite 21: Meyer, Hugo E.: Der Name Bremen, in: Br. Jb. 1, 1864, 272

Schwarzwälder, Herbert: Entstehung und Anfänge der Stadt Bremen = V.a.d.StA 24, 1955

Seite 26: Büttner, Heinrich: Die Bremer Markturkunden von 888 und 965 und die ottonische Marktentwicklung, in: Br. Jb. 50, 1965, 13

Drögereit, Richard: Das älteste Bremer Marktprivileg. Die Arnulf-Urkunde vom Jahre 888, in: Br. Jb. 50, 1965, 5

Seite 32: Adam von Bremen: Hamburgische Kirchengeschichte, in: Freiherr vom Stein – Gedächtnisausgabe, Mittelalterliche Reihe, Bd. 11, hrsg. von Trillmich und Buchner

Seite 39: Kohn, Rolf: Die Verketzerung der Stedinger durch die Bremer Fastensynode, in: Br. Jb. 57, 1979, 15

Schmidt, Heinrich: Zur Geschichte der Stedinger, in: Br. Jb. 60/61, 1982/83, 27

Schumacher, Hermann Albert: Die Stedinger, Bremen 1865

Seite 47: Kühtmann, Alfred: eine neue Beurteilung des Vasmerschen Prozesses, in: Br. Jb. 18, 1896, 116

Schwarzwälder, Herbert: Bannerlauf und Verrat in Bremen 1365–1366, in: Br. Jb. 53, 1975, 43

Seite 50: Schumacher, Hermann Albert: Die bremische Erzbischofsfehde zur Zeit des großen Sterbens 1348–1351, in: Br. Jb. 6, 1872, 221

Woehlkens, Erich: Pest und Ruhr im 16. und 17. Jahrh., Uelzen 1954

Seite 50: Meyer, Herbert: Freiheitsroland und Gottesfrieden, in: Hans. Gesch.bll. 56, 5

Prüser, Friedrich: Roland und Rolandia, Bremen 1957

Sello, Georg: Der Roland zu Bremen, in: Br. Jb. 20, 1902, 1

Seite 62: Schäfer, Dietrich: Bremens Stellung in der Hanse, in: Hans. Gesch.bll. 1874, 3

Schwarzwälder, Herbert: Bremens Aufnahme in die Hanse 1358 in neuer Sicht, in: Hans. Gesch.bll. 79, 1961, 58

Seite 69: Iken, J. Fr.: Die erste Epoche der bremischen Reformation, in: Br. Jb. 8, 1876, 40; 9, 1877, 55

Quellen zur bremischen Reformationsgeschichte = Br. Jb. 2. Ser., Bd. 1

Veeck, Otto: Die Reformation in Bremen, Berlin 1917

Seite 75: Schwarzwälder, Herbert: Geschichte der Bremer Bürgerweide, in: Br. Jb. 40, 1962, 139
Seite 78: v. Bippen, Wilhelm: Bremens Krieg mit Junker Balthasar von Esens 1537–1540, in: Br. Jb. 15, 1889, 30
Seite 81: v. Bippen, Wilhelm: Bremen im Schmalkaldischen Kriege, in: Aus Bremens Vorzeit, 1884, 131
v. Bothmer, Karl Frhr.: Die Schlacht vor der Drakenburg, in: Niedersachsen 22, 1916/17, 251
Lucke, Helmut: Bremen im Schmalkaldischen Bund 1540–1547 = V.a.d.StA 23, 1955
Seite 87: Schwarzwälder, Herbert: Die Formen des Zauber- und Hexenglaubens in Bremen, in: Heimat und Volkstum 1958, 3
Ders.: Die Geschichte des Zauber- und Hexenglaubens in Bremen, in: Br. Jb. 46, 1959, 156; 47, 1961, 99
Seite 94: Kohl, Johann Georg: Geschichte der Mauern und Wälle Bremens, in: Denkmale der Geschichte und Kunst der Freien Hansestadt Bremen, 2. Abt., Bremen 1870
Lührs, Wilhelm: Die Anfänge der Bremer Neustadt, in: Jb. der Wittheit 17, 1973, 7
Seite 101: Kühtmann, Alfred: Burchard Lösekanne und Statius Speckhan, in: Br. Jb. 12, 1883, 35
Seite 106: Beiträge zur Geschichte der Staatsbibliothek Bremen, hrsg. von Hans Wegener, Bremen 1952
Schecker, Heinz: Melchior Goldast von Haiminsfeld, Bremen 1930
Seite 109: Entholt, Hermann: Geschichte des Bremer Gymnasiums bis zur Mitte des 18. Jahrh., Bremen 1899
Seite 112: Denckmahl des der Stadt Bremen A. 1739 d. 22. Sept. durch Entzündung u. Zerschmetterung der so gen. Braut betroffenen erschrecklichen Unglücks, Bremen 1739
Die bremischen Kirchen, hrsg. von der Historischen Gesellschaft, Bremen 1879
Seite 117: Focke, Johann: Die alte Börse und ihr Erbauer, in: Br. Jb. 16, 1892, 13
Waldmann, Emil: Die alte Börse und ihre Erbauer, in: Jb. der brem. Samml. II, 2, 1920, 99
Seite 123: v. Bippen, Wilhelm, Aus Bremens Vorzeit, 1884, 193
Seite 129: Singhoffen, Major v.: Diarium von Militärsachen 1757–1762, Hs. in der Univers. bibl. Bremen
Seite 135: Kortzfleisch: Des Herzogs Friedrich Wilhelm von Braunschweig Zug durch Norddeutschland 1809, in: Militärwochenblatt 1894, Beiheft 9 und 10
Seite 140: Pavenstadt, Johann: Erinnerungen aus den Jahren 1810–1815, Bremen 1859
Rüthning, Gustav: Oldenburgische Geschichte, Bremen 1911, Bd. 2, 387
Schwebel, Karl H.: Bremen unter französischer Herrschaft = Brem. Weihnachtsbl. 10, 1949
v. Zwehl, K.J.: Die Befreiung Bremens von französischer Herrschaft durch Tettenborn, in: Br. Jb. 20, 1902, 103
Seite 144: Lebensbeschreibung und militärische Laufbahn der berühmten Heldin Anna Lüring aus Bremen ... (1815)
Schumacher, Hermann Albert: Zur Erinnerung an den Lützower Jäger A. Lühring, in: Br. Jb. 5, 1871, 157
Seite 147: Bessell, Georg: Geschichte Bremerhavens, Bremerhaven 1927
v. Bippen, Wilhelm: Die Gründung Bremerhavens, in: Johann Smidt-Gedenkbuch 1873, 193
Kellner-Stoll, Rita: Bremerhaven 1827–1888 = Veröff. a. d. Stadtarch. Bremerhaven, Bd. 4, 1982
Scheper, Burchard: Die jüngere Geschichte der Stadt Bremerhaven, Bremerhaven 1977
Seite 152: Ausführlicher und aus öffentlichen Nachrichten entlehnter Bericht der großen Wassernoth ... des Jahres 1830, Bremen 1830
Berg, Friedr. R. Th.: Hochwasser der Weser, Wümme, Lesum und Ochtum im Gebiet der Freien Hansestadt Bremen, Bremen 1867
Pfeifer, Wolfgang: Bremen im Schutz seiner Deiche, Bremen 1963
Seite 159: Scholz, Ludwig: Die Gesche Gottfried. Eine kriminalpsychologische Studie, Berlin 1913
Vaget, F.L.: Lebensgeschichte der Giftmörderin Gesche Margarethe Gottfried geb. Timm, 2 Bände, Bremen 1831; Nachdruck (Auszug) Bremen 1976
Seite 165: Biebusch Werner: Revolution und Staatsstreich, Verfassungskämpfe in Bremen 1848–1854 = V.a.d.StA 40, 1973
Entholt, Hermann: Die bremische Revolution von 1848, Bremen 1951
Tidemann, Heinrich: Pastor Rudolf Dulon, in: Br. Jb. 33, 1931, 374; 34, 1933, 162
Seite 171: Bessell, Georg: 1857–1957, Norddeutscher Lloyd, Geschichte einer Reederei, Bremen 1957
Hardegen, Friedrich/ Smidt, K.: H.H. Meier, der Gründer des Norddeutschen Lloyd, Berlin/Leipzig 1920
Hardegen, Friedrich: Die Gründung des Norddeutschen Lloyd, Bremen 1913
Seite 177: Baasch, Ernst: Hamburg und Bremen und die deutschen wirtschaftlichen Einigungsbestrebungen ... (bis 1854), in: Hans. Gesch.bll. 27, 115
Duckwitz, Arnold: Denkwürdigkeiten aus meinem öffentlichen Leben von 1841–1866, Bremen 1877
Fuhse, Georg: Die Entwicklung des Bremer Warenhandels mit bes. Rücksicht auf den Zollanschluß, Diss. (Masch.schr.), Hamburg 1923
Seite 183: Böttcher, Ulrich: Anfänge und Entwicklung der Arbeiterbewegung in Bremen (1848–1890) = V.a.d.StA 22, 1953
Herms, Doris: Die Anfänge der bremischen Industrie = V.a.d.StA 20, 1950
Schaefer, Hans Ludwig: Bremens Bevölkerung in der ersten Hälfte des 19. Jahrh. = V.a.d.StA 25, 1957
Seite 192: Martens, Rolf: Bremens öffentlicher Personennahverkehr im 19. Jahrhundert, in: Br. Jb. 54, 1976, 69
Voigt, Ralf: Kleine Bremer Verkehrschronik, Bremen 1951
Seite 196: Breves, Wilhelm (Hrsg.): Bremen in der deutschen Revolution von November 1918 bis zum März 1919, Bremen 1919
Kuckuk, Peter: Revolution und Räterepublik in Bremen, Frankfurt a. M. 1969
Ders.: Bremer Linksradikale bzw. Kommunisten von der Militärrevolte im November 1918 bis zum Putsch im März 1920, Diss. Hamburg 1970
Seite 210: Hajek, C.: Der denkwürdige Flug der „Bremen" nach Amerika, Hannover 1928
Köhl, Herm./Fitzmaurice, C./v. Hünefeld, E.G., Frhr.: Unser Ozeanflug, Berlin o. J.
Seite 220: Bessell, Georg: Heinrich Bömers, Senator in Bremen, Bremen 1964
Lahusen, G. Carl/Heinz/Friedel: Die Nordwolle unter unserer Leitung, Bremen 1932
Seite 229: Schwarzwälder, Herbert: Die Machtergreifung der NSDAP in Bremen 1933, Bremen 1966 = Bremer Veröff. zur Zeitgesch. Bd. 1
Seite 236: Marßolek, Inge/Ott, René: Bremen im Dritten Reich, Bremen 1986
Diverse Prozeßakten
Seite 240: Bruss, Regina: Die Bremer Juden unter dem Nationalsozialismus = V.a.d.StA 49, 1983
Burg-Lesumer Heimatbuch, Bremen 1985
Diverse Prozeßakten
Seite 245: Berichte der Industrie- und Handelskammer Bremen 1934–1938
Bremen, Schlüssel zur Welt (Ausstellungskatalog), 1938
Duckwitz, Richard: Bremen zur Zeit der Demokratie und Diktatur, Bremen 1951
Flieger, Siegfried: Der Weg zur Isabella, Düsseldorf 1959
Geschäftsberichte der Handwerkskammer Bremen 1933–1938
Schmidt, Georg: Carl F.W. Borgward und seine Autos, Stuttgart 1979
Seite 251: The Strategic Air Offensive against Germany, London 1961
Thielebier, Gerd: Luftangriffe und Luftschutz in Bremen 1940–1943 = Hausarbeit der Pädagog. Hochschule in Bremen, 1969 (Masch.schr.)
Seite 255: Schwarzwälder, Herbert: Bremen und Nordwestdeutschland am Kriegsende 1945, 3 Hefte, Bremen 1972–1974 = Bremer Veröff. zur Zeitgesch. Bd. 5–7